D1997262

Anne Buscha · Szilvia Szita

B-Grammatik

Übungsgrammatik Deutsch als Fremdsprache

Sprachniveau B1 • B2

Mit Zeichnungen von Jean-Marc Deltorn

SCHUBERT Verlag

Das vorliegende Lehrwerk beinhaltet Hörtexte.

(2) Hörtext

Die Hörmaterialien stehen in unserer App **SCHUBERT-Audio** und auf unserer Website unter **schubert-verlag.de/medien** zum Download zur Verfügung.

Dieses Buch wurde hergestellt mit 100 % Ökostrom aus ökologischer Erzeugung, welcher durch den TÜV Nord und das ok-Power-Label zertifiziert ist.

Es ist gedruckt auf zertifiziertem Papier aus nachhaltigen und verantwortungsvollen Quellen.

Redaktion: Albrecht Klemm, Ann-Katrin Röß unter Mitarbeit von Alessia Mütsch
Layout und Satz: Diana Liebers; Jeanette Steinberg, Buchgestaltung | Mediendesign, Leipzig
Coverlayout: Markus Drapatz
Zeichnungen: Jean-Marc Deltorn

Die Hörtexte wurden gesprochen von:
Claudia Gräf, Tim Huber, Philipp Oehme, Clarissa Schneider

Gedruckt auf zertifiziertem Papier aus nachhaltigen und verantwortungsvollen Quellen.

2., vollständig überarbeitete Auflage 2024

Printed in Germany
ISBN: 978-3-96915-077-1

SCHUBERT Verlag
Wachsmuthstr. 10a
D-04229 Leipzig
produkt@schubert-verlag.de

Inhaltsübersicht

2 Nomen und Artikel

3 Pronomen

4 Adjektive

5 Präpositionen

6 Adverbien und Partikeln

7 Einfache Sätze

8 Zusammengesetzte Sätze

9 Anhang

Vorwort

Die **B-Grammatik** ist eine Übungsgrammatik für Lernende auf den Niveaustufen B1 und B2 des Gemeinsamen Europäischen Referenzrahmens für Sprachen. Sie eignet sich sowohl als kursbegleitendes Zusatzmaterial als auch für die individuelle Arbeit.

Die **B-Grammatik** bietet einen Überblick über alle wichtigen Bausteine der deutschen Grammatik und kann deshalb auch von Lernenden höherer Niveaustufen zur Wiederholung und Festigung ihrer Grammatikkenntnisse genutzt werden. Sie orientiert sich an der Relevanz grammatischer Erscheinungen für den Sprachgebrauch, Ausnahmen und Seltenheiten werden nur ansatzweise berücksichtigt.

Im Mittelpunkt der **B-Grammatik** stehen die grammatischen Strukturen und ihr Gebrauch. Die Strukturen werden anhand von konkreten Beispielen eingeführt und einfach und verständlich erklärt. Kenntnisse der grammatischen Termini sind daher für die Arbeit mit der **B-Grammatik** weniger wichtig.

Jedes Grammatikthema ist übersichtlich gegliedert in:
- ein illustriertes Beispiel zur Einführung in das Thema
- Erläuterung des Gebrauchs
- Übersichten über die grammatischen Formen
- Hinweise zu den Strukturen
- besondere Hinweise zur Syntax
- zahlreiche Übungen zur Anwendung.

Zum Erlernen und Einüben der grammatischen Strukturen werden unterschiedliche Übungsformen angeboten. Dazu gehören unter anderem Zuordnungs- und Umformungsübungen, Lückentexte und das vorgabeorientierte Formulieren von Sätzen oder Texten. Die Übungen sind in kommunikative und authentische Kontexte wie Dialoge, E-Mails oder Zeitungsinformationen eingebunden. Die Situationen und Themen beziehen sich auf das Alltags- und das Arbeitsleben und greifen Wortschatz aus beiden Bereichen auf. Bei der Textauswahl wurden sowohl formale als auch inhaltliche Kriterien wie Informations- und Unterhaltungswert berücksichtigt.

Der Anhang enthält neben Übersichten zu Rechtschreibung und Zeichensetzung, Verben, Adjektiven und Nomen-Verb-Verbindungen auch Tipps und Übungsbeispiele für einen kommunikativen Grammatikunterricht. Sie sollen Hilfe und Anregungen für die Unterrichtenden bieten, die anhand der Beispiele schnell und unkompliziert eigene Übungen entwickeln können.

Ausgewählte Texte stehen zur Aussprachehilfe und Kontrolle der Lösungen als Hörmaterialien in der App SCHUBERT-Audio sowie im MP3-Format auf der Website des Verlages zur Verfügung. Außerdem ist die Grammatik auch digital als interaktive Ausgabe erhältlich, wozu sie unter *schubert-verlag.de/digital* weitere Informationen finden. Wir wünschen Ihnen viel Freude beim Lernen.

Anne Buscha und Szilvia Szita

1 Verben

1.1 Tempora

1.1.1 Gebrauch der Tempora

Die Reise nach Köln

Familie Schmidt sitzt im Zug und fährt nach Köln.

Dort besucht Herr Schmidt morgen aus beruflichen Gründen eine Messe. Frau Schmidt war noch nie in Köln. Deshalb wird sie zuerst den Kölner Dom besichtigen und danach mit ihrem Sohn Lucas in den Zoo gehen. Das hat sie sich jedenfalls vorgenommen.

Der kleine Lucas hat sich auf die Reise riesig gefreut. Nachdem Lucas seiner Oma von der Reise erzählt hatte, schenkte sie ihm ein Buch über Tiere. Das hat Lucas mit großem Interesse gelesen. Das Kapitel über Giraffen mochte er besonders, denn sie gehören zu seinen Lieblingstieren. Die fast sechs Meter hohen Netzgiraffen im Kölner Zoo werden Lucas wahrscheinlich sehr beeindrucken.

Wenn Familie Schmidt wieder zu Hause ist, wird Lucas ein großes Abenteuer erlebt haben.

Mit den Tempusformen kann man

- Vorgänge und Zustände in der Gegenwart, Zukunft oder Vergangenheit beschreiben:
  - Gegenwart: Familie Schmidt sitzt im Zug und fährt nach Köln.
  - Zukunft: Herr Schmidt besucht morgen eine Messe. Frau Schmidt wird den Kölner Dom besichtigen.
  - Vergangenheit: Frau Schmidt war noch nie in Köln. Der kleine Lucas hat sich auf die Reise riesig gefreut.
- zeitliche Abläufe schildern: Nachdem Lucas seiner Oma von der Reise erzählt hatte, schenkte sie ihm ein Buch über Tiere.
- eine Absicht formulieren: Frau Schmidt wird den Kölner Dom besichtigen und mit Lucas in den Zoo gehen. *(siehe Zukunft)*
- eine Vermutung ausdrücken: Die Giraffen im Zoo werden Lucas sehr beeindrucken.

▶ Übersicht über die Tempusformen

Präsens	(➤ Seite 09)	sie fährt	er besucht
Präteritum	(➤ Seite 26)	sie fuhr	er besuchte
Perfekt	(➤ Seite 18)	sie ist gefahren	er hat besucht
Plusquamperfekt	(➤ Seite 33)	sie war gefahren	er hatte besucht
Futur I	(➤ Seite 36)	sie wird fahren	er wird besuchen
Futur II	(➤ Seite 36)	sie wird gefahren sein	er wird besucht haben

Tempora: Gebrauch

▶ Die Beziehung zwischen Zeit und Tempusformen

- Die grammatischen Tempusformen entsprechen im Deutschen nicht immer der Aktionszeit!

Aktionszeit	Tempus	Beispielsatz	sprachliche Handlung
Gegenwart	Präsens	Wir **fahren** heute nach Köln.	über gegenwärtige Ereignisse berichten
	Futur I	Wo ist Tom? Er **wird** noch im Stau **stehen**.	Vermutungen über ein gegenwärtiges Geschehen ausdrücken

Aktionszeit	Tempus	Beispielsatz	sprachliche Handlung
Zukunft	Präsens	Herr Schmidt **besucht** morgen eine Messe.	über ein zukünftiges Geschehen sprechen (oft mit einer Zeitangabe)
	Futur I	Frau Schmidt **wird** den Kölner Dom **besichtigen**.	eine Absicht bzw. ein Vorhaben ausdrücken
		Die Erdbevölkerung **wird zunehmen**.	erwartetes, zukünftiges Geschehen oder Visionen/Prophezeiungen beschreiben
		Die Giraffen **werden** Lucas sehr **beeindrucken**.	eine Vermutung über zukünftiges Geschehen formulieren
	Futur II	Lucas **wird** ein großes Abenteuer **erlebt haben**.	eine Vermutung, eine Prophezeiung über ein Geschehen ausdrücken, das zu einem zukünftigen Zeitpunkt abgeschlossen ist

Aktionszeit	Tempus	Beispielsatz	sprachliche Handlung
Vergangenheit	Perfekt	Ich **habe** den Bericht schon **gelesen**. Lucas **hat** sich auf die Reise **gefreut**.	über vergangene Ereignisse berichten, vor allem in der mündlichen Kommunikation und in schriftlichen Texten wie E-Mails oder persönlichen Berichten
	Präteritum	Der Minister **gab** ein Interview. Frau Schmidt **war** noch nie in Köln. Das Kapitel über die Giraffen **mochte** Lucas besonders.	über vergangene Ereignisse berichten, vor allem schriftlich in formellen und literarischen Texten sowie bei bestimmten Verben (z. B. Modalverben oder *haben* und *sein*)
	Plusquamperfekt	Nachdem Lucas seiner Oma von seiner Reise **erzählt hatte**, schenkte sie ihm ein Buch.	über in der Vergangenheit hintereinander stattfindende Ereignisse berichten

Aktionszeit	Tempus	Beispielsatz	sprachliche Handlung
zeitstufenunabhängig	Präsens	Der Abstand der Erde zum Mond **beträgt** 365 000 km.	über Allgemeingültiges berichten

1.1.2 Präsens

Familie Schmidt sitzt im Zug und fährt nach Köln.
Morgen besucht Herr Schmidt eine Messe.

Bei Fernreisen sind Züge und Busse die umweltfreundlichsten Verkehrsmittel.

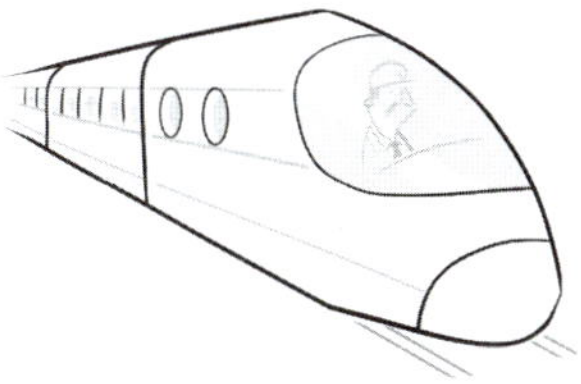

▶ Gebrauch

Wir verwenden das Präsens

- zum Berichten und Beschreiben **gegenwärtiger Ereignisse und Zustände:**
  Familie Schmidt sitzt im Zug und fährt nach Köln.
  Katharina arbeitet in einer kleinen Firma.
- zum Beschreiben **zukünftigen Geschehens** (oft mit einer Zeitangabe):
  Herr Schmidt besucht morgen eine Messe.
  Ich rufe Sie nächste Woche an.
- zur Wiedergabe **zeitunabhängiger Tatsachen und allgemeiner Informationen:**
  Der Abstand der Erde zum Mond beträgt 365 000 km.
  Bei Fernreisen sind Züge und Busse die umweltfreundlichsten Verkehrsmittel.

■ Verben mit und ohne Vokalwechsel im Präsens

Otto kocht gern.

→ Verb ohne Vokalwechsel

Frau Huber liest eine Mail und spricht mit einer Kollegin.

→ Verben mit Vokalwechsel

Franz ist krank.
Er hat eine Erkältung.
Er wird bald wieder gesund.

→ *haben, sein* und *werden*

▶ Formen: Verben ohne Vokalwechsel im Präsens

		Verben auf *-t/-d*	Verben auf *-n/-m*	Verben auf *-s/-ss/-ß/-z*	Verben auf *-eln*
	kochen	**arbeiten**	**öffnen**	**tanzen**	**sammeln**
ich	koche	arbeite	öffne	tanze	sammle
du	kochst	arbeitest	öffnest	tanzt	sammelst
er/sie/es	kocht	arbeitet	öffnet	tanzt	sammelt
wir	kochen	arbeiten	öffnen	tanzen	sammeln
ihr	kocht	arbeitet	öffnet	tanzt	sammelt
sie/Sie	kochen	arbeiten	öffnen	tanzen	sammeln

Verben

Tempora: Präsens

→ Fast alle Verben haben im Präsens die Endungen: Singular: *-e /-st/-t*; Plural: *-en/-t/-en*.

→ Verben auf *-t* oder *-d* bekommen in der 2. und 3. Person Singular und der 2. Person Plural ein *-e* vor der Endung: du arbeitest • er arbeitet • ihr arbeitet. Das erleichtert die Aussprache.

→ Das Gleiche gilt für Verben auf *-m* oder *-n*, wenn ein anderer Konsonant (aber nicht: *r*) davorsteht: du öffnest • er öffnet • ihr öffnet.

→ Für Verben auf *-s/-ss/-ß/-z* gilt: 2. Person Singular = 3. Person Singular: du tanzt – er tanzt.

→ Bei Verben auf *-eln* entfällt das *-e-* in der 1. Person Singular: ich sammle.

▶ Formen: Verben mit Vokalwechsel im Präsens

	e → i(e)			*a → ä*		*i → ei*	*o → ö*
	sprechen	**nehmen**	**lesen**	**fahren**	**laufen**	**wissen**	**stoßen**
ich	spreche	nehme	lese	fahre	laufe	weiß	stoße
du	sprichst	nimmst	liest	fährst	läufst	weißt	stößt
er/sie/es	spricht	nimmt	liest	fährt	läuft	weiß	stößt
wir	sprechen	nehmen	lesen	fahren	laufen	wissen	stoßen
ihr	sprecht	nehmt	lest	fahrt	lauft	wisst	stoßt
sie/Sie	sprechen	nehmen	lesen	fahren	laufen	wissen	stoßen

➤ Seite 232: Übersicht *Unregelmäßige Verben*

→ Einige Verben haben einen Vokalwechsel in der 2. und 3. Person Singular: *e → i(e), a → ä*
e → i: geben, brechen, essen, helfen, nehmen, sprechen, treffen, treten, vergessen, werfen
e → ie: empfehlen, lesen, sehen, stehlen
a → ä: empfangen, halten, fahren, fallen, fangen, laden, laufen, schlafen, schlagen, tragen, waschen

→ Besondere Verben: *Wissen* hat besondere Formen im Singular: ich weiß, du weißt, er weiß.
Stoßen/verstoßen hat einen *o → ö* Wechsel.

▶ Formen: *haben, sein* und *werden*

	haben	**sein**	**werden**
ich	habe	bin	werde
du	hast	bist	wirst
er/sie/es	hat	ist	wird
wir	haben	sind	werden
ihr	habt	seid	werdet
sie/Sie	haben	sind	werden

→ Als Vollverben werden *haben, sein* und *werden* mit einer Ergänzung (Nomen oder Adjektiv) verwendet:
Ich bin krank. Ich habe Angst. Ich werde Ärztin.

→ Meistens werden *haben, sein* und *werden* als Hilfsverben gebraucht (zum Beispiel beim Perfekt oder beim Passiv).

▶ Satzbau

	I.	**II.**	**III.**	**Satzende**
Aussagesatz	Ich Franz	koche ist	gern. heute	 krank.
Fragesatz mit Fragewort	Was Wann	kocht wird	Otto gern? Franz endlich wieder	 gesund?
Fragesatz ohne Fragewort	Kochst Ist	du Franz	gern? schon lange	 krank?

Übungen

1 Niemand hat Zeit, alle sind sehr beschäftigt
Bilden Sie Sätze wie im Beispiel.

a) Zu Hause: Niemand hilft Julia beim Saubermachen

- John – schreiben – eine Nachricht – an seine Freunde *John schreibt eine Nachricht an seine Freunde.*

1. mit seiner Mutter – Marcus – telefonieren ....
2. Ludwig – lesen – Zeitung + Frieda – Kaffee – trinken ....
3. laufen – Ina – durch den Park ....
4. Hannes und Christina – einen Kuchen – backen ....
5. sehen – ein wichtiges Handballspiel – Leon ....
6. ich – die Fische im Aquarium – beobachten ....
7. Felix – reparieren – sein Fahrrad ....
8. buchen – einen Flug – Carla ....
9. Franziska – schlafen ....
10. im Garten – Cornelius – arbeiten ....
11. Elias – waschen – seine Socken ....
12. essen – Pommes – an der Imbissbude – Lena ....

b) Im Büro: Niemand geht mit mir zum Mittagessen in die Kantine

1. die Managerin – sprechen – mit einem Kunden
....
2. über die Reisekostenabrechnung – Frank – mit der Verwaltungsleiterin – diskutieren
....
3. haben – ein Problem – Brigitte – mit dem Kopierer
....
4. einen Termin – die Assistentin – mit der Firma SUFIX – vereinbaren
....
5. die Praktikantin – ein Hotelzimmer – reservieren – für Frau Weber
....
6. Herr Krüger – zum Flughafen – fahren
....
7. sein – Martina – krank
....

8. mit dem Abteilungsleiter – über eine Gehaltserhöhung – Susanna – reden
....
9. der Hausmeister – auf eine Lieferung von Büroartikeln – warten
....
10. Frau Schenk – ein Seminar – zum Thema „Motivation im Büro“ – geben
....
11. halten – Herr Krause – einen Vortrag – über das neue Marketingkonzept
....
12. Andreas – seinen Fotoapparat – nehmen + die neuen Produkte – fotografieren
....
13. messen – die Temperatur – im Keller – der Elektriker
....
14. Franziska – empfangen – Gäste aus der Schweiz
....
15. die Informatikerin – installieren – ein neues Programm
....

2 Berufliche Tätigkeiten

Ergänzen Sie die passenden Verben in der richtigen Form. Überprüfen Sie Ihre Lösungen mit dem Hörtext. (2)

vertreten • geben • halten • beschäftigen • entwerfen • entwickeln • ~~beraten~~ • helfen • verkaufen • versorgen • analysieren • treffen • kümmern • suchen • produzieren • implementieren

1. Ein Verkäufer *berät* Kundinnen und Kunden und .... Produkte.
2. Eine Polizistin .... bei der Aufklärung von Verbrechen.
3. Ein Tierpfleger .... Tiere, zum Beispiel in einem Zoo.
4. Eine Anwältin .... andere Menschen oder den Staat vor Gericht.
5. Eine Hochschullehrerin .... Vorlesungen an einer Universität.
6. Ein Ingenieur .... sich mit technischen Problemen und .... neue Technologien.
7. Eine IT-Spezialistin .... sich um die technische Infrastruktur und .... IT-Systeme.
8. Eine Architektin .... Gebäude.
9. Ein Mediengestalter .... Bild- und Tonaufnahmen für verschiedene Medien.
10. Ein Statistiker .... Daten.
11. Eine Betriebswirtin .... Entscheidungen in verschiedenen Bereichen eines Betriebs.
12. Ein Politiker .... Lösungen für Probleme und .... viele Interviews.

3 Familie Stein fährt mit dem Auto in den Urlaub

Frau Stein hat noch einige Fragen an ihren Mann und ihre Kinder. Ergänzen Sie die Verben in der 2. Person Singular und in der 2. Person Plural.

- packen: *Packst* du / *Packt* ihr schon mal die Koffer?
1. helfen: .... du / .... ihr mir mal beim Aufräumen?
2. vergessen: .... du / .... ihr bitte das Ladekabel fürs Handy nicht?
3. geben: .... du / .... ihr mir mal die Reisepässe?
4. wissen: .... du / .... ihr, ob man auf der Autobahn in Tschechien eine Vignette braucht?
5. denken: .... du / .... ihr auch an ein paar Kopfschmerztabletten?
6. tragen: .... du / .... ihr den Koffer schon mal zum Auto?
7. haben .... du / .... ihr die Reiseunterlagen?
8. kennen: .... du / .... ihr die Reiseroute?
9. werden: .... du / .... ihr schon wieder müde?
10. sein: .... du / .... ihr endlich fertig?

4 Wissenschaftliche Erkenntnisse rund ums Fliegen (3)

a) **Warum trinken so viele Menschen im Flugzeug Tomatensaft? Ergänzen Sie die fehlenden Verben. Überprüfen Sie Ihre Lösungen mit dem Hörtext.**

beeinflussen • schmecken • ~~sein~~ • empfinden • nutzen • wissen • liegen • rücken

Tomatensaft *ist* (0) in der Luft eines der beliebtesten Getränke. Wissenschaftler .... (1) nun warum: Es .... (2) am niedrigen Luftdruck in den Kabinen. Dieser Luftdruck .... (3) den Geschmack. Salz, Zucker und Kräuter .... (4) im Flugzeug weniger stark, süße und fruchtige Geschmackseindrücke .... (5) in den Vordergrund. Deshalb .... (6) viele Leute Tomatensaft über den Wolken als geschmacklich angenehmer und interessanter. Diese Erkenntnisse .... (7) nun auch Fluggesellschaften für die Rezepte ihrer Bordmahlzeiten.

b) Wie sicher sind Flugzeuge?
Ergänzen Sie die vorgegebenen Verben.
Überprüfen Sie Ihre Lösungen mit dem Hörtext.

(4)

Das Flugzeug .... (1) *(sein)* und .... (2) *(bleiben)* ein sehr sicheres Verkehrsmittel. Im Verhältnis zu anderen Transportmitteln und im Vergleich zu früher .... (3) *(kommen)* im Flugverkehr deutlich weniger Menschen zu Schaden. Das .... (4) *(sein)* besonders bemerkenswert, weil die Anzahl der Starts und Landungen jedes Jahr .... (5) *(steigen)*.

In einem Flugzeug .... (6) *(geben)* es sehr viele elektronische Bauteile. Dass alle Komponenten eines Flugzeuges einwandfrei .... (7) *(funktionieren)*, ... (8) *(gewährleisten)* strenge Regeln. In Deutschland .... (9) *(gelten)* hierfür die Verordnung Nr. 2018/1139 der Europäischen Union. Diese Verordnung .... (10) *(beinhalten)* Angaben zu allen Bauteilen und Sicherheitschecks.

Im Cockpit des Flugzeuges .... (11) *(sein)* alle wichtigen Steuer- und Navigationsgeräte zweimal vorhanden und sie .... (12) *(arbeiten)* unabhängig voneinander. Außerdem .... (13) *(fliegen)* jedes Flugzeug mit zwei Piloten. Der Co-Pilot .... (14) *(steuern)* die Maschine genauso sicher wie der Kapitän.

Doch die Sicherheit beim Fliegen .... (15) *(lassen)* sich noch verbessern. Im Falle eines Flugzeugabsturzes .... (16) *(entstehen)* die schlimmsten Schäden direkt vor und hinter den Tragflächen. An diesen Stellen .... (17) *(sitzen)* in den Flugzeugen Passagiere. Leider .... (18) *(sein)* es für die Fluggesellschaften finanziell zu unattraktiv, diese Plätze nicht zu besetzen.

5 Wetter und Smalltalk

(5)

Ergänzen Sie die Verben in der richtigen Form.
Manchmal gibt es mehrere Möglichkeiten. Hören Sie eine Beispiellösung.

geben *(2 x)* • werden • ~~lieben~~ • sprechen • reden • beginnen • spielen • haben *(2 x)* • halten • ermöglichen • fliegen • kommen • scheinen • bestätigen

Briten *lieben* (0) Smalltalk, das ist bekannt. Gerne .... (1) sie bei einem Tässchen Tee über die wichtigen Dinge dieser Welt: .... (2) die englische Fußballnationalmannschaft bei der nächsten Weltmeisterschaft ins Finale? Was .... (3) es Neues in der königlichen Familie? Und wie .... (4) das Wetter?

Interessanterweise .... (5) das Wetter die Briten mehr zu interessieren als andere Nationalitäten.
Das .... (6) nun die Ergebnisse einer Studie im Auftrag des britischen Versicherers Lloyds TSB Insurance: In ihrem gesamten Leben .... (7) die Bürger des Königreichs etwa sechs Monate über das Wetter, 58 Prozent der Briten .... (8) damit ihre Konversation. Themen wie Regen, Schnee und Sonnenschein .... (9) eine größere Rolle als Politik, Wirtschaft oder Fußball.

Wetter-Kolumnist Philip Eden .... (10) auch eine Erklärung für das Phänomen. Er .... (11) es für einen Teil der britischen Psyche: Gespräche über das Wetter .... (12) eine einfache, nicht konfrontative Konversation, wie sie die reservierten Briten mögen. Und durch die täglichen Wetterveränderungen .... (13) es jeden Tag etwas Neues zu besprechen. Außerdem .... (14) das Wetter noch einen Vorteil: Selbst wenn die Fußballnationalmannschaft frühzeitig aus einem Turnier .... (15), bleibt das Wetter den Briten erhalten.

Tempora: Präsens

Verben mit Präfix

Die Besprechung *fängt* in 15 Minuten *an*.
Moritz *druckt* für die Besprechung einige Dokumente *aus*.

→ Verben mit trennbarem Präfix

Inga *besucht* einen Kunden.
Sie *verhandelt* über neue Preise.

→ Verben mit nicht trennbarem Präfix

Verben mit trennbarem Präfix

▶ Formen

	anfangen	ausdrucken	einkaufen	mitfahren	vorlesen	zuhören
ich	fange **an**	drucke **aus**	kaufe **ein**	fahre **mit**	lese **vor**	höre **zu**
du	fängst **an**	druckst **aus**	kaufst **ein**	fährst **mit**	liest **vor**	hörst **zu**
er/sie/es	fängt **an**	druckt **aus**	kauft **ein**	fährt **mit**	liest **vor**	hört **zu**
wir	fangen **an**	drucken **aus**	kaufen **ein**	fahren **mit**	lesen **vor**	hören **zu**
ihr	fangt **an**	druckt **aus**	kauft **ein**	fahrt **mit**	lest **vor**	hört **zu**
sie/Sie	fangen **an**	drucken **aus**	kaufen **ein**	fahren **mit**	lesen **vor**	hören **zu**

→ Präfixe, die als Wort auch alleine stehen können, sind meist **trennbar**.
→ Das Präfix ist in der Regel eine **Präposition** oder ein **Adverb**, z. B.:
abholen, **an**fangen, **auf**stehen, **aus**drucken, **aus**schalten, **ein**kaufen, **fern**sehen, **fest**halten, **her**kommen, **hin**gehen, **los**lassen, **mit**fahren, **nach**denken, **vor**schlagen, **weg**bringen, **weiter**gehen, **zu**hören, **zurück**kommen, **zusammen**arbeiten
→ Das Präfix ist betont.

▶ Satzbau

	I.	II.	III.	Satzende
Aussagesatz	Die Besprechung	**fängt**	in 15 Minuten	**an.**
Fragesatz mit Fragewort	Wann	**fängt**	die Besprechung	**an?**
Fragesatz ohne Fragewort	**Fängt**	die Besprechung	in 15 Minuten	**an?**

‣ Bei Verben mit trennbarem Präfix steht das Präfix am Satzende.

Verben mit nicht trennbarem Präfix

▶ Formen

	bezahlen	entdecken	erhalten	gefallen	vereinbaren	zerstören
ich	**be**zahle	**ent**decke	**er**halte	**ge**falle	**ver**einbare	**zer**störe
du	**be**zahlst	**ent**deckst	**er**hältst	**ge**fällst	**ver**einbarst	**zer**störst
er/sie/es	**be**zahlt	**ent**deckt	**er**hält	**ge**fällt	**ver**einbart	**zer**stört
wir	**be**zahlen	**ent**decken	**er**halten	**ge**fallen	**ver**einbaren	**zer**stören
ihr	**be**zahlt	**ent**deckt	**er**haltet	**ge**fallt	**ver**einbart	**zer**stört
sie/Sie	**be**zahlen	**ent**decken	**er**halten	**ge**fallen	**ver**einbaren	**zer**stören

- → Die Präfixe *be-/emp-/ent-/er-/ge-/miss-*/ver-/zer-* sind **nicht trennbar**. Sie können als Wörter nicht alleine stehen.
- → Das Präfix ist unbetont.
- → *Es gibt einige, ganz wenige Ausnahmen bei dem Präfix *miss-*, z. B. *missverstehen*: Ich missverstehe etwas.
  Aber: Das ist nicht misszuverstehen. Das Präfix ist hier betont.

Verben mit trennbarem oder nicht trennbarem Präfix

Paul unterschreibt heute den Kaufvertrag für sein neues Auto.
Sein altes Auto bringt er erst einmal in Ottos Garage unter.

Kim wiederholt Vokabeln.
Sie fehlt seit vier Wochen im Deutschkurs, aber nächste Woche kommt sie wieder.

▶ Formen

	unterschreiben	unterbringen	wiederholen	wiederkommen
ich	unterschreibe	bringe unter	wiederhole	komme wieder
du	unterschreibst	bringst unter	wiederholst	kommst wieder
er/sie/es	unterschreibt	bringt unter	wiederholt	kommt wieder
wir	unterschreiben	bringen unter	wiederholen	kommen wieder
ihr	unterschreibt	bringt unter	wiederholt	kommt wieder
sie/Sie	unterschreiben	bringen unter	wiederholen	kommen wieder

- → Verben mit den Präfixen *durch-/über-/um-/unter-/wider-/wieder-* können **trennbar** oder **nicht trennbar** sein.
- → Die Präfixe *durch-*, *um-* und *wieder-* sind meist **trennbar**, z. B.:

durchfallen, durchlesen, durchschlafen Er fällt bei der Prüfung bestimmt durch.	(aber: durchschauen, durchsuchen → nicht trennbar) Die Polizei durchsucht die Wohnung des Täters.
umfallen, umkehren, umsteigen, umziehen Wir steigen in Berlin um.	(aber: umarmen, umkreisen → nicht trennbar) Sie umarmt ihre Mutter.
wiederbringen, wiederfinden, wiederkommen Bitte komm bald wieder.	(aber: wiederholen → nicht trennbar) Wiederholen Sie regelmäßig neue Wörter.

- → Die Präfixe *über-*, *unter-* und *wider-* sind meist **nicht trennbar**, z. B.:

überleben, übersetzen, überraschen, überweisen Das Programm übersetzt den Text sehr schnell.	(aber: überkochen → trennbar) Die Milch kocht über.
unterbrechen, unterhalten, unterscheiden, unterschreiben Paul unterschreibt den Kaufvertrag für sein neues Auto.	(aber: unterbringen → trennbar) Sein altes Auto bringt er in Ottos Garage unter.
widerrufen, widersprechen Mit dieser Aussage widersprichst du dir selbst.	(aber: widerspiegeln → trennbar) Die Leistung spiegelt ihre Einstellung wider.

- → Das Präfix *hinter-* ist **nicht trennbar**: hinterlassen, hintergehen, hinterziehen.
  Bitte hinterlassen Sie eine Nachricht.
  In der Bedeutung von *hinunter* wird *hinter-* in einigen Regionen ugs. auch als **trennbares Präfix** verwendet, z. B.: etwas hinterschlucken, hinterschlingen (regionale Kurzform von *hinunterschlucken/hinunterschlingen*).
  Schluck die Tablette einfach hinter!

Übungen

6 Alle haben Zeit und helfen Julia
Bilden Sie Sätze wie im Beispiel.

- Max – einkaufen – für Julia
  Max kauft für Julia ein.

1. John – die Gläser – spülen – und – sie – abtrocknen
2. Emma – zurückstellen – die Gläser – in den Küchenschrank
3. Ludwig – aufhängen – die gewaschene Wäsche
4. Eva und Felix – aufräumen – die Wohnung
5. Leon – hinunterbringen – den Müll
6. Elias – zusammenbauen – ein Regal
7. Carla – einen Flug – für Julia – umbuchen

7 Lisas Tag
Beschreiben Sie den Tagesablauf von Lisa Lohmeier.
Überprüfen Sie Ihre Lösungen mit dem Hörtext. (6)

Lisa • als Lehrerin • an einem Gymnasium • arbeiten → um 6.00 Uhr • aufstehen • sie • und • eine Tasse Kaffee • trinken → von 7.00 bis 7.45 Uhr • sie • den Unterricht vorbereiten → Lisa • um 8.00 Uhr • mit öffentlichen Verkehrsmitteln • zur Schule • fahren → am Bahnhof • sie • umsteigen → um 8.45 Uhr • sie • in der Schule • ankommen → im Lehrerzimmer • sie • kurz • mit einigen Kolleginnen und Kollegen • sprechen → der Unterricht • um 9.00 Uhr • beginnen • und • um 14.30 Uhr • aufhören → Lisa • die Fächer Mathematik und Geografie • unterrichten → die Schülerinnen und Schüler • ihr • bei den Berichten • über andere Länder • aufmerksam • zuhören → nachmittags • sie • Hausaufgaben • korrigieren • Tests • benoten • oder • im Park • spazieren gehen

Lisa arbeitet als Lehrerin an einem Gymnasium. ....

8 Arbeitsalltag
a) Trennbar oder nicht trennbar? Unterstreichen Sie die Verben und formulieren Sie Fragen im Präsens.

- anrufen – du – heute – Frau Fritsche
  Rufst du heute Frau Fritsche an?

1. beantworten – du – die Mail von Beate
2. ausdrucken – Marcus – die Dokumente
3. wann – anfangen – die Sitzung
4. wann – beginnen – der Urlaub der Verwaltungsleiterin
5. besprechen – wir – die Ergebnisse – nach der Pause
6. sich unterhalten – Jan – gerade – mit dem Hausmeister
7. wer – übersetzen – den Artikel – aus „The Economist"
8. stattfinden – die Besprechung – heute Nachmittag
9. vorstellen – du – das Projekt – in der Sitzung
10. sich durchlesen – der Abteilungsleiter – den Bericht – tatsächlich
11. überarbeiten – wir – das Angebot – noch einmal
12. verkaufen – wir – die Produkte – nicht – zu preiswert
13. warum – anheben – wir – die Preise – nicht
14. unterbrechen – wir – die Sitzung – an dieser Stelle – mal kurz
15. mitkommen – du – in die Kantine
16. wann – die Bewerbungsfrist – für den neuen Leitungsposten – ablaufen

b) Was steht nächste Woche auf dem Plan?
Bilden Sie Sätze im Präsens.

- Montag: unsere wöchentliche Teambesprechung – stattfinden
  Am Montag findet unsere wöchentliche Teambesprechung statt.

1. Dienstag: Frau Gerhard – unsere Produkte – bei Kunden – präsentieren
2. Mittwoch: bekannt geben – Justus – die Ergebnisse der Kundenumfrage
3. Donnerstag: wir – im Rahmen einer Sitzung – die Verkaufszahlen – auswerten – und – neue Ideen zum Marketing – sammeln
4. Freitag: Frau Grünwald – die neuen Ideen – in ihre Präsentation der Marketingstrategie – einarbeiten
5. Samstag: Herr Köhler – zu einer Konferenz – fahren

9 **Allgemeine Informationen über unsere Firma**
Formulieren Sie Sätze im Präsens.

- technische Produkte in vielen Bereichen – herstellen
  Wir stellen technische Produkte in vielen Bereichen her.

1. Kundinnen und Kunden mit innovativen Ideen bei der Lösung von Problemen – helfen
2. als führendes Technologieunternehmen die Zukunft – gestalten
3. umweltbewusst – denken
4. auf viele Jahrzehnte Erfahrung – zurückblicken
5. an allerhöchsten Qualitätsmaßstäben – sich orientieren
6. in die Ausbildung unserer Mitarbeiter – investieren
7. die Leistung des Einzelnen – honorieren
8. auf Offenheit, Teamgeist und transparente Kommunikation – bauen

10 **Wortbildung: Nicht trennbare Präfixe**

Die untrennbaren Präfixe *miss-, ver-, zer-, er-* und *ent-* können Verben eine bestimmte Bedeutung geben.

→ *miss-* steht oft für **falsch** bzw. **nicht gut**: etwas missverstehen
→ *ver-* steht oft für **einen Fehler machen** oder **eine Veränderung**: die Suppe versalzen, die Zensuren verbessern
→ *zer-* steht oft für **kaputtgehen**: etwas zerstören
→ *er-* steht oft für **einen Prozess, ein Ziel** oder **einen bestimmten Zustand**: etwas erforschen, etwas erarbeiten
→ *ent-* steht oft für **verschwinden** oder **etwas wegnehmen**: etwas entnehmen

a) **Suchen Sie passende Verben mit *ver-*.**

- Die Schrift ist zu klein. Man muss sie *vergrößern*. *(größer machen)*

1. Diese Erklärung ist viel zu kompliziert. Du musst sie .... *(einfacher machen)*
2. Mein Büro ist so hässlich. Ich kaufe ein paar Pflanzen und .... es. *(schöner machen)*
3. Die wöchentlichen Sitzungen dauern viel zu lange. Wir müssen sie .... *(kürzer machen)*
4. Ich komme nie pünktlich. Ich .... mich immer. *(später kommen)*
5. Er redet immer nur über seine Pläne, aber er muss sie auch mal .... *(Wirklichkeit werden lassen)*
6. Paul hat in der Schule Probleme. Er muss seine Noten .... *(besser machen)*

b) ***Miss-, ver-, zer-, er-* oder *ent-*?**
Ergänzen Sie das passende Präfix.

- Ich glaube, der Versuch läuft nicht gut. Er *miss*glückt.

1. In Zukunft sollten wir solche Fehler ....meiden.
2. So geht das nicht weiter. Wir müssen etwas ....ändern.
3. Wir suchen neue Produkte und ....weitern unsere Produktpalette.
4. Man kann mit diesem Messer alle Arten von Gemüse problemlos ....kleinern.
5. Bitte behandeln Sie die Kunstobjekte vorsichtig, sie können leicht ....brechen.
6. Die Steuersenkung soll die Bürgerinnen und Bürger finanziell ....lasten.
7. Wenn man die Rosen richtig anschneidet, dann ....blühen sie nicht so schnell.
8. Er macht, was er will. Er ....achtet sogar die Sicherheitsvorschriften.
9. Diese Schere ....schneidet nicht nur Papier, sondern auch Pappe oder Stoff.
10. Die Beschäftigten haben kein Vertrauen in die neue Geschäftsleitung. Sie ....trauen ihr.
11. Mit dieser unfreundlichen Art ....reichst du bei den Kunden gar nichts.
12. An dieser Stelle ....richtet die Stadt ein Denkmal für den berühmten Komponisten.
13. Ich kann mich an die Adresse nicht mehr erinnern. Sie ist mir ....fallen.
14. Dieses Haus gefällt mir. Es ....spricht genau meinen Vorstellungen.

1.1.3 Perfekt

*Lucas **ist** mit seiner Mutter in den Zoo **gegangen**. Dort **hat** er viele Tiere **gesehen**.*

*Wir **haben** sofort Maßnahmen **ergriffen** und **sind** unserem Ziel einen Schritt **nähergekommen**.*

▶ Gebrauch

Wir verwenden das Perfekt

- zur Schilderung **vergangener Ereignisse** in Gesprächen und mündlichen Berichten:
  Lucas hat im Zoo viele Tiere gesehen. Wir haben sofort Maßnahmen ergriffen.
- zur Beschreibung **vergangenen Geschehens** in der schriftlichen Alltagskommunikation (bspw. in E-Mails):
  Liebe Frau Klein, ich habe gestern mit Herrn Maier über das Projekt gesprochen.

■ Perfekt mit *haben*

Was haben die Leute am Sonntag gemacht?

*Eva **hat** Musik **gehört**.*
↓ Hilfsverb ↓ Partizip II

hören → regelmäßiges Verb

*Ben **hat** einen Bericht **geschrieben**.*
↓ Hilfsverb ↓ Partizip II

schreiben → unregelmäßiges Verb

*Jana **hat** an ihren Freund **gedacht**.*
↓ Hilfsverb ↓ Partizip II

denken → Mischverb

Regelmäßige Verben

▶ Formen

	hören		kochen		Verben auf *-t/-d*: warten		Verben auf *-ieren*: studieren	
ich	habe	gehört	habe	gekocht	habe	gewartet	habe	studiert
du	hast	gehört	hast	gekocht	hast	gewartet	hast	studiert
er/sie/es	hat	gehört	hat	gekocht	hat	gewartet	hat	studiert
wir	haben	gehört	haben	gekocht	haben	gewartet	haben	studiert
ihr	habt	gehört	habt	gekocht	habt	gewartet	habt	studiert
sie/Sie	haben	gehört	haben	gekocht	haben	gewartet	haben	studiert

- Die meisten Verben bilden das Perfekt mit dem Hilfsverb *haben* und dem Partizip II (➤ Seite 21: *Perfekt mit sein*).
- Regelmäßige Verben bilden das Partizip II mit *ge-* + Verbstamm + *-(e)t*: gehört • gewartet.
- Verben auf *-ieren* bilden das Partizip II mit Verbstamm + *-t*: studiert.

Unregelmäßige Verben

▶ Formen

	lesen		trinken		schreiben		schneiden		helfen	
ich du er/sie/es	habe hast hat	gelesen	habe hast hat	getrunken	habe hast hat	geschrieben	habe hast hat	geschnitten	habe hast hat	geholfen
wir ihr sie/Sie	haben habt haben		haben habt haben		haben habt haben		haben habt haben		haben habt haben	

➤ Seite 232: Übersicht *Unregelmäßige Verben*

Unregelmäßige Verben bilden das Partizip II mit *ge-* + Verbstamm + *-en*.
Oft ändert sich der Stammvokal: schreiben → geschrieben,
manchmal auch der Konsonant: schneiden → geschnitten.

Mischverben

▶ Formen

	denken		kennen		bringen		wissen	
ich du er/sie/es	habe hast hat	gedacht	habe hast hat	gekannt	habe hast hat	gebracht	habe hast hat	gewusst
wir ihr sie/Sie	haben habt haben		haben habt haben		haben habt haben		haben habt haben	

➤ Seite 232: Übersicht *Unregelmäßige Verben*

- Mischverben bilden das Partizip II mit *ge-* + Verbstamm + *-t*.
  Allerdings ändert sich der Stammvokal, deshalb zählen sie zu den unregelmäßigen Verben: denken → gedacht.
- Die Zahl der Mischverben ist relativ klein. Zu ihnen gehören: brennen, bringen, denken, kennen, nennen, rennen, senden und wissen.

▶ Satzbau

	I.	II.	III.	Satzende
Aussagesatz	Eva	**hat**	gestern Musik	**gehört.**
Fragesatz mit Fragewort	An wen	**hat**	Jana am Sonntag	**gedacht?**
Fragesatz ohne Fragewort	**Hat**	Ben	endlich den Bericht	**geschrieben?**

1.1

Verben

Tempora: Perfekt

Übungen

1 Alle haben etwas gemacht

Geben Sie die Perfektform an und markieren Sie die Besonderheiten des Partizips.

- ich sehe: *ich habe gesehen*

1. sie liest: ....
2. ihr wisst: ....
3. du machst: ....
4. das Kind spielt: ....
5. er telefoniert: ....
6. du isst: ....
7. wir bringen: ....
8. wir denken: ....
9. sie nimmt: ....
10. sie kochen: ....
11. wir arbeiten: ....
12. ihr trinkt: ....
13. ich stehe: ....
14. sie wohnen: ....

2 Wer hat was gemacht?

Ergänzen Sie die Verben im Perfekt und vollenden Sie die Sätze.

korrigieren • ~~sitzen~~ • lernen • arbeiten • suchen • hören • essen • bringen • schließen

- Ich *habe* im Bus *gestanden* *(stehen)*, ihr *habt gesessen*.

1. Sie .... einen Tee .... *(trinken)*, er .... ein Stück Kuchen ....
2. Die Kinder .... am Computer .... *(spielen)*, ihr Vater .... am Laptop ....
3. Ich .... den Bericht .... *(schreiben)*, Walter .... ihn ....
4. Du .... das Fenster .... *(öffnen)*, Karen .... es ....
5. John .... Maries Handy in seine Tasche .... *(stecken)*, Marie .... es dann überall ....
6. Er .... die Nachrichten in der Zeitung .... *(lesen)*, ich .... sie im Radio ....
7. Sie .... in dieser Schule Deutsch .... *(unterrichten)*, er .... hier Deutsch ....
8. Die Gäste .... das Essen .... *(bestellen)*, der Kellner .... es sofort ....

3 Sie haben im Internet interessante Informationen gefunden

(7)

a) Setzen Sie die unterstrichenen Verben ins Perfekt. Überprüfen Sie Ihre Lösungen mit dem Hörtext.

1

Schon die alten Ägypter verwendeten eine Art Zahnpasta aus Weinessig und gemahlenem Bimsstein. Die erste Zahnpasta unserer heutigen Zeit entwickelte 1907 der Dresdner Apotheker Ottomar Heinsius von Mayenburg. Er nannte sein Produkt „Chlorodont".

haben verwendet
....
....

2

Karl Follen, ein Jurist aus Darmstadt, verbreitete den deutschen Brauch des Weihnachtsbaums von den USA aus in die ganze Welt. Als er in Cambridge, USA, an der Universität lehrte, stellte er Weihnachten 1832 eine mit Äpfeln und Nüssen geschmückte Tanne vor sein Haus. Er fand viele Nachahmer.

....
....
....

3

Als ein Forscherteam 2003 versuchte, einen Dinosaurier-Knochen vom Fundort abzutransportieren, erwies sich der Knochen als zu groß für den Hubschrauber. Deshalb zersägten die Beteiligten ihn kurzerhand und entdeckten eine Sensation: Im Inneren gab es Gewebereste, die nicht versteinert waren. Die Analyse zeigte Erstaunliches: Der Tyrannosaurus Rex ist offenbar mit den heutigen Hühnern verwandt.

....
....
....
....
....

4

Der Astronaut Alan Shepard schmuggelte bei seiner Mondmission 1971 zwei Golfbälle und einen Golfschläger auf den Mond. Dort erledigte er zuerst alle offiziellen Aufgaben. Danach nahm er den mitgebrachten Schläger und schlug einen Golfball 400 Meter weit.

....
....
....
....

b) Berichten Sie einer/einem Bekannten über das Gelesene.

1. *Schon die alten Ägypter haben eine Art Zahnpasta aus Weinessig und gemahlenem Bimsstein verwendet.*

■ Perfekt mit *sein*

Was haben die Leute am Sonntag gemacht?

Paul und Lucie sind gewandert.
sind ↓ Hilfsverb – gewandert ↓ Partizip II

wandern → regelmäßiges Verb

Martina ist mit ihrem Motorroller gefahren.
ist ↓ Hilfsverb – gefahren ↓ Partizip II

fahren → unregelmäßiges Verb

▶ Formen

	regelmäßige Verben				unregelmäßige Verben					
	wandern		landen		fahren		bleiben		sein	
ich	bin	gewandert	bin	gelandet	bin	gefahren	bin	geblieben	bin	gewesen
du	bist		bist		bist		bist		bist	
er/sie/es	ist		ist		ist		ist		ist	
wir	sind		sind		sind		sind		sind	
ihr	seid		seid		seid		seid		seid	
sie/Sie	sind		sind		sind		sind		sind	

→ Das Perfekt mit *sein* bilden

- Verben, die einen Ortswechsel beschreiben und **keine Akkusativergänzung** haben:
  Paul ist gewandert, Martina ist gefahren.
  Das Flugzeug ist gelandet. (Aber: Der Pilot **hat** die Maschine sicher gelandet.)
  aufstehen, fahren, fallen, flattern, fliegen, flüchten, gehen, kriechen, kommen, landen, laufen, reisen, schwimmen, segeln, springen, starten, steigen usw.
- Verben, die eine Zustandsveränderung/ein Ereignis beschreiben und **keine Akkusativergänzung** haben:
  Der Junge ist gewachsen. • Es ist etwas passiert. • Die Tasse ist zerbrochen. (Aber: Piet **hat** die Tasse zerbrochen.)
  aufwachen, einschlafen, erschrecken, explodieren, gelingen, geschehen, passieren, scheitern, sterben, wachsen, werden, zerbrechen, zustoßen usw.
- und einige besondere Verben:
  sein: Ich bin in Italien gewesen.
  bleiben: Ich bin dort drei Wochen geblieben.
  Sein verwendet man selten im Perfekt (➤ Seite 26: *Präteritum*).

→ Alle anderen Verben bilden das Perfekt mit *haben*.

▶ Satzbau

	I.	II.	III.	Satzende
Aussagesatz	Paul und Lucie	**sind**	am Wochenende	**gewandert.**
Fragesatz mit Fragewort	Wann	**ist**	das Flugzeug	**gelandet?**
Fragesatz ohne Fragewort	**Ist**	Martina	mit dem Motorroller	**gefahren?**

Tempora: Perfekt

Übungen

4 Nach dem Banküberfall

Helfen Sie der Kommissarin beim Verhör. Bilden Sie Fragen im Perfekt mit *haben* oder *sein*.

- wann – Sie – gestern – zur Bank – fahren — *Wann sind Sie gestern zur Bank gefahren?*

1. wie viele – Angestellte – hinter dem Bankschalter – stehen ....
2. wann – die Bankräuber – kommen ....
3. was für Kleidung – die Diebe – tragen ....
4. mit welchen Waffen – die Bankräuber – drohen ....
5. wann – der Schuss – fallen ....
6. wer – den Tresor – öffnen ....
7. wie viel – Geld – im Tresor – liegen ....
8. wer – den Bankräubern – helfen ....
9. mit wem – die Räuber – sprechen ....
10. wer – die Polizei – rufen ....
11. wann – die Diebe – flüchten ....
12. was – Sie – noch – sehen oder hören ....

5 Was haben diese Menschen am Wochenende gemacht?

Ergänzen Sie die Verben im Perfekt.

- Peter *ist* zehn Kilometer *geschwommen*. *(schwimmen)*

1. Ihr .... 20 Kilometer .... *(laufen)*
2. Martin .... erst durch den Wald .... *(reiten)*
   Danach .... er mit seinem Pferd über Hindernisse .... *(springen)*
3. Du .... Tennis .... *(spielen)*
4. Ich .... einen Ausflug in die Berge .... und .... auf eine Bergspitze .... *(machen, klettern)*
5. Christina .... mit dem Fahrrad zu ihrer Freundin .... *(fahren)*
6. Wir .... ans andere Ufer des Sees .... *(segeln)*
7. Katja .... mit ihrem Hund in den Park .... *(gehen)*
8. Nur Pia .... zu Hause ....
   Sie .... ein Buch .... *(bleiben, lesen)*

6 Eine E-Mail aus Berlin

Ergänzen Sie die Sätze mit der richtigen Form von *haben* oder *sein* und dem Partizip II des Verbs.

Liebe Anja,

wie du weißt, bin ich seit zwei Tagen in Berlin.
Stell dir mal vor, wen ich gestern Vormittag in der Stadt *getroffen habe* *(treffen)*: Carsten Nett, meine große Liebe aus dem Gymnasium!!! Erinnerst du dich noch an ihn? Ich .... ihn seit der Schulzeit nicht mehr .... *(sehen)*. Wir .... einen Kaffee .... *(trinken)* und ein bisschen .... *(plaudern)*. Natürlich .... wir wieder über moderne Kunst .... *(diskutieren)*, wie früher. Er .... vor zehn Jahren nach Berlin .... *(ziehen)* und .... an der Filmuniversität Babelsberg .... *(studieren)*, aber in der Filmbranche .... er leider keinen Job .... *(finden)*. Vor ein paar Jahren .... er als Nachrichtenredakteur beim Fernsehsender RBB .... *(anfangen)* und sich langsam nach oben .... *(arbeiten)*. Ich glaube, die Arbeit macht ihm Spaß. Er .... mir seine Nummer .... *(geben)*. Ich hoffe, wir bleiben in Kontakt.
Den Rest erzähle ich dir, wenn ich wieder in Hamburg bin.

Viele Grüße
Sabine

Verben mit Präfix

Was haben Moritz und Inga gestern gemacht?

Moritz hat einige Dokumente ausgedruckt.
hat → Hilfsverb; ausgedruckt → Partizip II

Danach hat er mit Frau Weber einen Termin vereinbart.
hat → Hilfsverb; vereinbart → Partizip II

ausdrucken, vereinbaren → regelmäßige Verben

Inga hat vormittags eine Kundin angerufen.
hat → Hilfsverb; angerufen → Partizip II

Mittags hat sie mit einem Kollegen die Marketingstrategie besprochen.
hat → Hilfsverb; besprochen → Partizip II

anrufen, besprechen → unregelmäßige Verben

Verben mit trennbarem Präfix

▶ Formen

➤ Seite 14: *Verben mit Präfix*

	regelmäßige Verben		unregelmäßige Verben			
	ausdrucken		anrufen		zurückkommen	
ich	habe	ausgedruckt	habe	angerufen	bin	zurückgekommen
du	hast		hast		bist	
er/sie/es	hat		hat		ist	
wir	haben		haben		sind	
ihr	habt		habt		seid	
sie/Sie	haben		haben		sind	

Verben mit nicht trennbarem Präfix

▶ Formen

	regelmäßige Verben		unregelmäßige Verben	
	vereinbaren		besprechen	
ich	habe	vereinbart	habe	besprochen
du	hast		hast	
er/sie/es	hat		hat	
wir	haben		haben	
ihr	habt		habt	
sie/Sie	haben		haben	

→ Verben mit Präfix bilden das Perfekt mit *haben* oder *sein* und dem Partizip II.

→ Bei Verben mit trennbarem Präfix steht beim Partizip II *-ge-* zwischen Präfix und Verbstamm:
- regelmäßige Verben: Präfix + *-ge-* + Verbstamm + *-(e)t*: aus**ge**druck**t**
- unregelmäßige Verben: Präfix + *-ge-* + Verbstamm + *-en*: an**ge**ruf**en**

Verben mit nicht trennbarem Präfix bilden das Partizip II ohne *ge-*:
- regelmäßige Verben: Verbstamm + *-(e)t*: vereinbar**t**
- unregelmäßige Verben: Verbstamm + *-en*: besproch**en**

➤ Seite 15: *Weitere Hinweise zu Verben mit Präfix*

Tempora: Perfekt

▶ Satzbau

	I.	II.	III.	Satzende
Aussagesatz	Moritz	**hat**	Dokumente	**ausgedruckt.**
Fragesatz mit Fragewort	Mit wem	**hat**	Moritz den Termin	**vereinbart?**
Fragesatz ohne Fragewort	**Hat**	Inga	die Kundin schon	**angerufen?**

Übungen

7 Alltägliches

a) Hast/Bist du schon mal …? Bilden Sie Fragen.

- jemanden belügen — *Hast du schon mal jemanden belogen?*
1. einen Flug verpassen ……………
2. ein falsches Passwort eingeben ……………
3. beim Einparken ein anderes Auto anfahren ……………
4. einen wichtigen Termin vergessen ……………
5. bei einer Besprechung nicht richtig zuhören ……………
6. an einer falschen Haltestelle aussteigen ……………
7. eine Prüfung mit „sehr gut" bestehen ……………
8. etwas Geliehenes nicht zurückgeben ……………

b) Wann hast/bist du …? Bilden Sie Fragen.

- abfahren — *Wann bist du abgefahren?*
1. gestern Abend – ins Bett – gehen ……………
2. heute Morgen – aufstehen ……………
3. Mia – anrufen ……………
4. das Treffen – absagen ……………
5. für den Yogakurs – sich anmelden ……………
6. die neuen Möbel – bestellen ……………
7. das Paket – abholen ……………
8. in München – abfliegen ……………
9. ankommen ……………

8 Bericht der Firmenleitung
Ergänzen Sie die Verben im Perfekt.

- Unsere Firma *hat* wieder ein erfolgreiches Jahr *abgeschlossen*. *(abschließen)*
1. Wir …………… unsere Produktionsziele in fast allen Abteilungen …………… *(erreichen)*
2. Unsere Produktionszahlen …………… sich deutlich …………… *(erhöhen)*
3. Wir …………… auch mehr Profit …………… als im vorletzten Jahr. *(erwirtschaften)*
4. Wir …………… an allen renommierten europäischen Messen …………… *(teilnehmen)*
5. Unsere Abteilung für Innovation und Forschung …………… eine neue Software …………… *(entwickeln)*
6. Wir …………… ein bekanntes Marktforschungsinstitut mit einer Marktanalyse …………… *(beauftragen)*
7. Wir …………… beim Europäischen Patentamt fünf neue Patentanmeldungen …………… *(einreichen)*
8. Insgesamt …………… wir 14 neue Beschäftigte …………… *(einstellen)*
9. Unseren Kundenkreis …………… wir auch …………… *(erweitern)*
10. Wir …………… mehr Produkte …………… als im Vorjahr. *(verkaufen)*

9 Die Betriebsversammlung
Formulieren Sie Sätze im Perfekt.

- bei der Betriebsversammlung – einiges – schieflaufen
  Bei der Betriebsversammlung ist einiges schiefgelaufen.

1. Frau Müller – den Versammlungstermin – vergessen
2. sie – in ihrem Büro – bleiben
3. Björn – den Bericht der Direktion – vorlesen
4. zwei Kollegen – während des Berichts – einschlafen
5. Clemens – die ganze Zeit – mit seinem Smartphone – spielen
6. Britta – ihre Mails – lesen und beantworten – und – nicht – zuhören
7. einige – über die Anzahl der Homeoffice-Tage – sich kritisch äußern
8. Juliana – Protokoll – schreiben
9. allerdings – sie – akustisch – nicht alles – verstehen
10. außerdem – die Technik – nicht richtig – funktionieren
11. der Strom – ab und zu – ausfallen
12. die Verkaufsabteilung – die neuesten Zahlen – vorstellen
13. dabei – das Smartboard – kaputtgehen
14. Frau Kramer – die Zahlen – dann – mündlich präsentieren
15. die Verwaltungsleiterin – Frau Kramer – immer wieder – unterbrechen
16. schließlich – Frau Kramer – ihre Präsentation – vorzeitig – beenden
17. am Ende – alle – noch – über die Arbeitszeiten – diskutieren
18. Eduardo – das Wort – ergreifen – und – über die unergonomischen Büromöbel – sich beschweren

10 Die Erfindung des Eau de Cologne
Bilden Sie Sätze im Perfekt. Überprüfen Sie Ihre Lösungen mit dem Hörtext. 8

- im Frühjahr 1709 – Johann Maria Farina – ein wunderbar riechendes Duftwasser – erfinden
  Im Frühjahr 1709 hat Johann Maria Farina ein wunderbar riechendes Duftwasser erfunden.

1. es – ihn – an einen Frühlingsmorgen – in Italien – erinnern
2. dies – er – aus dem fernen Köln – an seinen älteren Bruder Johann Baptiste Farina – in Italien – schreiben
3. Johann Baptiste – sofort – seine Sachen – packen + zu seinem Bruder – nach Köln – ziehen
4. am 13. Juli 1709 – er – dort – eine Firma zur Produktion des neuen Duftwassers – gründen
5. fünf Jahre später – auch Johann Maria – in das Geschäft – einsteigen
6. ihr Produkt – zu Ehren der Stadt Köln – den Namen Eau de Cologne – bekommen
7. damals – die meisten Menschen – Wasser – für gesundheitsschädlich – halten
8. nach Benutzung des neuen „Wunderwassers" – der französische Philosoph Voltaire – von dem Parfüm – schwärmen: „Endlich ein Duft, der den Geist inspiriert und nicht den Körper verklebt."
9. bei der Herstellung des Parfüms – die Brüder Farina – hauptsächlich – Zitrusnoten – verwenden
10. sie – auf schwere Essenzen wie Zimt oder Moschus – verzichten
11. damit – sie – den Parfümmarkt – revolutionieren
12. viele Kaiser und Könige – „Kölnisch Wasser" – in großen Mengen – bestellen + verwenden

1.1.4 Präteritum

Die Giraffen im Kölner Zoo *mochte* Lucas besonders.
Frau Schmidt *war* zum ersten Mal in Köln.

Der Minister *fuhr* gestern nach Warschau.
Dort *begrüßte* er den polnischen Wirtschaftsminister.

▶ **Gebrauch**

Wir verwenden das Präteritum

- zur Beschreibung **vergangener Ereignisse** in formellen Texten wie Zeitungsartikeln, Berichten, Bewerbungen oder in literarischen Texten:
  Der Minister fuhr gestern nach Warschau. Schon während meines Studiums beschäftigte ich mich intensiv mit ökologischer Stadtplanung.
- zum Berichten über **Vergangenes** bei den Verben *haben* und *sein*, den Modalverben (➤ Seite 39) und bestimmten Verben und Wendungen wie *etwas (nicht) wissen, etwas (nicht) gut/richtig finden, etwas geht/läuft (nicht) gut*.
  Frau Schmidt war zum ersten Mal in Köln. Das wusste ich nicht.

■ Regelmäßige und unregelmäßige Verben

Was passierte gestern?

Die Abgeordneten *diskutierten* über die Agrarpolitik.

→ regelmäßiges Verb

Der Minister *gab* ein Interview.

→ unregelmäßiges Verb

Piet *wusste* nichts von dem Projekt.

→ Mischverb

Franz *war* gestern krank. Er *hatte* eine Erkältung.

→ *haben* und *sein*

Regelmäßige Verben

▶ **Formen**

			Verben auf *-t/-d/-n/-m*	
	malen	**diskutieren**	**arbeiten**	**öffnen**
ich	malte	diskutierte	arbeitete	öffnete
du	maltest	diskutiertest	arbeitetest	öffnetest
er/sie/es	malte	diskutierte	arbeitete	öffnete
wir	malten	diskutierten	arbeiteten	öffneten
ihr	maltet	diskutiertet	arbeitetet	öffnetet
sie/Sie	malten	diskutierten	arbeiteten	öffneten

- Regelmäßige Verben bilden das Präteritum mit *-t-*: diskutieren → diskutierten.
- Verben auf *-d* oder *-t* bilden das Präteritum mit *-et-*: arbeiteten.
- Verben auf *-n* oder *-m* bilden das Präteritum mit *-et-*, wenn ein anderer Konsonant (aber nicht: *r*) davorsteht: öffneten.

Unregelmäßige Verben

▶ Formen

				Verben auf *-t/-d*
	geben	**gehen**	**lügen**	**leiden**
ich du er/sie/es	gab gabst gab	ging gingst ging	log logst log	litt littest litt
wir ihr sie/Sie	gaben gabt gaben	gingen gingt gingen	logen logt logen	litten littet litten

➤ Seite 232: Übersicht *Unregelmäßige Verben*

- Unregelmäßige Verben haben im Präteritum einen **Vokalwechsel**: geben → gaben.
- Die Verbformen der 1. und die 3. Person Singular haben **keine Endung**: ich gab, er gab.
- Verben auf *-d* oder *-t* enden in der 2. Person Singular auf *-est*, in der 2. Person Plural auf *-et*. Manchmal ändern sich auch die Konsonanten im Wortstamm: ich litt, du littest.

Mischverben

▶ Formen

	brennen	**bringen**	**denken**	**kennen**	**nennen**	**senden**	**wissen**
ich du er/sie/es	brannte branntest brannte	brachte brachtest brachte	dachte dachtest dachte	kannte kanntest kannte	nannte nanntest nannte	sandte sandtest sandte	wusste wusstest wusste
wir ihr sie/Sie	brannten branntet brannten	brachten brachtet brachten	dachten dachtet dachten	kannten kanntet kannten	nannten nanntet nannten	sandten sandtet sandten	wussten wusstet wussten

➤ Seite 232: Übersicht *Unregelmäßige Verben*

Mischverben bilden das Präteritum mit *-t-* (wie die regelmäßigen Verben) und mit einem **Vokalwechsel** (wie die unregelmäßigen Verben): wissen → wussten.
Bei einigen Verben ändert sich auch der Konsonant im Wortstamm: denken → dachten.

Haben, sein und *werden*

▶ Formen

	haben	**sein**	**werden**
ich du er/sie/es	hatte hattest hatte	war warst war	wurde wurdest wurde
wir ihr sie/Sie	hatten hattet hatten	waren wart waren	wurden wurdet wurden

1.1 Verben
Tempora: Präteritum

Bei *haben* und *sein* bevorzugen wir in der Vergangenheit das Präteritum. Bei *werden* verwenden wir das Präteritum in bestimmten Wendungen und als Hilfsverb beim Passiv (➤ Seite 66):
Die Situation **wurde** nicht besser. Das Haus **wurde** 1899 gebaut.

▶ Satzbau

	I.	II.	III.	Satzende
Aussagesatz	Franz	**war**	gestern	**krank.**
Fragesatz mit Fragewort	Worüber	**diskutierten**	die Abgeordneten?	
Fragesatz ohne Fragewort	**Wusste**	Piet	nichts von dem Projekt?	

Übungen

1 Das Leben von Ludwig van Beethoven
Schreiben Sie Beethovens Biografie im Präteritum und überprüfen Sie Ihre Lösungen mit dem Hörtext. (9)

Das Leben von Ludwig van Beethoven ist nur lückenhaft dokumentiert. Van Beethovens genaues Geburtsdatum ist unbekannt. Wir wissen heute nur, dass er am 17. Dezember 1770 getauft wurde.

- sein Großvater – Hofkapellmeister – in Bonn – sein
  Sein Großvater war Hofkapellmeister in Bonn.

1. sein Vater – ebenfalls – als Musiker – arbeiten • aber – seine Karriere – unter dem ständigen Alkoholkonsum – leiden
   ....
2. der junge Ludwig – schon früh – das Klavierspielen – lernen
   ....
3. er – mit sieben Jahren – sein erstes öffentliches Konzert – haben
   ....
4. mit zwölf Jahren – er – seine erste eigene Komposition – schreiben
   ....
5. 1786 – Beethoven – zum Studium – nach Wien – reisen
   ....
6. nach dem Tod seiner Mutter – er – wieder nach Bonn – ziehen – und – für seine Familie – sorgen
   ....
7. trotz dieser Belastung – Beethoven – weiterhin – auf seine musikalische Ausbildung – sich konzentrieren
   ....
8. er – bis 1789 – Musik – an der Universität Bonn – studieren
   ....
9. 1792 – er – Bonn – verlassen – und – nach Wien – gehen
   ....
10. in Wien – höhere Adelskreise – Beethovens Musik – schätzen – und – finanzielle Hilfe – leisten
    ....
11. außerdem – er – Unterricht – geben – und – die Noten seiner Werke – verkaufen
    ....
12. mit 27 Jahren – Beethoven – schwerhörig – werden
    ....
13. später – er – völlig taub – sein • er – nichts mehr – hören
    ....
14. doch – Beethoven – weiter – komponieren
    ....
15. am 27. März 1827 – Beethoven – im Alter von 56 Jahren – nach langer Krankheit – sterben
    ....

2 **Sprachgeschichte**
Ergänzen Sie die Verben im Präteritum und überprüfen Sie Ihre Lösungen mit dem Hörtext. (10)

Woher stammen unsere Nachnamen?

Woher hat Herr Bleifuß seinen Namen? *Hatten* (0) *(haben)* seine Vorfahren Probleme mit ihren Füßen, vielleicht einen Fuß aus Blei? Und welche Sünden .... (1) *(gehen)* auf das Konto der Familie Sünderhauf? Ein Team der Universität Leipzig .... (2) *(versuchen)* nun, das Rätsel um unsere Namen zu lösen.

Die Forschenden .... (3) *(kommen)* dabei zu der Erkenntnis, dass sich viele unserer Nachnamen auf das Mittelalter zurückführen lassen. Zwischen dem 11. und 13. Jahrhundert .... (4) *(wachsen)* die Städte immer schneller und plötzlich .... (5) *(geben)* es mehrere Menschen an einem Ort, die denselben Vornamen .... (6) *(tragen)*. Aus diesem Grund .... (7) *(werden)* es notwendig, sich durch einen zweiten Namen voneinander zu unterscheiden. Wenn ein Fremder in der Stadt jemanden .... (8) *(suchen)*, ... (9) *(fragen)* er bald nicht mehr nach Friedrich, sondern nach Friedrich dem Zimmermann oder Friedrich dem Koch.

Berufsbezeichnungen .... (10) *(stehen)* deshalb auch Pate für die meisten deutschen Nachnamen: Allein in Deutschland heißen 265 003 Menschen Müller, 190 584 Schmidt, 115 749 Schneider, 97 658 Fischer und 86 061 Weber. Interessant ist auch, dass sich die Bedeutung mancher Namen regional .... (11) *(ändern)*. Im Norden Deutschlands .... (12) *(bezeichnen)* der Name des ehemaligen deutschen Bundeskanzlers Schröder einen Schneider, im Süden einen Bierkutscher.

Auch Orte oder Eigenschaften .... (13) *(eignen)* sich für den zweiten Namen. Heute weiß man, dass die Träger der Namen Scheel, Schiller oder Schily .... (14) *(schielen)*, Menschen, die Füchtenhans oder Feucht .... (15) *(heißen)*, übermäßig .... (16) *(trinken)*, und Personen mit dem Namen Klum aus armen Verhältnissen .... (17) *(stammen)*. Bleifuß geht übrigens auf „Blaufuß", einen Jagdfalken, zurück und Familie Sünderhauf .... (18) *(wohnen)* neben einem „Sinterhaufen", einem Berg Schlacke.

3 **Das war ein Urlaub! Nichts stimmte mit den Angaben auf der Website des Reiseanbieters überein! Schreiben Sie eine offizielle Beschwerde-E-Mail im Präteritum. Benutzen Sie die Angaben im rechten Kästchen.**

Angaben auf der Website des Reiseanbieters
- Das Hotel hat fünf Sterne.
- Es liegt in Strandnähe.
- Das Essen ist hervorragend, die Bedienung ist zuvorkommend.
- Das Hotel verfügt über einen großen Swimmingpool und einen Tennisplatz.
- Komfortable Zimmer ermöglichen einen entspannten Urlaub.

Erfahrungen am Urlaubsort
- nicht mal drei Sterne haben
- an einer Hauptverkehrsstraße – liegen • jeden Tag – 30 Minuten – zum Strand – unterwegs sein
- das Essen – schrecklich schmecken – zum Teil ungenießbar – sein
- mehrmals – bis zu zwei Stunden – auf das Essen – warten
- der Swimmingpool – sich noch im Bau befinden • der Tennisplatz – zum Nachbarhotel – gehören + nicht benutzbar sein
- die Betten – zu hart sein + quietschen • es – keinen Kühlschrank + kein WiFi + stundenlang keinen Handyempfang – geben • die Dusche – oft nicht – funktionieren • einmal – sogar – kleine schwarze Tiere – durchs Zimmer – krabbeln • unsere Tochter – einen Nervenzusammenbruch – erleiden • aufgrund der beschriebenen Umstände – wir – unseren Urlaub – um eine Woche – verkürzen

Sehr geehrte Damen und Herren,

gestern kam ich mit meiner Familie vorzeitig aus dem Urlaub zurück und ich möchte mich sofort über die bei Ihnen gebuchte Reise beschweren. Im Prospekt stand, dass das Hotel fünf Sterne hat, es hatte aber …
Sie haben sicher Verständnis für meine Beschwerde und erstatten mir die Hälfte der Reisekosten.

Mit freundlichen Grüßen

Verben mit Präfix

Was sonst noch passierte:

Ein Mann brach ins Museum ein.
Die Polizei verhaftete den Verdächtigen noch am selben Tag.
Bei ihren Ermittlungen arbeitete die Polizei eng mit dem Museum zusammen.
Der Dieb gestand die Tat und gab seine Beute zurück.

Verben mit trennbarem und nicht trennbarem Präfix

▶ Formen

	Verben mit trennbarem Präfix		Verben mit nicht trennbarem Präfix	
	regelmäßige Verben	**unregelmäßige Verben**	**regelmäßige Verben**	**unregelmäßige Verben**
	zusammenarbeiten	**einbrechen**	**verhaften**	**gestehen**
ich	arbeitete zusammen	brach ein	verhaftete	gestand
du	arbeitetest zusammen	brachst ein	verhaftetest	gestandest
er/sie/es	arbeitete zusammen	brach ein	verhaftete	gestand
wir	arbeiteten zusammen	brachen ein	verhafteten	gestanden
ihr	arbeitetet zusammen	bracht ein	verhaftetet	gestandet
sie/Sie	arbeiteten zusammen	brachen ein	verhafteten	gestanden

➤ Seite 14: *Verben mit Präfix*

Verben mit trennbarem und nicht trennbarem Präfix können regelmäßige oder unregelmäßige Formen des Präteritums bilden.

▶ Satzbau

	I.	II.	III.	Satzende
Aussagesatz	Ein Mann Die Polizei	**brach** **verhaftete**	ins Museum den Verdächtigen.	**ein.**
Fragesatz mit Fragewort	Mit wem Wann	**arbeitete** **verhaftete**	die Polizei die Polizei den Verdächtigen?	**zusammen?**
Fragesatz ohne Fragewort	**Gab** **Gestand**	der Dieb der Verdächtige	die Beute die Tat?	**zurück?**

‣ Bei Verben mit trennbarem Präfix steht das Präfix am Satzende.

Übungen

4 Nach dem Einbruch. Bilden Sie kurze Sätze im Präteritum.

- die Polizei – den Dieb – verhaften
  Die Polizei verhaftete den Dieb.
1. die Polizisten – die Wohnung – durchsuchen
   ....
2. sie – die Gemälde – entdecken
   ....
3. der Fund – den Museumsdieb – überführen
   ....
4. die Kommissarin – den Verdächtigen – verhören
   ....
5. der Dieb – den Einbruch – im Verhör – bestreiten
   ....

5 Sportliches

a) Wer lief den ersten Marathon? Geben Sie den Infinitiv an.

Seinen Namen erhielt (1) der Marathonlauf von einem Dorf in Griechenland, das auf einer kleinen Ebene lag (2). Dort kämpften (3) 490 v. Chr. Griechen und Perser miteinander. Die Schlacht endete (4) mit dem Sieg der Griechen. Einer Sage nach lief (5) ein Bote der Griechen die 42,195 km lange Strecke von Marathon nach Athen und verkündete (6) dort die Siegesnachricht. Danach brach er tot zusammen (7). Übrigens war (8) er nicht der einzige Bote, der in Griechenland auf diese Weise starb (9).
In der Neuzeit organisierte (10) man den ersten Marathonlauf 1896 in Athen. Bis 1908 erstreckte (11) er sich jedoch nur über eine Länge von ungefähr 40 km.
Der erste offizielle deutsche Marathonlauf fand am 3. Juli 1898 statt (12). Die Strecke verlief (13) von Paunsdorf bei Leipzig nach Bennewitz und wieder nach Paunsdorf zurück. Sieger war (14) Arthur Techtow, der für die etwa 40 km eine Zeit von 3:15:50 Stunden brauchte (15).

b) Die Geschichte der Olympischen Spiele
Ergänzen Sie die vorgegebenen Verben im Präteritum und überprüfen Sie Ihre Lösungen mit dem Hörtext. (11)

Ursprünglich *waren* (0) *(sein)* die Olympischen Spiele ein kleiner sportlicher Wettbewerb zu Ehren der Götter im antiken Griechenland. Der Legende nach .... (1) *(gründen)* der Halbgott Herakles die Spiele in Olympia zu Ehren seines Vaters Zeus.
Die ersten Spiele von Olympia .... (2) vermutlich 776 vor Christus .... (2) *(stattfinden)* und sie .... (3) *(bestehen)* bis zum Jahr 724 vor Christus nur aus einer einzigen Sportart: dem Wettlauf über die Distanz eines Stadions (192,27 Meter).
Mit der Zeit .... (4) *(kommen)* noch einige Sportarten dazu, sodass die Zahl der sportlichen Wettkämpfe auf 18 .... (5) *(steigen)*. In ihrer Anfangszeit .... (6) *(haben)* die Olympischen Spiele eher den Charakter eines religiösen Festes, die sportliche Auseinandersetzung .... (7) *(spielen)* eine untergeordnete Rolle.
Das .... (8) *(ändern)* sich mit dem Umzug der Veranstaltung zum Tempel des Zeus nach Athen. Die Sieger .... (9) *(erhalten)* nach dem Wettkampf einen Kranz aus Olivenzweigen und der Sieg .... (10) *(bringen)* ihnen Ruhm und Reichtum: Sie .... (11) *(brauchen)* keine Steuern mehr zu zahlen und .... (12) *(leben)* bis zu ihrem Tod auf Staatskosten.
Das .... (13) *(machen)* einen Sieg so attraktiv, dass immer mehr Sportler .... (14) *(beginnen)*, bei den Wettkämpfen zu betrügen.
Das bekannteste Beispiel für Bestechung und Betrug ist Kaiser Nero: Er .... (15) im Jahre 67 nach Christus an den Spielen .... (15) *(teilnehmen)* und .... (16) *(gewinnen)* in sechs Disziplinen – auch im Wagenrennen, obwohl er während der Fahrt vom Wagen .... (17) *(fallen)*.

6 Jahresrückblick

Ergänzen Sie die passenden Verben im Präteritum.

verringern • ankündigen • einsetzen • ~~verzeichnen~~ • nennen • laufen • erleiden • unterzeichnen • machen • zurücktreten • beschließen

1. Die Krankenkassen *verzeichneten* ein Defizit von 2,2 Milliarden Euro. Als Grund .... eine Vertreterin der Allgemeinen Ortskrankenkasse AOK die gestiegenen Kosten bei der Pflegeversicherung.
2. Die deutsche Exportwirtschaft .... im letzten Jahr Verluste. Die Ausfuhren .... sich leicht. Die Geschäfte mit einigen asiatischen Ländern .... schlechter als im Vorjahr.
3. Nach Jahren des Wachstums .... ein großer Onlinehändler die Streichung von 10 000 Stellen .... Für diesen Schritt .... der Onlinehändler die hohe Inflation und steigende Zinsen verantwortlich.
4. Deutschland und Norwegen .... eine engere Zusammenarbeit in der Energieversorgung. Beide Länder .... einen Vertrag zur Förderung der Wasserstoffwirtschaft.
5. Nach mehreren Kommunikationspannen .... die Verteidigungsministerin .... Die Regierung .... eine anerkannte Verteidigungsexpertin als Nachfolgerin ....

7 Der Nobelpreis

a) Ergänzen Sie die Verben im Präteritum und überprüfen Sie Ihre Lösungen mit dem Hörtext. (12)

Den Nobelpreis *stiftete* (0) *(stiften)* der schwedische Erfinder und Industrielle Alfred Nobel. In seinem Testament .... (1) er .... (1) *(festlegen)*, dass diese Auszeichnung denen übergeben werden sollte, die für die Menschheit besonders viel getan haben. Das Geld .... (2) *(verteilen)* er gleichmäßig auf die Gebiete Physik, Chemie, Medizin, Literatur und Bemühungen um Frieden. Die ersten Preise .... (3) *(verleihen)* die Nobelstiftung 1901, fünf Jahre nach Nobels Tod.

Wir wissen nicht, warum Alfred Nobel sich für diese fünf Kategorien .... (4) *(entscheiden)*. So gibt es zum Beispiel keinen Nobelpreis für Mathematik. Anscheinend .... (5) *(gehören)* diese Disziplin für Nobel nicht zu den Wissenschaften, die die Menschheit voranbringen. Gerüchten zufolge gibt es keinen Nobelpreis für Mathematik, weil seine Frau ihn angeblich mit einem Mathematiker .... (6) *(betrügen)*. Das ist aber schon deshalb gar nicht möglich, weil er nie verheiratet war.

Alfred Nobel .... (7) *(sein)* ein interessanter Mensch. Er .... (8) *(besuchen)* nur ein Jahr lang eine reguläre Schule, ... (9) kein Examen .... (9) *(ablegen)* und .... (10) *(erwerben)* nie einen akademischen Grad. Trotzdem .... (11) *(sprechen)* er schon mit 17 Jahren vier Fremdsprachen. Er .... (12) *(erfinden)* das Dynamit und .... (13) bis zu seinem Tod 355 weitere Patente .... (13) *(anmelden)*.

b) Anekdoten rund um den Nobelpreis
Ergänzen Sie die Verben im Präteritum und überprüfen Sie Ihre Lösungen mit dem Hörtext. (13)

1. überweisen • ~~behalten~~ • weiterreichen

Einige Preisträger *behielten* das Preisgeld nicht, sondern .... es................ . Der Deutsch-Amerikaner Max Delbrück .... die gesamte Summe 1969 an Amnesty International.

2. einladen • geschehen • übergeben • erhalten

Ähnliches .... 1999, als der in New York lebende Deutsche Günter Blobel den Nobelpreis für Medizin .... Er .... seine ganze Verwandtschaft zu den Feierlichkeiten in Stockholm .... Den größten Teil des Geldes ....der gebürtige Dresdener einer Stiftung zum Wiederaufbau der Frauenkirche.

3. bekommen • verpflichten

Albert Einstein .... den Preis, nicht aber das Geld. Er .... sich nämlich bei seiner Scheidung, die ganze Summe seiner ehemaligen Frau zu geben.

4. benötigen • erklären • erhalten *(2 x)* • teilnehmen

Marie Curie ist die einzige zweifache Preisträgerin. Sie .... ihren ersten Preis für Physik 1903, zusammen mit ihrem Ehemann Pierre und Antoine Henri Becquerel. Allerdings .... sie dazu die Vermittlung ihres Mannes, der dem Nobelpreiskomitee in einem Brief .... , dass seine Frau an der Forschung aktiv .... Den Nobelpreis für Chemie .... sie 1911.

5. zuerkennen • einstufen • erregen

In der ersten Hälfte des 20. Jahrhunderts .... man die Preisvergabe in der Kategorie Literatur nur selten als „ganz normal" .... Dass das Nobelpreiskomitee überragenden Schriftstellern wie Leo Tolstoi, James Joyce, Virginia Woolf, Marcel Proust, Henrik Ibsen und selbst dem Schweden August Strindberg den Preis nie ...., ... damals großes Aufsehen.

6. erweisen • entdecken • verleihen • entwickeln • befinden

Es gab auch schon echte Fehlentscheidungen. So wurde der dänische Pathologe Johannes Grib Fibiger 1926 mit dem Medizin-Nobelpreis geehrt. Er .... die Theorie, dass ein kleiner Fadenwurm Magenkrebs auslöst. Diese Vermutung .... sich später als Irrtum. Auch dem Kanadier John Macleod .... das Komitee 1923 den Preis zu Unrecht, denn er .... sich gerade im Urlaub, als Angestellte seines Instituts das Insulin ....

1.1.5 Plusquamperfekt

Nachdem Lucas seiner Oma von der Reise erzählt hatte, schenkte sie ihm ein Buch über Tiere.

Als ich den Sitzungsraum betrat, hatte Alex seine Präsentation gerade beendet.

▶ Gebrauch

→ Wir verwenden das Plusquamperfekt zum Berichten über **Ereignisse**, die in der **Vergangenheit hintereinander** stattgefunden haben. Das Plusquamperfekt beschreibt dabei das **vor-vergangene Geschehen** und steht immer zusammen mit der nachfolgenden Handlung.

→ Das Plusquamperfekt wird nicht sehr häufig gebraucht, oft schriftlich in Temporalsätzen mit der Subjunktion *nachdem*. Im dazugehörenden Hauptsatz verwenden wir das Präteritum:
Nachdem Lucas seiner Oma von der Reise erzählt hatte, schenkte sie ihm ein Buch über Tiere.

→ Das Plusquamperfekt kann auch in Hauptsätzen stehen:
Als ich den Sitzungsraum betrat, hatte Alex seine Präsentation gerade beendet. Um 15.00 Uhr betrat ich den Sitzungsraum. Da war die Abstimmung über das Projekt gerade erfolgt.

Was geschah davor/danach?

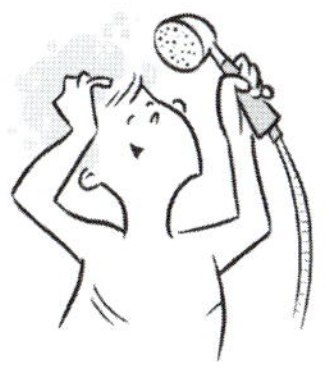

Ich war gestern bei Otto. Als ich kam, hatte er gerade geduscht.
hatte ↓ Hilfsverb im Präteritum
geduscht ↓ Partizip II

Nachdem Inga den Fehler gefunden hatte, sprach sie mit ihrer Kollegin darüber.
gefunden ↓ Partizip II
hatte ↓ Hilfsverb im Präteritum

Nachdem Felix endlich eingeschlafen war, träumte er vom nächsten Urlaub.
eingeschlafen ↓ Partizip II
war ↓ Hilfsverb im Präteritum

▶ Formen

➤ Seite 18/21: *Bildung des Partizips und Gebrauch von haben oder sein*

	Hilfsverb: *haben*				Hilfsverb: *sein*			
		regelmäßige Verben	unregelmäßige Verben	trennbare Verben		regelmäßige Verben	unregelmäßige Verben	trennbare Verben
		duschen	**finden**	**ausdrucken**		**landen**	**fahren**	**einschlafen**
ich	hatte				war			
du	hattest				warst			
er/sie/es	hatte	geduscht	gefunden	ausgedruckt	war	gelandet	gefahren	eingeschlafen
wir	hatten				waren			
ihr	hattet				wart			
sie/Sie	hatten				waren			

1.1 Verben
Tempora: Plusquamperfekt

Das Plusquamperfekt wird mit der Präteritumform von *haben* oder *sein* und dem Partizip II gebildet:
er hatte geduscht, er war eingeschlafen.

▶ Satzbau

Nebensatz		Hauptsatz
	Satzende	
Nachdem Inga den Fehler	**gefunden hatte,**	**sprach** sie mit ihrer Kollegin darüber.
Als ich den Raum	**betrat,**	**hatte** Alex seine Präsentation gerade **beendet**.

➤ Seite 215: *Temporalsätze*

Übungen

1 Vor langer Zeit

(14)

a) Lesen Sie den folgenden Text und markieren Sie die Verben. Überprüfen Sie Ihre Lösungen mit dem Hörtext.

Intelligente Dinosaurier

Im Erdmittelalter (Mesozoikum), das vor 230 Millionen Jahren begann und vor 65 Millionen Jahren endete, eroberten Saurier nahezu alle Lebensräume auf der Erde. Tiere von bis zu 25 Metern Länge schwammen durch die Weltmeere, Riesen mit messerscharfen Klauen und Zähnen streiften über das Festland und Flugsaurier mit Flügelspannweiten von teilweise über zehn Metern schwebten durch die Luft. Von diesen drei Sauriergruppen zählen nur die Saurier, die auf dem Festland gelebt haben, zu den Dinosauriern.

Nachdem Forschende die Dinosaurier bei ihrer Entdeckung im 19. Jahrhundert noch als dumm und einzelgängerisch beschrieben hatten, änderte sich die wissenschaftliche Meinung im Laufe der Jahre. Immer mehr Funde belegen, dass zumindest einige Arten ein geregeltes Zusammenleben führten, was eine gewisse soziale Intelligenz erforderte.

Die Mehrzahl der Dinosaurier schlüpfte, wie die meisten Reptilien und Vögel, aus Eiern. Doch im Gegensatz zu Reptilien, die sich nach der Eiablage

nicht mehr um das Gelege kümmern, erinnert das Brutverhalten einiger Dinosaurier eher an das der Vögel. Sie bauten Nester und passten auf ihre Eier auf. In der Mongolei legten Forschende die Fossilien eines Oviraptors frei, der sein Nest mit ausgebreiteten Armen geschützt hatte, bevor er in einem Sandsturm ums Leben kam. Die Maiasaurier schlossen sich sogar zu ganzen Nestkolonien zusammen und pflegten ihren Nachwuchs noch längere Zeit. Besonders schlau waren offenbar die kleinen, vogelähnlichen Raubsaurier wie Velociraptoren und Saurornithoides, die ihre Beute in Gruppen jagten.

b) Ergänzen Sie die Tabelle mit den Verben aus Aufgabe a).

Verb im Text	Tempus	Infinitiv	Verb im Text	Tempus	Infinitiv
begann	*Präteritum*	*beginnen*			

2 **Was war vorher passiert?**
Bilden Sie die Sätze im Plusquamperfekt.

- Franz war überglücklich. *(Karten – für das Fußballfinale – bekommen)*
  Er hatte Karten für das Fußballfinale bekommen.

1. Petra suchte gestern ihre Katze. *(sie – vor zwei Tagen – weglaufen)*
   ....
2. Ferdinand bestand die Prüfung mit „sehr gut". *(er – für die Prüfung – sehr fleißig – lernen)*
   ....
3. Niemand erhielt eine Einladung zum Sommerfest. *(die Assistentin – sie – nicht – verschicken)*
   ....
4. Die Sicherheitsanlage funktionierte nicht. *(jemand – sie – ausschalten)*
   ....
5. Gustav war übel. *(er – zu viel – Schokolade – essen)*
   ....
6. Lilly strahlte vor Freude. *(ihr Freund – sie – zum Abendessen in ein Gourmet-Restaurant – einladen)*
   ....
7. Max ließ nach der Party sein Auto stehen und fuhr mit dem Taxi. *(er – zu viel – Alkohol – trinken)*
   ....
8. Die Ärzte operierten Fritzchen am Bein. *(er – beim Spielen – vom Baum – fallen)*
   ....

3 **Gestern in der Firma**
Verbinden Sie die Sätze. Bilden Sie temporale Nebensätze mit *nachdem*. Der Hauptsatz steht im Präteritum.

•	Die Gäste kamen am Flughafen an. Sie fuhren mit einem Taxi in die Firma.	*Nachdem die Gäste am Flughafen angekommen waren, fuhren sie mit einem Taxi in die Firma.*
1.	Frau Müller bereitete alles für die Präsentation vor. Sie machte eine kleine Pause.	....
2.	Frau Huber, die Abteilungsleiterin, begrüßte die Gäste. Die Sitzung begann.	....
3.	Herr Friedrich stellte das neue Produkt vor. Die Gäste zeigten großes Interesse.	....
4.	Herr Friedrich und Frau Huber beantworteten den Gästen alle Fragen. Man sprach über den Preis.	....
5.	Die Gäste bestellten das neue Produkt. Frau Müller servierte Champagner.	....
6.	Die Gäste gingen. Herr Friedrich räumte das Verhandlungszimmer auf.	....

4 **Lösungen**
Formulieren Sie Sätze mit *nachdem*. Achten Sie auf die Zeitformen.

- Mia – öfter – Probleme – beim Telefonieren mit ausländischen Kunden – haben • sie – beschließen, einen Sprachkurs zu machen
  Nachdem Mia öfter Probleme beim Telefonieren mit ausländischen Kunden gehabt hatte, beschloss sie, einen Sprachkurs zu machen.

1. Noah – jeden Morgen – im Stau – stehen • er – vor einem Monat – ein Fahrrad – sich kaufen
2. mehrere Präsentationen von Lilli – nicht gut – laufen • sie – beginnen, an ihrem Präsentationsstil zu arbeiten
3. Otto – bei vielen Firmen – sich erfolglos bewerben • er – seine Bewerbungsunterlagen – überprüfen und verbessern
4. Maria – mit ihrem Projekt – nicht – weiterkommen • sie – Kollegen – um Hilfe – bitten
5. die Verkaufszahlen – drastisch sinken • die Marketingabteilung – eine neue Strategie – entwickeln
6. der Gewinn um 20 Prozent – einbrechen • der Vorstand – neue Umstrukturierungsmaßnahmen – ankündigen
7. eine Beraterfirma – hybrides Arbeiten – positiv evaluieren • viele Angestellte – die konkrete Umsetzung in ihren Bereichen – fordern
8. Herr Obermeier – an einem Führungsseminar – teilnehmen • die Kommunikation mit den Kolleginnen und Kollegen – deutlich – sich verbessern

1.1.6 Futur I und II

Frau Schmidt wird morgen mit Lucas in den Zoo gehen.
Die Giraffen werden Lucas wahrscheinlich sehr beeindrucken.

Wenn Familie Schmidt wieder zu Hause ist, wird Lucas ein großes Abenteuer erlebt haben.

Wo ist Tim? – Er wird noch im Büro sein.
Wo war Tim gestern Abend? – Er wird noch im Büro gewesen sein.

▶ Gebrauch

→ Wir verwenden das **Futur I**

- zum Berichten über **zukünftige Ereignisse**, wenn man die **Absicht betonen** möchte:
  Frau Schmidt wird morgen mit Lucas in den Zoo gehen. Ich werde im nächsten Jahr mehr Sport treiben.
- zum Beschreiben von **erwartetem, zukünftigem Geschehen oder Visionen und Prophezeiungen**:
  Die Erdbevölkerung wird zunehmen. Im Jahr 2111 werden wir mit Außerirdischen kommunizieren.
- zum Ausdruck einer **Vermutung** in der Gegenwart oder der Zukunft:
  Tim wird noch im Büro sein. Die Giraffen werden Lucas beeindrucken.
  Die Vermutung kann man mithilfe von modalen Adverbien unterstützen:
  Tim wird vermutlich noch im Büro sein. Die Giraffen werden Lucas wahrscheinlich sehr beeindrucken.
  (➤ Seite 179: *Modale Adverbien*)

Achtung: Zum Beschreiben zukünftiger Ereignisse und Vorgänge benutzen wir normalerweise die Präsensform mit einer Zeitangabe: Wir fahren morgen nach Köln.

→ Wir verwenden das **Futur II**

- zum Ausdruck einer Absicht, einer Vermutung, einer Prophezeiung, die zu einem zukünftigen Zeitpunkt abgeschlossen ist: Wenn Familie Schmidt wieder zu Hause ist, wird Lucas ein großes Abenteuer erlebt haben.
  Bis morgen werden wir eine Lösung gefunden haben.
  Anstelle des Futur II wird umgangssprachlich oft das Perfekt verwendet:
  Bis morgen haben wir eine Lösung gefunden.
- zum Ausdruck einer Vermutung in der Vergangenheit: Tim wird gestern Abend noch im Büro gewesen sein.

Wird Gustav das Problem lösen?

Er wird eine Lösung für das Problem finden.
wird ↓ Hilfsverb; finden ↓ Infinitiv

Bis morgen wird er eine Lösung gefunden haben.
wird ↓ Hilfsverb; gefunden ↓ Partizip II; haben ↓ Infinitiv von *haben* oder *sein*

▶ Formen

	Futur I		Futur II	
ich	**werde**	finden	**werde**	gefunden haben
du	**wirst**		**wirst**	
er/sie/es	**wird**		**wird**	
wir	**werden**		**werden**	
ihr	**werdet**		**werdet**	
sie/Sie	**werden**		**werden**	

- Das Futur I wird mit *werden* und dem Infinitiv gebildet: er wird finden.
- Das Futur II wird mit *werden*, dem Partizip II und dem Infinitiv von *haben* oder *sein* gebildet: er wird gefunden haben.

Satzbau

	I.	II.	III.	Satzende
Aussagesatz	Frau Schmidt Gustav	wird wird	mit Lucas in den Zoo bis morgen eine Lösung	gehen. gefunden haben.
Fragesatz ohne Fragewort	Wird Wird	Frau Schmidt Gustav	mit Lucas in den Zoo bis morgen eine Lösung	gehen? gefunden haben?

Übungen

1 Vorsätze und Versprechungen

a) Und wieder ist ein Jahr vorbei. Sagen Sie, was Sie sich für das nächste Jahr alles vorgenommen haben. Formulieren Sie Ihre guten Vorsätze im Futur I.

öfter mal Nein sagen • Fastfood-Restaurants meiden • weniger mit dem Auto fahren • mehr Sport treiben • mehr Obst und Gemüse essen • mehr für die Umwelt tun • weniger Zeit in sozialen Medien verbringen

- *Im nächsten Jahr* ....

b) Auch die Politikerinnen und Politiker versprechen viel
Ergänzen Sie die Verben im Futur I. Überprüfen Sie Ihre Lösungen mit dem Hörtext. (15)

schaffen • entstehen • senken • ausbauen • gehen • ~~unterstützen~~ • bleiben • erhöhen • treffen • stecken • reformieren

- Wir *werden* die Förderung von alternativen Energien noch stärker *unterstützen*.

1. Meine Partei .... gesetzliche Maßnahmen zur Einhaltung von Umweltvorgaben ....
2. Wir .... die Steuern im nächsten Jahr ...., damit die Bürger mehr Geld in der Tasche haben.
3. Wir .... den Mindestlohn ....
4. Es .... viele neue Arbeitsplätze ....
5. Wir .... mehr Geld in die Bildung ....
6. Es .... allen Bürgern besser ....!
7. Wir .... das Netz der öffentlichen Verkehrsmittel weiter ....
8. Die Währung .... stabil ....
9. Wir .... das Gesundheitssystem ....
10. Die Kommunen .... ausreichend Kindergartenplätze ....

2 Vermutungen in Gegenwart und Zukunft

a) Ein Familientreffen naht! Was werden die Familienmitglieder tun?
Drücken Sie Ihre Vermutungen aus. Sie können Ihre Vermutung mit einem modalen Adverb unterstützen.

- Oma – erzählen – wieder – alte Geschichten *Oma wird wahrscheinlich wieder alte Geschichten erzählen.*

1. Opa – zu viel – Bier – trinken – und – über seine Krankheiten – reden ....
2. Cousine Janette – wieder – ihren Hund – mitbringen ....
3. Onkel Alfred – wieder – blöde Witze – machen ....
4. Tante Erna – wieder – Kopfschmerzen – haben ....
5. Gustav – mit seinen beruflichen Erfolgen – angeben ....
6. meine Schwester – die ganze Zeit – auf ihr Handy gucken ....

Tempora: Futur I und II

b) Formulieren Sie Vermutungen im Futur I.

- Wo ist Beate? Heute ist Montag.
  sie – zu Hause – arbeiten, wie jeden Montag Sie wird zu Hause arbeiten, wie jeden Montag.

1. Die Besprechung fängt gleich an. Wo ist Frau Bauer?
   sie – noch – im Stau stehen ……………………………………
2. Ist Jan noch nicht in seinem Büro?
   Nein. er – noch – in einer Besprechung – sitzen ……………………………………
3. Hat Petra bis morgen die Ergebnisübersicht fertig?
   das – sie – vermutlich – nicht – schaffen ……………………………………
4. Kommt Paul auch mit ins Fitnessstudio?
   Nein. er – wohl – seinen Projektbericht – schreiben ……………………………………

3 Vermutungen in der Vergangenheit
Formulieren Sie Sätze im Futur II.

- Hat Frau Bertram den Bericht schon abgegeben?
  sie – den Bericht – noch nicht – abgeben • Sie war letzte Woche krank.
  Sie wird den Bericht noch nicht abgegeben haben.

1. Gibt es schon eine neue Assistentin oder einen neuen Assistenten?
   sie (Pl.) – die Stelle – noch nicht – besetzen • Ich habe jedenfalls noch niemanden gesehen.
2. War Herr Krüger gestern Abend noch im Büro?
   Nein. er – noch – im Flieger – sitzen • Sein Flug hatte vier Stunden Verspätung.
3. Hat Finn den Leitungsposten bekommen?
   er – den Posten – nicht bekommen • Er war heute ganz deprimiert.
4. Hat Michaela schon mit Peter über die Projektleitung gesprochen?
   sie – dazu – noch keine Zeit – haben • Sie hatte sehr viel zu tun.

4 Prognosen
Erstellen Sie Prognosen für die Zukunft im Futur I.

- Lebensmittel aus Algen- oder Insektenmehl – in Europa – an Beliebtheit gewinnen
  Lebensmittel aus Algen- oder Insektenmehl werden in Europa an Beliebtheit gewinnen.

1. die Menschen – auf regionale Bio-Produkte – mehr Wert legen
2. Nahrungsmittel mit gesundheitsfördernder, pharmazeutischer Wirkung – im Trend liegen
3. Kühlschränke – fehlende Lebensmittel – selbst bestellen
4. wir – mit Cybertraining oder Fitness-Apps – fit bleiben
5. die Telemedizin – die persönlichen Arztbesuche – fast vollständig – ersetzen
6. alte und hilfsbedürftige Menschen – dank digitaler Helfer – länger – ein eigenständigeres Leben – führen

5 Optimistische Visionen
Wie wird das Jahr 2111 aussehen? Was wird bis dahin schon alles passiert sein?
Beschreiben Sie in der Zukunft abgeschlossene Vorgänge im Futur II.

- Die Menschen lernen aus ihren Fehlern.
  Im Jahr 2111 werden die Menschen aus ihren Fehlern gelernt haben.

1. Verantwortungsbewusste Politikerinnen und Politiker finden gemeinsam Lösungen für die Probleme der Menschheit.
   ……………………………………
2. Die europäischen Länder gründen ein vereintes Europa.
   ……………………………………
3. Alternative Energien ersetzen fossile Energiequellen vollständig.
   ……………………………………
4. Die Menschen machen den Mars bewohnbar.
   ……………………………………
5. Astronomen entdecken einen bewohnten Planeten.
   ……………………………………
6. Weltraumorganisationen nehmen Kontakt zu außerirdischen Lebewesen auf.
   ……………………………………

1.2 Modalverben
1.2.1 Modalverben in der Grundbedeutung

Lisa **kann** sehr gut **kochen.**

Tina **will** später Schauspielerin **werden.**

Anton **muss** noch einige Dokumente **kopieren.**

Felix **mag** den Salat nicht.

▶ Gebrauch

→ Modalverben beschreiben das Verhältnis einer Person zur Handlung. Sie drücken z. B. Fähigkeit, Absicht oder Notwendigkeit aus: Lisa kann sehr gut kochen. Tina will später Schauspielerin werden. Anton muss noch einige Dokumente kopieren.
Deshalb stehen Modalverben meistens mit einem Infinitiv *(kochen, werden, kopieren)*.

→ Manchmal verwendet man Modalverben als Vollverben,
oft das Verb *mögen*: Felix **mag** den Salat nicht.
oder wenn der Kontext deutlich ist: Kommst du mit ins Kino? Nein, ich **kann** heute nicht.

▶ Grundbedeutung der Modalverben

können	Lisa **kann** sehr gut kochen. Moritz **kann** noch **nicht** kochen. Du **kannst** Frau Rau jetzt anrufen. Die Besprechung ist zu Ende. Ich **kann** jederzeit Urlaub nehmen. **Können** Sie mich bitte mit Frau Kaiser verbinden?	Fähigkeit Unfähigkeit/Unvermögen Gelegenheit/Möglichkeit Berechtigung/Erlaubnis Bitte
müssen **nicht brauchen** + *zu*	Anton **muss** noch einige Dokumente kopieren. Unternehmen **müssen** Steuern zahlen. Du **brauchst** Herrn Fleischer **nicht zu** benachrichtigen. Das habe ich schon gemacht.	Notwendigkeit Pflicht Negation von *müssen* = *nicht brauchen*
sollen	Wir **sollen** die Projektbeschreibung bis morgen fertig haben. (Das sagt die Abteilungsleiterin.) Du **sollst** Frau Kümmel sofort zurückrufen. **Soll** ich dir ein Brötchen mitbringen? Man **soll** sich gegenseitig respektieren. Du **solltest** mehr Sport treiben. (➤ Seite 85: *Konjunktiv II*)	Auftrag Weiterleitung eines Auftrags jemandem seine Hilfe anbieten moralische Forderung Empfehlung/Rat
dürfen	Der Raum **darf** nur mit Schutzanzug betreten werden. Hier **darf** man **nicht** parken. **Darf** ich mal kurz das Fenster öffnen?	Erlaubnis/Berechtigung Verbot höfliche Frage
mögen	Ich **mag** die Musik von Johann Sebastian Bach. Felix **mag** den Salat **nicht**.	Vorliebe Abneigung
wollen	Tina **will** später Schauspielerin werden. Die Beschäftigten **wollen** mehr Geld.	Absicht/Plan Wunsch
möchten	Ich **möchte** gern am Fenster sitzen. Wir **möchten** gern ein anderes Zimmer. **Möchten** Sie noch etwas trinken? Du **möchtest** bitte Frau Kümmel zurückrufen. (Frau Kümmel bittet um einen Rückruf.)	Wunsch (freundliche Form von *wollen*) Frage nach einem Wunsch höfliche Weiterleitung eines Auftrags (freundliche Form von *sollen*) – selten

Modalverben: Grundbedeutung

Zeitformen der Modalverben

Anton **muss** *noch Dokumente* **kopieren**.
↓ Modalverb im Präsens ↓ Infinitiv

Gestern **musste** *Anton Dokumente* **kopieren**.
↓ Modalverb im Präteritum ↓ Infinitiv

Anton **hat** *Dokumente* **kopieren müssen**.
↓ Hilfsverb ↓ Infinitiv ↓ Modalverb im Infinitiv

Felix **mag** *den Salat nicht.*
↓ Modalverb im Präsens

Felix **mochte** *den Salat nicht.*
↓ Modalverb im Präteritum

Felix **hat** *den Salat nicht* **gemocht**.
↓ Hilfsverb ↓ Partizip II

▶ Übersicht

	Modalverb als Hilfsverb (Regelfall)	Modalverb als Vollverb (Ausnahme ➤ Seite 39)
Präsens	Lisa **kann** sehr gut **kochen**.	Ich **kann** es nicht.
Präteritum	Lisa **konnte** schon früher sehr gut **kochen**.	Ich **konnte** es noch nie.
Perfekt	Lisa **hat** schon früher sehr gut **kochen können**.	Ich **habe** es noch nie **gekonnt**.
Futur I	Lisa **wird** morgen nicht **kochen können**.	Ich **werde** es auch nicht **können**.

▶ Formen: Präsens

	können	müssen	sollen	dürfen	mögen	wollen	möchten
ich	kann	muss	soll	darf	mag	will	möchte
du	kannst	musst	sollst	darfst	magst	willst	möchtest
er/sie/es	kann	muss	soll	darf	mag	will	möchte
wir	können	müssen	sollen	dürfen	mögen	wollen	möchten
ihr	könnt	müsst	sollt	dürft	mögt	wollt	möchtet
sie/Sie	können	müssen	sollen	dürfen	mögen	wollen	möchten

▶ Formen: Präteritum (oft gebraucht)

	können	müssen	sollen	dürfen	mögen	wollen
ich	konnte	musste	sollte	durfte	mochte	wollte
du	konntest	musstest	solltest	durftest	mochtest	wolltest
er/sie/es	konnte	musste	sollte	durfte	mochte	wollte
wir	konnten	mussten	sollten	durften	mochten	wollten
ihr	konntet	musstet	solltet	durftet	mochtet	wolltet
sie/Sie	konnten	mussten	sollten	durften	mochten	wollten

▶ Formen: Perfekt – Modalverb als Vollverb

	können	müssen	sollen	dürfen	mögen	wollen
ich habe	gekonnt	gemusst	gesollt	gedurft	gemocht	gewollt

→ Bei den Modalverben bevorzugen wir in der Vergangenheit das Präteritum, auch im mündlichen Gebrauch:
Anton musste gestern einige Dokumente kopieren. Tina wollte früher Schauspielerin werden.

→ Wenn Modalverben die Funktion von Hilfsverben haben, bildet man das Perfekt mit *haben*, dem Infinitiv des Verbs und dem Infinitiv des Modalverbs:
Anton hat Dokumente kopieren müssen. Lisa hat schon früher gut kochen können.
Wird ein Modalverb als Vollverb verwendet, bildet man das Perfekt mit *haben* und dem Partizip II:
Felix hat den Salat nicht gemocht.
Das Perfekt wird bei Modalverben selten verwendet.

→ Das Verb *möchten* hat keine eigene Vergangenheitsform:
Ich möchte am Fenster sitzen. → Ich **wollte** am Fenster sitzen.
Du möchtest bitte Frau Kümmel zurückrufen. → Du **solltest** doch Frau Kümmel zurückrufen.

Stellung der Modalverben im Satz

▶ Stellung im Hauptsatz

	I.	II.	III.	Satzende
Aussagesatz im Präsens	Anton	**muss**	noch Dokumente	**kopieren.**
Aussagesatz im Präteritum	Anton	**musste**	noch Dokumente	**kopieren.**
Aussagesatz im Perfekt	Anton	**hat**	noch Dokumente	**kopieren müssen.**

‣ Im Perfekt steht das Modalverb im Infinitiv an letzter Stelle.

▶ Stellung im Nebensatz

	Hauptsatz	Nebensatz	
			Satzende
Aussagesatz im Präsens	Es ist schön,	dass Lisa so gut	**kochen kann.**
Aussagesatz im Präteritum	Heute gibt es nur Brot,	weil ich nicht	**kochen konnte.**
Aussagesatz im Perfekt	Heute gibt es nur Brot,	weil ich nicht	**habe kochen können.**

‣ Im Nebensatz steht das Modalverb an letzter Stelle. ➤ Seite 201: *Nebensätze*

Übungen

1 Fragen und Bitten. Formulieren Sie aus den vorgegebenen Wörtern Fragen. Achten Sie auf die Konjugation der Verben und die Reihenfolge der Satzglieder.

- können – verbinden – mit Frau Kaiser – mich – Sie – bitte
  Können Sie mich bitte mit Frau Kaiser verbinden?

1. können – mir – mal – dein Handy – du – leihen
2. dürfen – mit dem Dienstwagen – fahren – ich
3. dürfen – man – parken – hier
4. können – die Gäste – du – abholen – vom Bahnhof
5. möchten – Sie – vielleicht – einen Kaffee
6. können – mir – Sie – sagen, wo – sein – Raum 104
7. wollen – du – sehen – mal – die neue Statistik
8. können – ihr – bei der Konferenzvorbereitung – helfen – mir
9. sollen – ich – Papier für deinen Drucker – bringen – dir
10. wollen – wir – essen – in der Mittagspause – zusammen

Modalverben: Grundbedeutung

2 Fähigkeit, Absicht oder Notwendigkeit?
Welches Modalverb entspricht der Umschreibung? Kreuzen Sie an. Manchmal gibt es mehrere Möglichkeiten.

	(nicht) können	(nicht) dürfen	(nicht) wollen	(nicht) sollen/ sollten	müssen/ nicht brauchen	(nicht) mögen
• jemand ist in der Lage, etwas zu tun	X					
1. jemand findet etwas gut						
2. es ist verboten						
3. es ist nicht notwendig						
4. jemand kann etwas/jemanden nicht leiden						
5. etwas ist erlaubt						
6. es ist eine Pflicht						
7. es besteht die Möglichkeit, etwas zu tun						
8. etwas ist notwendig						
9. jemand hat nicht den Wunsch						
10. jemand hat den Auftrag						
11. jemand hat die Absicht						
12. jemand ist nicht im Stande, etwas zu tun						
13. jemand ist berechtigt						
14. es ist empfehlenswert						

3 Verb statt Wortgruppe
Suchen Sie für die unterstrichenen Wortgruppen die passenden Modalverben.

- • Elias hat die Absicht, dieses Jahr nach Bayern zu fahren. — *Elias will dieses Jahr nach Bayern fahren.*
1. Ich habe den Auftrag, die Besprechung vorzubereiten. — Ich .... die Besprechung vorbereiten.
2. Es ist nicht notwendig, die Tagesordnung zu kopieren. — Du .... die Tagesordnung nicht zu kopieren.
3. Georg ist nicht in der Lage, den Bericht auf Französisch zu schreiben. — Georg .... den Bericht nicht auf Französisch schreiben.
4. Es ist nicht erlaubt, hier Fahrräder abzustellen. — Man .... hier keine Fahrräder abstellen.
5. Ich finde die neuen Farben für unsere Produkte gut. — Ich .... die neuen Farben für unsere Produkte.
6. Wir haben nicht die Absicht, in Schwierigkeiten zu geraten. — Wir .... nicht in Schwierigkeiten geraten.
7. Mit einem Praktikum haben Sie die Möglichkeit, viele Bereiche der Firma kennenzulernen. — Mit einem Praktikum .... Sie viele Bereiche der Firma kennenlernen.
8. Alle Beschäftigten haben die Pflicht, ihre Arbeitszeiten aufzuschreiben. — Alle Beschäftigten .... ihre Arbeitszeiten aufschreiben.
9. Ich empfehle dir, öfter Pause zu machen. — Du .... öfter Pause machen.
10. Nur der Hausmeister ist berechtigt, die Tür zu öffnen. — Nur der Hausmeister .... die Tür öffnen.
11. Es ist verboten, das Labor ohne Schutzkleidung zu betreten. — Man .... das Labor ohne Schutzkleidung nicht betreten.
12. Mir gefallen die neuen Büromöbel. — Ich .... die neuen Büromöbel.

4 Aus dem Arbeitsleben

**a) Was darf man oder muss man im Berufsleben tun?
Formulieren Sie Fragen mit *dürfen* oder *müssen* und antworten Sie.**

- Sie – während der Arbeitszeit – wichtige Spiele einer Fußballweltmeisterschaft – sehen
  Dürfen Sie während der Arbeitszeit wichtige Spiele einer Fußballweltmeisterschaft sehen?

1. ihr – an eurem Dienstrechner – Urlaubsreisen – buchen
   ....
2. du – im Büro – private Dokumente – ausdrucken
   ....
3. ihr – vorgeschriebene Kleidung – tragen
   ....
4. Sie – am Wochenende – dienstliche Mails – beantworten
   ....
5. du – eine Stunde Mittagspause – machen
   ....
6. ihr – im Homeoffice – mit einem dienstlichen Laptop – arbeiten
   ....

**b) Dies alles brauchen Sie während Ihrer Arbeitszeit nicht zu tun
Bilden Sie Sätze mit *ich brauche nicht* bzw. *ich brauche kein(e)*. Achten Sie auf den Infinitiv mit *zu*.**

- meinen Schreibtisch sauber machen — *Ich brauche meinen Schreibtisch nicht sauber zu machen.*

1. Produkte verkaufen ....
2. an allen Dienstbesprechungen teilnehmen ....
3. mein Büro abschließen ....
4. in Sitzungen Protokoll schreiben ....
5. Praktikantinnen und Praktikanten betreuen ....
6. Rechnungen bezahlen ....

**c) Wünsche und Aufträge anderer Personen
Klaus hat es schwer. Alle haben Aufträge für ihn. Formulieren Sie Sätze mit *sollen*.**

- Frank will, dass Klaus den Besprechungsraum reserviert.
  Klaus *soll den Besprechungsraum reservieren.*

1. Der Projektleiter möchte, dass Klaus den Fehler im Computerprogramm behebt.
   Klaus ....
2. Frau Müller will, dass Klaus das Besprechungsprotokoll an alle schickt.
   Klaus ....
3. Kathrin möchte, dass Klaus den neuen Kollegen einarbeitet.
   Klaus ....
4. Martina möchte, dass Klaus die Verkaufszahlen zusammenstellt.
   Klaus ....

5 Endlich Samstag!

***Nicht brauchen, müssen* oder *(nicht) können*? Ergänzen Sie die Verben.**

1. Otto *braucht* heute nicht so früh *aufzustehen* *(aufstehen)*. Er .... endlich mal .... *(ausschlafen)*.
2. Maria .... Ingrid heute Abend nicht .... *(abholen)*. Ingrid nimmt ein Taxi.
3. Frieda ist heute alleine. Sie .... den ganzen Tag .... *(machen)*, was sie will.
4. Wenn du Lust hast, ... wir heute an den Strand .... *(gehen)*.
5. Du .... heute nicht .... *(einkaufen)*. Maria macht das.
6. Peter und Carola .... sich heute nicht um die Kinder *(kümmern)*.
   Sie bleiben das ganze Wochenende bei Oma und Opa.
7. Ihr .... heute Abend nicht .... *(kochen)*.
   Ihr .... ins Restaurant .... *(gehen)* oder bei mir .... *(essen)*.
8. Heute .... ich leider .... *(arbeiten)*. Mein Vortrag .... fertig .... *(werden)*.

Modalverben: Grundbedeutung

6 Dialoge im Büro

(16)

a) **Ergänzen Sie die fehlenden Modalverben *können, müssen, wollen, möchten, sollen, mögen* in der richtigen Form. Achten Sie auf die Zeitform. Manchmal gibt es mehrere Möglichkeiten. Hören Sie eine Beispiellösung.**

□ *Kannst* du mir mal helfen?
△ Wobei?
□ Ich .... morgen mein Projekt vorstellen und ich bin mit meiner PowerPoint-Präsentation noch nicht zufrieden. Eigentlich .... ich im letzten Monat an einer Weiterbildung zum Thema „Neue Präsentationsmethoden" teilnehmen, aber ich .... nicht. Ich war krank.
△ Tut mir leid. Ich .... hier im Moment nicht weg, ich warte auf einen sehr wichtigen Anruf. Aber frag doch mal Erik, der kennt sich mit Präsentationen aus.
□ Ich .... Erik nicht besonders. Ich finde ihn manchmal etwas arrogant.
△ .... du nun Hilfe oder nicht? Wenn du dein Projekt überzeugend präsentieren ...., ... du dich jetzt an Erik wenden. Ich finde ihn übrigens sehr nett. Ich glaube, er hilft dir gern.
□ Na gut. Meinst du, ich .... ihm erst mal eine Mail schreiben oder gleich in sein Büro gehen?
△ Wenn du gleich vorbeigehst, ...du vielleicht noch vorm Mittagessen mit ihm sprechen.
□ Dann mache ich das mal.

b) **Ergänzen Sie die fehlenden Modalverben *können, müssen, sollen, dürfen* in der richtigen Form. Manchmal gibt es mehrere Möglichkeiten. Hören Sie eine Beispiellösung.**

(17)

□ Ah, Herr Schmitz, gut dass ich Sie sehe. Wir hatten gestern ein Problem mit der Sicherheitsanlage. Das .... wir so schnell wie möglich beheben.
△ Was ist denn passiert?
□ Das gesamte Alarm- und Überwachungssystem hat sich selbst um 22.00 Uhr ausgeschaltet. Das .... natürlich nicht passieren, denn auf diese Weise .... Unbefugte in die Firma eindringen. Ich werde auf jeden Fall den Sicherheitstechnikern sagen, dass sie sich sofort darum kümmern .... ich Ihnen dann den Schadensbericht per Mail schicken?
△ Nein, kommen Sie am besten direkt in mein Büro, wenn Sie mehr wissen. Dann .... wir gleich notwendige Maßnahmen besprechen.

c) **Ergänzen Sie die fehlenden Modalverben *können, müssen, wollen, sollen* in der richtigen Form. Achten Sie auf die Zeitform. Manchmal gibt es mehrere Möglichkeiten. Hören Sie eine Beispiellösung.**

(18)

□ Guten Tag. Ludwig Günther hier. .... ich bitte Frau Bauer sprechen?
△ Einen Moment bitte. ... Tut mir leid, Frau Bauer ist im Moment nicht in ihrem Büro. .... ich ihr etwas ausrichten?
□ Ja. Frau Bauer .... mir gestern per Mail wichtige Unterlagen für einen Vertrag schicken. Leider habe ich nichts von ihr erhalten.
△ Ich glaube, Frau Bauer ist immer noch auf Dienstreise. Die Rückreise hat sich wohl um einen Tag verschoben.
□ .... Sie Frau Bauer bitten, mir die Dokumente so schnell wie möglich zuzusenden? Ich benötige sie dringend, denn ich .... den Vertrag bis zum Freitag fertig machen.
△ Ich werde ihr sagen, dass sie sich sofort mit Ihnen in Verbindung setzen ....

7 Gespräche

Ergänzen Sie die Modalverben *wollen, können* oder *müssen* im Präteritum.

1. □ Hallo Martina, du bist ja da! Du *wolltest* doch in den Urlaub fahren?
   △ Ja, ich .... vorgestern nach Athen fliegen, das stimmt – aber ich .... nicht. Der Flug wurde annulliert. Wir .... den ganzen Tag am Flughafen sitzen und warten. Abends hat uns die Fluggesellschaft informiert, dass alle Flüge gestrichen wurden. Wir .... also wieder nach Hause fahren.
2. □ Wo warst du denn? Wir .... gerade ohne dich anfangen.
   △ Tut mir leid! Ich .... nicht eher kommen. Ich .... mit meinem Sohn zum Arzt.
3. □ Hallo, Herr Kaiser. Ich .... eigentlich schon gestern bei Ihnen vorbeikommen, weil ich den Bericht noch einmal überarbeiten .... Ich habe Sie aber nicht angetroffen.
   △ Ich .... gestern zwei Kunden besuchen. War an dem Bericht etwas nicht Ordnung?
   □ Einige Zahlen stimmten nicht, deshalb .... ich Sie kurz sprechen. Ich habe die Zahlen jetzt korrigiert.

8 Modalverben als Vollverben

Bilden Sie Sätze in der Ich-Form im Präsens. Setzen Sie die Sätze anschließend ins Präteritum.

	Präsens	Präteritum
• Keine Zeit! müssen – zur Arbeit	*Ich muss zur Arbeit.*	*Ich musste zur Arbeit.*
1. Mit spanischen Kunden telefonieren? können – kein Spanisch	....	....
2. In der Kantine essen? das Essen – nicht mögen	....	....
3. Für den Leitungsposten bewerben? das – nicht wollen	....	....
4. Im Büro private Nachrichten checken? das – nicht dürfen	....	....
5. Ein Computerprogramm installieren? das – nicht können	....	....
6. Die Arbeitszeiten aufschreiben? das – nicht brauchen	....	....

9 Dumm gelaufen

In dieser persönlichen E-Mail stimmt der Schreibstil nicht. Er klingt zu formell.
Formulieren Sie den Text um und ersetzen Sie die unterstrichenen Ausdrücke durch Modalverben.
Achten Sie auf die Zeitformen. Achtung: Nach Modalverben (außer *brauchen*) steht kein Infinitiv mit *zu*.

müssen *(2 x)* • wollen • ~~mögen~~ • können *(2 x)* • sollen • brauchen • dürfen

Liebe Martina,

vielen Dank für deine Nachricht. Es freut mich, dass du einen neuen Job gefunden hast und dass du deine neue Arbeit und die Kolleginnen in deinem Büro gut findest. Und was für ein Glück, dass du im Sommer einen Spanischkurs gemacht hast und nun in der Lage bist, ein bisschen Spanisch zu reden! Ich hoffe, es ist noch nicht notwendig, eine Verhandlung auf Spanisch zu führen – das ist sicher sehr schwer.
Ich hatte mir vorgenommen, dir schon viel früher zu antworten, aber ich hatte wirklich viel zu tun. Ich hatte den Auftrag, mit meinem Kollegen Marcus zusammen eine Konferenz zu organisieren. Das war Stress pur! Marcus hatte die großen Ideen und ich war verpflichtet, sie auszuführen. Es blieb mir nichts anderes übrig, als mich alleine um die Unterbringung der Teilnehmenden, die Zeit- und Raumplanung und das kulturelle Rahmenprogramm zu kümmern. Marcus dagegen war es erlaubt, bei der Eröffnung die Gäste zu begrüßen. Natürlich hatte er dabei die Gelegenheit, die wichtigsten Leute persönlich kennenzulernen und mit ihnen zu reden. Dumm gelaufen für mich: Ich hatte die Arbeit und er das Vergnügen.

Soweit das Neueste von mir,
liebe Grüße
Marianne

Liebe Martina,
vielen Dank für deine Nachricht. Es freut mich, dass du einen neuen Job gefunden hast und dass du deine neue Arbeit und die Kolleginnen in deinem Büro magst. …

10 Wer macht was und wer hat was gemacht?

Setzen Sie die Sätze a) ohne Modalverb und b) mit Modalverb ins Perfekt.

- Herr Bausch sagt die Reise ab. *(müssen)*
  a) *Herr Bausch hat die Reise abgesagt.*
  b) *Herr Bausch hat die Reise absagen müssen.*

1. Marie geht zum Zahnarzt. *(müssen)*
2. Martin schreibt das Protokoll noch nicht. *(können)*
3. Klaus überarbeitet den Projektvorschlag. *(wollen)*
4. Der Hausmeister repariert schon wieder den Kopierer. *(müssen)*
5. Tessa kommt nicht zur Sitzung. *(können)*
6. Eric beantwortet die E-Mail noch nicht. *(können)*

1.2.2 Modalverben in subjektiver Bedeutung

Das ist André. Er ist Stürmer bei RB Leipzig.

Er soll der beste Stürmer der Bundesliga sein.
Das sagt jedenfalls die Presse.

Er will der beste Stürmer in Europa sein.
Das sagt er über sich selbst.

In der nächsten Saison könnte er in die englische Liga wechseln.
Dort dürfte er noch mehr Geld verdienen als bei RB Leipzig.
Im Moment kann André leider nicht spielen. Er ist verletzt.

▶ Gebrauch

Neben der Grundbedeutung der Modalverben, z. B. **Fähigkeit** (André kann leider nicht spielen.), können Modalverben noch weitere Bedeutungen haben:

→ Modalverben können zur **Wiedergabe oder Weitergabe von Informationen oder Gerüchten** dienen:
Er soll der beste Stürmer der Bundesliga sein.
Mit *sollen* gibt man Informationen wieder, die man irgendwo gehört oder gelesen hat. Der Wahrheitsgehalt der Informationen ist nicht sicher.
Er will der beste Stürmer in Europa sein.
Mit *wollen* gibt man Informationen wieder, die eine andere Person über sich selbst gesagt hat. Ob die Aussage stimmt, weiß man nicht. Sätze mit *wollen* in subjektiver Bedeutung werden selten verwendet und drücken eine große Distanz gegenüber der Aussage aus.

→ Man kann mithilfe von Modalverben auch **eine Vermutung ausdrücken:**
André könnte in die englische Liga wechseln. = Vielleicht wechselt André in die englische Liga.
Dort dürfte er noch mehr Geld verdienen. = Dort verdient er vermutlich noch mehr Geld.
Mit *können*, *müssen* oder *dürfen* kann man einen vermuteten, nicht bewiesenen Sachverhalt in der Gegenwart, Vergangenheit oder Zukunft beschreiben.

→ Die subjektive Bedeutung von Modalverben lässt sich im Präsens oft nur aus dem Kontext erkennen.

■ Modalverben zur Weitergabe von Informationen und Gerüchten

Neue Gerüchte aus Berlin:

Es soll Forderungen nach dem Rücktritt des Ministers geben.
↓ soll: Modalverb — ↓ geben: Infinitiv
Gegenwart

Er soll zu viele Fehler begangen haben.
↓ soll: Modalverb — ↓ begangen: Partizip II — ↓ haben: Infinitiv des Hilfsverbs
Vergangenheit

▶ Formen: Gegenwart

	Modalverb		Infinitiv
Es	**soll**	Forderungen nach dem Rücktritt des Ministers	**geben.**
Die Parteivorsitzende	**will**	von den Rücktrittsforderungen nichts	**wissen.**

▶ Formen: Vergangenheit

	Modalverb		Partizip II + Infinitiv von *haben* oder *sein*
Es	**sollen**	zu viele Fehler	**passiert sein.**
Der Minister	**will**	keine Fehler	**begangen haben.**

▶ Synonyme

Modalverb	synonyme Wendungen
sollen	ich habe gehört/gelesen/erfahren • jemand hat erzählt • es heißt • angeblich • Gerüchten zufolge • in den Nachrichten haben sie gesagt • in der Zeitung stand
wollen	jemand hat über sich selbst gesagt/erzählt • jemand behauptet

Übungen

1 Klatsch und Tratsch über amtierende Politikerinnen und Politiker
Ergänzen Sie *wollen* oder *sollen*.

- In der Zeitung stand, dass der Minister mit seinem Auto viel zu schnell gefahren ist.
  Der Minister *soll* viel zu schnell gefahren sein.

1. Der Minister sagte dazu, dass er noch nie schneller gefahren ist als erlaubt.
   Der Minister .... noch nie schneller gefahren sein als erlaubt.
2. Die Presse meldete, dass es zurzeit Streit zwischen der Außenministerin und dem Wirtschaftsminister gibt.
   Es .... zurzeit Streit zwischen der Außenministerin und dem Wirtschaftsminister geben.
3. Die Außenministerin erklärte: „Ich verstehe mich mit allen Regierungskollegen bestens."
   Die Außenministerin .... sich mit allen Regierungskollegen bestens verstehen.
4. Journalisten haben berichtet, dass einige Sportler bei den Olympischen Spielen Dopingmittel genommen haben.
   Einige Sportler .... bei den Olympischen Spielen Dopingmittel genommen haben.
5. Die auf Doping getestete Sportlerin Cornelia M. sagte heute, dass sie noch nie unerlaubte Mittel eingenommen hat.
   Die auf Doping getestete Sportlerin Cornelia M. .... noch nie unerlaubte Mittel eingenommen haben.
6. Es heißt, dass die Regierung über Steuererhöhungen nachdenkt.
   Die Regierung .... über Steuererhöhungen nachdenken.

2 Sabine war im Urlaub und möchte gerne wissen, ob es in der Firma etwas Neues gibt
Geben Sie die folgenden Gerüchte weiter, die Sie von anderen gehört haben.

a) Bilden Sie Sätze mit *sollen* im Präsens.

- Lisa bekommt ein neues, eigenes Büro.
  Lisa soll ein neues, eigenes Büro bekommen.

1. Jana hat heute ein Gespräch mit der Projektleiterin.
2. Sie schafft ihre Arbeit nicht in der vorgegebenen Zeit.
3. Auch andere Projektbeteiligte klagen über den Zeitdruck.
4. Elias sucht nach einer neuen Stelle.
5. Er ist sehr enttäuscht, dass er nicht Abteilungsleiter wurde.
6. Die neue Praktikantin kommt jeden Morgen eine Stunde zu spät.
7. Es gibt im nächsten Jahr keine Gehaltserhöhung.
8. Der Betriebsausflug fällt dieses Jahr aus.

b) Bilden Sie Sätze mit *sollen* in der Vergangenheit.

- Wegen einer Stellenausschreibung hat es Ärger in der Personalabteilung gegeben.
  Wegen einer Stellenausschreibung soll es Ärger in der Personalabteilung gegeben haben.

1. Der Vorstandsvorsitzende und seine Stellvertreterin haben sich zerstritten.
2. Der Leiter der Produktionsabteilung hat mit seiner Kündigung gedroht.
3. Die Marketingchefin hat einen Job bei der Konkurrenz bekommen.
4. Experten haben bei der Finanzkontrolle einige Unstimmigkeiten gefunden.

Modalverben: Subjektive Bedeutung

■ Modalverben zum Ausdruck einer Vermutung

Alle sind schon auf der Party und warten auf Max. Keiner weiß, wo er ist, aber jeder äußert eine Vermutung.

Max **muss/müsste** noch im Büro **sein**. Er arbeitet doch immer so lange.
Max **kann nicht** mehr im Büro **sein**. Das Bürogebäude ist dunkel.

→ große Sicherheit (90–99 % sicher)

Max **dürfte** noch zu Hause sein und mit seiner Freundin **sprechen**. Das macht er oft um diese Zeit.

→ Wahrscheinlichkeit (75 % sicher)

Max **kann/könnte** auch weiter an seiner Präsentation **arbeiten**. Vielleicht ist er noch nicht ganz zufrieden.

→ Möglichkeit (50 % sicher)

▶ Formen: Gegenwart

	Modalverb		Infinitiv
Max	**muss/müsste**	noch im Büro	**sein.**
Max	**dürfte**	noch mit seiner Freundin	**sprechen.**
Max	**kann/könnte**	weiter an seiner Präsentation	**arbeiten.**

▶ Formen: Vergangenheit

	Modalverb		Partizip II + Infinitiv von *haben* oder *sein*
Max	**muss/müsste**	noch im Büro	**gewesen sein.**
Max	**dürfte**	noch mit seiner Freundin	**gesprochen haben.**
Max	**kann/könnte**	weiter an seiner Präsentation	**gearbeitet haben.**

Modalverben in Vermutungsbedeutung stehen oft im Konjunktiv II:

müssen/müssten:	*Müssten* vermittelt etwas weniger Sicherheit als *müssen*.
dürften:	In Vermutungsbedeutung wird *dürfen* immer im Konjunktiv II verwendet. Als Synonym kann man in diesem Kontext auch *werden* verwenden. ➤ Seite 36: *Futur I und II*
können/könnten:	Hier gibt es keinen Bedeutungsunterschied. Beide Formen können synonym eingesetzt werden.

➤ Seite 81: *Konjunktiv II*

▶ Synonyme

Modalverb	synonyme Wendungen
müssen	zweifellos • sicher • bestimmt • mit großer Sicherheit • ich bin mir ganz sicher • ich bin davon überzeugt
nicht können	es ist unmöglich • es ist unvorstellbar
müssten	höchstwahrscheinlich • mit hoher Wahrscheinlichkeit • ich bin mir fast/ziemlich sicher
dürften	wahrscheinlich • vermutlich • ich nehme an • vieles spricht dafür
können/könnten	vielleicht • möglicherweise • es ist denkbar • ich halte es für möglich

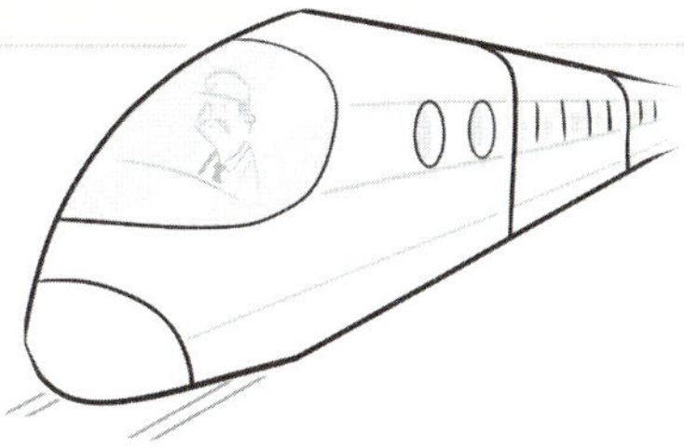

Übungen

3 Die Arbeit stapelt sich und Inka ist alleine im Büro
Wo sind bloß die Kolleginnen und Kollegen?
Formulieren Sie Vermutungen mit den passenden Modalverben.

- Antons Zug hat möglicherweise Verspätung.
  Antons Zug kann/könnte Verspätung haben.

1. Berta ist vielleicht noch im Urlaub.
2. Johanna steht wahrscheinlich noch im Stau.
3. Eva ist sicher noch beim Zahnarzt.
4. Henrik arbeitet möglicherweise heute zu Hause.
5. Gerda ist mit hoher Wahrscheinlichkeit auf Dienstreise.
6. Leon besucht vermutlich einen Sprachkurs.

4 Was ist passiert?
Formulieren Sie Vermutungen über vergangenes Geschehen.

a) **Gemälde verschwunden! Helfen Sie der Polizei bei der Analyse. Was halten Sie für sicher? Bilden Sie Sätze mit *müssen*.**

- Die Fensterscheibe ist zerbrochen. → jemand – ins Museum – einbrechen
  Jemand muss ins Museum eingebrochen sein.

1. Es fehlen zwei Bilder von Kandinsky. → jemand – die Bilder – stehlen
   ....
2. Die Wachleute haben nichts gehört. → sie – schlafen
   ....
3. Die Alarmanlage ging nicht los. → die Einbrecher – sie – ausschalten
   ....
4. Die Kandinskybilder sind die teuersten Gemälde der Sammlung. → jemand – den Diebstahl – in Auftrag – geben
   ....
5. Das war schon der dritte Einbruch dieser Art. → es – dieselben Täter – sein
   ....

b) **Ben hat gekündigt und keiner weiß warum. Welche Gründe halten Sie für möglich? Bilden Sie Sätze mit *können/könnten*.**

- mit seinem Gehalt – unzufrieden sein
  Er kann/könnte mit seinem Gehalt unzufrieden gewesen sein.

1. über seine Vorgesetzte – sich ärgern
2. unter der Arbeitsbelastung – leiden
3. den Dauerstress – nicht mehr aushalten
4. mit der Work-Life-Balance – unzufrieden sein
5. eine berufliche Perspektive – vermissen
6. vergeblich auf eine Beförderung – hoffen
7. bei der Konkurrenz eine bessere Stelle – bekommen
8. im Lotto – gewinnen

1.2.3 Modalverbähnliche Verben

Lisa kann kochen.

Moritz lernt kochen.

Susi will kochen lernen.

▶ Gebrauch

→ Einige Verben können in bestimmten Kontexten wie modale Hilfsverben gebraucht werden und mit einem Infinitiv stehen: Moritz lernt kochen. Ich sah ihn wegrennen. Sie geht einkaufen. Helena lässt sich massieren.

→ Einige Verben können mit einem Infinitiv und einem Modalverb stehen:
Susi will kochen lernen. Der Arzt sagt, du musst noch liegen bleiben. Julius will sich nicht helfen lassen.

▶ Formen: Ohne Modalverb

- **lernen, üben, gehen, fahren, bleiben**

		II		Satzende
Präsens	Moritz	**lernt**	jetzt	**kochen.**
Präteritum	Moritz	**lernte**	schon vor fünf Jahren	**kochen.**
Perfekt	Moritz	**hat**	schon vor fünf Jahren	**kochen gelernt.**

- **lassen, hören, sehen, helfen**

Präsens	Helena	**lässt**	sich	**massieren.**
Präteritum	Helena	**ließ**	sich	**massieren**
Perfekt	Helena	**hat**	sich	**massieren lassen.**

▶ Formen: Mit Modalverb

➤ Seite 40: *Zeitformen der Modalverben*

Präsens	Susi	**will**	heute	**kochen lernen.**
Präteritum	Susi	**wollte**	am Samstag	**kochen lernen.**
Perfekt	Susi	**hat**	am Samstag	**kochen lernen wollen.**

→ Diese Verben können in modalverbähnlicher Verwendung mit einem Infinitiv oder mit einem Infinitiv und einem Modalverb stehen:
- hören • sehen: Ich hörte ihn kommen. Ich sah ihn wegrennen. Ich konnte ihn Klavier spielen hören.
- gehen • fahren: Sie geht/fährt einkaufen. Fritz möchte heute Abend tanzen gehen.
- lernen • üben: Moritz lernt kochen. Susi will kochen lernen. Paulchen übt lesen. Anni will auch lesen üben.
- bleiben: Bleib sitzen, ich hole den Kaffee! Du musst noch zwei Tage liegen bleiben.
  Bleiben steht meist mit den Verben *sitzen, liegen* und *stehen*.
- lassen: Helena lässt sich massieren. Julius will sich nicht helfen lassen.
  Lassen wird in den allermeisten Fällen mit einem zweiten Verb gebraucht. Nur im Sinne von *nicht mitnehmen* oder *nicht machen* wird es allein verwendet.
  Ich lasse meine Handschuhe zu Hause. Wenn du keinen Sport treiben willst, dann lass es.
- helfen: Mein Handy ist weg. – Ich helfe dir suchen. Soll ich dir suchen helfen?

→ *Lernen, üben* und *helfen* können alternativ zum Infinitiv auch mit einem Infinitiv mit *zu* stehen:
Moritz lernt jetzt, vegan zu kochen. Paulchen übt, schneller zu lesen. Ich helfe dir, dein Handy zu suchen.
Helfen steht meist mit Infinitiv mit *zu*. ➤ Seite 221: *Infinitiv mit zu*

→ *Lernen, üben, gehen, fahren* und *bleiben* bilden das Perfekt mit dem Partizip II:
Moritz hat kochen gelernt. Sie ist einkaufen gefahren.

→ *Lassen, hören, sehen* und *helfen** bilden in diesem Kontext das Perfekt wie Modalverben mit dem Infinitiv:
Helena hat sich massieren lassen. Er hat den Täter wegrennen sehen. Ich habe ihn Klavier spielen hören.
*Ich habe ihm suchen helfen. (wird sehr selten gebraucht)

Übungen

1 Welches Verb passt?

- mit jemandem essen *gehen*
1. sich helfen ....
2. Klavier spielen ....
3. jemanden ausreden ....
4. ein Bier trinken ....

• gehen
• lassen
• lernen

5. den Kopierer reparieren ....
6. Auto fahren ....
7. tanzen ..../....................
8. etwas im Zug liegen ....
9. sich die Ware nach Hause schicken ....

2 Ein Gemälde ist verschwunden. Was sahen oder hörten die Museumsmitarbeiter/-innen? Formen Sie die Sätze um. Bilden Sie Sätze in der angegebenen Zeitform.

- Alice am Infoschalter sah, dass zwei große blonde Männer jeden Tag Eintrittskarten kauften.
  Perfekt: *Alice am Infoschalter hat zwei große blonde Männer jeden Tag Eintrittskarten kaufen sehen.*
  Präteritum: *Alice am Infoschalter sah zwei große blonde Männer jeden Tag Eintrittskarten kaufen.*
1. Die Aufsichtsperson in Raum fünf sah, dass zwei verdächtige Männer sehr lange vor dem Gemälde standen. *(Perfekt)*
   ....
2. Sie sah außerdem, dass die Männer das Bild nachzeichneten. *(Präteritum)*
   ....
3. Lisa vom Reinigungsdienst hörte, dass die Männer über die Alarmanlage des Museums sprachen. *(Präteritum)*
   ....
4. Ein Mann vom Sicherheitsdienst sah, dass zwei verdächtige Gestalten nachts vor dem Gebäude auf- und abgingen. *(Perfekt)*
   ....
5. Kurze Zeit später hörte er, dass eine Fensterscheibe kaputtging. *(Präteritum)*
   ....
6. Er lief schnell zu dem beschädigten Fenster und sah, dass zwei Täter das Bild von der Wand rissen. *(Präteritum)*
   ....
   ....
7. Ein anderer Wachmann sah, dass die maskierten Diebe zum Ausgang rannten und in der Dunkelheit verschwanden. *(Perfekt)*
   ....
   ....

3 Was machen diese Leute bzw. was haben sie gemacht? Bilden Sie Sätze a) im Präsens und b) im Perfekt.

- Tante Gerda – malen – lernen – in einem Kurs
  a) *Tante Gerda lernt in einem Kurs malen.* b) *Tante Gerda hat in einem Kurs malen gelernt.*
1. einkaufen – ich – gehen – heute Nachmittag
   a) .... b) ....
2. lassen – die Haare – sich – Peter – schneiden
   a) .... b) ....
3. Finn – Motorrad fahren – üben
   a) .... b) ....
4. Matteo – bleiben – während der Sitzung – stehen
   a) .... b) ....

4 Was war los im Urlaub? Bilden Sie Sätze mit Modalverben im Präteritum und achten Sie auf die Stellung der Verben.

- Martina: schwimmen – wollen – gehen — *Martina wollte schwimmen gehen.*
1. Otto: müssen – im Bett – bleiben – liegen – zwei Tage ....
2. Linus: jeden Abend – gehen – wollen – tanzen ....
3. Kerstin: sich verwöhnen – im Hotel – wollen – lassen ....
4. Samuel: morgens – die Vögel – singen – hören – wollen ....
5. Christina: wollen – am Strand – die Sonne – untergehen – sehen ....
6. Oskar: endlich – tauchen – wollen – lernen ....

1.3 Reflexive Verben

Ich ***beschwere mich*** *über die neue Waschmaschine.*
↓ Verb ↓ Reflexivpronomen im Akkusativ

Die Gäste ***begrüßen sich****.*
↓ Verb ↓ Reflexivpronomen im Akkusativ

Ich ***sehe mir den Film*** *nicht noch einmal an.*
↓ Verb ↓ Reflexivpronomen im Dativ ↓ Ergänzung im Akkusativ

▶ Gebrauch

Manche Verben werden mit einem Reflexivpronomen gebraucht. Das Reflexivpronomen zeigt an, dass sich die Handlung auf das Subjekt des Satzes bezieht.

▶ Formen

	Singular		
		Akkusativ	**Dativ**
1. Person	ich	mich	mir
2. Person	du	dich	dir
3. Person	er sie es	sich	sich

	Plural		
		Akkusativ	**Dativ**
1. Person	wir	uns	uns
2. Person	ihr	euch	euch
3. Person	sie	sich	sich
formelle Anrede (Singular + Plural)	Sie	sich	sich

- → Die Reflexivpronomen in der 1. und 2. Person Singular und Plural entsprechen den Personalpronomen.
- → In der 3. Person Singular und Plural und in der formellen Form ist das Reflexivpronomen im Dativ und Akkusativ immer *sich*.
- → Unterschiedliche Formen zwischen Akkusativ und Dativ gibt es nur in der 1. und 2. Person Singular: mich – mir • dich – dir. Bei Verben, die ein Reflexivpronomen **und** eine Akkusativergänzung haben, steht das Reflexivpronomen im Dativ: Ich sehe mir den Film nicht noch einmal an.
- → Einige reflexive Verben können eine wechselseitige (reziproke) Beziehung beschreiben: Die Gäste begrüßen sich. (einander) • Wir haben uns geeinigt. (miteinander)
- → Reflexive Verben bilden das Perfekt immer mit *haben*.

▶ Satzbau: Stellung des Reflexivpronomens

I.	II.	III.	Satzende
Ich	beschwere	**mich** über die neue Waschmaschine.	
Julius	sieht	**sich** den Film nicht noch einmal	an.
Gestern	hat	**sich** Eva über das Hotelzimmer	beschwert.
Gestern	hat	Eva **sich** über das Hotelzimmer	beschwert.
Am Montag	habe	ich **mich** über die Waschmaschine	beschwert.
Den Film	habe	ich **mir** gestern	angesehen.

Das Reflexivpronomen kann an verschiedenen Stellen des Satzes stehen.
- Ist das Subjekt im Hauptsatz auf Position I, steht das Relativpronomen direkt hinter dem konjugierten Verb.
- Befindet sich das Subjekt im Mittelfeld (Position III), kann das Reflexivpronomen vor (Regelfall) oder hinter dem Subjekt stehen. Ist das Subjekt ein Personalpronomen, steht das Reflexivpronomen immer hinter dem Pronomen.

I.	II.	III.	Satzende
Warum Warum	beschwert siehst	**sich** Eva/Eva **sich** über das Hotelzimmer? du **dir** den Film nicht noch einmal	 an?
Hat Hat Hast	**sich** Eva du	Eva über das Hotelzimmer **sich** über das Hotelzimmer **dir** den Film schon	beschwert? beschwert? angesehen?

- In Fragesätzen steht das Reflexivpronomen vor (Regelfall) oder hinter dem Subjekt. Bei Personalpronomen steht das Reflexivpronomen immer hinter dem Pronomen.

Hauptsatz	Nebensatz	
		Satzende
Es war richtig,	dass **sich** Eva/Eva **sich** dass ich **mich** auch	**beschwert hat.** **beschwert habe.**

- Im Nebensatz steht das Reflexivpronomen direkt hinter der Subjunktion (Regelfall) oder dem Subjekt. Bei Personalpronomen steht es immer hinter dem Pronomen.

▶ Reflexive und teilreflexive Verben

reflexive Verben, die immer mit einem Reflexivpronomen stehen: Ich bedanke mich. *(Auswahl)*	Paul ruht **sich** aus. Ich bedanke **mich** für die Blumen. Der Zug fährt gleich. Peter muss **sich** beeilen. Ich befinde **mich** in einer schwierigen Lage. Wir beschweren **uns** über das Hotelzimmer. Die Verhandlungspartner einigten **sich**. Mira erkundigt **sich** nach neuen Jobmöglichkeiten. Ich freue **mich** über den Erfolg. Linus irrt **sich** selten. Du kümmerst **dich** um die Gäste. Ich verliebe **mich** nicht so schnell.	sich ausruhen sich bedanken sich beeilen sich befinden sich beschweren sich einigen sich erkundigen sich freuen sich irren sich kümmern sich verlieben
teilreflexive Verben, die mit einem Reflexivpronomen oder einem anderen Akkusativ stehen können: Ich ändere mich. Ich ändere mein Verhalten. Ich verabschiede mich. Ich verabschiede die Gäste. *(Auswahl)*	Ich ändere **mich/meine Strategie**. Ich melde **mich/meine Kollegin** für den Kurs an. Emma ärgert **sich/ihren Bruder**. Paul beruhigt **sich/das Kind**. Ich erinnere **mich/Frau Müller** nicht an den Termin. Ich langweile **mich/meinen Gesprächspartner**. Wir treffen **uns/unsere Freunde** im Restaurant. Wir unterhalten **uns/die Gäste**. Ich ziehe **mich/mein Kind** noch schnell um. Piet verabschiedet **sich/die Kunden**. Julius verteidigt **sich/seine Frau/sein Projekt**. Martina stellt **sich/ihren Kollegen/ein Produkt** vor. Ich wasche **mich/meine Socken**.	sich/etwas/jemanden ändern sich/jemanden anmelden sich/jemanden ärgern sich/jemanden beruhigen sich/jemanden erinnern sich/jemanden langweilen sich/jemanden treffen sich/jemanden unterhalten sich/jemanden umziehen sich/jemanden verabschieden sich/jemanden/etwas verteidigen sich/jemanden/etwas vorstellen sich/etwas/jemanden waschen
reflexive oder **teilreflexive Verben,** die mit einem Reflexivpronomen und einem Akkusativobjekt stehen können: Ich stelle mir einen schönen Sonnenaufgang vor.* Ich wasche mir die Hände.** *(Auswahl)*	Ich trockne **mir** die Füße ab. Den Film sehe ich **mir** nicht noch einmal an. Ich ziehe **mir** noch schnell den Mantel an. Denk **dir** doch mal eine andere Geschichte aus. Ich kann **mir** das Auto nicht mehr leisten Zahlen kann ich **mir** nicht so gut merken. Ich habe **mir** einen Plan überlegt. Wie stellst du **dir** das vor? Ich habe **mir** allerhand vorgenommen. Ich wasche **mir** regelmäßig die Hände.	sich (etwas) abtrocknen sich (etwas) ansehen sich (etwas) anziehen sich etwas ausdenken sich etwas (nicht) leisten (können) sich etwas merken sich etwas überlegen sich etwas vorstellen (im Kopf) sich etwas vornehmen sich (etwas) waschen

* Bei einigen Verben ist die Ergänzung im Dativ obligatorisch.
** Bei einigen Verben ist die Ergänzung im Dativ fakultativ. Wenn es keine Ergänzung im Akkusativ gibt, steht **das Reflexivpronomen** im Akkusativ: Ich wasche mir die Hände. Ich wasche mich.

Reflexive Verben

Übungen

1 Fragen über Fragen
Bilden Sie Fragen in der angegebenen Zeitform und antworten Sie. Achten Sie auch auf die Wortstellung.

- verletzen – du – an der Hand *(Perfekt)*
  Hast du dich an der Hand verletzt? *Ja, ich habe mich an der Hand verletzt./ Nein, ich habe mich nicht an der Hand verletzt.*

1. verabschieden – wollen – Sie – schon *(Präsens)*
   ....? ....
2. waschen – du – vor dem Essen – die Hände *(Perfekt)*
   ....? ....
3. merken – können – du – die Grammatikregeln *(Präsens)*
   ....? ....
4. machen – du – Gedanken über unseren Urlaub – schon *(Perfekt)*
   ....? ....
5. langweilen – du – in der Besprechung *(Perfekt)*
   ....? ....
6. verändern – Sophia – in den letzten Jahren? *(Perfekt)*
   ....? ....
7. ausdenken – du – bis nächste Woche – einen neuen Projektvorschlag *(Präsens)*
   ....? ....
8. verabreden – du – mit Kathrin – zum Essen *(Perfekt)*
   ....? ....
9. gewöhnen – deine neue Kollegin – an ihre Arbeit *(Perfekt)*
   ....? ....
10. freuen – ihr – über die guten Prüfungsergebnisse *(Präsens)*
   ....? ....
11. interessieren – ihr – auch für moderne Kunst *(Präsens)*
   ....? ....
12. anmelden – du – schon – zur Fortbildung *(Perfekt)*
   ....? ....
13. irren – sie – in der Hausnummer *(Perfekt)*
   ....? ....

2 Geben Sie gute Ratschläge
Formulieren Sie Sätze in der 2. Person Singular wie im Beispiel.

- Carlos ist aufgeregt. *(sich wieder beruhigen)*
  Carlos, du solltest dich wieder beruhigen!

1. Otto friert. *(sich etwas Warmes anziehen)*
   ....
2. Britta ist erschöpft. *(sich jetzt ausruhen)*
   ....
3. Kerstin lebt sehr sparsam. *(sich mal etwas gönnen)*
   ....
4. David fühlt sich zu Unrecht kritisiert. *(sich verteidigen)*
   ....
5. Janine kommt mal wieder zu spät. *(sich eine gute Ausrede überlegen)*
   ....
6. Elias muss eine Präsentation halten. *(sich gut vorbereiten)*
   ....

3 Unialltag (19)

a) **Lesen Sie den Bericht und ergänzen Sie die fehlenden Reflexivpronomen. Überprüfen Sie Ihre Lösungen mit dem Hörtext.**

Aus dem Leben eines Wirtschaftsstudenten im ersten Semester

6.30 Uhr	Der Wecker klingelt. Ich mache ihn aus und hüpfe aus dem Bett. Um gut in Form zu bleiben, halte ich .... täglich mit einer Joggingrunde fit. Anschließend dusche ich .... eiskalt, rasiere .... und putze .... die Zähne.
8.00 Uhr	Schon beim Frühstück bereite ich .... auf den Tag an der Uni vor: Ich mache .... einen starken Kaffee und vertiefe .... in den Wirtschaftsteil der gestrigen Zeitung.
9.00 Uhr	Ich ziehe .... das graue Hemd an, hetze zur Uni und erreiche pünktlich den Vorlesungssaal. Dort setze ich .... gleich in die erste Reihe, damit mich niemand übersieht.
9.30 Uhr	Ich versuche, ... auf die Vorlesung zu konzentrieren, doch einige Kommilitonen beschäftigen .... mit anderen Dingen: Sie lesen die Sportberichte in der Zeitung oder amüsieren .... über die Ereignisse des Vorabends. Ich dagegen schreibe alles mit und lache laut über die Witze des Professors.
11.00 Uhr	Das Seminar beginnt. Ich melde .... bei jeder Frage, werde aber von der Dozentin ignoriert. Unverschämtheit!
12.30 Uhr	Ich esse in der Mensa und versuche, ... trotz des Lärms auf meine Arbeit zu konzentrieren.
13.45 Uhr	In der Bibliothek informiere ich .... über Neuerscheinungen in meinem Fachgebiet. Die Bücher sind alle ausgeliehen. Ich beschwere .... bei der Bibliotheksleiterin und frage, warum .... die Bibliothek nicht mehrere Exemplare leisten kann. Ich leihe .... acht ältere Bücher aus.
15.00 Uhr	In der nächsten Vorlesung verlässt mein Nachbar mit der Bemerkung: „Sinnlose Veranstaltung!“ den Raum. Ich entschuldige .... sofort beim Professor für sein Verhalten.
16.30 Uhr	Ich treffe .... mit einigen Mitstudierenden aus meiner Lerngruppe. Wir verabreden .... zur Klausurvorbereitung am nächsten Tag.
17.30 Uhr	Ich befinde .... eine Dreiviertelstunde im Copyshop. Währenddessen unterhalte ich .... mit einer wissenschaftlichen Hilfskraft und stelle fest: Der Typ hat keine Ahnung! Er irrt .... fachlich immer wieder. Ich kläre ihn über seine Irrtümer auf.
18.30 Uhr	Ich esse alleine beim Italiener und beschäftige .... mit den Promotionsbedingungen der Uni. Ich nehme .... vor, gleich morgen erste Kontakte zu knüpfen.
19.45 Uhr	Nach dem Abendessen überarbeite ich meine Mitschriften. Ich sehe .... die Börsennachrichten an und wundere .... über die Entwicklung der Aktienkurse.
22.00 Uhr	Ich gehe ins Bett und frage ...., wann ich endlich den Nobelpreis bekomme.

b) **Suchen Sie im Text alle reflexiven und reflexiv gebrauchten Verben. Schreiben Sie die Verben im Infinitiv auf.**

sich fit halten, ...

....

....

....

....

1.4 Verben und ihre Ergänzungen
1.4.1 Verben mit direktem Kasus

▶ **Gebrauch: Das Verb regiert im Satz!**

Verben können nicht alleine stehen. Sie brauchen Ergänzungen, um einen sinnvollen Satz bilden zu können. Wie viele Ergänzungen obligatorisch sind und in welchem Kasus sie stehen, hängt vom Verb ab.

Paul schläft.
↓
Subjekt
Nominativ

→ Fast alle Sätze haben ein Subjekt. Das Subjekt steht immer im Nominativ.
Einige Verben können nur mit einem Subjekt stehen, z. B.: schlafen, lächeln, regnen, schneien, scheinen.

Laura ist Lehrerin.

Laura	Lehrerin
↓	↓
Subjekt	Ergänzung
Nominativ	Nominativ

→ Wenige Verben bilden Sätze mit einer Ergänzung im Nominativ, z. B.: sein, werden, bleiben.

Viktor liest die neuesten Nachrichten.

Viktor	die neuesten Nachrichten
↓	↓
Subjekt	Ergänzung
Nominativ	Akkusativ

→ Die meisten Verben haben eine Ergänzung im Akkusativ, z. B.: abholen, anrufen, beantworten, besuchen, bezahlen, brauchen, essen, finden, haben, hören, kennen, lesen, lieben, möchten, sehen, trinken.

Der Salat schmeckt meinem Bruder nicht.

Der Salat	meinem Bruder
↓	↓
Subjekt	Ergänzung
Nominativ	Dativ

→ Einige Verben haben eine Ergänzung im Dativ, z. B.: abraten, ähneln, antworten, begegnen, danken, entsprechen, fehlen, folgen, gefallen/missfallen, gehören, gelingen, genügen, gratulieren, helfen, leidtun, (miss)trauen, nützen, passen, schaden, schmecken, unterliegen, vertrauen, verzeihen, widersprechen, zuhören, zustimmen.
Die Dativergänzung ist oft eine Person.

Eva erklärt ihrem Kollegen das Problem.

Eva	ihrem Kollegen	das Problem
↓	↓	↓
Subjekt	Ergänzung	Ergänzung
Nominativ	Dativ	Akkusativ

→ Manche Verben bilden Sätze mit einer Ergänzung im Dativ (meist eine Person) und einer Ergänzung im Akkusativ (meist eine Sache), z. B.: anbieten, bringen, empfehlen, erklären, geben, leihen, mitteilen, schenken, schicken, schreiben, senden, wünschen, zeigen.
Bei einigen Verben ist die Dativergänzung nicht obligatorisch.

Das Auto kostete mich ein kleines Vermögen.
↓ Subjekt Nominativ — ↓ Ergänzung Akkusativ — ↓ Ergänzung Akkusativ

→ Einige wenige Verben bilden Sätze mit zwei Ergänzungen im Akkusativ, z. B.: kosten, nennen, lehren.

Die Polizei verdächtigte den Mann des Einbruchs.
↓ Subjekt Nominativ — ↓ Ergänzung Akkusativ — ↓ Ergänzung Genitiv

→ Einige Verben (rund um kriminelle Delikte) bilden Sätze mit einer Ergänzung im Akkusativ und einer Ergänzung im Genitiv, z. B.: anklagen, bezichtigen, überführen, verdächtigen.

➤ Seite 240: Übersicht *Verben mit direktem Kasus*

▶ Satzbau

I.	II.	III.		Satzende
Eva	erklärt	**ihrem Kollegen**	**das Problem.**	
Eva	erklärt	**ihm**	**das Problem** schon zum zweiten Mal.	
Martin	hat	**es**	**ihm** auch schon	erklärt.

→ Bei mehreren Ergänzungen steht normalerweise der Dativ vor dem Akkusativ.
→ Wenn beide Ergänzungen Pronomen sind, steht der Akkusativ vor dem Dativ.

➤ Seite 185: *Wortstellung im Mittelfeld*

Übungen

1 Kasusergänzungen. Welche Ergänzungen hat das Verb? Kreuzen Sie an.
➤ Seite 105: *Kasus der Nomen*

	Nominativ	Dativ	Akkusativ	Genitiv
• Sie nannte ihn einen Lügner.	○ ○	○ ○	✗ ✗	○ ○
1. Ich schreibe ihm die E-Mail gleich.	○ ○	○ ○	○ ○	○ ○
2. Die Kommissarin konnte den Manager der Untreue überführen.	○ ○	○ ○	○ ○	○ ○
3. Das Fahrrad gehört meiner Nachbarin.	○	○	○	○
4. Georg wird Arzt.	○	○	○	○
5. Der Informatiker erklärt der Assistentin das neue Programm.	○ ○	○ ○	○ ○	○ ○
6. Bitte liefern Sie mir den Kühlschrank nach Hause.	○ ○	○ ○	○ ○	○ ○
7. Frau Lampe unterrichtet das Fach Geografie.	○	○	○	○
8. Wir besprechen das Thema morgen.	○	○	○	○
9. Das Gericht klagte den Verdächtigen des Mordes an.	○ ○	○ ○	○ ○	○ ○
10. Der neue Spieler ist ein hoffnungsvolles Talent.	○	○	○	○
11. Der Urlaub kostete uns sehr viel Geld.	○ ○	○ ○	○ ○	○ ○
12. Hörst du die Musik im Hintergrund?	○	○	○	○
13. Warum hörst du mir nie zu?	○	○	○	○
14. Immer widersprichst du der Lehrerin!	○	○	○	○

Ergänzungen: Direkter Kasus

2 Verben mit dem Dativ
Bilden Sie aus den Vorgaben Sätze. Achten Sie auf den richtigen Kasus und die Angabe der Zeitform.

- in diesem Punkt – ich – die Kollegin – gerne – widersprechen – möchten *(Präsens)*
  In diesem Punkt möchte ich der Kollegin gerne widersprechen.

1. das Design der Konkurrenz – unser Produkt – sehr stark – ähneln *(Präsens)*
   ....
2. du – die Kollegin – gleich – antworten – können? *(Präsens)*
   ....
3. du – der neue Mitarbeiter – schon begegnen? *(Perfekt)*
   ....
4. man – mit dem Programm – gut – arbeiten – können, wenn – man – die Anweisungen – folgen *(Präsens)*
   ....
5. das Vorgehen – nicht – die Vorschriften – entsprechen *(Präsens)*
   ....
6. die grafische Darstellung – ich – nicht so gut – gelingen *(Perfekt)*
   ....
7. die Kurse auf dem Aktienmarkt – starke Schwankungen – unterliegen *(Präsens)*
   ....
8. was – ich – mehr Gehalt – nützen, wenn – ich – nicht mehr Verantwortung – haben? *(Präsens)*
   ....
9. die Beschäftigten – die neuen Regeln zur Arbeit im Homeoffice – zustimmen *(Perfekt)*
   ....
10. von einer freiwilligen Kündigung – ich – du – nur – abraten – können *(Präsens)*
   ....

3 Dativ oder Akkusativ?
Verben mit ähnlicher Bedeutung. Ergänzen Sie die Vorgabe im richtigen Kasus und markieren Sie die Verben mit dem Dativ.

1. a) Ich danke .... *(du)* für die Hilfe!
   b) Ich bedanke .... *(ich)* außerdem bei allen Kolleginnen und Kollegen!
2. a) Ich vermisse .... *(mein altes Büro)*.
   b) Meine alten Kollegen fehlen .... *(ich)* auch.
3. a) Die Kampagne hat .... *(unsere Geschäfte)* geschadet.
   b) Sie hat außerdem .... *(unser Ruf)* beschädigt.
4. a) Antwortest du .... *(die Kundin)*?
   b) Ja, ich beantworte .... *(die Anfrage)* gleich.
5. a) Wie fühlst du .... *(du)*?
   b) Geht es .... *(du)* besser?
6. a) Darf man .... *(du)* schon beglückwünschen?
   b) Ja, du kannst .... *(ich)* zur Beförderung gratulieren.

4 Verben mit Dativ- und Akkusativergänzung
Bilden Sie Fragen im Perfekt und antworten Sie. Ersetzen Sie bei der Antwort die Nomen durch Pronomen. Achten Sie auf den richtigen Kasus der Nomen und Pronomen. Die erste Angabe ist das Subjekt.

- du – die Praktikantin – die Unterlagen – schon – geben
  Hast du der Praktikantin die Unterlagen schon gegeben? *Ja, ich habe sie ihr schon gegeben.*

1. Marcus – du – die Geschichte – mit seinem neuen Auto – erzählen
2. du – die Freundin von Susi – dein Laptop – leihen
3. die Abteilungsleiterin – du – der Dienstreiseantrag – bewilligen
4. Frau Krüger – ihr – die Entwürfe für das neue Produkt – schon – zeigen
5. du – die Studentin – deine Hilfe – anbieten
6. Paula – du – der 3-D-Drucker – schon – vorführen
7. Jana – ihr – die Tagesordnung für die Sitzung – schon – schicken
8. du – ich – die Projektbeschreibung – schon – weiterleiten
9. Bert – der Kollege – die neuen Homeoffice-Regeln – erklären

5 Geschäftliches ((20))

a) Ein Telefonat. Markieren Sie das Verb und ergänzen Sie die Personalpronomen im richtigen Kasus. Überprüfen Sie Ihre Lösungen mit dem Hörtext.

➤ Seite 120: *Personalpronomen*

□ Gudrun Fischer, guten Tag. Könnten Sie *mich* bitte mit Frau Jakobs *verbinden*?
△ Es tut .... leid. Frau Jakobs hat heute einen Termin außer Haus. Kann ich .... etwas ausrichten?
□ Nein, vielen Dank. Ich melde .... einfach später noch einmal. Ah, da fällt .... ein: Frau Jakobs hat doch einen Assistenten, Herrn Binder. Vielleicht könnte ich mit dem sprechen?
△ Einen Moment bitte. Ich stelle .... durch.

○ Binder.
□ Hallo Herr Binder, hier ist Gudrun Fischer. Ich wollte eigentlich Frau Jakobs sprechen, aber vielleicht können Sie .... helfen. Sie hatten .... doch am vergangenen Freitag den Vertrag zugeschickt.
○ Ja richtig.
□ .... ist bei Punkt 3, Absatz 7 noch etwas eingefallen. Das müsste noch hinzugefügt werden.
○ Hm, Veränderungen nimmt Frau Jakobs in der Regel persönlich vor. Ich werde .... sagen, dass Sie angerufen haben. Vielleicht könnten Sie .... die entsprechende Passage schon vorab per Mail schicken. Frau Jakobs wird .... auf jeden Fall zurückrufen, wenn sie wieder da ist.
□ Ich danke ....

b) Aus formellen Briefen. Ergänzen Sie *mir* oder *mich*, *Sie* oder *Ihnen*.

1. Hiermit kündige ich meine Autoversicherung zum nächstmöglichen Termin. Aufgrund der von Ihnen angekündigten Preiserhöhungen habe ich .... einen anderen Anbieter gesucht. Bitte senden Sie .... eine Kündigungsbestätigung.
2. Haben .... vielen Dank für Ihre Anfrage. Gerne bieten wir .... ein auf Ihre Bedürfnisse zugeschnittenes Datenverarbeitungsprogramm an. Im beiliegenden Angebot senden wir .... eine Aufstellung der Arbeitsleistung und der Kosten. In einem Gespräch könnten wir .... alle notwendigen Arbeitsschritte erläutern.
3. Nachdem ich .... wiederholt telefonisch über eine nicht erhaltene Lieferung eines Ersatzteils beschwert habe, sende ich .... meine Beschwerde jetzt in schriftlicher Form. Ihr Kollege Herr Zimmermann hatte .... beim letzten Gespräch eine umgehende Lieferung zugesichert. Das ist bis heute nicht erfolgt. Dieses ganze Beschwerdeverfahren kostet .... zusätzlich sehr viel Zeit und Energie. Ich bitte .... deshalb um unverzügliche Lieferung.

6 Markieren Sie die Verben und ergänzen Sie die Nomen im richtigen Kasus. Überprüfen Sie Ihre Lösungen mit dem Hörtext. ((21))

ein neues Konzept • ~~der Computer~~ • der Fernseher • die Studienrichtung • der Bauingenieur • der Grundstein • Bauteile • die Arbeitsabläufe • die Glühbirne • das Fach • der Erfinder • die statische Berechnung • ein Apparat

Wer <u>erfand</u> *den Computer* (0)?
Thomas Edison erfand .... (1), Wladimir Kosmitsch Sworykin erfand .... (2). Doch wer ist .... (3) des Computers? Die Antwort lautet: nicht Bill Gates. Es war Konrad Zuse. Konrad Zuse wurde am 22. Juni 1910 geboren. Nach dem Abitur wechselte er mehrmals .... (4) und schloss schließlich .... (5) Bauingenieurwesen an der Technischen Universität Berlin ab. Eine der Hauptaufgaben eines Bauingenieurs war und ist .... (6). Diese Berechnungen kosteten .... (7) früher sehr viel Arbeit und Mühe. Um Zeit zu sparen, verbesserte Konrad Zuse die bisherigen Berechnungstabellen und entwickelte .... (8) zur Automatisierung der Rechenwege. Er baute dafür .... (9) und legte damit .... (10) zu dem, was wir heute Computer nennen. Für seinen „Zuse 1“ (Z1) verwendete er 1937 noch .... (11) aus Stahl, deren Staub aber .... (12) der mechanisch funktionierenden Maschine blockierte. Später ersetzte Zuse die Stahlteile durch Telefonrelais. Nach dem „Z2“ folgte 1941 der legendäre „Z3“, der erste frei programmierbare Computer der Welt.

1.4.2 Verben mit präpositionalem Kasus

Elisa telefoniert mit einer Freundin.
↓ Subjekt ↓ Ergänzung: *mit* + Dativ

Philip denkt an die nächste Prüfung.
↓ Subjekt ↓ Ergänzung: *an* + Akkusativ

Annie und Bert unterhalten sich über moderne Kunst.
↓ Subjekt ↓ Ergänzung: *über* + Akkusativ

Bert erkundigt sich nach der nächsten Ausstellung.
↓ Subjekt ↓ Ergänzung: *nach* + Dativ

▶ Gebrauch: Das Verb regiert im Satz!

- → Viele Verben haben eine Ergänzung mit einer Präposition. Die Präposition gehört zum Verb und bestimmt den Kasus: Elisa telefoniert mit einer Freundin. Philip denkt an die nächste Prüfung.
- → Zu den Verben mit präpositionaler Ergänzung gehören viele reflexive Verben: Annie und Bert unterhalten sich über moderne Kunst. Bert erkundigt sich nach der nächsten Ausstellung.
- → Einige Verben können mit mehreren oder verschiedenen präpositionalen Ergänzungen stehen.
  Mehrere Ergänzungen mit Präpositionen: Ich erkundige mich bei der Galeristin nach der nächsten Ausstellung. Ich unterhalte mich mit einer Kollegin über das Wetter.
  Verschiedene Ergänzungen: Ich freue mich über die Blumen. (Das Ereignis hat schon stattgefunden.) Ich freue mich auf den Urlaub. (Das Ereignis findet in der Zukunft statt.)
- → Einige Verben haben Ergänzungen mit und ohne Präposition: Ich danke dir *(Dativ)* für die Blumen *(für + Akkusativ)*.

▶ Formen

Verben mit Präposition + Dativ ***aus, bei, mit, nach, unter, von, vor, zu***	abhängen von telefonieren mit sich bedanken bei bestehen aus sich erkundigen nach sich fürchten vor gehören zu leiden unter	Alles hängt vom Wetter ab. Elisa telefoniert mit einer Freundin. Hat sich Martin bei dir bedankt? Dieser Roman besteht aus zwei Teilen. Bert erkundigt sich nach der nächsten Ausstellung. Marie fürchtet sich vor Spinnen. Zu meinen Aufgaben gehört auch die Kundenbetreuung. Viele Stadtbewohner leiden unter dem Straßenlärm.
Verben mit Präposition + Akkusativ ***für, gegen, über, um***	sich unterhalten über sich bewerben um sich interessieren für kämpfen gegen	Annie und Bert unterhalten sich über moderne Kunst. Robert bewirbt sich um ein Stipendium. Interessierst du dich für moderne Kunst? Die Mannschaft kämpft gegen einen starken Gegner.
Verben mit Präposition + Dativ oder Akkusativ ***an, auf, in***	denken an + Akk. teilnehmen an + Dativ achten auf + Akk. bestehen auf + Dativ sich verlieben in + Akk. bestehen in + Dativ	Philip denkt an die nächste Prüfung. Wer nimmt an der Besprechung teil? Achten Sie besonders auf die Großschreibung. Wir bestehen auf der Einhaltung der Sicherheitsregeln. Marie hat sich in einen Kollegen verliebt. Das Problem besteht in der Zusammensetzung der Materialien.
Verben mit Präposition + Gleichsetzungskasus ***als***	sehen/ansehen als + Akk. bezeichnen als + Akk. arbeiten als + Nom. gelten als + Nom.	Ich sehe dich nicht als Verlierer! Die Presse bezeichnet ihn als den wahren Sieger. Herr Lampe arbeitet als Lehrer an einem Gymnasium. Professor Müller gilt als Experte auf diesem Gebiet.

Aussage- und Fragesätze

Aussagesätze

Annie und Bert unterhalten sich <u>über moderne Kunst</u>.
Bert erkundigt sich <u>nach der nächsten Ausstellung</u>.

Annie und Bert unterhalten sich <u>darüber</u>, dass moderne Kunst sehr vielfältig ist.
→ Pronominaladverb: *da* + *r* + *über*
Die Präposition beginnt mit einem Vokal.

Bert erkundigt sich <u>danach</u>, wann die nächste Ausstellung stattfindet und welche Künstler beteiligt sind.
→ Pronominaladverb: *da* + *nach*

Fragesätze

Philip denkt <u>an die nächste Prüfung</u>.
Elisa telefoniert <u>mit ihrem neuen Handy</u>.

<u>Woran</u> denkt Philip?
→ Frage nach einer Sache: *wo* + *r* + Präposition
Die Präposition beginnt mit einem Vokal.

<u>Womit</u> telefoniert Elisa?
→ Frage nach einer Sache: *wo* + Präposition

Elisa telefoniert <u>mit ihrer Freundin</u>.
<u>Mit wem</u> telefoniert Elisa?
→ Frage nach einer Person: Präposition + Fragewort

▶ Aussagesätze

→ Wenn das Präpositionalobjekt durch einen Nebensatz oder einen Infinitivsatz erweitert wird, steht im Hauptsatz ein „Platzhalter", gebildet aus *da/dar* + Präposition: darüber, danach.
Annie und Bert unterhalten sich <u>darüber</u>, dass moderne Kunst sehr vielfältig ist.
Bert erkundigt sich <u>danach</u>, wann die nächste Ausstellung stattfindet.
Die Pronominaladverbien können bei einigen Verben weggelassen werden.
Bert erkundigt sich, wann die nächste Ausstellung stattfindet.

→ Wenn der Kontext deutlich ist, kann anstelle des Präpositionalobjekts auch ein Pronominaladverb stehen.
Wann findet die nächste Ausstellung statt? <u>Danach</u> habe ich mich nicht erkundigt.
- bei Sachen: *da/dar* + Präposition

Hast du dich bei Lucie bedankt? Ja, ich habe mich <u>bei ihr</u> bedankt.
- bei Personen: Präposition + Personalpronomen

▶ Fragesätze

→ Auch bei Fragen muss man zwischen Fragen nach Sachen und Personen unterscheiden.
Bei Fragen nach einer Sache wird die Präposition mit *wo-/wor-* verbunden: womit, woran. Bei Personen steht die Präposition vor dem Fragepronomen: mit wem, an wen.

→ Bei Verben mit *als* lautet die Frage: Als was?
Als was hat er dich bezeichnet? Als was arbeitet er?

➤ Seite 243: Übersicht *Verben mit präpositionalem Kasus*

Verben
Ergänzungen: Präpositionaler Kasus

▶ Satzbau

I.	II.	III.	
Annie und Bert	unterhalten	sich	über moderne Kunst.
Ich	danke	dir	für die Blumen.
Philip	denkt	seit einer Woche	an seine Prüfung.

→ Bei mehreren Ergänzungen steht der direkte Kasus vor dem präpositionalen Kasus.
→ Auch adverbiale Angaben stehen vor der präpositionalen Ergänzung.

Übungen

1 Was ist in diesem Sommer passiert?
Bilden Sie Sätze im Perfekt.

- Matteo – sich verlieben – italienisches Mädchen
  Matteo hat sich in ein italienisches Mädchen verliebt.
1. ich – beginnen – Praktikum
2. Janine – arbeiten – Kellnerin
3. Friedrich – teilnehmen – Segelwettkampf
4. Nora – sich bewerben – neue Stelle
5. David – sich vorbereiten – Sprachprüfung
6. Clara – sich freuen – Wetter + sich erholen – Bürostress
7. wir – sich beschweren – Hotelzimmer
8. Leopold und Sabine – warten – tagelang – Handwerker *(Pl.)*

2 Fragen und Antworten

a) Wie heißen die Fragen?

- *Worauf wartet ihr?* — Wir warten auf das Ergebnis.
  Auf wen wartet ihr? — Wir warten auf die Handwerker.
1. ....? Die Meteorologen haben vor Unwetter gewarnt.
2. ....? Frau Müller hat sich bei der Praktikantin bedankt.
3. ....? Der Trainer hat sich für einen neuen Mittelstürmer entschieden.
4. ....? Wir rechnen mit deiner Hilfe.
5. ....? Das Problem besteht in den knappen finanziellen Mitteln.
6. ....? Wir denken über notwendige Veränderungen nach.
7. ....? Die Firmenleitung hat sich gegen Vorwürfe von Beschäftigten gewehrt.
8. ....? Sie diskutierte lange mit ihrer Vorgesetzten.
9. ....? Die Idee stammt von einem schwedischen Wissenschaftler.
10. ....? Wir warten noch immer auf eine Antwort.

b) Stellen Sie Fragen und ergänzen Sie die Antwort mit der richtigen Präposition und Artikelendung.

- *Worüber* habt ihr gesprochen? – *Über* unsere Urlaubspläne.
1. .... geht es in diesem Bericht? – .... d......... neusten Forschungsergebnisse.
2. .... denkst du? – .... d......... Abgabetermin meiner Masterarbeit.
3. .... hast du dich beschwert? – .... d......... Verwaltungsleiterin.
4. .... hast du dich bei Klara bedankt? – .... ihr......... Hilfe beim Protokollschreiben.
5. .... hat sich Frau Kaiser so aufgeregt? – .... d......... geplanten Steueränderungen.
6. .... denkst du gerade nach? – .... dein......... Vorschlag.
7. .... hast du dich gestritten? – .... mein......... Nachbarin.
8. .... interessiert sich die neue Firmenleitung? – Nur .... d......... Verkaufszahlen.
9. .... hast du Olaf gratuliert? – .... sein......... Beförderung.
10. .... ging es in dem Vortrag? – .... d......... neuen Strategien.

3 Bewerbungsanschreiben

Ergänzen Sie die Präpositionalgruppen in der richtigen Schreibweise und markieren Sie die Verben.

mit dem Straßenverkehrsrecht • zu meinen Aufgaben • ~~auf Ihr Stellenangebot~~ • bei der Lösung von Problemen • über die neuesten Projektmanagement-Methoden • als *Master of Engineering* • über eine Einladung • über einen Führerschein • an mehreren Management-Seminaren

Ihr Stellenangebot als Ingenieur/in

Sehr geehrte Frau Hübner,

auf der Onlineplattform LinkedIn bin ich *auf Ihr Stellenangebot* (0) beim Mobilitätsamt in Berlin gestoßen. Im letzten Monat konnte ich mein Studium der Fachrichtung Verkehrsingenieurwesen an der Technischen Universität Dresden .... (1) abschließen. In meiner Masterarbeit beschäftigte ich mich vor allem .... (2) sowie den Arbeitsschutz- und Sicherheitsbestimmungen, deshalb finde ich die von Ihnen ausgeschriebene Stelle mit dem Schwerpunkt Verkehrsrecht besonders interessant.
Im Rahmen eines Praktikums im Verkehrsamt Dresden leitete ich bereits ein Projekt zur Verbesserung der Beschilderung an Bauabschnitten auf der Autobahn. .... (3) gehörte neben der theoretischen Planung auch die praktische Umsetzung. Während dieser Zeit konnte ich unter anderem meine guten kommunikativen Fähigkeiten unter Beweis stellen, was mir .... (4) sehr geholfen hat.

In meinem letzten Studienjahr nahm ich zusätzlich .... (5) teil. Ich weiß daher einiges .... (6). Selbstverständlich beherrsche ich alle notwendigen MS-Office-Anwendungen und verfüge .... (7).
Die ausgeschriebene Stelle bietet mir die Möglichkeit, meine Kenntnisse und bisherigen Erfahrungen in die Praxis einzubringen und zu erweitern. Für weitere Informationen stehe ich Ihnen gern zur Verfügung.
.... (8) zum Vorstellungsgespräch würde ich mich freuen.

Beste Grüße nach Berlin
Juliana Mainka

4 Beschwerde per E-Mail

Formulieren Sie eine Beschwerde und bilden Sie aus den Vorgaben Sätze. Achten Sie auf zum Verb gehörende Präpositionen, den nachfolgenden Kasus bzw. auf fehlende Pronominaladverbien.

- wir – Ihnen – die Lieferung vom 3.3. – danken *(Präsens)*
  Wir danken Ihnen für die Lieferung vom 3.3.

1. leider – wir – Sie – aufmerksam machen – müssen *(Präsens)*, dass ein Teil der Ware beschädigt war.
2. wir – Sie – zuverlässiger Partner – kennen *(Präsens)*
3. deshalb – wir – diese Mängel – Ihre Firma – nicht erwarten *(Perfekt)*
4. wir – Sie – der unverzügliche Umtausch der Ware – bitten – und – die nächste einwandfreie Lieferung – sich freuen *(Präsens)*
5. bitte – Sie – sorgen *(Präsens)*, dass wir die Ware in Zukunft wieder in gewohnter Qualität erhalten.
6. wir – weiterhin – eine gute Zusammenarbeit – hoffen *(Präsens)*

5 Ratschläge und Reaktionen

Reagieren Sie auf die Aussagen einer Kollegin/eines Kollegen. Verwenden Sie immer ein Pronominaladverb.

- Frau Müller hat mir bei der Übersetzung geholfen. *(sich bedanken)*
  Du solltest dich dafür bedanken.

1. Es ist eine Leitungsstelle in der Marketingabteilung ausgeschrieben worden. *(sich bewerben)*
2. Am Samstag findet eine Weiterbildung zum Thema Konfliktlösung statt. *(teilnehmen)*
3. Immer muss ich das Sitzungsprotokoll schreiben! *(sich wehren)*
4. Es gibt eine neue Regelung zur Geheimhaltung der Forschungsergebnisse. *(nicht verstoßen)*
5. Die Abteilungsleiterin hat mich gefragt, ob ich das neue Projekt leiten möchte. *(gut nachdenken)*
6. Wenn ich das Projekt übernehme, muss ich viele Überstunden machen. *(vorher mit deiner Familie sprechen)*
7. Die Personalabteilung hat mir eine zusätzliche Reisekostenvergütung angeboten. *(nicht verzichten)*
8. Die Entwicklungsabteilung hat uns einen Vorschlag zur besseren Zusammenarbeit unterbreitet. *(eingehen)*

6 Jetlag

a) Neue Software gegen Jetlag

Ergänzen Sie die Verben und die Präpositionen im folgenden Zeitungsartikel.

Jetlag – wer kennt ihn nicht? Wenn die innere Uhr und die neue Ortszeit nicht mehr synchron laufen, *geraten* die natürlichen Rhythmen des Körpers in ein großes Durcheinander *(geraten)*. Menschen, die über mehrere Zeitzonen fliegen, ... nach der Landung oft .... Schlafstörungen und haben andere körperliche und psychische Beschwerden *(leiden)*.

Das Fachmagazin Computational Biology .... eine Software, die Langstreckenfliegern helfen soll, sich schneller und besser .... die neue Ortszeit .... *(berichten, anpassen)*. Das Programm .... einem mathematischen Modell der inneren Uhr .... und wurde von einem amerikanischen Forschungsteam entwickelt *(ausgehen)*.

Die Reisenden geben bestimmte Daten ein und das Programm errechnet einen Zeitplan für die optimale Tageseinteilung. Es .... sich dabei .... den Arbeitszeiten und festen Terminen der Nutzer *(orientieren)*. So können sich die Reisenden möglichst schnell .... den neuen Rhythmus .... *(umstellen)*.

b) Ergänzen Sie die fehlenden Pronominaladverbien (*da-/dar-* + Präposition).

- Reisende beklagen sich oft *darüber*, dass nach einem langen Flug körperliche Beschwerden auftreten.

1. Menschen können zum Beispiel .... leiden, dass sie nicht mehr schlafen können.
2. Bereiten Sie sich mental .... vor, dass Ihr Körper Zeit zur Umstellung braucht.
3. Sorgen Sie ...., dass Sie sich nach dem Flug ausruhen können.
4. Verzichten Sie ...., Schlafmittel einzunehmen.
5. Die Stärke des Jetlags hängt auch .... ab, ob man nach Osten oder nach Westen fliegt.
6. Sie sollten .... rechnen, dass Sie bei einem Flug nach Osten mehr Probleme bekommen.

7 Angst im Alltag

(22)

Markieren Sie die Verben bzw. Wendungen mit präpositionalem Objekt.
Ergänzen Sie die fehlenden Präpositionen oder Pronominaladverbien.
Manchmal gibt es mehrere Möglichkeiten. Hören Sie eine Beispiellösung.

Jeder Mensch fürchtet sich *vor* irgendetwas: Die einen fürchten sich .... (1) Tieren, die anderen .... (2) engen Räumen oder .... (3) bestimmten Menschen. Normalerweise braucht man sich .... (4) keine Sorgen zu machen.
Wenn die Angst jedoch das Leben bestimmt und .... (5) großen Einschränkungen oder .... (6) sozialer Isolation führt, muss die Angst .... (7) Phobie bezeichnet werden. In diesen Fällen sollte man sich .... (8) professionelle Hilfe bemühen.
Aber was genau versteht man .... (9) einer Phobie? Phobien gehören .... (10) Gruppe der neurotischen Störungen. Diese Störungen werden in der Psychologie .... (11) ungewöhnliche oder übertriebene Reaktionen auf alltägliche Situationen, Objekte, Personen oder Tätigkeiten beschrieben. Sie gehören .... (12) den sogenannten Angststörungen. Generell leiden mehr Frauen als Männer .... (13) Phobien. .... (14) Phobien kann man sich nur durch aktive Auseinandersetzung wehren. Das bedeutet, dass in vielen Fällen therapeutische Hilfe nötig ist.
Grundsätzlich können Phobien .... (15) zwei große Gruppen gegliedert werden: soziale Phobien und spezifische Phobien. Ein Mensch, der .... (16) einer sozialen Phobie leidet, hat starke Angst .... (17) Situationen, in denen er im Mittelpunkt steht. Eine typische Situation ist das Halten eines Vortrags vor Publikum. Manchmal lässt sich diese Form der Angst .... (18) mangelndes Selbstbewusstsein zurückführen. Wenn sich die Ängste .... (19) ganz bestimmte Objekte oder besondere Situationen beschränken, z. B. Tierarten, Krankheiten oder Höhe, spricht man .... (20) spezifischen Phobien. Sie stellen die größte Gruppe der Phobien dar. Manche dieser Ängste wirken vielleicht auf den ersten Blick lächerlich, doch für die Betroffenen sind sie oft .... (21) enormem Leidensdruck verbunden. So wurden zum Beispiel Fälle von Angst .... (22) sich selbst, Angst .... (23) Schwiegereltern oder Angst .... (24) schönen Frauen beobachtet.
Grundsätzlich aber gilt beim Thema Angst: Wer sich .... (25) seinen Ängsten auseinandersetzt, kann in den meisten Fällen .... (26) therapeutische Hilfe verzichten. So bekommt man zumindest keine Angst .... (27) Psychiatern.

1.4.3 Verben mit lokalen Ergänzungen

Peter liegt im Bett.
Ingo ist auch müde. Er legt sich auf die Couch.

Max sitzt im Sessel und trinkt Tee.
Susi setzt sich in den anderen Sessel und sieht fern.

▶ Gebrauch: Das Verb regiert im Satz!

Einige Verben haben eine lokale Ergänzung. Das kann eine Richtungsangabe *(wohin?)* oder eine Ortsangabe *(wo?)* sein.

- → *Stehen, liegen* und *sitzen* sind unregelmäßige Verben. Sie treten in der Regel mit einer Ortsangabe im Dativ auf: Ich stehe/stand im Tor. Ich liege/lag im Bett. Ich sitze/saß im Sessel.
- → *Stellen, legen* und *setzen* sind regelmäßige Verben. Sie stehen immer mit einem Akkusativ und haben eine lokale Ergänzung im Akkusativ: Ich stelle/stellte mich ins Tor. Ich lege/legte mich ins Bett. Ich setze/setzte mich in den Sessel.
- → *Hängen* kann regelmäßig oder unregelmäßig sein. Wenn es mit einem Akkusativ gebraucht wird, ist es regelmäßig und hat die lokale Ergänzung im Akkusativ: Die Jacke hängt/hing an der Garderobe. Ich hänge/hängte die Jacke an die Garderobe.
- → *Stecken* ist immer regelmäßig und kann mit oder ohne Akkusativobjekt stehen. Die lokale Ergänzung ist im Dativ oder Akkusativ: Mein Pass steckt/steckte in der Jackentasche. Ich stecke/steckte meinen Pass in die Jackentasche.
- → Sogenannte Wechselpräpositionen *(an – auf – hinter – in – neben – über – unter – vor – zwischen)* können mit dem Dativ oder dem Akkusativ auftreten (➤ Seite 159).

Übungen

1 Frau Friedrich (□) und Herr Friedrich (△) wollen in den Urlaub fahren (23)

Lesen Sie den folgenden Dialog und ergänzen Sie die Präpositionen, die Artikelendungen und die angegebenen Verben in der richtigen Form. Manchmal gibt es mehrere Möglichkeiten. Hören Sie eine Beispiellösung.

Urlaubsvorbereitungen

□ Liebling, wo sind meine Schuhe?
△ Na dort, wo sie immer sind. Sie **stehen im** Schuhschrank *(stehen)*.
□ Seltsam, ich bin mir sicher, dass ich sie gestern schon .... d....... Reisetasche .... habe *(stecken)*. Und meinen Mantel, hast du den auch irgendwo gesehen?
△ Der wird sicher noch .... Schrank ...., wo er immer .... *(hängen 2x)*.
□ Nein, ... Schrank .... er nicht *(hängen)*. Dort habe ich ihn schon gesucht.
△ Vielleicht hast du ihn gestern .... Büro .... lassen *(liegen)*?
□ Ach du Schreck, mein Mantel .... noch bei Frau Müller .... Büro *(liegen)*! Ich habe mich gestern von ihr verabschiedet und dabei habe ich den Mantel .... d....... Stuhl .... *(legen)*. Und mein Reisepass .... mein......... Manteltasche *(stecken)*! Was machen wir denn jetzt?
△ Du holst den Mantel aus der Firma und ich frühstücke in aller Ruhe. Danach .... ich alle Sachen, die wir mitnehmen wollen, ... d....... Bett *(legen)* und suche auch schon alles für das Handgepäck heraus.
□ Kannst du die Kopfschmerztabletten gleich .... d....... Seitentasche meines Rucksacks .... *(stecken)*, damit ich sie schnell finde, wenn ich sie brauche?
△ Wenn du so weitermachst, werden keine Tabletten mehr übrig bleiben. Dann habe ich sie nämlich alle selbst genommen.

1.5 Passiv
1.5.1 Vorgangspassiv

*Die elektrische Waschmaschine **wurde** Anfang des 20. Jahrhunderts **entwickelt**.*
*In Deutschland **werden** heute rund 3,4 Millionen Waschmaschinen im Jahr **verkauft**.*

▶ Gebrauch

→ Im Passivsatz steht die Handlung im Vordergrund, nicht die handelnde Person:
Aktiv: Ingenieure **entwickelten** Anfang des 20. Jahrhunderts die elektronische Waschmaschine.
Passiv: Die elektronische Waschmaschine **wurde** Anfang des 20. Jahrhunderts **entwickelt**.

→ Man findet das Passiv oft
- im alltäglichen Sprachgebrauch, wenn man den Fokus auf die Handlung legt:
  Franz **wird** im Krankenhaus **untersucht**.
  Ich **wurde** am Flughafen nicht **kontrolliert**.
- in beschreibenden Texten: Anfang des 20. Jahrhunderts **wurde** die elektrische Waschmaschine **entwickelt**.
  Die Schalter **wurden** an der Vorderseite **angebracht**.
- in Nachrichten: Die Gäste **wurden** am Nachmittag vom Bundespräsidenten **empfangen**.
- in verallgemeinernden Aussagen: Die Zeugnisse **werden** am Schuljahresende **überreicht**.
  Es **werden** im Jahr rund 3,4 Millionen Waschmaschinen **verkauft**.
- in der Behörden- und Juristensprache: Über ihren Antrag **wurde** positiv **entschieden**.
  Die sofortige Vollziehung dieses Bescheids **wird** gemäß § 80 Abs. 2 der Verwaltungsgerichtsordnung (VwGO) **angeordnet**.

■ Vorgangspassiv ohne Modalverben

Was passiert im Krankenhaus?

*Franz **wird untersucht**.*
↓ werden ↓ Partizip II

▶ Formen

	Präsens		Präteritum		Perfekt		Plusquamperfekt		Futur I	
ich	werde	untersucht	wurde	untersucht	bin	untersucht worden	war	untersucht worden	werde	untersucht werden
du	wirst		wurdest		bist		warst		wirst	
er/sie/es	wird		wurde		ist		war		wird	
wir	werden		wurden		sind		waren		werden	
ihr	werdet		wurdet		seid		wart		werdet	
sie/Sie	werden		wurden		sind		waren		werden	

→ Das Passiv wird mit dem Hilfsverb *werden* und dem **Partizip II** gebildet: Franz wird untersucht.

→ Passiv Perfekt und Passiv Plusquamperfekt werden immer mit *sein* und dem **verkürzten Partizip** *worden* gebildet.
Ich bin eingeladen **worden**. Ich war eingeladen **worden**.
(Achtung: Das Partizip II von *werden* als Vollverb im Aktivsatz ist *geworden*: Ich bin krank **geworden**.)

→ Einige Verben können **kein Passiv bilden**. Das sind unter anderem

- *haben* und *sein* als Vollverben: Ich habe Angst. Ich bin morgen nicht da.
- Verben der Zustandsveränderung: Ich schlafe schnell ein. Die Blumen sind verblüht.
- unpersönliche Verben des Geschehens: Es regnet. Es ist etwas passiert.
- Verben in modalverbähnlicher Verwendung: Ich bleibe sitzen. Peter lernt schwimmen.

▶ Umformung: Aktiv – Passiv

Aktiv	Passiv
Eine Fachärztin **untersucht** mich. Der Sicherheitsdienst am Flughafen **kontrol-liert** die Passagiere. Mücken **übertragen** die Krankheit Malaria.	Ich **werde untersucht**. Die Passagiere **werden** am Flughafen vom Sicherheitsdienst **kontrolliert**. Die Krankheit Malaria **wird** durch Mücken **übertragen**.

→ Die Akkusativergänzung des Aktivsatzes wird zum Subjekt (Nominativ) im Passivsatz.

→ Man kann das Subjekt des Aktivsatzes in den Passivsatz übernehmen, wenn man es besonders betonen möchte. Dabei stehen Personen, Institutionen und Gegenstände in der Regel mit *von* + Dativ.
Bei Vorgängen oder Überträgern/Überbringern verwenden wir *durch* + Akkusativ.

Aktiv	Passiv
Die Hersteller verkaufen im Jahr rund 3,4 Millionen Waschmaschinen.	**Es** werden im Jahr rund 3,4 Millionen Waschmaschinen verkauft. **Im Jahr** werden rund 3,4 Millionen Waschmaschinen verkauft.

Wenn es im Passivsatz kein Subjekt gibt, steht *es* oder ein anderes Satzglied an Position I.

▶ Satzbau: Hauptsatz

	I.	II.	III.	Satzende
Aussagesatz im Präsens	Franz	**wird**	heute	**untersucht.**
Aussagesatz im Präteritum	Franz	**wurde**	gestern	**untersucht.**
Aussagesatz im Perfekt	Franz	**ist**	gestern	**untersucht worden.**

▶ Satzbau: Nebensatz

	Hauptsatz	Nebensatz	
			Satzende
Nebensatz im Präsens	Ich weiß nicht,	wann Franz	**untersucht wird.**
Nebensatz im Präteritum	Ich weiß nicht,	wann Franz	**untersucht wurde.**
Nebensatz im Perfekt	Ich weiß nicht,	wann Franz	**untersucht worden ist.**

Passiv: Vorgangspassiv

Übungen

1 Ein nützliches Gerät – die Waschmaschine
Lesen Sie den folgenden Text und markieren Sie alle Passivformen.

Wäschewaschen bedeutete jahrhundertelang harte Arbeit, meist für Frauen. An sogenannten Waschtagen wurde die schmutzige Kleidung in Seifenlauge eingeweicht, gerieben, gespült und ausgewrungen. Der früheste bekannte Hinweis auf eine Maschine, die den Frauen die Arbeit abnehmen sollte, stammt aus dem Jahr 1677. In einem Tagebuch des Engländers Sir Johann Hoskyns wurden Notizen über eine Erfindung gefunden, mit der „das feinste Leinen gewaschen und dabei nicht beschädigt wird".

Eine genauere Beschreibung einer Waschmaschine ist erst im Jahre 1752 im Londoner „The Gentleman's Magazine" veröffentlicht worden. Hierbei handelte es sich um einen mechanisch zu bedienenden Wäschestampfer. Auf Umwegen erfuhr der Regensburger Pastor Jacob Christian Schäffer von dieser Konstruktion und baute sie nach. Diese „bequeme und höchst vorteilhafte Waschmaschine" wurde ein Riesenerfolg. Fast einhundert Jahre lang ist sie in kaum veränderter Form gebaut worden.

Ende des 19. Jahrhunderts revolutionierte die allgemeine Mechanisierung das tägliche Leben. Allerlei nützliche Geräte wie die Geschirrspülmaschine oder der Staubsauger hielten Einzug in den Haushalt. 1901 wurde die erste elektrische Waschmaschine von dem Amerikaner Alva J. Fisher erfunden.

2 Wissenswertes

a) Ergänzen Sie die passenden Verben im Passiv Präsens.

stehlen • ziehen • ~~ausrichten~~ • werfen • ermitteln • beeinflussen • veröffentlichen • katapultieren

1. Seit dem Jahr 2000 *wird* in der finnischen Stadt Savonlinna regelmäßig eine Weltmeisterschaft im Handyweitwurf *ausgerichtet*. Nach finnischen Wettkampfregeln .... das Mobiltelefon mit Akku, nach deutschen Wettkampfregeln ohne Akku ....
2. In Deutschland .... jedes Jahr 13 Millionen Zähne ...., etwa 125 000 Fahrräder .... und rund 70 000 neue Bücher ....
3. Im Shanghai-Tower in Shanghai fahren die schnellsten Aufzüge der Welt. Besucher .... mit einer Spitzengeschwindigkeit von etwa 74 km/h in den 128. Stock ....
4. Weltweit gibt es mehr als 260 Atomuhren. Mithilfe dieser besonders exakten Zeitmesser .... vom Büro für Maß und Gewicht in Paris die Internationale Atomzeit ....
5. Die Qualität von Träumen .... von Gerüchen .... – das haben Wissenschaftler jetzt herausgefunden. Angenehme Düfte erzeugen positive, unangenehme eher negative Träume.

b) Ergänzen Sie die passenden Verben im Passiv Präteritum.

errichten • ~~aufstellen~~ • nehmen • speichern • entscheiden • setzen • aufnehmen • geheim halten

1. Die erste Parkuhr der Welt *wurde* am 16. Juli 1935 in Oklahoma City, USA, *aufgestellt*. Europas erste Parkuhren .... 1952 in Basel in Betrieb ....
2. Bereits im 16. Jahrhundert .... von den Bewohnern der jemenitischen Stadt Schibam Hochhäuser aus Holz und Lehm .... Die Gebäude hatten eine Höhe von 30 Metern.
3. „In the Mood" von Glenn Miller und das Kinderlied „Baa Baa Black Sheep" waren die ersten Lieder, die auf einem Computer .... Sie .... 1951 mit einem Rechner ...., der so groß war wie ein Zimmer.
4. Der Wettbewerb um das höchste Gebäude der Welt .... 1930 mit einer List ....: Die Dachkonstruktion aus Stahlbögen des Chrysler Buildings in New York .... bis zuletzt streng .... Der 56 Meter hohe, an einem geheimen Ort montierte Stahlaufbau .... in nur eineinhalb Stunden als Ganzes auf das Dach .... Die Konkurrenz, die Erbauer der „Bank of Manhattan", hatte keine Zeit mehr zu reagieren.

3 **Was ist letzte Woche alles passiert?**
a) Bilden Sie Sätze im Passiv Präteritum.
b) Formulieren Sie Fragen im Passiv Perfekt wie im Beispiel.

- der Fernsehmoderator – verhaften *(warum)*
  a) *Der Fernsehmoderator wurde verhaftet.*
  b) *Weißt du, warum der Fernsehmoderator verhaftet worden ist?*

1. die Bundesgartenschau – eröffnen *(wann)*
2. die Spielerin – beim Endspiel – im Strafraum – foulen *(von wem)*
3. die Sparpläne der Regierung – kritisieren *(von wem)*
4. die Friedensgespräche – abbrechen *(wann)*
5. viele Banken – im Bereich der Kundenberatung – testen *(welche Banken)*
6. das Denkmal auf dem Augustusplatz – zerstören *(von wem)*
7. die Leiterin der Verkaufsabteilung – entlassen *(warum)*
8. ein Bild von Kandinsky – aus dem Museum – entwenden *(welches Bild)*

4 **Konferenzplanung – Was wurde schon gemacht?**
Suchen Sie ein passendes Verb und formulieren Sie Sätze im Passiv Präteritum und Passiv Perfekt.

sauber machen • senden • informieren • ~~reparieren~~ • kontrollieren • überweisen • absagen

- Ist der Kopierer noch kaputt? Nein, – er – schon – ....
  Nein, er wurde schon repariert./Nein, er ist schon repariert worden.

1. Hat Frau Weber die Teilnahmegebühr bezahlt? Ja, – das Geld – gestern – ....
2. Haben alle die Tagesordnung bekommen? Ja, – sie – per Mail an alle – ....
3. Ist der Konferenzraum in Ordnung? Ja, – er – gestern Abend – ....
4. Weiß Herr Krüger, wann die Gäste eintreffen? Ja, – er – bereits – ....
5. Findet vor der Konferenz ein gemeinsames Essen statt? Nein, – das Essen – offiziell – ....
6. Stimmt die Übersicht über die Ausgaben? Ja, – sie – von der Verwaltungsleiterin – ....

5 **Die erste Fußballweltmeisterschaft** (24)
Ergänzen Sie die Verben im Passiv in der angegebenen Zeitform.
Überprüfen Sie Ihre Lösungen mit dem Hörtext.

Nachdem die olympischen Fußballturniere 1924 in Paris und 1928 in Amsterdam einen regelrechten Zuschauerboom ausgelöst hatten, *wurde* im Mai 1929 auf dem Kongress des Fußballweltverbandes FIFA in Barcelona *beschlossen (beschließen, Präteritum)*, die erste Weltmeisterschaft im Sommer 1930 in Uruguay zu veranstalten.

Uruguay war damals zweifacher Fußballolympiasieger, und dem kleinen Land, das auch die „Südamerikanische Schweiz" .... *(nennen, Präteritum)*, ging es wirtschaftlich blendend. Im Gegensatz dazu .... die meisten europäischen Länder von der damaligen Weltwirtschaftskrise .... *(plagen, Präteritum)* und sagten deshalb die WM-Teilnahme ab. Die lange Anreise mit dem Schiff – Linienflüge .... noch nicht .... *(erfinden, Plusquamperfekt)* – war ihnen zu kostspielig. Aus Europa wagten nur Jugoslawien, Rumänien, Belgien und Frankreich das WM-Abenteuer. Neben den Europäern .... die Mannschaften aus Argentinien, Brasilien, Uruguay, Bolivien, Chile, Paraguay, Peru, den USA und Mexiko von ihren nationalen Fußballverbänden zur Weltmeisterschaft .... *(anmelden, Präteritum)*. Insgesamt waren 13 Länder am Start. Alle Spiele fanden in Montevideo statt. Zum Schutz des einzigen Schiedsrichters .... hinter jedes Tor ein Leibwächter .... *(stellen, Präteritum)*. Außerdem .... beim Einlass ins Stadion strenge Kontrollen .... *(durchführen, Präteritum)*. Dabei .... 1 600 Revolver .... *(sicherstellen, Perfekt)*. In einem hochklassigen Endspiel gewann Uruguay gegen Argentinien mit 4:2 und wurde erster Fußballweltmeister.

Passiv: Vorgangspassiv

6 Rund um die Fußballweltmeisterschaft

Worden oder _geworden_? Ergänzen Sie.

1. Wann ist die Durchführung einer Fußball-WM beschlossen ....?
2. Wie viele Mannschaften sind zur ersten Weltmeisterschaft von ihren Verbänden angemeldet ....?
3. Wer ist 1930 Fußballweltmeister ....?
4. Wie viele Spieler sind bei der letzten Weltmeisterschaft verletzt ....?
5. Der Bundestrainer ist vor dem Halbfinale krank ....
6. Von wem ist der Pokal überreicht ....?
7. Die Weltmeisterschaft ist ein großer Zuschauererfolg ....

7 Meilensteine in der Smartphone-Entwicklung

25

Formulieren Sie aus den Vorgaben Sätze. Achten Sie auf die Angaben in Klammern. Überprüfen Sie Ihre Lösungen mit dem Hörtext.

- als – im Jahr 1994 – das erste Smartphone – auf den Markt – bringen *(Passiv Präteritum)*, Deutschland – erst seit vier Jahren – wiedervereint sein *(Präteritum)*.
  Als im Jahr 1994 das erste Smartphone auf den Markt gebracht wurde, war Deutschland erst seit vier Jahren wiedervereint.

1. dieses erste Smartphone mit dem Namen „Simon Personal Communicator" – bereits zwei Jahre vor Markteinführung – von der Firma IBM – entwickeln *(Passiv Plusquamperfekt)*
2. „Simon" – schon mit einigen typischen Smartphone-Features wie einem Touchscreen, einem Kalender, einem Adressbuch – ausstatten *(Passiv Präteritum)* und – auch E-Mails und Faxe verschicken *(Präteritum)*
3. 1996 – dann – das Nokia „Communicator 9000" – mit dem Slogan „Das Büro in der Westentasche" – auf der Computermesse in Hannover – vorstellen *(Passiv Präteritum)*
4. dieses Nokia-Smartphone – bis heute – als Urahn der modernen Smartphones – ansehen *(Passiv Präsens)* und – zur damaligen Zeit mit einem Webbrowser mit GSM-Internetzugang etwas ganz Besonderes – sein *(Präteritum)*
5. das Nokia „Communicator 9000" – außerdem über viele Knöpfe und ein Schwarz-Weiß-Display – verfügen *(Präteritum)*, das – wie ein Minilaptop – aufklappen *(Passiv Präteritum)*
6. um die Jahrtausendwende – von der Firma Toshiba – der Grundstein für weitere Neuerungen in der Welt der Mobiltelefonie – legen *(Passiv Präteritum)*: die erste Kamera – einbauen *(Passiv Präteritum)*
7. das Wort „Selfie" – übrigens – im Jahr 2002 – zum ersten Mal von einem Australier in einem Chat – benutzen *(Passiv Präteritum)*
8. die tatsächliche Smartphone-"Revolution" – allerdings – erst am 9. Januar 2007 – beginnen *(Präteritum)*: an diesem Tag – vom damaligen Apple-Chef Steve Jobs – das erste iPhone – präsentieren *(Passiv Präteritum)*
9. im iPhone – Funktionen wie Touchscreen, Internet-Kommunikation mit E-Mail, Browser, Navigation und Fotofeatures – miteinander vereinen *(Passiv Präteritum)*
10. heute – viele alte Smartphones – einfach im Müll – entsorgen *(Passiv Präsens)*
11. dabei – einige alte Smartphones – viel Wert – sein (Präsens): das Nokia „Communicator 9000" – auf eBay und anderen Plattformen – zu Preisen von mehr als 500 Euro – anbieten *(Passiv Präsens)*

Vorgangspassiv mit Modalverben

Franz muss untersucht werden.
↓ *müssen* ↓ Partizip II ↓ Infinitiv von *werden*

▶ Formen: Präsens und Präteritum (oft gebraucht)

	Präsens		Präteritum	
ich	muss	untersucht werden	musste	untersucht werden
du	musst		musstest	
er/sie/es	muss		musste	
wir	müssen		mussten	
ihr	müsst		musstet	
sie/Sie	müssen		mussten	

▶ Formen: Perfekt, Plusquamperfekt und Futur I (selten gebraucht)

	Perfekt		Plusquamperfekt		Futur I	
ich	habe	untersucht werden müssen	hatte	untersucht werden müssen	werde	untersucht werden müssen
du	hast		hattest		wirst	
er/sie/es	hat		hatte		wird	
wir	haben		hatten		werden	
ihr	habt		hattet		werdet	
sie/Sie	haben		hatten		werden	

Das Passiv mit Modalverben wird im Perfekt und Plusquamperfekt immer mit *haben* gebildet.
Nach dem Partizip II stehen *werden* und das Modalverb im Infinitiv: Franz hat untersucht werden müssen.

▶ Satzbau: Hauptsatz

	I.	II.	III.	Satzende
Aussagesatz im Präsens	Franz	**muss**	heute	**untersucht werden.**
Aussagesatz im Präteritum	Franz	**musste**	gestern	**untersucht werden.**
Aussagesatz im Perfekt	Franz	**hat**	gestern	**untersucht werden müssen.**

▶ Satzbau: Nebensatz

	Hauptsatz	Nebensatz	
			Satzende
Nebensatz im Präsens	Ich weiß nicht,	wann Franz	**untersucht werden muss.**
Nebensatz im Präteritum	Ich weiß nicht,	wann Franz	**untersucht werden musste.**
Nebensatz im Perfekt	Ich weiß nicht,	wann Franz	**hat untersucht werden müssen.**

Übungen

8 So wird eine Hochzeit organisiert!
Bilden Sie Sätze wie im Beispiel.

- der Termin für die Trauung: festlegen
  Zuerst muss der Termin für die Trauung festgelegt werden.

1. der Termin auf dem Standesamt und/oder in der Kirche: fest vereinbaren
   ……………………………………………………………………
2. die Gästeliste: zusammenstellen
   Dann ……………………………………………………………
3. die Einladungskarten: entwerfen, drucken und an die Gäste verschicken
   ……………………………………………………………………
4. der Saal für die Feier: reservieren
   ……………………………………………………………………
5. eine Band oder ein DJ: finden
   ……………………………………………………………………
6. ein Hochzeitsfotograf oder eine Hochzeitsfotografin: suchen
   ……………………………………………………………………
7. die Hochzeitstorte: bestellen
   ……………………………………………………………………
8. über das Menü: diskutieren
   ……………………………………………………………………
9. das Hochzeitskleid: aussuchen und kaufen
   ……………………………………………………………………
10. der Brautstrauß: auswählen
   ……………………………………………………………………
11. für ausreichend Getränke: sorgen
   ……………………………………………………………………

9 Im Büro gibt es viel zu tun
Bilden Sie Fragen und antworten Sie. Achten Sie auf die Zeitformen in den Beispielsätzen.

- die Einladung – verschicken • Frau Becker – seit zwei Tagen – krank sein
  □ *Ist die Einladung schon verschickt worden?*
  △ *Nein, die Einladung konnte noch nicht verschickt werden. Frau Becker ist seit zwei Tagen krank.*
  □ *Die Einladung muss aber so schnell wie möglich verschickt werden.*

1. die Unterlagen – kopieren • Kopierer – kaputt sein
2. der Vertrag – ausdrucken • die Druckerpatrone – leer sein
3. die Tagungsgebühren – überweisen • Onlinebanking – gerade nicht funktionieren
4. die neuen Homeofficeregeln – an alle – versenden • das Dokument – noch nicht vorliegen
5. die Eingangstür – reparieren • Hausmeister – im Urlaub
6. die Alarmanlage – überprüfen • die Sicherheitsfirma – zurzeit viel zu tun haben
7. die aktuellen Verkaufszahlen – in die Tabelle – einarbeiten • zwei Veraltungsmitarbeiterinnen – krank sein
8. das Protokoll der letzten Sitzung – schreiben • einige Informationen zur Planung – noch immer fehlen
9. die neuen Bürostühle – liefern • Möbelfirma – Lieferprobleme haben
10. das neue Projekt – vorstellen • noch keine Gelegenheit – dazu – geben

10 **Die neue Firmenleitung hat sich viel vorgenommen**
Das muss alles gemacht werden. Formulieren Sie Sätze im Passiv Präsens.

- das Unternehmen – Schritt für Schritt – wieder auf Erfolgskurs – führen – müssen
  Das Unternehmen muss Schritt für Schritt wieder auf Erfolgskurs geführt werden.

1. zuerst – das bisherige Qualitätsmanagement – verbessern – müssen
   ......
2. zudem – die Effektivität der einzelnen Abteilungen – überprüfen – müssen
   ......
3. innerbetriebliche Weiterbildung – stärker – fördern – sollten
   ......
4. Kreativität und Innovation im Kollegium – belohnen – sollten
   ......
5. Produktionsabläufe – nach ökologischen Gesichtspunkten – analysieren – müssen
   ......
6. es – keine unnötigen Ressourcen – verbrauchen – dürfen
   ......
7. es – auch – auf Nachhaltigkeit der Rohstoffe – achten müssen
   ......
8. durch geeignetere Marketingstrategien – mehr Präsenz – in der Öffentlichkeit – erzeugen müssen
   ......

11 **Elli und Luca reden viel miteinander, auch über Politik**
Formulieren Sie Sätze mit a) *nicht dürfen* und b) *müssen* wie im Beispiel.

- Ausbau des Flughafens – stoppen
  a) *Der Ausbau des Flughafens darf nicht gestoppt werden.*
  b) *Ich bin aber der Meinung, dass der Ausbau des Flughafens gestoppt werden muss.*

1. Regierung – für die jetzige Krise – finanziell verantwortlich machen
   a) ......
   b) ......
2. Tempo 30 – in allen Großstädten – einführen
   a) ......
   b) ......
3. Steuern für Geringverdiener – senken
   a) ......
   b) ......

4. in die Forschung alternativer Energiegewinnung – noch mehr Geld – investieren
   a) ......
   b) ......
5. Sozialsystem – weiter ausbauen
   a) ......
   b) ......
6. Studiengebühren – abschaffen
   a) ......
   b) ......
7. Geschwindigkeit auf den Autobahnen – auf maximal 120 km/h – begrenzen
   a) ......
   b) ......
8. Flüge innerhalb Deutschlands – komplett einstellen
   a) ......
   b) ......
9. Höchsttemperatur in öffentlichen Gebäuden – auf maximal 19 Grad – festlegen
   a) ......
   b) ......

1.5.2 Zustandspassiv

Vorher (Vorgang):
Das Auto wird verkauft.
Das Auto wurde verkauft.
Das Auto ist verkauft worden.
→ Vorgangspassiv

Nachher (Zustand):
Hugo interessiert sich für das Auto.
Aber es ist leider schon verkauft.
→ Zustandspassiv

▶ Gebrauch

Das Zustandspassiv beschreibt das Ergebnis einer vorausgegangenen abgeschlossenen Handlung:
Das Auto ist verkauft.

▶ Formen

		sein		Partizip II
Gegenwart	Das Auto	**ist**	seit gestern	**verkauft.**
Vergangenheit	Das Auto	**war**	schon	**verkauft.**
Zukunft	Das Auto	**wird**	bald	**verkauft sein.**

- → Das Zustandspassiv wird mit dem **Hilfsverb** *sein* und dem **Partizip II** gebildet:
  Das Auto ist verkauft.
- → Es gibt nur eine Vergangenheitsform, die aus dem **Präteritum** von *sein* und dem **Partizip II** gebildet wird:
  Als Hugo beim Autohändler eintraf, war das Auto schon verkauft.
- → Die Zukunftsform mit *werden*, dem **Partizip II** und dem **Infinitiv** von *sein* wird sehr selten verwendet:
  Das Auto wird bald verkauft sein.
- → Das Zustandspassiv können nur Verben bilden, die auch ein Vorgangspassiv bilden können.
  (➤ Seite 67: Hinweis 3)

Übungen

1 Ein nützliches Gerät – die Geschirrspülmaschine
Markieren Sie im folgenden Text alle Passivformen, die Vorgänge und Zustände beschreiben.

Man mag es kaum glauben, aber bereits zum Ende des 19. Jahrhunderts wurden in Amerika die ersten Vorläufer unserer heutigen Spülmaschine entwickelt. Die reiche Amerikanerin Josephine Cochrane beschwerte sich oft bei ihren Bediensteten, weil beim Spülen so viel Geschirr zerbrochen ist. Selbst wollte sie natürlich nicht abwaschen und so entwarf sie das erste Gerät für den Abwasch.

Das Prinzip einer Geschirrspülmaschine besteht grundsätzlich darin, dass schmutziges Geschirr mit Wasser und Spülmittel hygienisch sauber gereinigt wird. Dies geschieht heutzutage mithilfe eines elektrischen Antriebs, mit dem ein vollautomatischer Spülvorgang gewährleistet werden kann.

Zuerst muss das Geschirr in die Spülmaschine gestellt und das entsprechende Reinigungsmittel eingefüllt werden. Danach wählt der Verbraucher das geeignete Spülprogramm. Der Spülvorgang wird mit den außen angebrachten Steuerungsmodulen gestartet.

Während des Waschvorgangs werden die Speisereste abgelöst und anschließend wird das saubere Geschirr getrocknet. Danach ist der Spülvorgang beendet. Beim anschließenden Öffnen der Geschirrspülmaschine dringt heiße Luft nach außen. Es ist ratsam, das Geschirr erst einmal abkühlen zu lassen, bevor es entnommen und in die Schränke zurückgestellt wird.

2 Zustand oder Vorgang?
Unterstreichen Sie die Passivform und kreuzen Sie an, um welche Form es sich handelt.

	Vorgangspassiv	Zustandspassiv
• Der Rechner ist eingeschaltet.	○	X
1. Der Rechner wurde gestern Abend nicht ordnungsgemäß ausgeschaltet.	○	○
2. Sind alle Dokumente gespeichert worden?	○	○
3. Ja, es ist alles gespeichert.	○	○
4. Ist das Labor gestern Abend abgeschlossen worden?	○	○
5. Ja, das Labor war heute Morgen abgeschlossen.	○	○
6. Sind die Ergebnisse geprüft?	○	○
7. Nein, sie konnten noch nicht geprüft werden.	○	○
8. Es ist kalt in meinem Büro! Auf welche Temperatur wurde die Heizung eingestellt?	○	○
9. Die Heizung ist auf 22 Grad eingestellt.	○	○
10. Die Warenausgabe ist noch geöffnet.	○	○

3 Alles ist schon erledigt
Formulieren Sie Fragen mit *wann* im Aktiv und antworten Sie wie im Beispiel.

- die Plätze im Restaurant – reservieren
  Wann reservieren Sie die Plätze im Restaurant? *Die Plätze sind schon reserviert.*
1. die Flugtickets nach Wien – buchen
   Wann ……………………? ……………………
2. die Rechnung für den Beratungsservice – schreiben
   ……………………? ……………………
3. die Gebühr für das Seminar – überweisen
   ……………………? ……………………
4. die neuen Drucker – bestellen
   ……………………? ……………………
5. die E-Mail von Frau Krause – beantworten
   ……………………? ……………………
6. die Kundin über den Lieferengpass – informieren
   ……………………? ……………………
7. die eingegangene Ware – kontrollieren
   ……………………? ……………………
8. die E-Mail – an die Kunden in Spanien – übersetzen
   ……………………? ……………………

4 Aus einem Polizeiprotokoll. Bilden Sie Sätze im Zustandspassiv in der Vergangenheit.
So sah das Museum nach dem Einbruch aus:

- die Eingangstür – schließen *Die Eingangstür war geschlossen.*
1. die Fensterscheiben im Erdgeschoss – zerbrechen ……………………
2. die Vorhänge – herunterreißen ……………………
3. die Alarmanlage – ausschalten ……………………
4. das Glas der Vitrinen – zerschlagen ……………………
5. die Vitrinen – leer räumen ……………………
6. die antiken Möbel in den Ausstellungsräumen – umkippen ……………………
7. alle mittelalterlichen Schmuckstücke – stehlen ……………………
8. die Überwachungskameras – beschädigen ……………………

1.5.3 Passiv-Ersatzformen

Aktiv:
Man kann diese Aufgabe leicht lösen.

Vorgangspassiv:
Diese Aufgabe kann leicht gelöst werden.

Passiv-Ersatzformen:

Diese Aufgabe lässt sich leicht lösen.
↓ *sich lassen* ↓ Infinitiv

Diese Aufgabe ist leicht zu lösen.
↓ *sein* ↓ *zu* + Infinitiv

Diese Aufgabe ist leicht lösbar.
↓ *sein* ↓ Adjektiv auf *-bar*

▶ Gebrauch

→ Passiv-Ersatzformen umschreiben Passivkonstruktionen. Sie stehen im Aktiv und werden mündlich und schriftlich als Alternativen zum Passiv verwendet.

→ Passiv-Ersatzformen haben in der Regel eine modale Funktion. Sie können eine Möglichkeit, eine Notwendigkeit, einen Auftrag, eine Empfehlung oder ein Verbot ausdrücken.
Die Form *sein* + *zu* + Infinitiv kann verschiedene Bedeutungen haben.

› **Bedeutungen**

Passiv-Ersatzform	Beispielsatz	Umschreibung im Passiv	Bedeutung
sich lassen + Infinitiv	Die Aufgabe lässt sich (nicht) lösen.	Die Aufgabe kann (nicht) gelöst werden.	Möglichkeit/ Unmöglichkeit
sein + *zu* + Infinitiv	Die Aufgabe ist (nicht) zu lösen. Die Tür ist abends abzuschließen. Die Nebenwirkungen des Medikaments sind nicht zu unterschätzen.	Die Aufgabe kann (nicht) gelöst werden. Die Tür muss/soll abends abgeschlossen werden. Die Nebenwirkungen des Medikaments dürfen/sollten nicht unterschätzt werden.	Möglichkeit/ Unmöglichkeit Notwendigkeit/ Auftrag Verbot/Empfehlung
Adjektive auf *-bar, -lich, -abel** **Adjektive auf -abel sind sehr selten.*	Die Aufgabe ist (nicht) lösbar. Der Diamant ist unverkäuflich. Die Maschine ist irreparabel.	Die Aufgabe kann (nicht) gelöst werden. Der Diamant kann nicht verkauft werden. Die Maschine kann nicht repariert werden.	Möglichkeit/ Unmöglichkeit

▶ Formen

➤ Seite 50: *Modalverbähnliche Verben*

		II		Satzende
Präsens	Die Aufgabe Die Aufgabe	**ist**	leicht leicht lösbar.	**zu lösen.**
Präteritum	Die Aufgabe Die Aufgabe	**war**	leicht leicht lösbar.	**zu lösen.**
Perfekt	Die Aufgabe Die Aufgabe	**ist**	leicht leicht lösbar	**zu lösen gewesen.** **gewesen.**

Präsens	Die Aufgabe	**lässt**	sich leicht	**lösen.**
Präteritum	Die Aufgabe	**ließ**	sich leicht	**lösen.**
Perfekt	Die Aufgabe	**hat**	sich leicht	**lösen lassen.**

Übungen

1 Wie entstand das Internet?
Markieren Sie in dem folgenden Text alle Passiv- und Passiv-Ersatzformen.

Mitte der 1950er-Jahre bestand die Welt aus zwei Machtbereichen: dem amerikanischen und dem sowjetischen. Das Denken der Politiker und Militärstrategen wurde durch den Kalten Krieg bestimmt und Wissenschaft und Forschung spielten im Wettstreit der Ideologien eine wichtige Rolle. Nachdem der erste Satellit, der legendäre „Sputnik", im Oktober 1957 von der UdSSR erfolgreich in die Erdumlaufbahn befördert worden war, war der Technologievorsprung der Sowjets für die ganze Welt sichtbar. Das löste in den USA den sogenannten Sputnik-Schock aus. Als militärisch-wissenschaftliche „Gegenoffensive" wurde die ARPA (Advanced Research Projects Agency) gegründet, eine in das Verteidigungsministerium integrierte Forschungsbehörde. Es sollten nun gezielt wissenschaftliche Projekte und Technologien gefördert werden, deren Ergebnisse eines Tages auch militärisch einsetzbar sind.

Immer mehr Institute und Universitäten beteiligten sich an gemeinsamen Projekten und suchten nach neuen Möglichkeiten der wissenschaftlichen Kommunikation und des schnelleren Datenaustauschs. Da sich die Computerkapazitäten der Forschungseinrichtungen nicht so einfach ausbauen ließen, musste die Nutzung vorhandener Computerressourcen optimiert werden. Das war nur zu bewältigen, indem eine ganz neue Technik der Datenübertragung erarbeitet wurde.

Ende der 1960er-Jahre entstand ein neuartiges Computernetzwerk, das ARPANET: Am 29. Oktober 1969 verbanden Wissenschaftler zwei kühlschrankgroße Computer mithilfe einer Telefonleitung. Die Buchstaben wurden mühsam von Bildschirm zu Bildschirm übermittelt, parallel dazu verständigten sich die Computertechniker am Telefon. Für die Rechner der damaligen Zeit war die Aufgabe am Anfang nahezu unlösbar: Sie stürzten regelmäßig ab. Durch die Forscher Paul Baran und Donald Watts Davies konnte später eine neue dezentrale Netzstruktur entwickelt werden. 1982 wurde das ARPANET auf TCP/IP-Standard umgestellt. Diese Software regulierte den Austausch von Daten und sorgte wie eine Art Klebstoff für die Verbindung der Netzwerke untereinander.

Anfang der 1990er-Jahre schlug am europäischen Kernforschungslabor CERN die Geburtsstunde des World Wide Web, dessen Vater der britische Informatiker Tim Berners-Lee ist. Das WWW ist eine als Hypertext aufgebaute Vernetzung von Daten und Inhalten. Hypertext bedeutet, dass auf unzähligen Computern gespeicherte Daten durch logische Verknüpfung mittels sogenannter Links abrufbar sind. Als 1993 der erste Webbrowser zum kostenlosen Herunterladen angeboten wurde, war der Siegeszug des Internets nicht mehr aufzuhalten.

2 (Nicht-)Möglichkeit

a) Bilden Sie Sätze mit Passiv-Ersatzformen wie im Beispiel.

- Die Tür kann nicht geöffnet werden. — a) *Die Tür lässt sich nicht öffnen.* b) *Die Tür ist nicht zu öffnen.*

1. Dieser Bürostuhl kann nicht verstellt werden. — a) .... b) ....
2. Der Hinweis in Rot kann nicht übersehen werden. — a) .... b) ....
3. Die Herkunft der Produkte kann nicht festgestellt werden. — a) .... b) ....
4. Der Schaden kann schnell repariert werden. — a) .... b) ....
5. Die Daten können einfach manipuliert werden. — a) .... b) ....

Passiv: Passiv-Ersatzformen

b) Formulieren Sie die Sätze a) im Passiv und b) mit *sein* + Adjektiv wie im Beispiel.

- Man kann das Wasser trinken.
  a) *Das Wasser kann getrunken werden.* b) *Das Wasser ist trinkbar.*

1. Man kann den Schrank abschließen.
   a) .... b) ....
2. Man kann den Stoff waschen.
   a) .... b) ....
3. Man kann die Wohnung sofort beziehen.
   a) .... b) ....
4. Man kann das in zwei Tagen machen.
   a) .... b) ....
5. Man kann das Gerät auch im Straßenverkehr einsetzen.
   a) .... b) ....
6. Man kann das Ziel im Moment nicht erreichen.
   a) .... b) ....
7. Man kann die Töne nicht hören.
   a) .... b) ....
8. Man kann die Gebrauchsanweisung nicht verwenden.
   a) .... b) ....

3 Notwendigkeit

Formulieren Sie Sätze mit *sein* + Infinitiv mit *zu* wie im Beispiel.

- Alle Teilnehmer müssen registriert werden.
  Alle Teilnehmer sind zu registrieren.

1. Vorträge müssen bis zum 13. August eingereicht werden.
   ....
2. Die Kommunikationsprobleme müssen sofort gelöst werden.
   ....
3. Notwendige Veränderungen müssen innerhalb von vier Wochen in die Dokumente eingearbeitet werden.
   ....
4. Alle Unterlagen müssen ins Englische übersetzt werden.
   ....
5. Die Richtigkeit der Daten muss noch überprüft werden.
   ....
6. Die Tagungsergebnisse dürfen ohne Genehmigung nicht veröffentlicht werden.
   ....
7. Die Hotelzimmer müssen am Abreisetag bis 11.00 Uhr geräumt werden.
   ....

4 Beschreibungen

Schreiben Sie einen Relativsatz mit einer Passiv-Ersatzform und einer Erklärung im Aktiv.

- Unverkäuflich ist ein Gegenstand, *der sich nicht verkaufen lässt/den man nicht verkaufen kann.*

1. Unlösbar ist ein Problem, ...
2. Verständlich ist eine Reaktion, ...
3. Irreparabel sind Schäden, ...
4. Unzerstörbar ist ein Material, ...
5. Unersetzlich sind Menschen oder Dinge, ...
6. Nicht praktikabel ist ein Plan, ... *(umsetzen)*
7. Unvermeidlich ist eine Auseinandersetzung, ...

1.6 Modi
1.6.1 Imperativ

Gesund leben

Iss mehr Obst und Gemüse!

Arbeitet nicht so viel!

Treiben Sie regelmäßig Sport!

▶ Gebrauch

Mit dem Imperativ formuliert man Ratschläge, Bitten, Aufforderungen, Anweisungen oder Warnungen.
- Ratschlag: Treiben Sie regelmäßig Sport! Iss mehr Obst und Gemüse!
- Bitte: Kopieren Sie bitte für alle die Tagesordnung!
- Aufforderung: Räum doch endlich mal dein Zimmer auf!
- Anweisung: Drücken Sie im Notfall den roten Knopf neben der Tür!
- Warnung: Mach das nicht noch mal!

▶ Formen

	du	ihr	Sie
Verben ohne Vokalwechsel	**Mach** weiter! *(du machst)*	**Macht** weiter! *(ihr macht)*	**Machen Sie** weiter! *(Sie machen)*
Verben auf *-d/-t/-n/-m*	**Arbeite** weniger! *(du arbeitest)* **Öffne** die Tür! *(du öffnest)*	**Arbeitet** weniger! *(ihr arbeitet)* **Öffnet** die Tür! *(ihr öffnet)*	**Arbeiten Sie** weniger! *(Sie arbeiten)* **Öffnen Sie** die Tür! *(Sie öffnen)*
Verben mit Vokalwechsel	**Iss** gesund! *(du isst)* **Fahr** langsamer! *(du fährst)*	**Esst** gesund! *(ihr esst)* **Fahrt** langsamer! *(ihr fahrt)*	**Essen Sie** gesund! *(Sie essen)* **Fahren Sie** langsamer! *(Sie fahren)*
trennbare Verben	**Komm mit!** *(du kommst mit)*	**Kommt mit!** *(ihr kommt mit)*	**Kommen Sie mit!** *(Sie kommen mit)*
Sonderformen: *sein*	**Sei** pünktlich! *(du bist)*	**Seid** pünktlich! *(ihr seid)*	**Seien Sie** pünktlich! *(Sie sind)*
haben	**Hab** keine Angst! *(du hast)*	**Habt** keine Angst! *(ihr habt)*	**Haben Sie** keine Angst! *(Sie haben)*

→ Eine Aufforderung richtet sich immer an eine oder mehrere Personen: informell: *du* bzw. *ihr*, formell: *Sie*.

→ Bei der Anrede mit *du* fallen das Personalpronomen und die Endung *-st* weg: du machst → Mach!
Bei vielen Verben gibt es zwei Formen: Mach/Mache! Reis/Reise! Studier/Studiere!
Normalerweise wird die Form ohne *-e* bevorzugt: *Mach weiter!*, bei einigen Verben wird auch die Form mit *-e* verwendet: Reise/Reis nicht allein. Studiere/Studier doch Jura!

→ Verben auf *-d/-t* und *-n/-m* (wenn ein anderer Konsonant davorsteht, aber nicht: *r*) enden in der *du*-Form immer auf *-e*: Arbeite! Öffne! Atme!

→ Bei Verben mit Vokalwechsel im Präsens gibt es in der 2. Person Singular keinen Umlaut: du fährst → Fahr!/Fahre!
Bei Verben, die einen *e → i(ie)* Wechsel haben, kann kein *-e* stehen: Nimm! Lies!

→ Bei der Anrede mit *ihr* fällt nur das Personalpronomen weg. Die Verbform bleibt unverändert:
ihr esst → Esst langsamer! • ihr arbeitet → Arbeitet nicht so viel!

→ Die Verben *sein* und *haben* haben Sonderformen:
du bist → Sei leise! • Sie sind → Seien Sie bitte still! • du hast → Hab keine Angst!

Verben
Modi: Imperativ

▶ **Satzbau**

I.	II.	Satzende
Iss	mehr Obst!	
Komm	bitte	mit!

Übungen

1 Probleme der Kolleginnen und Kollegen
Formulieren Sie Ratschläge in der *du*- und in der *Sie*-Form.

- Mein Vortrag beginnt gleich. Ich bin total nervös. *(sich beruhigen)*
  a) Beruhig/Beruhige dich!
  b) Beruhigen Sie sich!

1. Ich habe solche Rückenschmerzen! *(nach jeder Stunde aufstehen und sich zehn Minuten bewegen)*
2. Ich habe schon wieder Kopfschmerzen. *(eine Tablette nehmen)*
3. Ich schaffe meine Arbeit nicht. *(Aufgaben priorisieren und die wichtigen Aufgaben zuerst bearbeiten)*
4. Ich bin schon wieder gestresst. *(Multitasking vermeiden und sich auf eine Aufgabe konzentrieren)*
5. Ich habe Magenprobleme. *(weniger Kaffee trinken und sich mal einen Kräutertee machen)*
6. Ich komme mit dem neuen Programm nicht zurecht. *(die Probleme aufschreiben und mit dem IT-Experten darüber reden)*
7. Ich fühle mich zurzeit etwas überfordert. *(sich erreichbare Ziele setzen)*
8. Ich stehe jeden Morgen im Stau und komme dann zu spät ins Büro. *(doch lieber mit dem Fahrrad fahren oder die Straßenbahn nehmen)*

2 Besser Sprachen lernen
Formulieren Sie Tipps zum Sprachenlernen in der 2. Person Singular.

- neue Wörter – mit Interesse und Konzentration – lernen
  Lerne neue Wörter mit Interesse und Konzentration!

1. die Wörter – innerhalb von 20 Minuten – wiederholen
   ....
2. die Vokabeln – direkt vor dem Schlafen – noch einmal – lesen
   ....
3. mit Lernkarten – arbeiten
   ....
4. beim Lernen – auf den eigenen Biorhythmus – achten
   ....
5. seine besten Lernzeiten – herausfinden
   ....
6. Lieder in der Zielsprache – hören
   ....
7. jede Gelegenheit – nutzen • die neue Sprache zu sprechen
   ....

3 Ihre Freunde fahren nach Wien
Geben Sie ihnen einige Tipps, was sie dort machen sollen.

- mit öffentlichen Verkehrsmitteln fahren — Fahrt mit öffentlichen Verkehrsmitteln!

1. sich eine Vorstellung in der Staatsoper anschauen
2. den Prater besuchen
3. in einem schönen Café ein Stück Sachertorte essen
4. das Hundertwasserhaus bewundern
5. an einer Stadtrundfahrt teilnehmen
6. im Burgviertel viele Fotos machen
7. den Rundumblick vom Donauturm genießen
8. das Schloss Schönbrunn besichtigen und im Schlosspark spazieren gehen

1.6.2 Konjunktiv II

Könnte ich bitte Frau Kümmel sprechen?
Würden Sie ihr etwas ausrichten?

Otto wäre gern Astronaut.
Dann würde er zur Raumstation fliegen.

▶ Gebrauch

→ Den Konjunktiv II verwenden wir zum Ausdruck von besonderer Höflichkeit, zur Formulierung von Ratschlägen, zur Meinungsäußerung oder Kritik.

- höfliche Frage: Könnte ich bitte Frau Kümmel sprechen?
- höfliche Aufforderung: Würdest du bitte das Fenster öffnen.
- Ratschlag/Vorschlag: Wir sollten mit der Entscheidung noch warten.
- Meinungsäußerung: Ich würde mir das (an deiner Stelle) noch einmal überlegen.
- nachträgliche Empfehlung/Kritik: Der Fehler hätte nicht passieren dürfen.

→ Außerdem dient der Konjunktiv II zum Ausdruck von irrealen Sachverhalten.

- irreale Wünsche: Ich wäre gern erfolgreich. Hätte ich doch endlich mal Erfolg! Wenn ich doch endlich mal Erfolg hätte!
- irreale Bedingungen: Wenn Otto Astronaut wäre, würde er zur Raumstation fliegen.
- beinahe eingetretene Folgen: Wir hätten unser Jahresziel fast erreicht.
- irreale Vergleiche: Er tut so, als ob er alles über die Marktentwicklung wüsste/ als wüsste er alles über die Marktentwicklung.
- beinahe eingetretene Folgen: Wir hätten unser Jahresziel fast erreicht.

▶ Formen: Gegenwart – „klassische" Konjunktivformen

	haben **und** ***sein***				**Modalverben**				**einige unregelmäßige Verben**	
	haben		**sein**		**können**		**sollen**		**gehen**	
	Indikativ	Konj. II	Indikativ	Konj. II	Indikativ	Konj. II	Indikativ	Konj. II	Indikativ	Konj. II
ich	habe	hätte	bin	wäre	kann	könnte	soll	sollte	gehe	ginge
du	hast	hättest	bist	wär(e)st	kannst	könntest	sollst	solltest	gehst	gingest
er/sie/es	hat	hätte	ist	wäre	kann	könnte	soll	sollte	geht	ginge
wir	haben	hätten	sind	wären	können	könnten	sollen	sollten	gehen	gingen
ihr	habt	hättet	seid	wär(e)t	könnt	könntet	sollt	solltet	geht	ginget
sie/Sie	haben	hätten	sind	wären	können	könnten	sollen	sollten	gehen	gingen

→ Die Gegenwartsform des Konjunktivs II wird aus der **Stammform des Präteritums** und den **Endungen** *-e/-est/-e* (Singular) und *-en/-et/-en* (Plural) gebildet.
Die Vokale *a*, *o* und *u* bilden einen Umlaut: hatte → hätte • konnte → könnte.
Ausnahmen: sollte → sollte • wollte → wollte

→ Diese „klassischen" Konjunktivformen verwenden wir bei

- *haben* und *sein*: ich hätte, ich wäre
- den Modalverben: ich könnte, ich dürfte, ich müsste, ich wollte, ich sollte
- einigen wenigen unregelmäßigen Verben: ich ginge, ich käme, ich wüsste, ich schliefe, ich bliebe, ich bräuchte
  Die unregelmäßigen Verben können den Konjunktiv II auch mit *würde* + Infinitiv bilden.
  ich ginge = ich würde gehen

Modi: Konjunktiv II

▶ Formen: Gegenwart – Umschreibung mit *würde*

	unregelmäßige Verben		regelmäßige Verben	
	fliegen		öffnen	
	Indikativ	Konjunktiv II	Indikativ	Konjunktiv II
ich	fliege	würde fliegen	öffne	würde öffnen

Alle regelmäßigen und die meisten unregelmäßigen Verben bilden den Konjunktiv II mit *würde* + Infinitiv.
Otto würde gern zur Raumstation fliegen. Würdest du bitte das Fenster öffnen?

▶ Formen: Vergangenheit

	Verben mit dem Hilfsverb *sein*		Verben mit dem Hilfsverb *haben*	
	fliegen		öffnen	
	Indikativ	Konjunktiv II	Indikativ	Konjunktiv II
ich	bin geflogen	wäre geflogen	habe geöffnet	hätte geöffnet

Im Konjunktiv II gibt es nur eine Vergangenheitsform. Sie wird gebildet aus dem Konjunktiv II von *haben* oder *sein* (*wäre* oder *hätte*) und dem Partizip II:
Otto wäre gern zur Raumstation geflogen. Hättest du vorhin das Fenster geöffnet, wäre es jetzt nicht so warm.
Wir hätten unser Jahresziel fast erreicht.

▶ Formen: Passiv

Indikativ	Die Genehmigung liegt vor. Das Haus wird gebaut. Die Genehmigung hat vorgelegen. Das Haus ist gebaut worden.
Konjunktiv	Wenn die Genehmigung schon vorliegen würde, würde das Haus sofort gebaut. Wenn die Genehmigung vorgelegen hätte, wäre das Haus schon gebaut worden.

Passiv – Gegenwart	Passiv – Vergangenheit
Das Haus **würde gebaut**. Das Haus **könnte gebaut werden**.	Das Haus **wäre gebaut worden**. Das Haus **hätte gebaut werden können**.

- → Das Passiv wird in der Gegenwart gebildet mit *würde* + Partizip II.
- → Die Vergangenheitsform basiert auf dem Perfekt des Indikativs, allerdings steht das Hilfsverb *sein* im Konjunktiv II: *wäre*.
- → Beim Gebrauch mit Modalverben steht in der Gegenwart das Modalverb im Konjunktiv II *(könnte)*, in der Vergangenheit das Hilfsverb *haben (hätte)*.

▶ Satzbau

	I.	II.	III.	Satzende
Aussagesatz in der Gegenwart	Ich	**hätte**	gern Erfolg.	
	Otto	**würde**	gern zur Raumstation	**fliegen.**
	Otto	**könnte**	zur Raumstation	**fliegen.**
	Das Haus	**würde**	sofort	**gebaut.**
	Das Haus	**könnte**	sofort	**gebaut werden.**
Aussagesatz in der Vergangenheit	Ich	**hätte**	gern Erfolg	**gehabt.**
	Otto	**wäre**	gern zur Raumstation	**geflogen.**
	Otto	**hätte**	zur Raumstation	**fliegen können.**
	Das Haus	**wäre**	schon	**gebaut worden.**
	Das Haus	**hätte**	schon	**gebaut werden können.**

■ Höfliche Bitten und Fragen

Frau Bär spricht mit einer Kundin am Telefon:

Könnten wir am Dienstag einen Termin vereinbaren?
Wann hätten Sie Zeit?
Würde es Ihnen um 15.00 Uhr passen?
Würden Sie den Termin noch einmal schriftlich bestätigen?
Das wäre nett.

2 Übungen

1 Formulieren Sie zu jedem Bild Aufforderungen und Bitten. Verwenden Sie den Konjunktiv II.

1

2
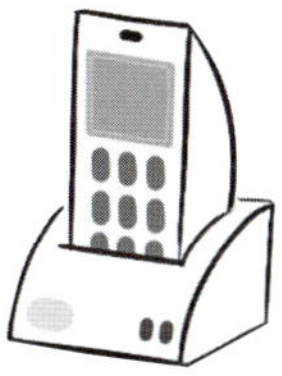
3

4

5

6
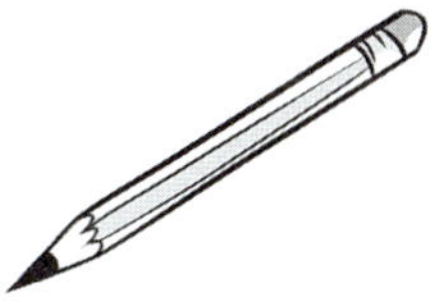
7

8

9

10

11

12

1. ....
2. ....
3. ....
4. ....
5. ....
6. ....
7. ....
8. ....
9. ....
10. ....
11. ....
12. ....

2 Im Sprachkurs. Formulieren Sie höfliche Fragen mit *könnten*.

- den Satz – wiederholen – Sie – bitte — *Könnten Sie bitte den Satz wiederholen?*

1. Sie – bitte – etwas lauter – sprechen ....
2. wir – morgen – etwas eher – anfangen ....
3. die Grammatikregel – noch einmal – erklären – Sie ....
4. Sie – ein paar Online-Übungen – empfehlen – mir ....
5. wir – mal eine Kaffeepause – machen ....
6. ihr – mal aufhören – so laut zu quatschen ....

3 Geschäftlich telefonieren (26)

a) Ergänzen Sie in dem folgenden Telefongespräch die passenden Verben im Konjunktiv II. Überprüfen Sie Ihre Lösungen mit dem Hörtext.

können • müssen • informieren • bekommen • haben *(2x)* • sein

□ Grönemeier.
△ Guten Tag, Frau Grönemeier, hier ist Heike Müller.
□ Ah, guten Tag, Frau Müller. Wie geht es Ihnen?
△ Danke gut. .... (1) Sie einen Moment Zeit für mich?
□ Gerne. Was kann ich für Sie tun?
△ Ich .... (2) eine kleine Bitte. Sie haben mir doch gestern einige Dokumente geschickt. Ich glaube, da fehlt Teil vier. .... (3) Sie mir Teil vier noch nachsenden?
□ Einen Moment bitte ... Ich sehe gerade, dass mir Teil vier noch gar nicht vorliegt. Da .... (4) ich gleich noch mal in der Rechtsabteilung nachfragen.
△ Also, wenn wir Teil vier heute noch .... (5), ... (6) das prima. Wir brauchen die Unterlagen bis übermorgen.
□ Ich kümmere mich sofort darum, Frau Müller.
△ Danke. Wenn es irgendwelche Probleme gibt, ... Sie mich dann sofort .... (7)?
□ Ich melde mich auf jeden Fall heute noch bei Ihnen.
△ Vielen Dank, Frau Grönemeier, bis später.

b) Aus Telefongesprächen. Sagen Sie es höflicher. Verwenden Sie den Konjunktiv II.

- Verbinden Sie mich bitte mit Frau Günther.
  Würden Sie mich bitte mit Frau Günther verbinden?

1. Richten Sie Frau Günther bitte aus, dass ich angerufen habe.
2. Können wir einen Termin vereinbaren?
3. Geht es nächste Woche?
4. Ist Ihnen der Dienstag recht?
5. Ich habe am Dienstag den ganzen Tag Zeit.
6. Das lässt sich einrichten.
7. Halten Sie mich über das Projekt auf dem Laufenden?
8. Senden Sie mir die Unterlagen so schnell wie möglich zu?
9. Geben Sie mir Bescheid, wenn sich etwas ändert?
10. Ich brauche die Dokumente umgehend.
11. Benachrichtigen Sie mich bitte im Fall einer Verzögerung.
12. Rufen Sie mich bitte spätestens morgen zurück?

4 In der Besprechung
Sagen Sie es höflicher bzw. vorsichtiger. Verwenden Sie den Konjunktiv II.

- Ich spreche heute über die neuen Sicherheitsregeln.
  Ich würde heute gerne über die neuen Sicherheitsregeln sprechen.

1. Herr Krüger, schreiben Sie heute Protokoll?
2. Können Sie die letzten zwei Punkte etwas näher erklären?
3. Darf ich Sie an dieser Stelle mal unterbrechen?
4. Herr Schreiber, Sie sitzen am Fenster. Öffnen Sie das mal für einen Augenblick?
5. Haben Sie noch andere Ideen?
6. Ich sage zu dem Punkt auch gern etwas.
7. Nehmen Sie die Aussage von Frau Weber bitte ins Protokoll auf.
8. Können wir jetzt zum nächsten Tagesordnungspunkt übergehen?
9. Als Termin für die nächste Sitzung passt mir Mittwochnachmittag sehr gut.

Ratschläge und Meinungsäußerungen

Klaus arbeitet zu viel.
Er hat deshalb starke Kopfschmerzen.
Am Wochenende war er ganz erschöpft.

Ratschläge und nachträgliche Empfehlungen/Kritik mit Modalverben:

Klaus, du *sollte*st weniger *arbeiten*.	Du *hättest* weniger *arbeiten sollen*. Du *hättest* nicht so viel *arbeiten dürfen*.
Du *müsstest* mal eine Pause *machen*.	Du *hättest* mal eine Pause *machen müssen*.
Du *könntest* einige Aufgaben *abgeben*.	Du *hättest* einige Aufgaben *abgeben können*.
Die Aufgaben *müssten* anders verteilt *werden*. (Passiv)	Die Aufgaben *hätten* anders *verteilt werden müssen*. (Passiv)

Ratschläge und nachträgliche Empfehlungen/Kritik ohne Modalverben:

Es *wäre* besser, wenn du weniger *arbeiten würdest*. wenn die Aufgaben anders *verteilt würden*. (Passiv)	Es *wäre* besser *gewesen*, wenn du weniger *gearbeitet hättest*. wenn die Aufgaben anders *verteilt worden wären*. (Passiv)

Andere Meinungsäußerungen:

Ich (an deiner Stelle) *würde* nicht so viel *arbeiten*.	Ich *hätte* nicht so viel *gearbeitet* (wie Klaus).

- → Bei Ratschlägen und nachträglichen Empfehlungen mit Modalverben wird die Vergangenheitsform immer mit *haben* gebildet. Das Modalverb steht an letzter Stelle:
  Klaus hätte weniger arbeiten sollen. Die Aufgaben hätten anders verteilt werden müssen.
  ➤ Seite 40: *Zeitformen der Modalverben*
- → Bei Ratschlägen und nachträglichen Empfehlungen mit Konditionalsätzen wird in beiden Satzteilen der Konjunktiv II verwendet: Es wäre besser, wenn du weniger arbeiten würdest.

▶ Satzbau: Ratschläge und nachträgliche Empfehlungen/Kritik mit Modalverben

	I.	II.	III.	Satzende
Gegenwart	Klaus Die Aufgaben	**sollte** **sollten**	weniger anders	**arbeiten.** **verteilt werden.**
Vergangenheit	Klaus Die Aufgaben	**hätte** **hätten**	weniger anders	**arbeiten sollen.** **verteilt werden sollen.**

‣ Der Infinitiv des Modalverbs steht in der Vergangenheit an letzter Stelle.

▶ Satzbau: Ratschläge und nachträgliche Empfehlungen/Kritik mit Konditionalsätzen

	Hauptsatz	Nebensatz	
			Satzende
Gegenwart	Es wäre besser,	wenn du weniger	**arbeiten würdest.**
Vergangenheit	Es wäre besser gewesen,	wenn du weniger	**gearbeitet hättest.**

Modi: Konjunktiv II

Übungen

5 Nora ist nicht glücklich
Sie würden alles anders machen als Nora. Sagen Sie Ihre Meinung.
Bilden Sie Sätze im Konjunktiv II wie im Beispiel.

- Nora wohnt in einer großen, teuren Wohnung. *(eine kleinere Wohnung mieten)*
  Ich würde eine kleinere Wohnung mieten.

1. Sie arbeitet bis spät abends. *(die Arbeitszeit reduzieren)*
2. Sie hat keine Hobbys. *(sich ein Hobby suchen + Freundschaften pflegen)*
3. Sie treibt keinen Sport. *(sich für einen Yogakurs anmelden)*
4. Sie sitzt am Wochenende nur zu Hause. *(wandern gehen + die Natur genießen)*
5. Sie ernährt sich ungesund. *(einen Kochkurs besuchen + die Ernährung umstellen)*
6. Sie sieht vieles negativ. *(sich mehr auf positive Dinge konzentrieren)*

6 Ratschläge und nachträgliche Empfehlungen im Büro

a) Für ein besseres Arbeitsklima. Formulieren Sie Ratschläge mit *sollte*.

- die Beschäftigten – sich um mehr Freundlichkeit bemühen
  Die Beschäftigten sollten sich um mehr Freundlichkeit bemühen.

1. alle Mitarbeitenden – am Abend – ihren Schreibtisch – aufräumen
   ……………………………………………………………………………………………
2. das gesamte Kollegium – regelmäßig – über Weiterbildungsmöglichkeiten – informiert werden *(Passiv)*
   ……………………………………………………………………………………………
3. Tagesordnungen für Sitzungen – rechtzeitig – verschickt werden *(Passiv)*
   ……………………………………………………………………………………………
4. es – klare Regeln für die Arbeit im Homeoffice – formuliert werden *(Passiv)*
   ……………………………………………………………………………………………
5. Vorgesetzte – mehr positives Feedback – geben
   ……………………………………………………………………………………………
6. die alten Büromöbel – durch neue ersetzt werden *(Passiv)*
   ……………………………………………………………………………………………

b) Geben Sie nachträgliche Empfehlungen in der zweiten Person Singular (a) und in der dritten Person Singular (b).

- Finn hat sich nicht auf sein Beurteilungsgespräch vorbereitet. *(sich vorher einige Gesprächspunkte notieren)*
  a) *Du hättest dir vorher einige Gesprächspunkte notieren sollen/müssen.*
  b) *Es wäre besser gewesen, wenn sich Finn vorher einige Gesprächspunkte notiert hätte.*

1. Mia hat ihren Urlaubsantrag nicht rechtzeitig eingereicht. *(vor einem Monat)*
   a) ……………………………………………………………………………………………
   b) ……………………………………………………………………………………………
2. Emma hat das Protokoll noch nicht geschrieben. *(bereits am Montag an alle verschicken)*
   a) ……………………………………………………………………………………………
   b) ……………………………………………………………………………………………
3. Felix hat die Änderungen auf der Homepage noch nicht eingefügt. *(zeitnah)*
   a) ……………………………………………………………………………………………
   b) ……………………………………………………………………………………………
4. Lucas hat einen Termin bei einem Kunden vergessen. *(den Termin in den Kalender eintragen)*
   a) ……………………………………………………………………………………………
   b) ……………………………………………………………………………………………
5. Martin hat einen Fehler verheimlicht. *(den Fehler zugeben)*
   a) ……………………………………………………………………………………………
   b) ……………………………………………………………………………………………

■ Irreale Wünsche, Bedingungen, Vergleiche und beinahe eingetretene Folgen

Der kleine Felix ist krank. Er wäre gern wieder gesund. Wenn er doch endlich wieder mit seinen Freunden spielen könnte!

Wenn Susi und Rudi mehr Geld hätten, würden sie sich ein E-Bike kaufen.

Herr Klein tat so, als wüsste er alles über die Entwicklung auf dem Markt. Er hätte mich auch fast davon überzeugt.

→ Irreale Wünsche, Bedingungen, Vergleiche und nicht eingetretene Folgen drücken wir mit dem Konjunktiv II aus.

→ Bei irrealen Wünschen werden die Verben oft mit *gern(e)/lieber/am liebsten* kombiniert:
Felix wäre gern wieder gesund. Er würde gern mit seinen Freunden spielen.

Irreale Wünsche können auch mit *wenn* oder dem konjugierten Verb eingeleitet werden:
Wenn Felix doch endlich wieder mit seinen Freunden spielen könnte! Könnte Felix doch endlich wieder mit seinen Freunden spielen!

→ Irreale Bedingungen werden mithilfe von konditionalen Nebensätzen formuliert:
Wenn Susi und Rudi mehr Geld hätten, würden sie sich ein E-Bike kaufen.
Wenn die Genehmigung vorgelegen hätte, wäre das Haus schon gebaut worden.
In beiden Teilsätzen wird der Konjunktiv II verwendet.

→ Irreale Vergleichssätze können Haupt- oder Nebensätze sein:
Herr Klein tut/tat so, als wüsste er alles. (Hauptsatz)/als ob er alles wüsste. (Nebensatz)

→ Beinahe eingetretene Folgen stehen in der Vergangenheit mit den Modalwörtern *fast/beinahe*.
Herr Klein hätte mich fast überzeugt. Wir hätten unser Jahresziel beinahe erreicht.

➤ Seite 81: *Zeitformen im Konjunktiv II*

▶ Satzbau: Konditionalsätze

		Nebensatz		Hauptsatz
			Satzende	
Gegenwart	**Aktiv**	Wenn ich mehr Geld Wenn Felix gesund	**hätte,** **wäre,**	**würde** ich mir ein E-Bike **kaufen**. **könnte** er mit seinen Freunden **spielen**.
	Passiv	Wenn die Genehmigung	**vorliegen würde,**	**würde** das Haus sofort **gebaut**.
Vergangenheit	**Aktiv**	Wenn ich mehr Geld Wenn Felix gesund	**gehabt hätte,** **gewesen wäre,**	**hätte** ich mir ein E-Bike **gekauft**. **hätte** er mit seinen Freunden **spielen können**.
	Passiv	Wenn die Genehmigung	**vorgelegen hätte,**	**wäre** das Haus sofort **gebaut worden**.

‣ Wenn die Aussage mit dem Nebensatz beginnt, steht im nachfolgenden Hauptsatz das konjugierte Verb direkt hinter dem Komma.

Modi: Konjunktiv II

Übungen

7 Auf dieser Reise geht einiges schief
Formulieren Sie irreale Wunschsätze in der Vergangenheit wie im Beispiel.

die Fahrräder mitnehmen • sich über die Öffnungszeiten informieren • am Hotelpool bleiben • ~~mit dem Zug fahren~~ • sich für ein anderes Hotel entscheiden • das Insektenspray einpacken • ein kälteres Urlaubsland aussuchen • schon gestern Nachmittag Karten reservieren • sich beim Kofferpacken besser konzentrieren • ein spannenderes Buch kaufen • nicht so lange in der Sonne liegen

- Auf der Fahrt in den Urlaub standen wir in einem 50 Kilometer langen Stau. *(wir)* — *Wären wir doch mit dem Zug gefahren!*
1. Das Hotelzimmer ist klein, dunkel und schmutzig. *(ich)* ……………
2. Den weiten Weg vom Hotel zum Strand mussten wir laufen. *(wir)* ……………
3. Am Strand sind zu viele Leute. *(wir)* ……………
4. Es ist viel zu heiß. *(ihr)* ……………
5. Kathrin hat Sonnenbrand. *(sie)* ……………
6. Erich hat keine Sportschuhe und keine Badehose mitgenommen. *(er)* ……………
7. Der Urlaubskrimi ist langweilig. *(ich)* ……………
8. Es gibt hier viele Mücken. *(du)* ……………
9. Das Museum ist seit 15 Minuten geschlossen. *(wir)* ……………
10. Für die Kinovorstellung sind alle Karten ausverkauft. *(ihr)* ……………

8 Wünsche im Berufsleben

a) Bilden Sie irreale Wunschsätze in der Gegenwart wie im Beispiel.

- Die Sitzung dauert ewig! *(die Sitzung – endlich vorbei sein)*
  Wenn die Sitzung doch endlich vorbei wäre!
1. Es sind wieder Fehler in der Abrechnung. *(Kerstin – mal – genauer arbeiten)*
2. Ich brauche dringend Urlaub. *(ich – endlich – mal eine Woche – sich erholen können)*
3. Beate hat Rückenschmerzen. *(endlich – mal auf mich – hören – und – sich mehr bewegen)*
4. Die Abteilungsleiterin nervt. *(endlich – in den Ruhestand – gehen)*

b) Bilden Sie irreale Wunschsätze in der Vergangenheit wie im Beispiel.

- Erikas Bewerbung kam zu spät. *(sie – Bewerbung eher abschicken)*
  Wenn sie doch die Bewerbung eher abgeschickt hätte!
1. Frau Kaiser kam nicht rechtzeitig zum Meeting. Sie stand im Stau. *(sie – mit öffentlichen Verkehrsmitteln fahren)*
2. Das Projekt droht zu scheitern. *(wir – einen Experten mit ins Team nehmen)*
3. Herr Bauer ist mit seiner Präsentation noch nicht fertig. *(er – eher damit anfangen)*
4. Das Essen des neuen Cateringservice schmeckt nicht. *(das Management – sich für einen anderen Anbieter entscheiden)*

9 Der Traum von Rittern. Was wäre gewesen, wenn …
Der kleine Fritz träumt oft von Rittern. Deshalb hat er ein Buch gelesen, in dem er viel über Ritter erfahren hat.
Formulieren Sie Konditionalsätze in der Vergangenheit wie im Beispiel.

Wenn Fritz als Ritter im Mittelalter gelebt hätte, …

- einen angesehenen Beruf ausüben — *hätte er einen angesehenen Beruf ausgeübt.*
1. zuerst den Beruf des Ritters erlernen müssen ……………
2. mit sieben Jahren als Page in die Lehre gehen müssen ……………
3. dort zunächst Unterricht in gutem Benehmen erhalten ……………
4. dann Kämpfen und Fechten lernen müssen ……………
5. Lesen und Schreiben nicht zu lernen brauchen ……………
6. im Alter von 21 Jahren den Ritterschlag bekommen ……………
7. die Aufgaben eines Ritters immer gut ausführen müssen ……………
8. zum Beispiel immer die Wahrheit sagen müssen ……………
9. nicht geldgierig sein dürfen ……………
10. die Armen und Schwachen verteidigen müssen ……………

10 Beruflicher Alltag. Was wäre/Was wäre gewesen, wenn …

a) Bilden Sie Sätze in der angegebenen Zeitform im Aktiv.

- der Cyberangriff – erfolgreich sein • Kriminelle – auf sensible Daten von Mitarbeitern und Kunden – zugreifen können
  Gegenwart: *Wenn der Cyberangriff erfolgreich wäre, könnten Kriminelle auf sensible Daten von Mitarbeitern und Kunden zugreifen.*
  Vergangenheit: *Wenn der Cyberangriff erfolgreich gewesen wäre, hätten Kriminelle auf sensible Daten von Mitarbeitern und Kunden zugreifen können.*

1. die Marketingaktion – besser – laufen • wir – viel mehr Produkte – verkaufen können *(Vergangenheit)*
2. alle Beschäftigten – die Weiterbildung zum neuen Programm – besuchen • es – zu weniger Zeitverlust – bei der Benutzung – kommen *(Vergangenheit)*
3. die Verwaltungsleiterin – die Deadline für die Urlaubsanträge – früher bekannt geben • wir – die Personalprobleme – in der Urlaubszeit – besser lösen können *(Gegenwart)*
4. du – die zuständige Kollegin – fragen • sie – dir – bestimmt – helfen können *(Gegenwart)*
5. alle Kunden – ihre Rechnungen – pünktlich bezahlen • wir – nicht – in finanzielle Schwierigkeiten – geraten *(Gegenwart)*
6. wir – klare Regeln – für die Arbeit im Homeoffice – einführen • für Mitarbeitende – keine Unsicherheiten und Überlastungen – entstehen *(Gegenwart)*

b) Bilden Sie Sätze in der Vergangenheit. Der erste Satz steht im Passiv.

- die Belegschaft – über die Umstrukturierungsmaßnahmen – informiert werden • die Beschäftigten – anders reagieren
  Wenn die Belegschaft über die Umstrukturierungsmaßnahmen informiert worden wäre, hätten die Beschäftigten anders reagiert.

1. die Vorschläge des Kollegiums – nicht – abgelehnt werden • man – eine gemeinsame Lösung finden
2. die Fehler – aufgearbeitet werden • es – nicht – zu einer neuen Panne – kommen
3. die Sicherheitsregeln – nicht – an die neue Situation – angepasst werden • die Daten – nicht sicher sein
4. die Leitungsstelle in der Marketingabteilung – offiziell – ausgeschrieben werden • sicher – mehr Leute – sich bewerben

11 Fast/Beinahe wäre(n)/hätte(n) …
Bilden Sie Sätze wie im Beispiel.

- Der Film fand große Anerkennung. *(einen Oscar bekommen)* — *Fast hätte er einen Oscar bekommen.*

1. Peter liebte als Kind Tiere über alles. *(Zoodirektor werden)* ……………………
2. Ich war auf der Autofahrt sehr müde. *(einen Unfall verursachen)* ……………………
3. Die Wartezeiten am Flughafen waren so lang. *(wir – unseren Flug verpassen)* ……………………
4. Ein Triebwerk fiel aus. *(das Flugzeug abstürzen)* ……………………
5. Die Polizei war dem Mörder schon auf der Spur. *(ihn verhaften)* ……………………
6. Du hast die Pflanzen lange nicht gegossen. *(die Pflanzen vertrocknen)* ……………………

12 Schwierige Kolleginnen und Kollegen
Bilden Sie irreale Vergleichssätze in der Gegenwart.

- Frau Lorenz tut so, … *(unsere Probleme – völlig unwichtig sein)*
  als wären unsere Probleme völlig unwichtig.

1. Herr Vetter tut mal wieder so, … *(er – alles wissen)*
   ……………………
2. Frau Heinrich benimmt sich, … *(die Firma – ihr gehören)*
   ……………………
3. Frau Lange redet mit mir, … *(ich – eine Berufsanfängerin sein)*
   ……………………
4. Herr Köpke führt sich auf, … *(er – der Chef sein)*
   ……………………
5. Herr Schmidt erzeugt den Eindruck, … *(er – etwas von Projektmanagement verstehen)*
   ……………………
6. Frau Vogel tut so, … *(sie – die ganze Arbeit alleine machen)*
   ……………………

1.6.3 Konjunktiv I – Die indirekte Rede

Der Wirtschaftsminister sagte in einem Interview, er sei optimistisch und erwarte einen Konjunkturaufschwung. Die Industrie habe wieder mehr Aufträge. Die Umweltministerin meinte, die Firmen müssten weitere Schritte zur Reduktion des CO_2-Ausstoßes unternehmen. Sie plane neue Gesetze zur Einhaltung der Umweltvorgaben. Deshalb fahre sie jetzt zu Gesprächen nach Brüssel.

Eine repräsentative Studie stellte fest, dass sich jeder Dritte durch zu viele E-Mails am Arbeitsplatz gestresst fühle. Nach Ansicht vieler Beschäftigter könne man jede zweite Besprechung streichen.

▶ Gebrauch

→ Aussagen von anderen Personen kann man in der direkten Rede (als wörtliches Zitat) oder in der indirekten Rede wiedergeben. Das gilt auch für Informationen aus wissenschaftlichen und journalistischen Texten.
Die indirekte Rede ermöglicht eine Verkürzung oder Objektivierung der Aussage.
Im offiziellen Sprachgebrauch, z. B. in den Nachrichten, wird dafür der Konjunktiv I verwendet:
Der Minister sagte, er **sei** optimistisch und **erwarte** einen Konjunkturaufschwung.
Nach Ansicht vieler Beschäftigter **könne** man jede zweite Besprechung streichen.

→ Die Wiedergabe von Meinungen und Äußerungen wird in der Regel ergänzt von
- Verben wie: Herr/Frau X meinte/sagte/antwortete/fragte/erwiderte/betonte/teilte mit, …
- Wendungen wie: Herr/Frau X war der Meinung/Ansicht/Auffassung, (dass) …
  Wissenschaftlichen Untersuchungen zufolge …/Nach neuesten Erkenntnissen …/
  Eine Studie stellte fest/ergab, …

→ In der Umgangssprache, im täglichen Leben, entscheiden sich viele entweder für den Indikativ oder den Konjunktiv II: Paul sagte, er **kann** *(Indikativ)*/**könnte** *(Konjunktiv II)* heute nicht kommen.

▶ Formen: Gegenwart

‣ Die farbig markierten Verben stellen die im Sprachgebrauch üblichen Formen dar.

	alle regelmäßigen und viele unregelmäßige Verben		**Modalverben**		**haben**		**sein**
	Konjunktiv I	Ersatzform im Konjunktiv II	Konjunktiv I	Ersatzform im Konj. II	Konjunktiv I	Ersatzform im Konj. II	Konjunktiv I
ich	plane	würde planen	müsse	müsste	habe	hätte	sei
du	planest	würdest planen	müssest	müsstest	habest	hättest	sei(e)st
er/sie/es	plane	würde planen	müsse	müsste	habe	hätte	sei
wir	planen	würden planen	müssen	müssten	haben	hätten	seien
ihr	planet	würdet planen	müsset	müsstet	habet	hättet	sei(e)t
sie/Sie	planen	würden planen	müssen	müssten	haben	hätten	seien

→ Die Gegenwartsform des Konjunktivs I wird aus der **Stammform des Präsens** und den **Endungen** *-e/-est/-e* (Singular) und *-en/-et/-en* (Plural) gebildet.

→ Die am häufigsten verwendeten Formen sind die 3. Person Singular und die 3. Person Plural.

→ Wenn der Konjunktiv I mit dem Indikativ identisch ist, ersetzt man ihn durch den Konjunktiv II.
Die Ministerin sagte, die Firmen müssen weitere Schritte unternehmen.
→ Die Ministerin sagte, die Firmen **müssten** weitere Schritte unternehmen.

→ Die Formen des Konjunktivs I in der 2. Person Singular und der 2. Person Plural werden kaum verwendet und gelten als veraltet. Auch sie werden durch den Konjunktiv II ersetzt.

→ Bei der Wiedergabe von Aussagen vollzieht sich ein **Perspektivenwechsel**.
Der Minister sagte: „**Ich** bin optimistisch und erwarte einen Konjunkturaufschwung."
→ Der Minister sagte, **er** sei optimistisch und erwarte einen Konjunkturaufschwung.

▶ Formen: Vergangenheit

	Verben mit dem Hilfsverb *sein*		Verben mit dem Hilfsverb *haben*		
	fahren		planen		mit Modalverb
	Indikativ Perfekt	Konjunktiv I	Indikativ Perfekt	Konj. I* bzw. Ersatzform im Konj. II	Konj. I* bzw. Ersatzform im Konjunktiv II
ich	bin gefahren	sei gefahren	habe geplant	hätte geplant	hätte planen müssen
du	bist gefahren	sei(e)st gefahren	hast geplant	hättest geplant	hättest planen müssen
er/sie/es	ist gefahren	sei gefahren	hat geplant	habe* geplant	habe* planen müssen
wir	sind gefahren	seien gefahren	haben geplant	hätten geplant	hätten planen müssen
ihr	seid gefahren	sei(e)t gefahren	habt geplant	hättet geplant	hättet planen müssen
sie/Sie	sind gefahren	seien gefahren	haben geplant	hätten geplant	hätten planen müssen

Im Konjunktiv I gibt es nur eine Vergangenheitsform. Sie wird gebildet aus der **Konjunktiv I-Form** von *haben* oder *sein* (*habe/hätte* oder *sei*) und dem **Partizip II:**
Die Ministerin sagte, sie habe neue Gesetze zur Einhaltung der Umweltvorgaben geplant.
Deshalb sei sie zu Gesprächen nach Brüssel gefahren.

▶ Formen: Passiv

Indikativ	Über eine Änderung der Vorschriften wird gesprochen. Über eine Änderung der Vorschriften ist bereits gesprochen worden.
Konjunktiv I	Über eine Änderung der Vorschriften werde gesprochen. Über eine Änderung der Vorschriften sei bereits gesprochen worden, sagte die Ministerin.

Passiv – Gegenwart	Passiv – Vergangenheit
Über eine Änderung **werde gesprochen**.	Über eine Änderung **sei gesprochen worden**.

- → Das Passiv wird in der Gegenwart gebildet mit dem **Konjunktiv I** bzw. **Konjunktiv II** von *werden* + Partizip II.
- → Die Vergangenheitsform basiert auf dem Perfekt des Indikativs, allerdings steht das Hilfsverb *sein* im **Konjunktiv I:** sei.

▶ Satzbau: Hauptsatz – Hauptsatz

	Hauptsatz	Hauptsatz
Gegenwart	Die Ministerin sagte,	sie **plane** neue Gesetze zur Einhaltung der Umweltvorgaben. sie **fahre** deshalb zu Gesprächen nach Brüssel.
Vergangenheit	Die Ministerin sagte,	sie **habe** neue Gesetze zur Einhaltung der Umweltvorgaben **geplant.** sie **sei** deshalb zu Gesprächen nach Brüssel **gefahren.**

▶ Satzbau: Hauptsatz – Nebensatz

	Hauptsatz	Nebensatz	
			Satzende
Gegenwart	Die Ministerin sagte,	dass sie neue Gesetze zur Einhaltung der Umweltvorgaben dass sie deshalb zu Gesprächen nach Brüssel	**plane.** **fahre.**
Vergangenheit	Die Ministerin sagte,	dass sie neue Gesetze zur Einhaltung der Umweltvorgaben dass sie deshalb zu Gesprächen nach Brüssel	**geplant habe.** **gefahren sei.**

1.6 Verben

Modi: Konjunktiv I – Indirekte Rede

Übungen

1 Originelle Nachrichten
Lesen Sie die folgenden Nachrichten und markieren Sie die Formen der indirekten Rede (Konjunktiv I oder II).

a) Merkwürdige Wirtschaftsindikatoren

Das amerikanische Wirtschaftsportal „Business Insider“ hat insgesamt 50 spezielle Wirtschaftsindikatoren zusammengestellt. Einige von ihnen sind eher ungewöhnlich, wie der sogenannte Bier-Index. Nach Angaben des Magazins würden Menschen in Krisenzeiten vor allem bei Restaurant- und Kneipenbesuchen sparen. Wer weniger Geld habe, trinke sein Bier eher zu Hause. Dies wiederum habe eine weitere Verschärfung der Krise zufolge, denn über 70 Prozent der Arbeitsplätze rund ums Thema Bier würden außerhalb der Brauereien liegen. Auch das erste Date wurde als Index genannt. Die Begründung: Wer schon keinen Erfolg im Job und der Wirtschaft habe, suche sein Glück in der Liebe. Partnervermittlungen und Single-Börsen würden in Krisenjahren besonders viele Anfragen verzeichnen. Einen Twitter-Index gab es ebenfalls. Hier bezog sich das Journal auf Forschungen der Universität Stanford. Nach diesen Untersuchungen würden Menschen ihren Freunden auf Twitter mitteilen, wenn sie um ihren Job fürchten müssen. Die Folge sei, dass sich Internetnutzer in schlechten wirtschaftlichen Zeiten vermehrt über berufliche Veränderungen austauschen würden. Im Übrigen würden sich nach Meinung der Autoren solche Zeiten auch auf Äußerlichkeiten niederschlagen. Der aufgeführte High Heels Index bedeute, so die Zeitschrift, dass viele Menschen in schwierigen Phasen dazu neigen würden, ihre Kleidung auffälliger zu gestalten. Frauen würden dann eher zu High Heels als zu flachen Schuhen greifen.

b) Mückenmassaker in Taiwan

Im Sommer sind sie bei uns eine Plage und können selbst die schönsten Abende im Garten verderben: die Mücken. In anderen Teilen der Welt übertragen die stechenden Insekten auch Krankheiten wie Malaria. Darum ist es verständlich, dass die kleinen Tierchen nirgendwo auf der Welt besonders beliebt sind. So auch in Taiwan, wo die Medien über den folgenden Fall berichteten: Ein Unternehmen für Insektenfallen habe demjenigen, der die meisten Mücken tötet, ein Preisgeld in Höhe von 2 300 Euro versprochen. 73 Insektenjäger hätten sich daraufhin an die Arbeit gemacht. Am Ende sei der Sieg eindeutig ausgefallen: Frau Huang Yu-yen habe vier Millionen Mücken getötet, 1,5 Kilogramm schwer sei ihre Beute gewesen. Der Zweitplatzierte habe nicht einmal halb so viele tote Mücken vorweisen können. Die Firma wolle nun das Guinnessbuch der Rekorde anschreiben, damit die Siegerin als größte Mückentöterin der Welt einen würdigen Platz in dem Buch finde.

2 Der Mann im Hintergrund (27)
Lesen Sie die folgenden Nachrichten und ergänzen Sie die Verben im Konjunktiv I bzw. in der Ersatzform im Konjunktiv II. Überprüfen Sie Ihre Lösungen mit dem Hörtext.

Um ins Fernsehen zu kommen, gibt es viele Möglichkeiten: Man lernt viel, arbeitet hart oder wird Nachrichtensprecher. Aber es geht noch einfacher: Immer, wenn auf der britischen Insel ein Ereignis so groß ist, dass es im Fernsehen live übertragen wird, steht eine Person unübersehbar im Hintergrund: Paul Yarrow. Er ist aber kein Reporter, Politiker oder Experte. Er steht mit seinem schmutzig grauen Pullover, seinen wirren Haaren und dem kräftigen Körperbau immer so da, dass es dem Kameramann nicht möglich ist, ihn herauszuschneiden. Nun hatte er Gelegenheit, sein Treiben in der „Daily Mail“ zu erläutern.

Es .... *(geben)* einfach zu viele schöne Menschen im Fernsehen, dagegen .... *(wollen)* er etwas unternehmen, meinte der Brite. Selbst bei Straßeninterviews .... die Journalisten lieber eine besser aussehende Person .... *(fragen)*, obwohl er, Paul Yarrow, doch wirklich etwas zu sagen .... *(haben)*. Mit dieser Meinung .... *(ist)* er nicht alleine, fügte er hinzu. Er .... *(hat)* inzwischen eine eigene Fangruppe und .... *(werden)* sich für weniger attraktive Menschen im Fernsehen stark machen.

3 **Studienergebnisse zum Büroalltag**
Ergänzen Sie die Verben in der indirekten Rede. Verwenden Sie den Konjunktiv I bzw. die Ersatzform im Konjunktiv II.

- Eine Untersuchung in Deutschland und der Schweiz ergab, dass Beschäftigte zu viele E-Mails *erhalten würden*. *(erhalten)*

1. Die meisten davon .... überflüssig oder unwichtig. *(sind)*
2. Die E-Mail-Flut .... sich negativ auf die Konzentration und Produktivität der Beschäftigten .... *(auswirken)*
3. Ein Drittel der Personalverantwortlichen in Unternehmen gab an, dass sich die Mitarbeitenden deshalb .... *(beschweren)*
4. Viele Nachrichten .... oft nur einen Teil der Empfänger .... *(betreffen)*
5. 27 Prozent der Befragten kritisierten, dass das Beantworten der E-Mails zu viel Zeit in Anspruch .... *(nehmen)*
6. Ebenso wurde kritisiert, dass das Firmenpostfach zu wenig Speicherplatz .... *(haben)*
7. Personaler klagten darüber, dass ein Viertel aller Besprechungen unproduktiv .... *(verlaufen)*
8. Auf diesen missglückten Sitzungen .... es weder Entscheidungen noch konkrete Ergebnisse. *(geben)*
9. Oft .... es an einer konkreten Agenda oder guter Vorbereitung. *(fehlen)*
10. 42 Prozent der Beschäftigten sagten außerdem, durch die übermäßige digitale Kommunikation .... sie weniger persönliche Kontakte zu Kollegen und Vorgesetzten. *(haben)*
11. Sie waren der Meinung, dass sie durch mehr persönliche Gespräche effizienter und zielgerichteter arbeiten .... *(können)*

4 **Immer das Gleiche!**
Geben Sie die Aussagen des Regierungssprechers in der indirekten Rede wieder.
Bilden Sie *dass*-Sätze wie im Beispiel.

- Es gibt in diesem Jahr keine Steuererhöhungen.
  Der Regierungssprecher sagte, *dass es in diesem Jahr keine Steuererhöhungen gebe.*

1. Die Bekämpfung der Arbeitslosigkeit ist Hauptaufgabe der Regierung.
   Er sagte weiterhin, ...
2. Die Anzahl der Arbeitsplätze steigt schon jetzt.
   Er betonte, ...
3. Die Opposition blockiert die Hilfe für arme Familien.
   Er meinte, ...
4. Die Währungskrise ist bald überwunden.
   Er sagte außerdem, ...
5. Die Banken handeln jetzt verantwortungsvoll.
   Er war davon überzeugt, ...
6. Die Wirtschaft befindet sich im Aufschwung.
   Er betonte stolz, ...
7. Die Beziehungen zwischen den EU-Staaten sind sehr gut.
   Er teilte mit, ...
8. Europa hat jetzt eine gemeinsame und funktionsfähige Außenpolitik.
   Er verkündete, ...
9. Man wird jetzt alle Krisen und Probleme gemeinsam meistern.
   Er meinte, ...
10. Die Mitgliedstaaten der Europäischen Union diskutieren über eine kluge Erweiterungsstrategie.
    Zum Schluss betonte er, ...

1.7 Nomen-Verb-Verbindungen

Heute war wieder Pressekonferenz.

Zur Sprache kam unter anderem das Thema Steuererhöhung. Mit seinen Vorschlägen war der Minister in letzter Zeit auf heftige Kritik gestoßen.

Eine Journalistin stellte die Frage, ob eine Steuererhöhung positive Auswirkungen auf die ökonomische Entwicklung habe.

Der Minister brachte seinen Optimismus zum Ausdruck und erklärte seine Vorschläge in allen Einzelheiten.

▶ Gebrauch

→ Im **offiziellen, formelleren Sprachgebrauch**, z. B. in der Sprache der Wissenschaft, der Ämter oder der Politik, werden gerne Kombinationen aus einem Nomen und einem Verb verwendet:
Das Thema Steuererhöhung kam zur Sprache. Die Vorschläge des Ministers stießen auf Kritik.
Diese Verbindungen geben der Sprache einen **offizielleren Charakter**.

→ Auch in der Umgangssprache werden manchmal Nomen-Verb-Verbindungen gebraucht:
Kann ich dir mal eine Frage stellen? Meine Freunde haben mich im Stich gelassen.
Wir haben eine Lösung für das Problem gefunden.

→ Bei Nomen-Verb-Verbindungen beschreibt das Nomen die Handlung, das Verb verliert seine eigentliche Bedeutung. Oft lassen sich Nomen-Verb-Verbindungen durch einfache Verben ersetzen:
eine Frage stellen → fragen • Kritik üben → kritisieren

→ Nomen-Verb-Verbindungen können aktivische oder passivische Bedeutung haben:
ein Thema zur Sprache bringen – ein Thema ansprechen/besprechen
ein Thema kommt zur Sprache – ein Thema wird angesprochen/besprochen

▶ Formen

➤ Seite 248: Übersicht *Nomen-Verb-Verbindungen*

	Nomen-Verb-Verbindung	einfaches Verb/Bedeutung
aktivisch	etwas zur Sprache bringen	etwas ansprechen/besprechen
	jemanden in Kenntnis setzen	jemanden informieren
	eine Frage stellen	jemanden etwas fragen
	Auswirkungen auf jemanden/etwas haben	sich auf jemanden/etwas auswirken
	einen Vorschlag machen/unterbreiten	etwas vorschlagen
	Kritik an jemandem/etwas üben	jemanden/etwas kritisieren
	Abschied nehmen	sich verabschieden
	eine Entscheidung treffen	sich entscheiden
	eine Erlaubnis erteilen	etwas erlauben
	Hilfe leisten	jemandem helfen
	eine Antwort geben	eine Frage beantworten
passivisch	zur Sprache kommen	besprochen werden
	auf Kritik stoßen	kritisiert werden
	zur Verfügung stehen	gebraucht werden können/bereit sein
	Beachtung finden	beachtet werden
	Anerkennung genießen	anerkannt werden

▶ Satzbau

	I.	II.	III.	Satzende
Aussagesatz	Die Opposition	**übt**	am Vorschlag des Ministers	**Kritik.**

Übungen

1 Was kann man ...? Ordnen Sie zu.

~~eine Forderung~~ • Hilfe • Beachtung • einen Hinweis • Widerstand • einen Antrag • eine Auswahl • eine Vereinbarung • Verständnis • einen Auftrag • einen Rat • eine Frage • Gesellschaft • Maßnahmen • eine Lösung

1. Was kann man stellen? a) *eine Forderung* b) .... c) ....
2. Was kann man leisten? a) .... b) .... c) ....
3. Was kann man treffen? a) .... b) .... c) ....
4. Was kann man finden? a) .... b) .... c) ....
5. Was kann man geben? a) .... b) .... c) ....

2 Fragen über die Firma. Suchen Sie die passenden Nomen-Verb-Verbindungen aus Übung 1.

- Hat die Gewerkschaft mehr Gehalt gefordert? – Nein, sie hat noch keine *Forderung gestellt*.

1. Hast du schon dein Visum beantragt? – Nein, ich habe noch keinen ....
2. Kannst du mich begleiten? – Tut mir leid. Ich kann dir im Moment leider keine ....
3. Hat dich die Kollegin auch gefragt, ob sie sich bei einer anderen Firma bewerben soll? – Ja, aber ich kann ihr in diesem Fall keinen ....
4. Ist das Problem jetzt gelöst? – Ja, wir haben eine gute ....
5. Habt ihr mit dem Kunden schon einen Preis vereinbart? – Ja, wir haben bereits eine ....
6. Konnte dir der Projektleiter weiterhelfen? – Ja, er hat mir einen wichtigen ....
7. Tut die Firma etwas zur Verbesserung des Arbeitsklimas? – Ja, es wurden einige ....
8. Hat schon jemand deinen Artikel über die neuen Marketingstrategien beachtet? – Ja, der Artikel hat schon sehr viel ....
9. Habt ihr die Farben für die neuen Produkte schon ausgewählt? – Nein, wir haben noch keine ....
10. Hat deine Vorgesetzte auf die Bitte nach der Terminverschiebung verständnisvoll reagiert? – Nein, ich habe bei ihr kein ....

3 Die Teamsitzung

a) Frau Weber hat in der Sitzung einiges zu sagen. Vereinfachen Sie ihre Aussagen.

beeinflussen • lernen • ~~meinen~~ • informieren • sich mehr anstrengen • konkurrieren mit • laufen • sich entscheiden • wichtig sein

- Ich bin der Ansicht, dass wir noch mehr Produkte verkaufen können.
  Ich meine, dass wir noch mehr Produkte verkaufen können.

1. Wir stehen in Konkurrenz zu großen Unternehmen aus Asien.
   ....
2. Wir müssen im Bereich Marketing noch größere Anstrengungen unternehmen.
   ....
3. Wir können durch gezielte Werbung Einfluss auf die Verkaufszahlen nehmen.
   ....
4. Auch die Verpackung spielt für den Verkauf eine große Rolle.
   ....
5. Hier müssen wir noch eine Entscheidung für ein neues Konzept treffen.
   ....
6. Wir müssen die Lehren aus unseren Fehlern ziehen.
   ....
7. Die neuen Produktionsanlagen sind seit fünf Wochen in Betrieb.
   ....
8. Könnte mich jemand von der Produktionsabteilung auf dem Laufenden halten, wenn es Probleme gibt?
   ....

**b) Auch Herr Niedermeier hat etwas zu sagen.
Bilden Sie Passivsätze wie im Beispiel.**

abgeschlossen werden • besprochen werden • ~~berücksichtigt werden~~ • abgelehnt werden • kritisiert werden von • nicht entschieden werden

Ich möchte Sie noch kurz über die Ergebnisse der Vorstandssitzung informieren:

- Die Vorschläge zur Verbesserung der Arbeitseffektivität fanden Berücksichtigung.
  Die Vorschläge zur Verbesserung der Arbeitseffektivität wurden berücksichtigt.

1. Die Forderung der Gewerkschaft nach Lohnerhöhung stieß auf Ablehnung.
   ....
2. Die Verhandlungen mit der Firma UFO fanden endlich ihren Abschluss.
   ....
3. Die Qualität des Essens in der Kantine stieß bei vielen Mitarbeitenden auf Kritik.
   ....
4. Es kamen auch noch andere Themen wie die Neubesetzung der Abteilungsleitung zur Sprache.
   ....
5. Es kam allerdings zu keiner Entscheidung, wer die Abteilung übernimmt.
   ....

4 Fragen zur Arbeit 4.0
Ersetzen Sie die unterstrichenen Ausdrücke durch Nomen-Verb-Verbindungen und nehmen Sie alle nötigen Umformungen vor. Überprüfen Sie Ihre Lösungen mit dem Hörtext. 28

- Die Digitalisierung ist in der Arbeitswelt bereits seit Jahren sehr wichtig. *(eine große Rolle spielen)*
  Die Digitalisierung spielt in der Arbeitswelt bereits seit Jahren eine große Rolle.

1. Nicht nur in den IT-Berufen ist technisches Know-how gefragt, auch Handwerker oder Kaufleute sind immer stärker mit Digitalisierungsprozessen konfrontiert. *(an Bedeutung gewinnen)*
2. Der digitale Wandel der Arbeitswelt wird auch in der Politik aufmerksam verfolgt. *(Aufmerksamkeit schenken)*
3. Bereits vor zehn Jahren schlug das Arbeitsministerium digitale Richtlinien und Rahmenbedingungen vor. *(Vorschläge unterbreiten zu)*
4. Zentral sind dabei neben wirtschaftlichen auch soziale Fragen: *(im Mittelpunkt stehen)*
5. Wie wirkt sich der technische Wandel auf die soziale Stabilität des Einzelnen und der Gesellschaft aus? *(welche Auswirkungen haben)*
6. Wie verändert sich die Arbeit selbst? *(welchen Veränderungen – unterliegen)*
7. Fest steht, dass sich die Arbeitsverhältnisse wandeln. *(sich im Wandel befinden)*
8. Die Festanstellung in einem Betrieb bis zur Rente ist heute selten. *(Seltenheit haben)*
9. Es muss etwas getan werden, um alle Arbeitnehmer in den Umwandlungsprozess einzubeziehen. *(Maßnahmen ergreifen)*
10. Junge Familien mit Kindern müssen bei der Vereinbarung von Familie und Beruf bestmöglich unterstützt werden. *(Unterstützung bekommen)*

5 Ergänzen Sie in der folgenden Zeitungsmeldung die passenden Nomen.

Antrag • Kritik • Beschluss • Bemühungen • Sprache • Konsequenzen

Bierbecher gegen Schiedsrichter

Der Hamburger Fußballclub FC St. Pauli muss beim nächsten Ligaspiel ohne Publikum antreten. Diesen .... (1) fasste das Sportgericht des Deutschen Fußballbundes, nachdem ein Fan einen Schiedsrichter mit einem vollen Bierbecher beworfen hatte. Das Gericht zog mit dieser Entscheidung die .... (2) aus dem aggressiven Verhalten der Fußballclub-Anhänger.

Der Verein übte an dem Urteil heftige .... (3) und stellte einen .... (4) auf eine weitere mündliche Verhandlung. Im nachfolgenden Berufungsverfahren kam auch die jahrelange Arbeit mit den Fans zur .... (5). Der Club konnte beweisen, dass er in den letzten Jahren besondere .... (6) in der Fanbetreuung unternommen hat. Das Sportgericht hob nun das Urteil wieder auf.

2 Nomen und Artikel

2.1 Genus

der Baum — der Sommer, der Winter
→ maskulin

das Herz — das Museum
→ neutral

die Maus — die Sonne
→ feminin

▶ Gebrauch

Nomen spielen in der Kommunikation eine wichtige Rolle für die Vermittlung von Inhalten. Jedes Nomen hat ein festes Genus. Wir unterscheiden maskuline, neutrale und feminine Nomen. Man erkennt das Genus am Artikel: der, das, die.

→ Warum ist *der Baum* maskulin, *das Herz* neutral und *die Maus* feminin? Das wissen wir nicht. Dafür gibt es keine Regeln. Am besten ist es, Nomen immer mit dem Artikel zusammen zu lernen.

→ Aber: Bei einigen Nomen gibt es Regeln, z. B.:

der Sommer	Jahreszeiten, Monate und Tage sind immer maskulin.
das Museum	Viele Nomen auf *-um* sind neutral.
die Sonne	Viele Nomen, die auf *-e* enden, sind feminin.

→ Es gibt einige wenige Nomen mit verschiedenem Genus je nach Bedeutung, z. B.:

der Band *(ein Buch)*	– das Band *(ein Streifen aus Stoff)*
der Erbe *(Person, die erbt)*	– das Erbe *(Hinterlassenschaft wie Geld, Haus)*
der Gehalt *(Inhalt, Anteil)*	– das Gehalt *(Lohn)*
der Leiter *(Chef)*	– die Leiter *(Gerät mit Stufen zum Hinaufsteigen)*
der See *(Binnengewässer)*	– die See *(Meer)*

→ Fremdwörter aus dem Englischen (Anglizismen) können feminin, maskulin oder neutral sein. Wörter, die eine deutsche Übersetzung haben, übernehmen oft das Genus der deutschen Entsprechung: die Power (die Kraft), die High Society (die vornehme Gesellschaft), die E-Mail (die elektronische Post/Nachricht), das Sandwich (das belegte Brot).
Einige nominalisierte Verben ohne Endung sind maskulin: der Chat, der Drink, der Download (aber: das Teamwork).
Nomen mit der Endung *-ing* sind neutral: das Timing, das Casting, das Meeting, das Briefing, das Gaming.

▶ Einige Regeln

maskulin

‣ männliche Personen und Berufe	der Mann, der Koch
‣ Zeit: Tage, Monate, Jahreszeiten	der Dienstag, der März, der Sommer
‣ viele Nomen zum Thema Wetter	der Sturm, der Regen (aber: das Gewitter)
‣ Himmelsrichtungen	der Norden, der Süden
‣ alkoholische Getränke	der Wein, der Wodka (aber: das Bier)
‣ Nomen auf *-and* und *-ant*	der Doktorand, der Praktikant, der Konsonant
‣ Nomen auf *-ent*	der Student, der Konsument (aber: das Patent)
‣ Nomen auf *-eur*	der Ingenieur, der Monteur
‣ Nomen auf *-ist*	der Pianist, der Polizist
‣ viele Nomen auf *-et*	der Planet, der Prolet (aber: das Paket)
‣ Nomen auf *-ismus*	der Kapitalismus, der Organismus
‣ Nomen auf *-or*	der Motor, der Horror (aber: das Labor)
‣ Nomen auf *-ling*	der Liebling, der Schmetterling
‣ Geräte und viele Nomen auf *-er*	der Drucker, der Finger, der Prüfer (aber: die Nummer, das Fenster)
‣ viele Nomen, die vom Verb kommen und keine Endung haben	der Besuch (von: besuchen) der Brauch (von: brauchen)

Genus

 neutral	‣ Nomen auf *-chen*	das Mädchen, das Plastikteilchen
	‣ Nomen auf *-lein*	das Äuglein, das Schäflein
	‣ viele Nomen auf *-ma*	das Klima, das Thema (aber: die Firma)
	‣ viele Nomen auf *-um*	das Museum, das Studium (aber: der Konsum)
	‣ viele Nomen auf *-ment*	das Instrument, das Dokument (aber: der Moment)
	‣ Nomen aus dem Infinitiv des Verbs	das Essen, das Treffen
	‣ Adjektive als Nomen	das Böse, das Schöne
	‣ viele internationale Wörter	das Auto, das Telefon, das Hobby, das Hotel
 feminin	‣ weibliche Personen und Berufe	die Frau, die Krankenschwester
	‣ Nomen auf *-ei*	die Zauberei, die Bäckerei
	‣ Nomen auf *-enz*	die Tendenz, die Konferenz
	‣ Nomen auf *-heit*	die Sicherheit, die Kindheit
	‣ Nomen auf *-keit*	die Sauberkeit, die Freundlichkeit
	‣ Nomen auf *-in*	die Kollegin, die Löwin
	‣ Nomen auf *-ion*	die Revolution, die Situation
	‣ Nomen auf *-schaft*	die Freundschaft, die Wirtschaft
	‣ Nomen auf *-tät*	die Realität, die Spezialität
	‣ Nomen auf *-ung*	die Rechnung, die Verwaltung
	‣ viele Nomen auf *-ur*	die Natur, die Korrektur (aber: das Abitur)
	‣ viele Nomen auf *-ie*	die Sympathie (aber: das Genie)
	‣ viele Nomen auf *-e*	die Sonne, die Reise (aber: der Käse, das Gemälde)
	‣ viele Nomen, die vom Verb kommen und ein *-t* anhängen	die Fahrt (von: fahren), die Sicht (von: sehen)

Übungen

1 *Der*, *das* oder *die*?
Ordnen Sie die Wörter nach Artikel. Nennen Sie auch die Regel.

~~Regen~~ • Montag • Entscheidung • September • Onkel • Schnee • Anfang • Suppe • Monument • Kundin • Revolution • Sinfonie • Besuch • Kultur • Foto • Hotel • Whisky • Direktor • Publikum • Gesellschaft • Tageszeitung • Märchen • Tat • Konditorei • Koch • Zufriedenheit • Sauberkeit • Nationalität • Kino • Kaninchen • Lehrling • Thema • Veranstalter • Terrorismus • Demonstrant • Regisseur • Kompetenz • Leben • Praktikant • Komponist

der	das	die
Regen (Nomen zu „Wetter")		

2 **Ausbildung, Arbeit und Verkehr**
Finden Sie den richtigen Artikel. Benutzen Sie die Regeln oder das Wörterbuch.

a) **Ausbildung**

die Schule	.... Universität	.... Klasse	.... Aufgabe
.... Unterricht	.... Seminar	.... Vorlesung	.... Bibliothek
.... Lehrbuch	.... Wissenschaft	.... Praktikum	.... Studienwahl
.... Studium	.... Fach	.... Lernen	.... Mensa
.... Vortrag	.... Kopie	.... Präsentation	.... Professorin
.... Assistent	.... Mitschrift	.... Semester	.... Wohnheim
.... Prüfung	.... Klausur	.... Kurs	.... Vorbereitung
.... Forschung	.... Promotion	.... Abschluss	.... Masterarbeit

b) **Arbeit**

.... Firma	.... Büro	.... Betrieb	.... Unternehmen
.... Konferenz	.... Meeting	.... Handy	.... Dienstreise
.... Passwort	.... Ordner	.... Laptop	.... Maßnahme
.... Papier	.... Kollegin	.... Dokument	.... Tabelle
.... Protokoll	.... Mitarbeiter	.... Gespräch	.... Besprechung
.... Bewerbung	.... Stelle	.... Gehalt	.... Steuererklärung
.... Kündigung	.... E-Mail	.... Verwaltung	.... Umsatz
.... Kantine	.... Plan	.... Pause	.... Urlaub

c) **Verkehr**

.... Bus	.... Zug	.... Auto	.... U-Bahn
.... Bahnhof	.... Stau	.... Ampel	.... Geschwindigkeit
.... Nahverkehr	.... Ticket	.... Hafen	.... Verkehrsmittel
.... Gepäck	.... Haltestelle	.... Ladestation	.... Umsteigezeit
.... Gleis	.... Verspätung	.... Unfall	.... Rastplatz
.... Ankunft	.... Abflug	.... Fähre	.... CO_2-Ausstoß

3 **Intelligente Kleidung** (29)
Ergänzen Sie den richtigen Artikel. Orientieren Sie sich an den Regeln zur Genusbestimmung.
Schlagen Sie unbekannte Wörter im Wörterbuch nach. Überprüfen Sie Ihre Lösungen mit dem Hörtext.

.... künstliche Intelligenz erobert schon seit einiger Zeit unseren Alltag. Wen wundert es da, dass auch .... Bekleidungsindustrie an diesem Trend teilnimmt? Mit intelligenter Kleidung, „Smart Clothes", soll uns .... Leben angenehmer gemacht werden. .... Kombination von Kleidung mit Mikroelektronik ermöglicht uns dabei einen komfortableren Lebensstil. So entstanden zum Beispiel Produkte wie .... wärmende Mantel, ... leuchtende Jacke, ... Smartphone im Handschuh oder .... Multimedia-Lederhose.
Neben Unterhaltungselektronik spielt auch .... medizinische Anwendung von Kleidung eine große Rolle. Zum Beispiel kann .... integrierte GPS-Sender in einer Jacke bei einem Skiunfall .... lebensrettende Signal senden. Für Menschen mit Handicaps könnte ein smarter Handschuh Erleichterung bringen. Er stabilisiert .... Hand bei motorischen Störungen. .... Greifen wird dadurch einfacher. Auch .... Schutz unserer Haut vor Sonnenstrahlen gewinnt an Bedeutung. .... Europäische Kommission hat bereits einen Standard für UV-Schutzkleidung (EN 13758-1) entwickelt.
Doch .... Mensch will sich nicht nur vor Sonnenstrahlen schützen. .... Regen, ... Schnee, ... Wind, ... Kälte, ... Wärme – dies alles sind Ärgernisse, gegen die wir uns mit entsprechender Kleidung wappnen möchten. Dank besonders strapazierfähigem Gewebe kann Kleidung sogar Schutz vor mechanischen Einflüssen bieten: .... Anzug eines Fechters/einer Fechterin ist stichfest, ... Weste eines Polizisten/einer Polizistin ist schusssicher.
Doch .... Entwicklung geht noch weiter: .... Nachbau der Natur ist eine andere Möglichkeit, smarte Materialien zu kreieren. So entstanden nach dem „Haihaut-Prinzip" besondere Schwimmanzüge, die für eine Reihe von Weltrekorden sorgten. Bei ihnen konnte .... Reibungswiderstand im Wasser mit speziellen Oberflächenbehandlungen gesenkt werden. Der wasserabweisende Pelz der Wasserjagdspinne erregte ebenfalls .... Aufmerksamkeit der Forschenden. .... feine Haarstruktur der Spinne sorgt für ein Luftpolster und .... Körper wird nicht mehr nass. Einige Wissenschaftlerinnen und Wissenschaftler arbeiten schon an Textilien nach dem Vorbild der Spinnenfäden. Sie sind extrem stabil, reißfest und dabei ganz leicht. Doch .... Produktion der Superfäden bereitet noch einige Schwierigkeiten. .... Natur lässt sich ihre Geheimnisse eben doch nicht so leicht entreißen.

4 **Seltsame Paare**
Finden Sie den richtigen Artikel. Benutzen Sie, wenn nötig, das Wörterbuch.

1.	*die* Gabel	–	.... Löffel		9.	.... Tag	–	.... Nacht
2.	.... Frau	–	.... Mädchen		10.	.... Sonne	–	.... Mond
3.	.... Auto	–	.... Wagen		11.	.... Regen	–	.... Gewitter
4.	.... Nordsee	–	.... Meer		12.	.... Freude	–	.... Ärger
5.	.... Rhein	–	.... Donau		13.	.... Liebe	–	.... Hass
6.	.... Datum	–	.... Termin		14.	.... E-Mail	–	.... Brief
7.	.... Zimmer	–	.... Raum		15.	.... Arm	–	.... Bein
8.	.... Gerät	–	.... Apparat		16.	.... Tasse	–	.... Teller

Komposita (Zusammengesetzte Nomen)

Nomen + Nomen:

der Wein + das Glas = das Weinglas
der Wein + die Flasche = die Weinflasche
der Wein + der Keller + der Schlüssel = der Weinkellerschlüssel

Nomen + s + Nomen:

der Beruf + das Leben = das Berufsleben
die Arbeit + der Beginn = der Arbeitsbeginn
das Geschaft + die Idee = die Geschäftsidee

→ Bei zusammengesetzten Nomen richtet sich das Genus nach dem letzten Nomen.

→ Bei manchen Komposita steht zwischen den beiden Nomen ein *-s-* („Fugen-s"), z. B. nach
- femininen Nomen auf *-tät, -heit, -keit, -schaft, -ung, -ion*: Freundschaftsdienst, Entwicklungshilfe
- Nomen auf *-ling* und *-tum*: Lieblingsgericht, Wachstumsbranche
- Nomen vom Infinitiv des Verbs: Schlafenszeit, Verhaltensregeln
- maskulinen Nomen wie *Verkehr, Beruf, Unterricht, Urlaub, Einkauf*: das Verkehrsmittel, der Berufswunsch, das Unterrichtsfach, die Urlaubszeit, der Einkaufswagen
- femininen Nomen wie *Arbeit (oft), Liebe, Heirat, Hochzeit*: das Arbeitsleben (aber: der Arbeitgeber), die Liebeserklärung, der Heiratsantrag, das Hochzeitsessen
- neutralen Nomen wie *Geschäft, Glück, Gefühl*: die Geschäftswelt, das Glückskind, die Gefühlsentscheidung

➤ Seite 110: Weitere zusammengesetzte Nomen: *Wortbildung*

Übungen

5 **Was passt? Bilden Sie möglichst viele Komposita. Manchmal gibt es mehrere Möglichkeiten.**

Kaffee • Büro • Auto • Zimmer • Mond • Kunst • Geld • Zeit • Reise • Macht • Stadt • Computer

Schlüssel • Führung • Tasse • Landung • Galerie • Punkt • Schein • Automat • Klammer • Dokument • Missbrauch • Programm

die Kaffeetasse, ...

....

....

....

6 Das Geschäft mit Computerspielen

a) Lesen Sie den folgenden Text und markieren Sie die zusammengesetzten Nomen.

Kaum ein anderer Zweig der Medienwirtschaft ist in den letzten Jahren so schnell gewachsen wie das Geschäft mit Video- und Computerspielen. Auf der „Gamescom“, Europas größter Spielemesse, stellen die Unternehmen jedes Jahr ihre neuesten Produkte vor. Die Messeveranstalter rechnen beim kommenden Gamescom-Event mit 1 000 Spieleanbietern und einer halben Million Besuchern. Geplant sind auch Fachveranstaltungen, die Gelegenheit für Präsentationen und Meinungsaustausch bieten.
Zu den aktuellen Wachstumstreibern gehören Spiele-Apps für Smartphones und Tablets, die den PC als Spieleplattform inzwischen abgelöst haben. Ähnlich stark wuchs auch das Geschäft mit Zusatzinhalten und virtuellen Gütern. Das sind zum Beispiel Gegenstände wie eine Ritterrüstung oder ein Sturmgewehr, die den Figuren zusätzliche Kräfte oder Charaktermerkmale verleihen können. Hinter dem Angebot der Zusatzfunktionen steckt ein äußerst lukratives Geschäftsmodell. Viele Spiele werden zunächst kostenlos angeboten, um die Spielfreude zu wecken. Will der oder die Agierende mehr, kostet das Geld. Deshalb ist es keine Überraschung, dass der Jahresumsatz im Onlinesegment weiter ansteigt, während der klassische Handel Verluste zu verzeichnen hat. Übrigens ist auch unter den Gamern ein Wandel spürbar: Heute spielen Frauen ebenso wie Männer, Alte ebenso wie Junge. Das sogenannte Gaming ist in der Mitte der Gesellschaft angekommen.

b) Nennen Sie die Komposita aus dem Text mit Artikel im Nominativ Singular und in Einzelteilen, wie im Beispiel:
die Medienwirtschaft, die Medien (Plural), die Wirtschaft; …

7 Zusammengesetzte Nomen. Bilden Sie Komposita und ergänzen Sie die Artikel. Achten Sie auf das Fugen-*s*.

a) Arbeit und Beruf

•	.... Abteilung	+	.... Besprechung	=	*die Abteilungsbesprechung*
1.	.... Entwicklung	+	.... Prozess	=	....
2.	.... Sicherheit	+	.... Kontrolle	=	....
3.	.... Sitzung	+	.... Protokoll	=	....
4.	.... Problem	+	.... Lösung	=	....
5.	.... Arbeit	+	.... Vertrag	=	....
6.	.... Termin	+	.... Vereinbarung	=	....
7.	.... Produkt	+	.... Präsentation	=	....
8.	.... Personal	+	.... Abteilung	=	....
9.	.... Fach	+	.... Kompetenz	=	....
10.	.... Beruf	+	.... Wunsch	=	....

b) Alltägliches

1.	.... Glück	+	.... Gefühl	=	....
2.	.... Essen	+	.... Einladung	=	....
3.	.... Liebe	+	.... Erklärung	=	....
4.	.... Verlobung	+	.... Ring	=	....
5.	.... Hochzeit	+	.... Feier	=	....
6.	.... Ehe	+	.... Krise	=	....
7.	.... Kommunikation	+	.... Problem	=	....
8.	.... Gefühl	+	.... Chaos	=	....
9.	.... Scheidung	+	.... Anwalt	=	....
10.	.... Wohnung	+	.... Suche	=	....

2.2 Numerus: Plural

eine Maus
↓
Singular

viele Mäuse
↓
Plural

▶ Formen

Pluralendung	Singular	Plural	
– (+ Umlaut)	das Zimmer der Kuchen das Mädchen der Apfel der Vater	die Zimmer die Kuchen die Mädchen die Äpfel die Väter	vor allem maskuline und neutrale Nomen mit den Endungen: *-er, -el, -en* und neutrale Nomen auf *-chen* und *-lein* Einige Pluralformen bekommen einen Umlaut *(ä, ö, ü, äu)*.
-e (+ Umlaut)	der Brief das Gerät der Ball die Maus die Kuh	die Briefe die Geräte die Bälle die Mäuse die Kühe	viele maskuline und neutrale Nomen, viele einsilbige Nomen Viele maskuline und alle femininen Nomen bilden den Plural mit Umlaut *(ä, ö, ü, äu)*.
-er (+ Umlaut)	das Bild das Rad der Mann der Wald	die Bilder die Räder die Männer die Wälder	viele neutrale und einige maskuline Nomen Die Pluralformen bekommen einen Umlaut *(ä, ö, ü, äu)*.
-n/-en/-nen	die Tasse die Wohnung der Praktikant der Student der Kollege die Kollegin das Museum die Firma das Konto	die Tassen die Wohnungen die Praktikanten die Studenten die Kollegen die Kolleginnen die Museen die Firmen die Konten	sehr viele feminine Nomen maskuline Nomen der *n*-Deklination (➤ Seite 108) Bei Personen auf *-in* ist die Pluralendung *-innen*. Bei einigen Nomen auf *-um, -o* oder *-a* entfällt die Singularendung vor der Pluralendung *-en*.
-s	das Auto das Hobby das Taxi das Hotel	die Autos die Hobbys die Taxis die Hotels	viele Fremdwörter viele Wörter, die auf einen Vokal enden

→ Der bestimmte Artikel im Plural ist immer die.

→ Wenn maskuline oder neutrale Nomen als **Maß-, Mengen- oder Währungseinheit** gebraucht werden, sind die Singularform und die Pluralform identisch:
ein Kilogramm – zehn Kilogramm, ein Stück Seife – zehn Stück Seife, ein Euro – zehn Euro
Feminine Nomen als **Maß- oder Mengenangabe** erhalten eine Pluralform:
Fritz trank eine Tasse Tee, Susi drei Tassen Kaffee.

→ Einige Nomen werden **nur im Singular gebraucht** *(Auswahl)*:
einige Sammelnamen/Oberbegriffe: das Gepäck, der Verkehr, der Schmuck, die Natur, das Obst, das Weltall
einige Stoffe/Materialien/Lebensmittel: der Stahl, das Gold, der Schnee, die Butter, der Honig, die Milch
einige Abstrakta: der Hass, der Ärger, der Stolz, der Lärm, das Alter, die Gesundheit, das Internet, das Nichts

→ Einige Nomen gibt es **nur im Plural** *(Auswahl)*: die Eltern, die Ferien, die Geschwister, die Gliedmaßen, die Leute, die Möbel, die Finanzen, die Kosten, die Spaghetti.

Übungen

1 Eine Erfolgsgeschichte
Sänger Bruno hat mit seinen Liedern sehr viel Geld verdient. Er ist jetzt Millionär und Geschäftsmann.

Er hat 60 *Millionen* *(Million)* Euro auf verschiedenen .... *(Bankkonto)*,
5 .... *(Luxusauto)*,
2 .... *(Flugzeug)*,
3 .... *(Jacht)*,
4 .... *(Villa)*,
2 .... *(Penthouse-Wohnung)*,
20 .... *(Gemälde)* von modernen Künstlern,
70 .... *(Anzug)* der besten Modedesigner,
10 teure .... *(Armbanduhr)*,
2 .... *(Musikproduktionsfirma)*,
9 .... *(Assistent)*,
2 .... *(Leibwächter)*,
5 .... *(Freundin)*,
3 .... *(geschiedene Ehefrau)*,
6 .... *(Kind)*.

2 Vorbereitung eines Treffens mit Geschäftspartnern
Ergänzen Sie in der folgenden E-Mail die Nomen im Plural.

Liebe Frau Andersen,
würden Sie bitte für die Verhandlung mit unseren chinesischen Geschäftspartnern neben den *Firmenprospekten* *(Firmenprospekt)* noch folgende .... *(Produkt)* mit unserem Firmenlogo auf die .... *(Tisch)* legen: 10 .... *(Mappe)*, 10 .... *(Kugelschreiber)*, 10 .... *(Notizblock)* und 10 .... *(Schlüsselanhänger)*.

Bitte organisieren Sie außerdem: 3 .... *(Kanne)* Kaffee und eine Kanne Tee, 15 .... *(Tasse und Teller)*, 3 .... *(Kännchen)* mit Milch, 10 .... *(Flasche)* Mineralwasser, 15 .... *(Glas)*, 20 belegte .... *(Brötchen)*.

Herzlichen Dank!
Tanja Hartung

3 Werbeaktion im Netz. Ergänzen Sie die Nomen im Plural.

1. *Sonderangebote* *(Sonderangebot)* bei Tschubu:
   Alle .... *(Rock)*, ... *(Hose)*, ... *(T-Shirt)* und .... *(Jacke)* der Herbstkollektion gibt es jetzt mit 25 % Rabatt!
   Auch unsere .... *(Kaffeekreation)* Brasilia, African Gold und Bio Premium sind zu .... *(Sonderpreis)* erhältlich.
   Sie brauchen etwas Neues für Ihr Bad? Hier sind die neuen .... *(Farbe)* für .... *(Handtuch)* und .... *(Bademantel)*.

2. Alles für den Mann! Egal, was Sie suchen: elegante .... *(Abendschuh)*, bequeme .... *(Sandale)*, modische .... *(Hemd)* oder .... *(Anzug)* für verschiedene Gelegenheiten: Ein Mausklick genügt und Sie finden eine große Auswahl.
3. Kochen macht Spaß! Die mit neuen Materialien beschichteten .... *(Topf)* und .... *(Pfanne)* machen auch Anfänger zu Meisterköchen! Dazu gibt es kostenlose .... *(Geheimrezept)* einiger Prominenter zum Download.

4 **Tipps zur gesunden Ernährung. Ergänzen Sie die Pluralform der Nomen. (Achtung: Nicht bei allen Nomen ist das möglich. Schauen Sie im Zweifelsfall im Wörterbuch nach.)**

Kein Lebensmittel enthält alle .... *(Nährstoff)*. Treffen Sie deshalb eine bunte, abwechslungsreiche Auswahl und essen Sie ausreichend pflanzliche .... *(Lebensmittel)* wie .... *(Gemüse)*, ... *(Obst)*, ... *(Getreide)* oder .... *(Kartoffel)*. Sie liefern viele .... *(Nährstoff)* und haben gleichzeitig wenig .... *(Kalorie)*. Auch .... *(Pflanzenöl)* und .... *(Nuss)* sind wertvolle .... *(Nährstofflieferant)*. Um eine gute Versorgung zu gewährleisten, sollten Sie die pflanzliche Ernährung durch tierische .... *(Erzeugnis)* wie .... *(Milch)*, ... *(Ei)* oder .... *(Fleisch)* ergänzen.

Achten Sie auch auf die von Fachleuten empfohlenen .... *(Menge)*: Fünf .... *(Einheit)* verschiedener .... *(Obst- und Gemüsesorte)* am Tag haben positive .... *(Auswirkung)* auf die Gesundheit. .... *(Fleisch und Wurstprodukt)* sollten selten auf dem Speiseplan stehen und 300 .... *(Gramm)* in der Woche nicht überschreiten. Auch Fisch gehört nicht jeden Tag auf den Tisch. Bei den .... *(Fischart)* gelten Lachs oder Hering als besonders empfehlenswert, denn sie enthalten Omega-3-.............................. *(Fettsäure)* und senken das Risiko für bestimmte .... *(Krankheit)*.

5 **Das neue Management will vieles ändern**
Es werden einige Forderungen gestellt. Ordnen Sie die passenden Nomen im Plural zu.

E-Mail • Idee • Videokonferenz • ~~Firmengeheimnis~~ • Bürotür • Sicherheitsregel • Leistung • Angebot • Gericht • Urlaubstag • Dienstprotokoll • Verbesserungsvorschlag • Gerät • Sitzung

- *Firmengeheimnisse* müssen besser gesichert werden.
1. Die .... müssen eingehalten werden.
2. .... müssen innerhalb von 48 Stunden beantwortet werden.
3. .... sollen Dienstreisen zu 80 Prozent ersetzen.
4. .... zur Weiterbildung müssen besser genutzt werden.
5. In der Kantine müssen auch vegane .... angeboten werden.
6. .... müssen rechtzeitig eingereicht und genehmigt werden.
7. .... müssen von allen gelesen werden.
8. Die .... müssen abends verschlossen werden.
9. .... sollten in der Regel nicht länger als eine Stunde dauern.
10. .... und neue .... sollten mehr Aufmerksamkeit bekommen.
11. Firmeneigene elektronische .... dürfen nicht für private Zwecke gebraucht werden.
12. Die .... in den Bereichen Kundenbetreuung und Serviceangebot müssen weiter verbessert werden.

6 **Wetterveränderungen in Deutschland** (30)
Ergänzen Sie den Plural der Nomen in der richtigen Form.
(Achtung: Nicht bei allen Nomen ist das möglich.) Überprüfen Sie Ihre Lösungen mit dem Hörtext.

Expertinnen *(Expertin)* und .... *(Experte)* sind sich einig, dass die Zahl extremer .... *(Wetterereignis)* wie .... *(Hitzewelle)* oder starker Regen zunehmen werden. Sie rechnen in Zukunft mit einem weiteren Anstieg der .... *(Temperatur)*. In einigen .... *(Gegend)* sind langanhaltende .... *(Phase)* mit .... *(Tageshöchstwert)* von über 30 Grad Celsius zu erwarten. Extrem kalte .... *(Tag)* mit sehr viel .... *(Schnee)* werden dagegen seltener. .... *(Meteorologe)* sind davon überzeugt, dass sich die Erderwärmung in Deutschland schneller vollzieht als anderswo auf der Welt: Seit Beginn der flächendeckenden .... *(Wetteraufzeichnung)* 1881 ist die Temperatur nach .... *(Angabe)* des Deutschen Wetterdienstes um 1,6 Grad Celsius gestiegen – stärker als im weltweiten Durchschnitt. Die dauerhafte Hitze hat .... *(Folge)*: .... *(Waldbrand)* nehmen zu, die .... *(Boden)* sind teilweise viel zu trocken und die Pegel der .... *(Fluss)* sinken so weit, dass .... *(Binnenschiff)* nicht mehr fahren können. Auch sehr starke .... *(Regenfall)* haben negative .... *(Auswirkung)* auf die .... *(Mensch)* und die .... *(Natur)*. Sie können .... *(Überschwemmung)* verursachen, die wiederum viele .... *(Opfer)* und hohe .... *(Sachschaden)* mit sich bringen. Bekannte .... *(Ökonom)* sprechen von großen finanziellen .... *(Risiko)* des Klimawandels und fordern deshalb schnelle und nachhaltige .... *(Klimaschutzmaßnahme)*.

2.3 Kasus der Nomen

Die Museumsmitarbeiterin (Nominativ) *erklärt* *dem Besucher* (Dativ) *das Bild* (Akkusativ).

Es ist das bekannteste Gemälde *des Museums* (Genitiv).

- Mithilfe des Kasus kann man die **Funktion der Satzglieder im Satz** erkennen:
  Die Museumsmitarbeiterin *(Subjekt)* erklärt **dem Besucher** *(Dativobjekt, oft Adressat)* **das Bild** *(Akkusativobjekt).*
- Das **Genitivattribut** kann ein Besitzverhältnis oder eine Zugehörigkeit, einen Täter oder Urheber, ein Produkt oder eine Eigenschaft bezeichnen. Das Genitivattribut ist meistens nachgestellt:
  Es ist das bekannteste Gemälde des Museums. *(Besitzverhältnis)*
  Der Gesang der Vögel beeindruckte alle. *(Täter/Verursacher)*
  Der Autor des Romans weist alle Plagiatsvorwürfe zurück. *(Produkt)*
  Das sind Produkte minderer Qualität. *(Eigenschaft)*
  Bei Namen steht das Genitivattribut vor dem Bezugswort: Ottos Drucker ist kaputt.

■ Wer oder was bestimmt den Kasus?

A Verben

▶ **Das Verb regiert im Satz!**

- **Verben mit direktem Kasus** ➤ Seite 56
  Das Verb bestimmt den Kasus:
  Die Museumsmitarbeiterin erklärt dem Besucher das Bild. → Verb mit direktem Kasus: Nominativ, Dativ, Akkusativ
- **Verben mit präpositionalem Kasus** ➤ Seite 60
  Das Verb bestimmt die Präposition und die Präposition bestimmt den Kasus:
  Philip denkt an die nächste Prüfung. → Verb mit präpositionalem Kasus: Nominativ, *an* + Akkusativ

B Adjektive mit *sein*

Einige Adjektive können im prädikativen Gebrauch mit dem Verb *sein* einen direkten oder einen präpositionalen Kasus bestimmen:

Mir ist kalt.	→	direkter Kasus	Dativ	
Ich bin wirklich böse auf dich.	→	präpositionaler Kasus	Nominativ, *auf* + Akkusativ	➤ Seite 145

C Präpositionen in freien Angaben (z. B. lokale, temporale oder modale Angaben)

Nach einer Präposition folgt immer ein bestimmter Kasus. Das kann ein Akkusativ, Dativ oder Genitiv sein:

Wir kommen zu dir.	→	Lokalangabe	*zu* + Dativ	➤ Seite 163
Wir kommen nach dem Abendessen.	→	Temporalangabe	*nach* + Dativ	
Wir kommen mit dem Auto.	→	Modalangabe	*mit* + Dativ	
Wir kommen ohne die Kinder.	→	Modalangabe	*ohne* + Akkusativ	
Wir kommen trotz des schlechten Wetters.	→	Konzessivangabe	*trotz* + Genitiv	

D Nomen mit Genitivattribut

Es ist das bekannteste Gemälde des Museums. → Angabe eines Besitzverhältnisses im Genitiv ➤ Hinweis 2

Kasus

■ Deklination der Nomen

	Singular						Plural	
Kasus	**maskulin**		**neutral**		**feminin**			
Nominativ	der		das		die		die	Bilder
Akkusativ	den	Besucher	das	Museum	die	Mitarbeiterin	die	
Dativ	dem		dem		der		den	Bildern
Genitiv	des	Besuchers	des	Museums	der		der	Bilder

→ Den Kasus erkennt man hauptsächlich an der Endung des Artikels.

→ Im Genitiv Singular bekommen maskuline und neutrale Nomen die Endung *-(e)s*:
der Besucher – des Besuchers, der Baum – des Baum(e)s, das Museum – des Museums, das Auto – des Autos.

→ Im Dativ Plural bekommen die Nomen die Endung *-n*: die Bilder – den Bildern, die Bücher – den Büchern.
Ausnahme: Nomen mit der Pluralendung *-s*: die Autos – den Autos
und besondere Pluralformen: die Museen – den Museen.

Übungen

1 Im Büro (➤ Seite 56: *Verben mit direktem Kasus*)

a) In welchem Kasus stehen die unterstrichenen Nomen?

- Die Kundin hat den Termin verschoben. *Akkusativ*

1. Die Maßnahmen dienen der Schulung des Kollegiums.
2. Kennst du die neue Kollegin?
3. Kopieren Sie bitte für alle das Protokoll der letzten Sitzung?
4. Frau Weber will die neue Bereichsleiterin werden.
5. Alle Geräte gehören der Firma.
6. Das neue Essensangebot in der Kantine ist das Ergebnis vieler Beschwerden.
7. Wir bieten unseren Kunden optimalen Service.
8. Das ganze Projekt hat die Verantwortlichen schon einige Nerven gekostet.
9. Die Abteilung Controlling bezichtigte den Manager der Untreue.
10. Der Datenanalystin ist eine Lösung des Problems eingefallen.

b) Bilden Sie Sätze im Präsens.

- aufräumen – der Schreibtisch – morgen – ich *Ich räume den Schreibtisch morgen auf.*

1. du – wann – die E-Mail – beantworten?
2. das Design – das neue Produkt – die Firmenleitung – überzeugen
3. begründen – nicht – die Anhebung – die Preise – das Management
4. Frau Mittermeier – helfen – die neuen Kolleginnen – gerne
5. das Kantinenessen – schmecken – die Beschäftigten – nicht
6. mitteilen – die Abteilungsleiterin – die Änderung – die Urlaubsregelung – das Kollegium
7. der Manager – die Ergebnisse – die Marktuntersuchung – präsentieren
8. übernehmen – die Praktikantin – die Vorbereitung – die Sitzung

2 **Frau und Herr Schwarz streiten sich**

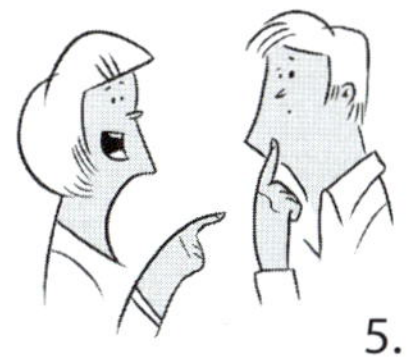

a) **Ergänzen Sie die Nomen im Akkusativ.**

Frau Schwarz: Du hast wieder vergessen,
- den Tisch abzuräumen *(der Tisch)*,
1. .... abzuspülen *(das Geschirr)*,
2. .... von der Post abzuholen *(das Paket)*,
3. .... anzurufen *(der Monteur)*,
4. .... zu füttern *(die Katze)*,
5. .... auszuschalten *(der Fernseher)*,
6. .... zu schließen *(das Fenster)*,
7. .... runterzubringen *(der Müll)* und
8. .... zu bezahlen *(die Rechnung)*.

b) **Ergänzen Sie die Nomen im Dativ und Akkusativ.**

Herr Schwarz: Und du hast
1. .... nicht zurückgegeben *(die Nachbarin, der Staubsauger)*,
2. .... mit der Wasserleitung nicht gemeldet *(der Hausmeister, das Problem)*,
3. .... nicht überwiesen *(die Reinigungsfirma, das Geld)*,
4. .... nicht gezeigt *(die Gäste, die Urlaubsfotos)*,
5. .... verschwiegen *(meine Mutter, dein Unfall)*,
6. .... nicht erklärt *(die Kinder, die Grammatikregeln)*.

3 **Ergänzen Sie die Nomen im Genitiv. Überprüfen Sie Ihre Lösungen mit dem Hörtext.** 31

Betriebsrundgang mit dem neuen Assistenten
Hier sehen Sie den Empfangsbereich der Firma *(die Firma)*. Auf der linken Seite .... *(der Gang)* geht es zur Kantine .... *(die Beschäftigten, Pl.)*. Der Küchenchef .... *(die Kantine)* ist neu. Einige Kolleginnen und Kollegen hatten sich negativ über die Qualität .... *(das Essen)* geäußert. Jetzt sind alle mit dem Angebot zufrieden. Auf der rechten Seite befinden sich die Büros .... *(die Verwaltung)*. In der Verwaltung wird der gesamte Zahlungsverkehr .... *(das Unternehmen)* abgewickelt.
In der ersten Etage finden Sie die Verhandlungsräume .... *(die Verkaufsabteilung)*. Gleich hier vorn ist das Büro .... *(die Abteilungsleiterin)*, Frau Huber. Daneben ist das Zimmer .... *(die Assistentin)*, Frau Fischer. Und da ist .... *(Frau Fischer)* berühmte Kaffeemaschine. Viele meinen, dass der Kaffee aus dieser Maschine besser schmeckt als der Kaffee aus den großen Automaten, die neben den Fahrstühlen stehen. Ihr Büro befindet sich gleich hier gegenüber, also ganz in der Nähe .... *(die Kaffeemaschine)* und .... *(die Büros)* von Frau Huber und Frau Fischer. Wir gehen noch schnell hoch in die zweite Etage, denn dort können Sie die Räume .... *(die Kreativabteilung)* und einige Prototypen .... *(unsere neuen Produkte)* kennenlernen.

4 **Ergänzen Sie die Nomen im richtigen Kasus. Überprüfen Sie Ihre Lösungen mit dem Hörtext.** 32

Plastikteile im Meer
Etwa 70 Prozent der Erdoberfläche *(die Erdoberfläche)* sind von Wasser bedeckt. Doch heute schwimmen in jedem Quadratkilometer .... *(die Meere)* hunderttausende kleine Müllteilchen. Drei Viertel .... *(der Müll)* im Meer besteht aus Plastik. Dieses Plastik ist ein ständig wachsendes Problem und kostet .... *(viele Tiere)* .... *(das Leben)*. Die vollständige Zersetzung .... *(die Plastikteile)* dauert mehrere hundert Jahre. Bis dahin zerfällt es lediglich in immer kleinere Partikel. Diese Mikroplastikpartikel gelangen problemlos in die Körper .... *(die Meerestiere)*, denn die Tiere verwechseln .... *(die Plastikteile)* mit Nahrung. Wissenschaftliche Untersuchungen ergaben, dass sich bei 93 Prozent .... *(die Hochseevögel)* Plastikteile im Magen befanden. Aber auch andere Tiere wie Fische oder Schildkröten sind betroffen. Und letztlich werden die Plastikpartikel durch den Verzehr .... *(die Fische)* auch vom Menschen aufgenommen. Die Auswirkungen auf den menschlichen Organismus sind noch nicht vollständig erforscht. Fest steht aber, dass die Plastikabfälle oft chemische Zusatzstoffe enthalten, die sowohl .... *(die Meeresbewohner)* als auch .... *(die Menschen)* schaden.

Besondere maskuline Nomen: Die *n*-Deklination

Formen

Kasus	Singular maskulin		Plural	
Nominativ	der	Kollege	die	Kollegen
Akkusativ	den	Kollegen	die	Kollegen
Dativ	dem	Kollegen	den	Kollegen
Genitiv	des	Kollegen	der	Kollegen

Einige maskuline Nomen haben eine besondere Endung: Sie enden außer im Nominativ Singular immer auf *-n*. Dazu gehören

- viele maskuline Nomen auf *-e*, z. B.:
  der Kollege, der Junge, der Kunde, der Experte, der Biologe, der Kriminologe, der Zeuge, der Hase, der Löwe
- Angehörige bestimmter Nationalitäten auf *-e*:
  der Brite, der Bulgare, der Chinese, der Däne, der Finne, der Franzose, der Grieche, der Pole, der Russe, der Schwede usw.
- maskuline Nomen auf *-and, -ant, -ent, -ist, -at, -graf*:
  der Doktorand, der Diamant, der Praktikant, der Patient, der Journalist, der Polizist, der Diplomat, der Automat, der Fotograf (Endung in Singular und Plural: *-en*)
- Nomen wie: der Nachbar, der Bauer, der Fürst, der Graf, der Prinz, der Monarch, der Held, der Mensch, der Architekt, der Philosoph, der Astronaut (Endung in Singular und Plural: *-en*)
  der Herr (Endung im Plural: *-en*)
- Ausnahmen: Einige maskuline Nomen bilden den Genitiv zusätzlich mit *-s*:
  der Buchstabe (des Buchstabens), der Gedanke (des Gedankens), der Name (des Namens)
  Gleiches gilt für das neutrale Nomen: das Herz (des Herzens).

Übungen

5 Welche Nomen gehören nicht zur *n*-Deklination? Markieren Sie.

- der Graf – der Fürst – der Prinz – <u>der König</u>
1. der Mann – der Herr – der Junge – der Bube
2. der Kollege – der Kunde – der Mitarbeiter – der Praktikant
3. der Biologe – der Philosoph – der Chemiker – der Fotograf
4. der Grieche – der Niederländer – der Schwede – der Franzose
5. der Musiker – der Pianist – der Komponist – der Musikproduzent
6. der Hase – der Igel – der Löwe – der Elefant
7. der Experte – der Anwalt – der Zeuge – der Polizist
8. der Name – der Gedanke – der Text – der Buchstabe

6 Was passt? Kombinieren Sie. Setzen Sie die Ergänzungen in den richtigen Kasus.

- Susanne liebt jetzt *einen Franzosen*. (→ c)
1. Der Arzt hilft ....
2. Das Gericht befragt ....
3. Der Schauspieler antwortet auf die Fragen ....
4. Die Minister sprechen mit ....
5. Bitte unterschreiben Sie hier mit ....
6. Der Verkäufer berät ....

a) der Präsident
b) Ihr Name
c) ein Franzose
d) der Kunde
e) der Patient
f) der Journalist
g) der Zeuge

7 Es gibt noch viel zu tun

Lesen Sie den Dialog zwischen Frau Huber und Frau Fischer und ergänzen Sie die Nomen in der richtigen Form. Überprüfen Sie Ihre Lösungen mit dem Hörtext. (33)

□ Frau Fischer, gut, dass Sie noch da sind. Ich habe heute einiges nicht geschafft. Könnten Sie das noch schnell für mich erledigen? Ich muss jetzt ganz schnell weg.

△ Eigentlich wollte ich gerade gehen. Ich habe meiner Schwester versprochen, dass ich heute mit meinem Neffen *(Neffe)* in den Zirkus gehe. Da gibt es einen .... *(Löwe)*, der durch einen brennenden Reifen springt.

□ Sie können ja auch gleich Feierabend machen, Frau Fischer. Sie müssten nur noch den .... *(Lieferant)* in Hamburg anrufen und fragen, wann die Ware kommt. Diesen Termin könnten Sie dann gleich dem .... *(Kunde)* mitteilen. Und sagen Sie bitte dem .... *(Praktikant)*, dass er morgen früh um 8.00 Uhr die Gäste vom Bahnhof abholen soll.

△ Gut, mache ich.

□ Ach, eins noch, könnten Sie den .... *(Kollege, Pl.)* noch eine E-Mail schicken, dass wir morgen einen .... *(Experte)* zum Thema Rentenversicherung erwarten? Das ist besonders für den .... *(Kollege)* Krause wichtig, der hat mich danach gefragt. Übrigens kommt morgen auch die Firma „Schöner im Büro" mit einem .... *(Innenarchitekt)*. Der .... *(Architekt)* möchte sich mal mein Büro ansehen.

△ Ihr Büro? Ich dachte, ich bekomme endlich neue Büromöbel.

□ Vielleicht im nächsten Jahr, Frau Fischer. Ich empfange ja die .... *(Kunde, Pl.)*, deshalb hat mein Büro Vorrang. So, ich gehe dann mal. Wenn Sie sich ein bisschen beeilen, dann verpassen Sie auch den .... *(Hase)* nicht, der im Zirkus durch den Reifen springt.

△ Es ist ein .... *(Löwe)*, Frau Huber.

8 Wissenswertes über Tiere

Auf welches Tier passt die Beschreibung? Ergänzen Sie die Tiere in der richtigen Form. Überprüfen Sie Ihre Lösungen mit dem Hörtext. (34)

Zwergseidenaffe • Bär • Schimpanse • Rabe • Löwe • Elefant

1

Der .... ist groß und kräftig. Das Körpergewicht eines .... variiert zwischen 25 und 800 Kilogramm, er kann bis zu 2,50 Meter groß werden. Der .... ist ein Einzelgänger. Im Spätsommer und Herbst muss sich der .... für seinen Winterschlaf einen Fettvorrat anfressen. Einem .... schmeckt fast alles: Früchte und Pflanzen, Insekten, Fische oder Nagetiere.

2

Der .... steht dem Menschen am nächsten. Er gilt als das intelligenteste Tier. Man kann einem .... tolle Kunststücke beibringen, zum Beispiel kann ein .... geschickt mit Werkzeugen umgehen. Es ist sogar möglich, einem .... bestimmte Zeichen beizubringen und sich auf diese Weise mit ihm zu unterhalten.

3

Der .... gehört zu den Tieren mit dem größten Hunger. Auf dem Speiseplan eines .... stehen täglich 50 bis 100 Kilogramm Laub, Gras, Wurzeln, Rinde und Früchte. .... *(Pl.)* verbringen einen Großteil des Tages nur mit Fressen.

4

Nach dem Tiger ist der .... die zweitgrößte Katze und damit das größte Landraubtier Afrikas. Das durchschnittliche Körpergewicht eines ausgewachsenen .... beträgt 225 Kilogramm. Die größten .... *(Pl.)* leben heute im südlichen Afrika, die kleinsten in Asien. Der .... jagt meist bei Dunkelheit. Zu den Beutetieren des .... gehören vor allem Antilopen, Gazellen, Gnus, Büffel und Zebras.

5

Der .... erreicht eine Länge von 12 bis 15 Zentimetern, sein Gewicht beträgt 85 bis 140 Gramm. Er ist damit der kleinste Vertreter seiner Art. Als Schlafplatz dienen dem .... dichte Pflanzen oder Baumhöhlen. Die Nahrung des .... besteht vorwiegend aus Baumsäften und Kleintieren.

6

Der .... ist ein Raubvogel. Er spielt in vielen Märchen und Sagen eine große Rolle. Dem .... wurden in der griechischen und nordischen Mythologie Intelligenz und Weisheit zugeschrieben. Interessanterweise konnten neuere wissenschaftliche Untersuchungen bestätigen, dass der .... der Vogel mit der größten Intelligenz ist. In Experimenten konnten .... *(Pl.)* unglaubliche Fähigkeiten unter Beweis stellen.

2.4 Wortbildung der Nomen

Zusammengesetzte Nomen:
die Weinflasche (der Wein + die Flasche)

Abgeleitete Nomen:
das Trinken (von: trinken)
die Verkostung (von: verkost[en] + -ung)

▶ Formen

Man kann Nomen aus verschiedenen Wortarten zusammensetzen oder ableiten.

Komposita (zusammengesetzte Nomen)

Nomen	+	Nomen	der Wein	+	das Glas	→ das Weinglas	➤ Seite 100
Verbstamm	+	Nomen	wasch(en)	+	die Maschine	→ die Waschmaschine	
Adjektiv	+	Nomen	kühl	+	der Schrank	→ der Kühlschrank	
Präposition	+	Nomen	neben	+	der Eingang	→ der Nebeneingang	

Abgeleitete Nomen

von Verben und Adjektiven:

vom Infinitiv des Verbs			trinken		→ das Trinken
vom Verbstamm			besuch(en)		→ der Besuch
vom Adjektiv			fern		→ die Ferne

mit Präfix (Vorsilbe):

ge-	+	Verb	*ge-*	+	fühl(en)	→ das Gefühl
miss-	+	Nomen	*miss-*	+	Erfolg	→ der Misserfolg

mit Suffix (Nachsilbe):

Verbstamm	+	*-(a)tion*	organis(ieren)	+	*-ation*	→ die Organisation
Verbstamm	+	*-ung*	beschreib(en)	+	*-ung*	→ die Beschreibung
Verbstamm	+	*-t*	fahr(en)	+	*-t*	→ die Fahrt
Verbstamm	+	*-e*	lieb(en)	+	*-e*	→ die Liebe
Verbstamm	+	*-nis*	erleb(en)	+	*-nis*	→ das Erlebnis
Verbstamm	+	*-er/-erin*	prüf(en)	+	*-er/-erin*	→ der Prüfer/die Prüferin
Verbstamm	+	*-ling*	lieb(en)	+	*-ling*	→ der Liebling
Verbstamm/			wachs(en)	+	*-tum*	→ das Wachstum
Adjektiv	+	*-tum*	reich	+	*-tum*	→ der Reichtum
Verb/Nomen	+	*-schaft*	leiden	+	*-schaft*	→ die Leidenschaft
			Freund	+	*-schaft*	→ die Freundschaft
Adjektiv/Nomen	+	*-heit*	wahr	+	*-heit*	→ die Wahrheit
			Kind	+	*-heit*	→ die Kindheit
	+	*-(ig)keit*	freundlich	+	*-keit*	→ die Freundlichkeit
			arbeitslos	+	*-igkeit*	→ die Arbeitslosigkeit

Übungen

1 Komposita. Was kann man miteinander kombinieren? Bilden Sie zusammengesetzte Nomen.

reisen • frei • lesen • groß • klein • bauen • baden • hinter

der Stein • die Wanne • die Tasche • die Brille • der Eingang • das Gedruckte • der Sitz • das Unternehmen • die Stadt • die Zeit • der Mantel • die Mutter

die Reisetasche, ...

2 Abgeleitete Nomen
Bilden Sie aus den vorgegebenen Wörtern Nomen.

a) **Verben (manchmal verändert sich der Stammvokal)**

~~prüfen~~ • ~~schießen~~ • ~~lieben~~ • verhandeln • ~~fahren~~ • sitzen • beweisen • bewegen • ankommen • anmelden • helfen • tun • fliehen • mitteilen • besitzen • einsprechen • beschreiben • lügen • waschen • sehen • anlegen • besprechen • bauen • werben • berichten • fließen • reisen • küssen

Nomen auf *-ung*	Nomen auf *-e*	Nomen auf *-t*	Nomen ohne Endung
die Prüfung, ...	*die Liebe,*	*die Fahrt,*	*der Schuss,* ....
....	....	....	....

b) **Adjektive**

~~wahr~~ • einheitlich • arbeitslos • haltbar • einfach • tätig • einsam • klar • sorglos • fähig • sicher • klug • abhängig

feminine Nomen auf *-heit*	feminine Nomen auf *-(ig)keit*
die Wahrheit, ...	....
....	....

3 Forderungen und Versprechungen in der Politik
Bilden Sie Nomen.

• Alle sollen gleiche Chancen haben.	Es muss *Chancengleichheit* für alle geben.
1. Niemand darf diskriminiert werden.	Wir dulden keine .... mehr!
2. Alle sollen sich bilden können.	.... muss für alle möglich sein.
3. Das Gesundheitssystem soll besser finanziert werden.	Eine bessere .... des Gesundheitssystems ist überfällig.
4. Es soll weniger konsumiert werden.	Der .... sollte nicht mehr im Mittelpunkt stehen.
5. Immaterielle Werte sollen gestärkt werden.	Wir brauchen eine .... der immateriellen Werte.
6. Familie und Beruf müssen besser vereinbar sein.	Die Firmen müssen eine bessere .... von Familie und Beruf gewährleisten.
7. Die Wirtschaft soll ökologisch vertretbar wachsen.	Das .... der Wirtschaft muss ökologisch vertretbar sein.
8. Es muss etwas getan werden, um die Umwelt zu schützen.	Maßnahmen zum .... sind dringend erforderlich.

4 Freizeitaktivitäten
Bilden Sie aus den vorgegebenen Wörtern Nomen und ergänzen Sie diese in der richtigen Form.

Studienergebnisse zu Aktivitäten in der Freizeit

Ihre Freizeit verbringen die Bundesbürger/-innen am liebsten zu Hause. Ganz oben auf der Beliebtheitsskala stehen neben dem *Fernsehen* *(fernsehen)* auch die .... *(Computer + nutzen)*, das .... *(Musik + hören)* sowie das .... *(lesen)* und .... *(schreiben)* von E-Mails. Die beliebteste Aktivität außer Haus ist einer Umfrage zufolge ein längerer .... *(spazieren gehen)*, der aber erst auf Platz 17 von 100 genannten .... *(Freizeit + beschäftigen Pl.)* steht. Weil es den erstplatzierten Tätigkeiten an .... *(bewegen)* mangelt, bezeichnen Soziologen diese nicht mehr als Aktivitäten, sondern als „Freizeitpassivitäten". Allerdings konnte in der .... *(befragen)* auch ein Gegentrend zur fortschreitenden Technisierung festgestellt werden: Die Natur hat an .... *(bedeuten)* gewonnen. Sie ist stärker in das .... *(bewusst sein)* der Menschen gerückt und wird wegen des .... *(Klima + wandeln)* anders wahrgenommen als früher.

2.5 Bestimmter, unbestimmter und negativer Artikel, Nullartikel

Das ist eine Katze.
↓
unbestimmter Artikel

Die Katze gehört meiner Nachbarin.
↓
bestimmter Artikel

Das ist keine Katze.
↓
negativer Artikel

Artikelwörter sind Begleiter des Nomens. Sie stehen vor dem Nomen. Man kann die grammatischen Formen des Nomens (Genus, Numerus, Kasus) an der Form des Artikels ablesen.

▶ Formen

	Singular						Plural	
Kasus	**maskulin**		**neutral**		**feminin**			
Nominativ	der ein kein		das ein kein		die eine keine		die – keine	Bilder
Akkusativ	den einen keinen	Baum	das ein kein	Museum	die eine keine	Katze	die – keine	
Dativ	dem einem keinem		dem einem keinem		der einer keiner		den – keinen	Bildern
Genitiv	des eines keines	Baum(e)s	des eines keines	Museums	der einer keiner		der – keiner	Bilder

- → Der **bestimmte Artikel** zeigt an, dass
  - das Nomen schon bekannt ist bzw. genannt wurde: Die Katze gehört meiner Nachbarin.
  - etwas allgemein bekannt ist: die Erde, der Mond.
- → Wie bestimmte Artikel werden auch *diese-, jede- (Sg.), jene-, welch-, alle- (Pl.)* dekliniert:
  Dieses Bild gefällt mir. Jenes Bild finde ich sehr dunkel. Welches Bild gefällt dir am besten?
  Jedes Bild ist mit einem Alarm gesichert. Alle Bilder sind Leihgaben. ➤ Seite 118: *Demonstrativ- und Frageartikel*
- → **Der unbestimmte Artikel** zeigt etwas Neues, Unbekanntes an: Im Keller war **eine** Katze.
- → **Der negative Artikel** signalisiert Verneinung: Es war **keine** Katze, es war eine Maus.
- → Im Nominativ maskulin und neutral sowie im Akkusativ neutral haben der unbestimmte und der negative Artikel keine Endung: ein Baum/Museum, kein Baum/Museum.
- → Der **unbestimmte Artikel** hat **keine Pluralform**. Vor dem Nomen im Plural steht kein Artikel:
  Auf dem Sofa saß eine Katze. Auf dem Sofa saßen Katzen.

Bestimmter, unbestimmter und negativer Artikel

Die Katze gehört ␣ Frau Krüger. Sie ist ␣ Tierärztin.
↓ kein Artikel ↓ kein Artikel

Vor einigen Nomen steht **kein Artikel** (= „Nullartikel"), zum Beispiel bei

- abstrakten Nomen: Was ist ␣ Glück? Hast du jetzt ␣ Zeit?
- Materialbenennungen: Der Ring ist aus ␣ Gold.
- Mengenangaben und unbestimmten Mengen: Zwei Tassen ␣ Kaffee, bitte. Wir brauchen noch ␣ Zwiebeln.
- Städten, Kontinenten und den meisten Ländern: Wir fahren nach ␣ Berlin, ␣ Australien, ␣ Schweden.
- Nationalitäten und Berufen: Ich bin ␣ Italiener. Er ist ␣ Arzt.
- vielen festen Verbindungen im Akkusativ, Nomen-Verb-Verbindungen und Redewendungen: Ich fahre ␣ Auto. Ich habe immer ␣ Pech. Das Gesetz tritt in ␣ Kraft. Kommt ␣ Zeit, kommt ␣ Rat.
- Namen und Anreden: Heute singt ␣ Gustav. Guten Tag, ␣ Frau Müller.
- Zeitangaben (Tagesangaben ohne Präposition): Heute ist ␣ Dienstag. ␣ Mittwoch kommt Max. *(regional)*

Übungen

1 Aus Kundengesprächen
Ergänzen Sie den unbestimmten Artikel.

- Ich möchte Ihnen *ein* Produkt vorstellen.
1. Darf ich Sie auf .... Kaffee einladen?
2. Darf ich Ihnen .... Brötchen anbieten?
3. Ich möchte Ihnen .... Frage stellen.
4. Hätten Sie .... Minute Zeit für mich?
5. Soll ich Ihnen .... Tee holen?
6. Darf ich Ihnen .... Vorschlag machen?
7. Soll ich Ihnen .... Taxi rufen?

2 Gespräche im Büro

a) Ergänzen Sie den bestimmten oder unbestimmten Artikel. Achten Sie auf den Kasus.

1. □ Ich habe *eine* tolle Idee.
   △ Ist das .... Idee mit .... Neuaufteilung .... Arbeitsbereiche?
   .... Idee hast du doch schon allen erzählt.
2. □ Ich habe .... Termin mit Frau Dix.
   △ Frau Dix ist im Moment nicht im Büro. Können wir vielleicht gleich .... anderen Termin vereinbaren?
   □ Also, das ist jetzt schon .... zweite Mal, dass .... Termin verschoben werden muss.
3. □ Ich habe mich gestern bei .... anderen Firma beworben.
   △ Gab es denn irgendwo .... freie Stelle?
   □ Ja, bei der Firma UHU wurde .... Stelle der Verwaltungsleiterin ausgeschrieben.
   △ Und du meinst, das ist .... richtige Stelle für dich?
4. □ Ich habe Herrn Hagen gestern .... E-Mail geschrieben und er hat mir noch nicht geantwortet.
   △ Was stand denn in .... E-Mail?
   □ In .... E-Mail stand, dass ich nächste Woche frei haben möchte.
   △ Aber dazu musst du .... Formular ausfüllen.
   □ Ich habe .... Formular schon lange ausgefüllt und warte immer noch auf .... Genehmigung.
5. □ Heute um 11.00 Uhr ist mal wieder .... Besprechung. Weißt du, worum es in .... Besprechung geht?
   △ Ich nehme an, um das Gleiche wie in .... letzten Besprechung: .... Arbeitszeiten und .... Organisation .... Weihnachtsfeier. Du hast doch noch nie .... Weihnachtsfeier organisiert. Willst du in diesem Jahr nicht mal .... Weihnachtsfeier organisieren?
   □ Ich organisiere immer schon .... Kaffee für .... Besprechungen, das reicht.

b) Ergänzen Sie den unbestimmten oder negativen Artikel, wenn nötig. Kennzeichnen Sie den Nullartikel mit: –.

1. □ Möchtest du noch .... Kaffee?
   △ Nein danke, ich trinke jetzt .... Kaffee mehr, ich hätte lieber .... Orangensaft.
2. □ Hast du .... Lust, mit in die Kantine zu kommen?
   △ Nein, ich habe .... Lust und .... Zeit. Ich muss noch .... Bericht schreiben.
3. □ Du studierst doch nebenbei noch .... Jura? Willst du später einmal in der Firma als .... Anwalt arbeiten?
   △ Ich habe noch .... genauen Vorstellungen von meiner zukünftigen Arbeit. Vielleicht spezialisiere ich mich und werde .... Spezialist für Steuerfragen.
4. □ Leonie ist jetzt .... Abteilungsleiterin geworden. Sie arbeitet .... Tag und .... Nacht.
   △ Wie schön für sie! Aber jetzt muss sie bestimmt .... Überstunden machen und hat .... Zeit mehr für ihre vielen Hobbys.
5. □ Du hast ja den ganzen Sommer durchgearbeitet. Hast du denn .... Urlaub mehr?
   △ Doch, ich habe noch .... Urlaub, sogar ziemlich viel. Ich fliege .... nächsten Samstag für vier Wochen nach .... Australien.
6. □ Die Personalabteilung möchte, dass wir .... Weiterbildung zum Thema Teamentwicklung machen.
   △ Also, daran habe ich .... Interesse. Ich halte solche Veranstaltungen für .... Zeitverschwendung. Dann ist man für eine Weile .... gutes Team, aber nach kurzer Zeit nimmt niemand mehr .... Rücksicht auf die anderen.

3 Plagiate (35)

Ergänzen Sie in dem Text die bestimmten und unbestimmten Artikel, wenn nötig.
Achten Sie auf den Kasus der Nomen. Kennzeichnen Sie den Nullartikel mit: –. *(Hoher Schwierigkeitsgrad)*
Überprüfen Sie Ihre Lösungen mit dem Hörtext.

Warum sollte *eine* Firma eigentlich in .... (1) Entwicklung und .... (2) Umsetzung einer Idee .... (3) Zeit und .... (4) Geld investieren, wenn man diese einfach übernehmen kann? Das ist genau .... (5) Frage, die sich wohl so einige Produzenten gestellt und danach beschlossen haben, ... (6) kürzeren Weg zu gehen und .... (7) Ideen der anderen einfach zu kopieren. Obwohl .... (8) meisten Produkte durch .... (9) Patente oder .... (10) Gebrauchsmuster vor Kopien geschützt sind, gibt es immer wieder Fälle von dreisten Plagiaten.
In den vergangenen Jahren beklagte .... (11) Industrie sogar .... (12) Zunahme des betrügerischen Geschäftsmodells, das durch .... (13) Wachstum des Onlinehandels begünstigt wurde. Denn viele nachgemachte Produkte würden .... (14) Käufer gar nicht bestellen, wenn sie .... (15) Ware vor .... (16) Kauf in natura begutachten und anfassen könnten. Oft wird nicht nur bei .... (17) Ideenentwicklung, sondern auch bei .... (18) Kosten für .... (19) Material und .... (20) Verarbeitung gespart. Die Folgen sind .... (21) Qualitäts- und Sicherheitsmängel.
.... (22) Verein für Produkt- und Markenpiraterie hat sich .... (23) Ziel gesetzt, ... (24) Plagiate aufzudecken. Um .... (25) Geschäftsmethoden von Produkt- und Markenpiraten auch in .... (26) öffentliche Bewusstsein zu rücken, wird jährlich .... (27) Schmähpreis „Plagiarius" für .... (28) unverschämtesten Nachahmer verliehen.
.... (29) ersten Platz belegt in diesem Jahr .... (30) Kunststoff-Besteckset *Klikk*, das im Original von der Firma Koziol hergestellt und vertrieben wird. Das Besondere an .... (31) Produkt ist das Design: Man kann .... (32) Messer, ... (33) Gabel und .... (34) Löffel nämlich zusammenstecken. Das setzt aber voraus, dass .... (35) Materialmischung und .... (36) Genauigkeit der Ausführung gut aufeinander abgestimmt sind, denn .... (37) Besteck wird normalerweise beim Essen ziemlich belastet. .... (38) Kopie, die im Auftrag einer australischen Firma in China angefertigt wurde, erfüllt in keinem Punkt .... (39) Qualitätsanforderungen. Nach Angaben der Plagiarius-Jury verformt sich .... (40) Kunststoff nach kürzester Zeit. .... (41) Besteck wird dadurch unbrauchbar.

4 **Zwei E-Mails**
Ergänzen Sie den bestimmten oder unbestimmten Artikel, wenn nötig. Kennzeichnen Sie den Nullartikel mit: –.

a) **Terminabsage**

Liebe ...–... (0) Frau Grünwald,

wir hatten für .... (1) Montag, den 18. August .... (2) Termin vereinbart. Leider muss ich .... (3) Termin verschieben, denn ich befinde mich noch in .... (4) Paris. .... (5) Verhandlungen hier dauern länger, als ich erwartet habe. Ich hoffe, dass ich übermorgen wieder nach .... (6) Deutschland fliegen kann. Ich werde .... (7) Frau Schneider heute noch bitten, sich mit Ihnen in .... (8) Verbindung zu setzen und .... (9) neues Treffen auszumachen.
Ich hoffe, wir sehen uns bald.

Mit .... (10) freundlichen Grüßen
Frank Stein

b) **Geschäftseröffnung**

Liebe Ida,

ich habe mich lange nicht gemeldet, ich weiß. Aber ich habe .... (1) Überraschung für dich: Erinnerst du dich an .... (2) kleinen Laden in der Augustenstraße, den ich dir vor einem halben Jahr gezeigt habe? Den habe ich jetzt übernommen. Das war .... (3) Menge Arbeit! Und ich habe auch ziemlich viel Geld investiert. .... (4) Bank hat mir glücklicherweise .... (5) Kredit gewährt. In .... (6) Bereiche wie .... (7) Bestandskontrolle und .... (8) Abrechnung muss ich mich noch einarbeiten. Das kostet .... (9) Kraft! Verkaufsgespräche dagegen sind für mich reine Freude. Die machen richtig .... (10) Spaß. .... (11) Zielgruppe sind übrigens Frauen in unserem Alter. Es gibt viele Sachen aus .... (12) Baumwolle oder .... (13) Seide, Schmuck aus .... (14) Silber, Schals aus .... (15) Merinowolle, Taschen aus .... (16) Kaktusseide und vieles mehr. Ich habe auch schon einige Stammkundinnen. Komm doch mal vorbei (und bring .... (17) gefülltes Portemonnaie oder .... (18) funktionierende Kreditkarte mit)! Ich würde mich sehr freuen.

Hoffentlich bis bald!
Deine Julia

5 **Computergestützte Bewerbungsverfahren**
Bilden Sie aus den Vorgaben Sätze. Achten Sie auf den Kasus und die richtige Verwendung der Artikel.

- Digitalisierung – auch – (vor) Bewerbungen – nicht – Halt machen
  Die Digitalisierung macht auch vor Bewerbungen nicht Halt.

1. Unternehmen und Konzerne – vermehrt – Bewerbungs- und Auswahlverfahren – nutzen, bei denen – Computer und künstliche Intelligenz – wichtige Rolle – spielen
2. unabhängig davon, – wer oder was – Bewerbungsunterlagen – sichten, es – alle Kriterien – Bewerbung – berücksichtigt werden müssen
3. Kern – vollständige Bewerbung – (in) deutsches Unternehmen – Anschreiben, Lebenslauf und Arbeitszeugnisse – bilden
4. tabellarische Lebenslauf – (bei) computergestützte Bewerbungsverfahren – allerdings – zusätzliche Bedeutung – bekommen
5. er – angeben, ob – erforderliche Qualifikationen – vorhanden sein – und – formale Anforderungen – erfüllt werden
6. Bewerbungsprozesse – (für) Personaler – (mit) hoher Zeitaufwand – verbunden sein
7. (bei) Bearbeitung – Bewerbungsunterlagen – Kollege Computer – helfen können, – Zeit – zu sparen
8. er – aufwendige Vorarbeit – leisten – und – ungeeignete Kandidatinnen und Kandidaten – aussortieren
9. Bewerberinnen und Bewerber – also – zuerst – Maschine – überzeugen müssen
10. (mithilfe) spezielle Software – Angaben im Lebenslauf – überprüft – und – (mit) personenbezogenen Informationen – (in) sozialen Netzwerken – verglichen werden
11. Fehlen – einzige Angabe – Ausscheiden – (aus) Bewerbungsverfahren – zur Folge – haben können

2.6 Possessivartikel

Wem gehört was?

Die Tasche gehört nicht mir. Es ist nicht meine Tasche.
Gehört die Tasche dir? Ist das deine Tasche?

Der Stift gehört Frau Weber. Es ist ihr Stift.
Nein, der Stift gehört Eddi. Es ist sein Stift.
Oder gehört der Stift dem Kind? Ist es sein Stift?

Das Auto gehört nicht uns. Es ist nicht unser Auto.
Gehört das Auto euch? Ist das euer Auto dort?
Das Auto gehört vielleicht den Nachbarn. Es ist vielleicht ihr Auto.
Oder gehört das Auto Ihnen? Ist das Ihr Auto?

▶ Gebrauch

Possessivartikel bezeichnen einen Besitz oder eine Zugehörigkeit.

▶ Formen

Kasus	Singular						Plural	
	maskulin		**neutral**		**feminin**			
Nominativ	mein dein		mein unser		meine ihre		meine eure	Bilder
Akkusativ	meinen deinen	Stift	mein unser	Auto	meine ihre		meine eure	
Dativ	meinem deinem		meinem unserem		meiner ihrer	Tasche	meinen euren	Bildern
Genitiv	meines deines	Stift(e)s	meines unseres	Autos	meiner ihrer		meiner eurer	Bilder

→ Possessivartikel werden wie unbestimmte Artikel dekliniert. Im Nominativ maskulin und neutral sowie im Akkusativ neutral haben sie keine Endung: mein Stift, mein Auto, unser Auto.

→ Die 2. Person Plural hat zwei Formen: *euer* (ohne Endung) und *eur-* (vor einer Endung): euer Auto, mit eurem Auto.

Übungen

1 Verschiedene Dinge
Ergänzen Sie den Possessivartikel in der richtigen Form.

1. du: *Dein* Hemd, ... Hose, ... Uhr, ... Brille, ... Schuhe, ... Jacke, ... Mütze und .... Schal gefallen mir sehr gut.
2. ihr: Ich mag .... Küche, ... Terrasse, ... Bilder, ... Sofa, ... Bücherregal und .... Aussicht.
3. wir: Wir sind mit .... neuen Auto, ... neuen Haus, ... neuen Gärtner und .... neuen Fernseher sehr zufrieden.
4. er: Paul will .... alten Wagen, ... Computer, ... Lehrbücher, ... Münzsammlung und .... Fotoapparat verkaufen.

2 Kurze Dialoge
Schreiben Sie die Antwort wie im Beispiel.

- Womit fahren wir nach Frankreich? *(du – Auto)* — *Mit deinem Auto.*
1. Für wen hast du die Blumen gekauft? *(ich – Freundin)* ....
2. Wen ruft Martin gerade an? *(er – Steuerberater)* ....
3. Mit wem hat Laura vorhin gesprochen? *(sie – Tante)* ....
4. Bei wem habt ihr in Berlin übernachtet? *(wir – Freunde)* ....
5. Mit wem gehst du in den Biergarten? *(ich – Kollege)* ....
6. Über wen sprecht ihr? *(wir – Hausärztin)* ....
7. Von wem haben Sie die Informationen? *(Sie – Kollegin)* ....
8. Wer hat dir diese E-Mail weitergeleitet? *(ihr – Abteilungsleiter)* ....

3 Aus E-Mails
Ergänzen Sie die fehlenden Possessivartikel.
➤ Seite 229: *Groß- und Kleinschreibung in der schriftlichen Korrespondenz*

1. Lieber Herr Schönbaum, vielen Dank für *Ihre* *(Sie)* Anfrage. Anbei senden wir Ihnen .... *(wir)* Angebot. Das Angebot beinhaltet zwei Übernachtungen für zwei Personen inklusive Frühstück. Außerdem steht Ihnen .... *(wir)* Wellnessbereich kostenlos zur Verfügung. Sollten Sie einen Parkplatz in .... *(wir)* Tiefgarage benötigen, bitten wir um rechtzeitige Reservierung. Wir wünschen Ihnen viel Freude bei .... *(Sie)* Aufenthalt in .... *(wir)* Hotel. Ihr Linden-Hotel.
2. Liebe Katja, danke für .... *(du)* Mail. Es freut mich, dass .... *(du)* neuer Job so interessant ist! .... *(ich)* Arbeit ist eher ein bisschen langweilig, ich mache eigentlich jeden Tag das Gleiche: E-Mails an .... *(wir)* Kunden schreiben und viel telefonieren. Manchmal möchten .... *(ich)* Kollegen aus der Verkaufsabteilung, dass ich .... *(sie)* Aufgaben übernehme. Deshalb war ich gestern mit .... *(wir)* Kunden essen, das hat mir wirklich Spaß gemacht. Beim Gespräch habe ich allerdings bemerkt, dass ich .... *(ich)* Englisch noch verbessern muss. Du hast doch kürzlich einen Sprachkurs besucht, wie waren denn .... *(du)* Erfahrungen? Melde dich mal, dein Peter.
3. Liebe Marie, lieber Robert, ich habe mich über .... *(ihr)* Karte aus Bayern sehr gefreut. Hoffentlich war .... *(ihr)* Hotel so schön wie das Wetter, das ihr beschrieben habt. Durftet ihr eigentlich .... *(ihr)* Hund mitnehmen? In .... *(wir)* Hotel letzten Sommer an der Ostsee waren keine Hunde erlaubt, wir mussten .... *(wir)* Hund bei Tante Erna abgeben. Als nächstes Haustier kaufe ich mir eine Maus, damit hat man im Urlaub wenigstens keine Probleme. Eure Tanja.

4 Bewerbung
Ergänzen Sie die Possessivartikel im folgenden Bewerbungsschreiben.

Sehr geehrte Frau Liebknecht,

mit großem Interesse habe ich .... Anzeige vom 15. Mai gelesen und bewerbe mich hiermit als Informatiker für IT-Sicherheit und Automatisierungstechnik. .... Unternehmen ist mir schon lange ein Begriff. Ich würde mich daher freuen, Teil .... IT-Abteilung zu werden und .... Erfahrungen und Fähigkeiten in die Arbeit einbringen zu können.

Nach .... Abitur studierte ich an der Ruhr-Universität Bochum Informatik. In dieser Zeit entstand auch .... Vorliebe für KI-basierte Tools und IT-Sicherheit. Das Informatikstudium schloss ich vor zwei Jahren mit .... Masterarbeit über „Praxisnahe Maßnahmen zur Absicherung der IT-Systeme" ab. Bei .... ersten Stelle konnte ich bereits Erfahrungen im Bereich Risikoanalyse und Security-Systeme sammeln. Zu .... Aufgabenbereich gehörte unter anderem das Aufspüren von Schwachstellen und Bedrohungen und die Entwicklung neuer Sicherheitskonzepte.

Sollte .... Bewerbung .... Interesse finden, würde ich mich über eine Einladung zu einem Vorstellungsgespräch freuen.

Mit freundlichen Grüßen
Konrad Meyer

2.7 Demonstrativ- und Frageartikel

□ *Papa, ich brauche einen neuen Rucksack.*

△ *Was für einen Rucksack brauchst du denn? Einen Rucksack für die Freizeit oder für die Schule?*

□ *Ich brauche unbedingt einen neuen Sportrucksack. Mein Rucksack ist zu klein für die Sportsachen und die Fußballschuhe.*

△ *Wenn du meinst. Welcher Rucksack gefällt dir am besten?*

□ *Dieser Rucksack dort, der blaue.*

Was für einen/Welcher/Welchen Rucksack ...? → Frageartikel
ein/einen Rucksack → unbestimmter Artikel
dieser/diesen, derselbe/denselben Rucksack → Demonstrativartikel

▶ Gebrauch

→ Der Frageartikel *was für ein-* steht bei der Frage nach der Entscheidung zwischen allgemeinen Möglichkeiten. Die Antwort darauf erfolgt mit einem unbestimmten Artikel:
Was für einen Rucksack brauchst du denn? Einen Sportrucksack. ➤ Seite 112: *Deklination des unbestimmten Artikels*

→ Der Frageartikel *welch-* steht bei der Frage nach der Entscheidung zwischen konkreten Möglichkeiten. Die Antwort darauf erfolgt mit einem Demonstrativartikel oder einem bestimmten Artikel:
Dieser/Der Rucksack dort. ➤ Seite 112: *Deklination des bestimmten Artikels*

→ Der Demonstrativartikel *diese-* bezeichnet eine bestimmte, schon bekannte Person oder Sache.

→ Der Demonstrativartikel *derselbe-/dasselbe-/dieselbe-* bezeichnet eine Person oder Sache, die mit einer bereits genannten oder bekannten Person oder Sache identisch ist.

▶ Formen: Demonstrativartikel *diese-*

➤ Seite 112: *Deklination des bestimmten Artikels*

	Singular						Plural	
Kasus	**maskulin**		**neutral**		**feminin**			
Nominativ	dieser		dieses		diese		diese	Bilder
Akkusativ	diesen	Rucksack	dieses	Auto	diese	Tasche	diese	
Dativ	diesem		diesem		dieser		diesen	Bildern
Genitiv	dieses	Rucksacks	dieses	Autos	dieser		dieser	Bilder

▶ Formen: Demonstrativartikel *derselbe-, dasselbe-, dieselbe-*

	Singular						Plural	
Kasus	**maskulin**		**neutral**		**feminin**			
Nominativ	derselbe		dasselbe		dieselbe		dieselben	Bilder
Akkusativ	denselben	Rucksack	dasselbe	Auto	dieselbe	Tasche	dieselben	
Dativ	demselben		demselben		derselben		denselben	Bildern
Genitiv	desselben	Rucksacks	desselben	Autos	derselben		derselben	Bilder

Die Demonstrativartikel *derselbe-, dasselbe-, dieselbe-* werden im ersten Wortteil wie bestimmte Artikel dekliniert *(der, das, die)*. Die Endung von *-selbe-* entspricht der Deklination der Adjektive (➤ Seite 131).

Übungen

1 *Welch-* oder *was für ein-*?

a) Ergänzen Sie die Frageartikel in der richtigen Form.

●	*Welches* Hemd möchtest du?	Das blaue.
1.	.... Kuchen hast du bestellt?	Den Käsekuchen.
2.	Mit .... Gesellschaft fliegen wir nach Amsterdam?	Mit KLM.
3.	.... Torte hat Oma gebacken?	Eine Schokoladentorte.
4.	.... Produkt stellt diese Firma her?	Irgendwas für die Wärmedämmung in Häusern.
5.	.... Stück läuft im Theater?	Eine englische Komödie.
6.	An .... Fortbildung nimmst du teil?	An der Excel-Schulung.
7.	.... Auto hast du gekauft?	Einen kleinen Smart.
8.	.... Vorschlag hat die Direktion angenommen?	Den Vorschlag von Ulrike.

b) Ergänzen Sie die passenden Frageartikel. Überprüfen Sie Ihre Lösungen mit dem Hörtext. (36)

Ein Partygespräch

□ *Wo* wart ihr eigentlich im letzten Sommer?

△ Wir waren wieder an der Ostsee, wie jeden Sommer.

□ Urlaub an der Ostsee – das wäre vielleicht auch was für uns. .... Gegend oder .... Ort könnt ihr denn empfehlen?

△ Es gibt an der Ostsee eigentlich viele interessante Orte. Wir fahren immer nach Ahrenshoop.

□ .... Ort ist denn Ahrenshoop? Ist es dort sehr touristisch?

△ Nein, Ahrenshoop ist bekannt als Künstlerdorf. Es ist sehr romantisch dort, aber eher im Winter. Im Sommer ist es ziemlich voll, wie überall an der Ostsee.

□ Und in .... Hotel übernachtet ihr da?

△ Früher haben wir im Hotel Meeresblick gewohnt, das letzte Mal haben wir aber ein Zimmer im Hotel Sonnenschein gebucht.

□ Ach so, und .... Hotel ist eurer Meinung nach besser?

△ Hm, das hängt davon ab, ... Service man erwartet. Im Hotel Meeresblick gibt es nur Frühstück und keinen Wellnessclub. Das Hotel Sonnenschein hat drei Restaurants und einen Beauty-Spa-Bereich. Ich habe mir eine herrliche Massage gegönnt. Kann ich nur empfehlen!

□ Und .... Massage war das? Eine Entspannungsmassage?

△ Nein, eine Hot-Stone-Massage. Es war toll! Ich hatte hinterher keine Rückenschmerzen mehr.

□ Und wie viel kostet das Hotel Sonnenschein?

△ Im Sommer etwa 250 Euro pro Zimmer pro Nacht. In der Nebensaison ist es natürlich preiswerter.

□ In .... Monaten ist denn Nebensaison, weißt du das?

△ Von November bis März. Aber dann ist es normalerweise kalt und windig. Soll ich dir mal ein paar Bilder vom Hotel schicken?

□ Oh ja, gerne! Gute Idee.

△ Okay und an .... Mailadresse?

□ Die t-online-Adresse. Danke dir!

2 Ergänzen Sie die passenden Demonstrativartikel.

Ich bin ● über *diese* Nachricht sehr erfreut.

1. mit .... Entscheidung nicht zufrieden.
2. gespannt auf .... Vortrag.
3. mit .... Vorschlag einverstanden.
4. für .... Arbeit ungeeignet.
5. dir dankbar für .... Tipps.
6. an .... Projekt beteiligt.
7. stolz auf .... Leistung.
8. genervt von .... Diskussion.

3 Ergänzen Sie *derselbe-, dasselbe-, dieselbe-* in der richtigen Form.

● Trägst du *dasselbe* T-Shirt wie gestern?

1. Ich mache immer .... Fehler *(Pl.)*!
2. Frau Bär trägt seit drei Jahren .... Mantel. Der steht ihr gut und sieht zeitlos und elegant aus.
3. .... Lehrer, der mir früher das Rechnen beigebracht hat, unterrichtet jetzt auch meinen Sohn.
4. Und er hat immer noch .... selbst gestrickten Pullover an.
5. Ich kenne das Programm schon. In meinem alten Job habe ich mit genau .... Programm gearbeitet.

3 Pronomen

3.1 Personalpronomen

Georg schreibt seine Masterarbeit.
Er muss sie bald abgeben.
↓ ↓
Personalpronomen Personalpronomen

▶ Gebrauch

→ Pronomen sind Stellvertreter der Nomen.

→ Man kann alle Nomen durch Personalpronomen ersetzen.

▶ Formen

	Singular					Plural			formell
	1.	2.	3.			1.	2.	3.	
Nominativ	ich	du	er	sie	es	wir	ihr	sie	Sie
Akkusativ	mich	dich	ihn	sie	es	uns	euch	sie	Sie
Dativ	mir	dir	ihm	ihr	ihm	uns	euch	ihnen	Ihnen

→ In der **3. Person Singular** richtet sich das Personalpronomen nach dem Genus des Nomens:
der Baum = er • die Masterarbeit = sie • das Mädchen = es
Die Personalpronomen *er, sie, es* und *sie (Pl.)* beziehen sich auf ein vorher genanntes Nomen:
Georg schreibt seine Masterarbeit. **Er** muss **sie** bald abgeben.

→ Die Personalpronomen *ich, du, wir, ihr, Sie* beziehen sich immer auf Personen.
Bei der **Anrede von Personen** gebraucht man
- die informelle Anrede *(du, ihr)* bei Kindern, Verwandten, Freunden und guten Bekannten
- die formelle Anrede *(Sie)* bei allen anderen Personen.

Im Arbeitsleben, vor allem im Büro, verwendet man normalerweise die formelle Anrede.
Die informelle Anrede ist eher in kreativen Berufen oder Start-ups zu finden und in Firmen, bei denen die informelle Anrede zur Firmenkultur gehört.

→ In **E-Mails oder Briefen** schreibt man die formelle Anrede *(Sie, Ihnen, Ihre E-Mail usw.)* groß.
Die informelle Anrede *(du/Du, dir/Dir, deine/Deine E-Mail usw.)* kann man klein oder groß schreiben.
Die Kleinschreibung ist die bevorzugte Schreibweise.

▶ Satzbau

I.	II.	III.	Satzende
Die Dozentin	erklärt	**Georg die Zusammenhänge.**	
Die Dozentin	erklärt	**ihm die Zusammenhänge.**	
Die Dozentin	hat	**sie ihm schon gestern**	erklärt.

- Bei Ergänzungen mit einem Pronomen und einem Nomen steht das Pronomen vor dem Nomen.
Wenn beide Ergänzungen Pronomen sind, steht der Akkusativ vor dem Dativ.

Übungen

1 Ergänzen Sie die Personalpronomen in den beiden Telefongesprächen.

a) Der Kaufvertrag
Manchmal gibt es mehrere Möglichkeiten. Hören Sie eine Beispiellösung. (37)

ich • mir • wir • uns • Sie • Ihnen

□ Kunert & Co., guten Tag. Was kann ich für *Sie* tun?

△ Otto Fröhlich. Könnte .... bitte Herrn Kunert sprechen?

□ Einen Moment bitte, ... verbinde ....

○ Kunert.

△ Otto Fröhlich. .... hatte .... vor längerer Zeit einen Vertrag mit der Bitte um Prüfung zugesandt und .... habe bis heute noch nichts von .... gehört.

○ Um was für einen Vertrag handelt es sich? Könnten .... bitte das Aktenzeichen nennen?

△ Es geht um einen Kaufvertrag für ein Firmengelände und .... hatten zugesagt, den Kaufvertrag noch einmal unter juristischen Gesichtspunkten zu prüfen. Das Aktenzeichen lautet: 35426.

○ Oh ja, ... sehe hier, dass sich die Bearbeitung verzögert hat.

△ .... verstehe ehrlich gesagt nicht, warum .... die Verzögerung nicht rechtzeitig mitgeteilt haben.

○ Das tut .... sehr leid, da ist .... ein Fehler unterlaufen. .... werden den Vertrag sofort bearbeiten. Bis Montag erhalten .... von .... Bescheid.

b) Der Termin
Überprüfen Sie Ihre Lösungen mit dem Hörtext. (38)

Sie • Ihnen • ich • mich • mir • sie • ihr

□ Interfocus, guten Tag, was kann ich für .... tun?

△ Marie Feldhaus hier. .... habe um 13.00 Uhr einen Termin mit Frau König, aber im Moment stehe .... im Stau. .... werde .... voraussichtlich um eine Stunde verspäten. Könnten .... das bitte durchgeben?

□ .... kommen also erst um 14.00 Uhr hier an?

△ Ja, vermutlich. Könnten .... bitte mal nachsehen, ob Frau König um 14.00 Uhr Zeit hat?

□ Das tut .... leid. .... sehe gerade im Terminkalender, dass Frau König .... um 14.00 Uhr nicht empfangen kann, ... erwartet andere Gäste. .... könnten dann erst um 16.00 Uhr wieder mit .... sprechen. Wäre das in Ordnung?

△ Kein Problem. Dann verlegen .... bitte meinen Termin auf 16.00 Uhr.

□ Alles klar. Dann geben .... doch bitte zur Sicherheit Ihre Handynummer. Falls sich etwas ändert, kann .... zurückrufen.

△ Gute Idee! Meine Nummer ist 0178 37 35 36 37.

□ .... kann .... im Moment sehr schlecht verstehen. Könnten .... die Nummer bitte noch einmal wiederholen?

△ Natürlich: 0178 37 35 36 37.

□ .... danke .... Bis später dann.

2 Aus geschäftlichen E-Mails. Ergänzen Sie die fehlenden Personalpronomen.

1. Danke für Ihr Interesse an unserem Produkt. Leider konnte ich *Sie* gestern telefonisch nicht erreichen, vielleicht könnten .... morgen zurückrufen. .... würde .... gerne Ihre Fragen zum Produkt persönlich beantworten. .... erreichen .... unter der Telefonnummer 0176 35 72 97.
2. Nachdem .... mehrfach vergeblich versucht habe, mit .... telefonisch Kontakt aufzunehmen, formuliere .... meine Beschwerde nun schriftlich. .... haben von .... nun schon zum zweiten Mal fehlerhafte Ware erhalten und diese vor einer Woche an .... zurückgesendet. Leider kam von .... bisher keine Reaktion. .... hoffe, ... können meine Enttäuschung verstehen. Bitte schicken .... die fehlerfreien Teile umgehend zu, damit .... in unsere Produkte einbauen können.
3. Bitte entschuldigen .... die Mängel an der gelieferten Ware. .... haben die neuen Teile bereits verpackt, ... gehen heute an .... raus. Als kleine Wiedergutmachung gewähren .... zehn Prozent Rabatt auf den Netto-Kaufpreis.

3.2 Possessivpronomen

Gehört die Tasche dir? — *Ja, es ist meine.*
↓ Possessivpronomen

Gehört der Stift Eddi? — *Ja, es ist seiner.*
↓ Possessivpronomen

Gehört das Auto den Nachbarn? — *Ja, es ist ihr(e)s.*
↓ Possessivpronomen

▶ Gebrauch

Possessivpronomen sind Stellvertreter des Nomens, das heißt, sie stehen ohne Nomen.
Sie bezeichnen wie Possessivartikel einen Besitz oder eine Zugehörigkeit.

▶ Formen

➤ Seite 116: *Possessivartikel*

	Singular			Plural
Kasus	**maskulin**	**neutral**	**feminin**	
Nominativ	meiner	mein(e)s	meine	meine
Akkusativ	meinen	mein(e)s	meine	meine
Dativ	meinem	meinem	meiner	meinen
Genitiv	meines	meines	meiner	meiner

Die Deklination des Possessivpronomens unterscheidet sich im Nominativ maskulin und neutral und im Akkusativ neutral von der Deklination des Possessivartikels: mein Stift – meiner • mein Auto – mein(e)s.

Übungen

1 Antworten Sie mit einem Possessivpronomen.

- Sind das deine Stifte? Ja, das sind *meine*.
1. Ist das das Fahrrad von Julius? Ja, das ist ....
2. Ist das euer Seminarraum? Ja, das ist ....
3. Ist das mein Kaffee? Ja, das ist ....
4. Ist das der Projektantrag von Klaus? Ja, das ist ....
5. Ist der Kopierer nur für die Lehrer? Ja, das ist ....
6. Ist das dein Laptop? Ja, das ist ....
7. Ist das Petras Projektbericht? Ja, das ist ....
8. Ist das die Bewerbung von Eva Mai? Ja, das ist ....

2 Ergänzen Sie *mein-* in der richtigen Form.

- Könntest du mir dein Handy leihen? Mit *meinem* kann ich im Moment nicht telefonieren.
1. Funktioniert dein Computer gut? Mit .... gibt es in letzter Zeit nur Probleme.
2. Darf ich mal fragen, wie viel dein neues Fahrrad gekostet hat? Für .... habe ich ein Vermögen bezahlt.
3. Hast du nette Nachbarn? Über .... rege ich mich immer auf.
4. Ist deine Präsentation schon fertig? An .... muss ich noch arbeiten.
5. Hat schon irgendjemand etwas zu deiner Präsentation gesagt? Zu .... hat sich noch niemand geäußert.
6. Hatte Claudia an deinem Arbeitsplan auch etwas auszusetzen? Ich musste .... zweimal ändern.
7. Ingrid war über dein Geschenk bestimmt sehr froh. Über .... hat sie sich jedenfalls sehr gefreut.
8. Ah, hier liegt noch ein Croissant. Ist das ....?

3.3 Indefinitpronomen

■ Einer, keiner …

□ *Christian, ich brauche noch ein Ei.*
△ *Tut mir leid, im Kühlschrank ist keins mehr.*
→ Indefinitpronomen

□ *Christian, ich brauche noch einen großen Topf. Schaust du mal in den Schrank?*
△ *Ja. Hier steht noch einer.*
→ Indefinitpronomen

□ *Christian, sind im Gemüsefach noch Kartoffeln?*
△ *Ja. Hier sind noch welche.*
→ Indefinitpronomen

▶ Gebrauch

→ Indefinitpronomen sind Stellvertreter des Nomens. Sie stehen ohne Nomen.
→ Das Indefinitpronomen *kein-* signalisiert Verneinung. *Ein-* bezeichnet eine unbestimmte Sache oder Person bzw. eine Anzahl.

▶ Formen

➤ Seite 112: *Unbestimmter und negativer Artikel*

	Singular						Plural	
Kasus	maskulin		neutral		feminin			
Nominativ	einer	keiner	ein(e)s	kein(e)s	eine	keine	welche	keine
Akkusativ	einen	keinen	ein(e)s	kein(e)s	eine	keine	welche	keine
Dativ	einem	keinem	einem	keinem	einer	keiner	welchen	keinen
Genitiv	eines	keines	eines	keines	einer	keiner	welcher	keiner

→ Die Deklination des Indefinitpronomens unterscheidet sich im Nominativ maskulin und neutral und im Akkusativ neutral von der Deklination des unbestimmten und negativen Artikels: ein Topf – einer • ein Ei – kein(e)s
→ Das Indefinitpronomen im Plural ist *welch-*.
→ Man kann die Indefinitpronomen *ein-* und *welch-* mit *irgend* verbinden, wenn man die Unbestimmtheit/Ungewissheit besonders betonen möchte: Warum fehlt Lena heute? Keine Ahnung. Irgendeinen Grund/Irgendwelche Gründe wird sie schon haben.

Übungen

1 Ergänzen Sie *(irgend)ein-*, *kein-* oder *welch-* in der richtigen Form.

- Diese Pralinen schmecken lecker. Wenn ich nicht gerade eine Diät machen würde, würde ich mir jetzt *welche* kaufen.

1. Hast du mal einen Stift für mich? In meiner Tasche war mal ……………………, aber der ist irgendwie weg.
2. Die belegten Brötchen schmecken gut. Gibt es in der Mensa noch ……………………?
3. Was für einen Joghurt isst du am liebsten? Oder soll ich einfach …………………… mitbringen?
4. Ich habe dir zwei SMS geschickt. Anscheinend ist nur …………………… angekommen.
5. Kannst du mir etwas Geld für den Kaffeeautomaten leihen oder hast du auch …………………… dabei?
6. Die meisten von uns haben schon einen Praktikumsplatz. Ich habe noch …………………….
   Aber ich will auch nicht ……………………, sondern am liebsten ……………………, wo man viel lernen kann.

Indefinitpronomen

2 **Kurze Dialoge**
Ergänzen Sie *ein-*, *kein-* oder *welch-* in der richtigen Form.

- Guck mal, diese Blumen habe ich von George zum Geburtstag bekommen. – Schön für dich. Als ich Geburtstag hatte, hat er mir *keine* geschenkt.

1. Entschuldigung, gibt es hier irgendwo einen Kaffeeautomaten? – Ja, am Ende des Flurs steht ....
2. Hast du mal eine Kopfschmerztablette für mich? – Tut mir leid, ich habe .... mehr.
3. Wie viele E-Mails musst du noch beantworten? – .... mehr, ich bin fertig!
4. Haben wir noch ein paar Kugelschreiber mit Firmenlogo? – Ja, in meinem Büro liegen noch ....
5. Weißt du zufällig, wie viele Stühle noch im Verhandlungsraum fehlen? – Ich glaube, es fehlt nur ....
6. Du hast ja so viel zu tun. Musstest du viele Termine verschieben? – Nein, gar ....

Man, jemand, niemand, alle, etwas, nichts, alles

□ Guten Tag, Frau Fischer. Was machen Sie denn hier?
△ Ich suche jemanden.
□ Wen suchen Sie denn?
△ Otto, Otto Klein.
□ Tut mir leid, die Kolleginnen und Kollegen sind alle in der Kantine. Hier ist zurzeit niemand. Kommen Sie doch in einer Stunde wieder.
△ Dann gehe ich in die Kantine, vielleicht finde ich Otto dort.

□ Hallo Otto, ich habe dich gesucht. Weißt du schon etwas über das neue Projekt?
△ Nein, ich habe noch nichts gehört. Aber frag doch mal Frau Köhler. Die weiß immer alles.

▶ Gebrauch

Die Indefinitpronomen *man, jemand, niemand, alle, etwas, nichts, alles* stehen für unbestimmte, unbekannte oder nicht näher bestimmte Personen oder Sachen.

▶ Formen: Personen

Kasus	man	jemand	niemand	alle
Nominativ	man	jemand	niemand	alle
Akkusativ	einen	jemand(en)	niemand(en)	alle
Dativ	einem	jemand(em)	niemand(em)	allen

→ *Man* bezeichnet eine unbestimmte Allgemeinheit. Das Wort *man* gibt es nur im Nominativ. Im Akkusativ und Dativ heißt es *einen* bzw. *einem*.
→ Bei *jemand* und *niemand* sind die Endungen im Akkusativ und Dativ nicht obligatorisch. Zur Betonung von Unbestimmtheit/Ungewissheit kann man *jemand* mit *irgend* kombinieren: Irgendjemand muss in meinem Büro gewesen sein.
→ Das Pronomen *alle* wird wie ein bestimmter Artikel dekliniert.

▶ Formen: Sachen

Kasus	etwas	nichts	alles
Nominativ	etwas	nichts	alles
Akkusativ	etwas	nichts	alles
Dativ	etwas	nichts	allem

→ *Etwas* und *nichts* werden nicht dekliniert. *Etwas* kann mit *irgend* kombiniert werden: Irgendetwas stimmt hier nicht.
→ *Alles* wird wie ein bestimmter Artikel dekliniert.

Übungen

3 Zeugenbefragung – Herr Kleinschmidt ist spurlos verschwunden
Die Polizei sucht Zeugen und befragt alle Hausbewohner. Ergänzen Sie in dem Dialog die Indefinitpronomen in der richtigen Form. Manchmal gibt es mehrere Möglichkeiten. Hören Sie eine Beispiellösung. (39)

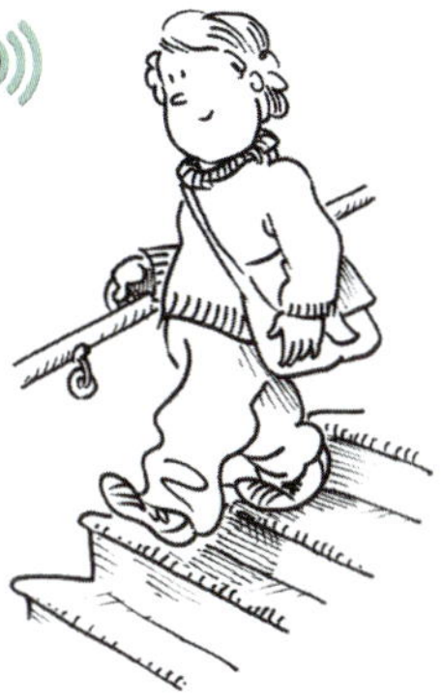

alles • nichts • jemand • niemand • (irgend)etwas

□ Haben Sie *irgendetwas* gesehen oder gehört?
△ Ja, ich habe .... gehört: .... hat um 17.00 Uhr bei meinem Nachbarn geklingelt.
□ Haben Sie die Person gesehen?
△ Nein, ich habe .... gesehen. Ich war ja in meiner Wohnung.
□ Haben Sie außer dem Klingeln noch .... gehört?
△ Ja, ich habe noch laute Stimmen gehört. Ich glaube, mein Nachbar hat sich mit .... gestritten.
□ Mit einem Mann oder einer Frau?
△ Es war eine dunkle Stimme, wahrscheinlich ein Mann.
□ Hatte Ihr Nachbar öfter Besuch?
△ Das weiß ich nicht. Ich bin im Treppenhaus ab und zu mal .... begegnet, der aus Herrn Kleinschmidts Wohnung kam. Es war ein Mann, aber beschreiben kann ich ihn nicht.
□ Aber Sie können uns doch bestimmt .... über sein Aussehen sagen, ob er groß oder klein war, alt oder jung, blond oder dunkelhaarig.
△ Also, er war mittelgroß, mittleren Alters und mittelblond.
□ Hm, ist das ...., was Sie sagen können?
△ Ja, das ist ....
□ Gibt es sonst noch ...., was Ihnen in letzter Zeit aufgefallen ist?
△ Nein, ... Es war .... so wie immer.
□ Dann vielen Dank, Frau Krüger. Falls Ihnen noch .... einfällt, dann melden Sie sich bitte bei uns.

4 Ratschläge. Ergänzen Sie *man, einem, einen.*

- Wenn *einem* das Portemonnaie gestohlen wird, muss *man* zur Polizei gehen.
1. Wenn .... ein Kollege oder eine Kollegin nervt, sollte .... ganz ruhig bleiben.
2. Wenn .... die Arbeit zu viel ist, sollte .... sie besser organisieren.
3. Wenn .... schlecht geschlafen hat, fühlt .... sich am nächsten Morgen wie gerädert.
4. Wenn .... nicht mehr weiter weiß, sollte .... sich Rat holen.
5. Wenn .... langweilig ist, sollte .... sich ein kreatives Hobby suchen.
6. Wenn .... alles zu viel wird, sollte .... Urlaub machen.

5 Kurze Gespräche. Ergänzen Sie die Indefinitpronomen in der richtigen Form.

man • ein • nichts • alle • niemand • etwas • (irgend)jemand • alles

1. □ Weißt du schon *etwas* über das neue Projekt?
   △ Keine Ahnung. Ich weiß absolut ....
2. □ Wer kommt eigentlich heute zur Abteilungssitzung?
   △ Es hat .... abgesagt, das heißt, es kommen ....
3. □ Kannst du mir sagen, wie der Kopierer funktioniert?
   △ Ganz einfach: .... legt das Papier hier drauf und drückt dann diesen Knopf. Es kann .... natürlich passieren, dass der Kopierer kein Papier mehr hat. Deshalb sollte .... immer erst mal nachschauen, ob in der Papierlade .... drin ist.
4. □ Ich weiß, dass .... gerne Protokoll schreibt, aber .... muss es machen. Herr Pohl, würden Sie heute Protokoll schreiben?
   △ Also, ich habe schon letzte und vorletzte Woche Protokoll geschrieben. Vielleicht können Sie dieses Mal .... fragen, der noch nie eine Sitzung protokolliert hat, Frau Kümmel zum Beispiel.
5. □ Frau Funke, Sie übernehmen ab nächste Woche das Projekt „Qualitätssicherung". Gibt es im Moment noch ...., das Sie am Konzept ändern möchten? Oder vielleicht brauchen Sie noch .... in Ihrem Team?
   △ Nein, ich bin mit .... einverstanden und brauche .... mehr. Wir .... freuen uns schon auf die neue Aufgabe.

3.4 Fragepronomen

Herr Roth fotografiert den Sonnenuntergang.
Wer hat diesen wunderbaren Sonnenuntergang fotografiert?
↓
Fragepronomen (für Personen)

Was hat Herr Roth fotografiert?
↓
Fragepronomen (für Sachen)

Hm, der Kuchen sieht gut aus! — *Was für einen möchten Sie denn?*
↓
Fragepronomen (➤ Seite 123: *Deklination der Indefinitpronomen*)

Ich nehme ein Stück Schokoladenkuchen. — *Welchen meinen Sie? Den mit oder den ohne Streusel?*
↓
Fragepronomen (➤ Seite 112: *Deklination des bestimmten Artikels*)

▶ Gebrauch

- → Fragepronomen stehen ohne Nomen. Sie werden dekliniert.
- → Die Fragepronomen *wer/wen/wem* beziehen sich auf Personen, *was* bezieht sich auf eine Sache. *Wessen* kann nach einer Person oder Sache fragen.
- → Das Fragepronomen *was für ein-* steht bei der Frage nach der Entscheidung zwischen allgemeinen Möglichkeiten. *Welche* steht bei der Frage nach der Entscheidung zwischen konkreten Möglichkeiten.

▶ Formen

Kasus	Wer?	Was?
Nominativ	wer	was
Akkusativ	wen	was
Dativ	wem	was
Genitiv	wessen	wessen

Übungen

1 Konkrete Fragen. Fragen Sie nach den unterstrichenen Nomen.

- *Wer leitet die Abteilung?* — Die Abteilung leitet Frau Kunkel.
1. ……………………………………………………? Das ist Frau Kunkels Jahresplanung.
2. ……………………………………………………? Sie hat gestern mit dem Vorstand gesprochen.
3. ……………………………………………………? Die Finanzierung stand auch auf der Tagesordnung.
4. ……………………………………………………? Frau Kunkels Ideen haben den Vorstand überzeugt.
5. ……………………………………………………? Sie hat viel Geld für das neue Projekt bekommen.
6. ……………………………………………………? Sie erwartet von allen Beteiligten hohe Einsatzbereitschaft.
7. ……………………………………………………? Alle Kolleginnen und Kollegen sind hoch motiviert.

2 Hera Klugs Schmuck wurde aus ihrem Hotelzimmer gestohlen. Ergänzen Sie die passenden Fragepronomen.

- *Wer* kannte die Zimmernummer von Frau Klug?
1. …………… hatte Zugang zu den Zimmerschlüsseln?
2. Mit …………… ist die Schauspielerin gestern Abend ausgegangen?
3. …………… hat der Hotelmanager so lange in Frau Klugs Zimmer gemacht?
4. …………… kannte den Code zu ihrem Zimmersafe?
5. Frau Klug hat viele teure Schmuckstücke. …………… davon waren im Safe, …………… hat sie getragen?
6. Im Hotelzimmer wurde ein Füller mit den Initialen J. M. gefunden. …………… Füller könnte das sein?
7. …………… hat Frau Klug um Mitternacht angerufen?

3.5 Demonstrativpronomen

Ein Gespräch im Museum

□ Welches Bild gefällt dir am besten?
△ Dieses da.
□ Und wie findest du das da?
△ Das da? Das finde ich auch gut.
□ Weißt du eigentlich, dass letzte Woche ein berühmtes Gemälde aus dem Museum gestohlen wurde?
△ Nein, von wem denn?
□ Na, von professionellen Kunstdieben! Die Experten sagen, es waren dieselben, die schon andere Kunstdiebstähle begangen haben.

△ Ach! Und wie kommen die darauf?
□ Das Alarmsystem war ausgeschaltet, wie bei den anderen Einbrüchen. Jetzt suchen sie unter den Angestellten denjenigen, der mit den Tätern zusammengearbeitet hat.
△ Oder diejenige, die mit den Tätern zusammengearbeitet hat. Es könnte ja auch eine Frau gewesen sein.
□ Auch möglich. Aber das Wichtigste ist doch, dass sie die Person bald finden – und die Diebe und das Bild auch.

▶ Gebrauch

→ Demonstrativpronomen stehen ohne Nomen und sind (im Gegensatz zu den Artikeln) betont.
→ Die Demonstrativpronomen *der/das/die* und *diese-* bezeichnen eine bestimmte, schon bekannte Person oder Sache.
→ *Derselbe-/dasselbe-/dieselbe-* bezeichnet eine Person oder Sache, die mit einer bereits genannten oder bekannten Person oder Sache identisch ist.
→ *Derjenige-/dasjenige-/diejenige-* verweist auf eine Person oder Sache, die im nachfolgenden Relativsatz näher beschrieben wird.
➤ Seite 225: *Relativsätze*

▶ Formen: Das Demonstrativpronomen *diese-*

➤ Seite 112: *Bestimmter Artikel*

	Singular			
Kasus	**maskulin**	**neutral**	**feminin**	**Plural**
Nominativ	dieser	dieses	diese	diese
Akkusativ	diesen	dieses	diese	diese
Dativ	diesem	diesem	dieser	diesen
Genitiv	dieses	dieses	dieser	dieser

▶ Formen: Die Demonstrativpronomen *derselbe-, dasselbe-, dieselbe-* und *derjenige-, dasjenige-, diejenige-*

	Singular			
Kasus	**maskulin**	**neutral**	**feminin**	**Plural**
Nominativ	derselbe derjenige	dasselbe dasjenige	dieselbe diejenige	dieselben diejenigen
Akkusativ	denselben denjenigen	dasselbe dasjenige	dieselbe diejenige	dieselben diejenigen
Dativ	demselben demjenigen	demselben demjenigen	derselben derjenigen	denselben denjenigen
Genitiv	desselben desjenigen	desselben desjenigen	derselben derjenigen	derselben derjenigen

Demonstrativpronomen

Die Demonstrativpronomen *derselbe-, dasselbe-, dieselbe-* und *derjenige-, dasjenige-, diejenige-* werden im ersten Wortteil wie bestimmte Artikel dekliniert *(der, das, die)*. Die Endungen von *-selbe-* und *-jenige-* entsprechen der Deklination der Adjektive. ➤ Seite 131: *Deklination nach bestimmtem Artikel*

Formen: Die Demonstrativpronomen *der, das, die*

Kasus	Singular			Plural
	maskulin	neutral	feminin	
Nominativ	der	das	die	die
Akkusativ	den	das	die	die
Dativ	dem	dem	der	denen
Genitiv	dessen	dessen	deren	deren

Die Formen von *der, das, die* als Demonstrativpronomen entsprechen den Formen der Relativpronomen.
➤ Seite 225: *Relativsätze*

Übungen

1 Klatsch und Tratsch
Ergänzen Sie *der, das, die* in der richtigen Form.
Lesen Sie anschließend den Dialog laut und betonen Sie die Demonstrativpronomen.

□ Hast du schon den neuen Kollegen gesehen?
△ Ja, *der* sieht aber noch jung aus!
□ So jung ist .... aber nicht mehr.
△ Nein? Wie alt ist .... denn?
□ Ich glaube, so um die 40.
△ Wo war .... denn vorher?
□ Bei der Konkurrenz. Ob man .... trauen kann, weiß ich nicht. Vielleicht spioniert .... für seine Ex-Firma.
△ Kann sein. Sag mal, was hältst du eigentlich von der neuen Abteilungsleiterin, Frau Krüger?
□ Also, dass ausgerechnet .... den Posten gekriegt hat, das ist schon merkwürdig. Aber ich möchte mit .... ja nicht tauschen! .... muss den ganzen Tag in Besprechungen sitzen, sich mit der Führungsebene rumärgern und auch am Wochenende arbeiten.
△ Da hast du recht. .... hat vermutlich nicht mal Zeit, eine Pause zu machen und in Ruhe Kaffee zu trinken.

2 Ergänzen Sie *derselbe-, dieselbe-* in der richtigen Form.

- Kennst du den Mann dort? Ist das nicht *derselbe*, der im Supermarkt an der Kasse sitzt?

1. Hast du die Frau schon mal gesehen? Ist das nicht ...., die gestern mit dem Bürgermeister im Restaurant „Krone“ war?
2. Die Rede habe ich schon mal gehört. Das ist ...., die der Politiker schon auf dem Parteitag gehalten hat.
3. Den Projektvorschlag kenne ich. .... hast du doch schon im letzten Jahr eingereicht!
4. Über deine Entschuldigung lacht inzwischen das ganze Kollegium. Du solltest vielleicht nicht immer .... verwenden, wenn du eine Stunde zu spät ins Büro kommst.
5. Siehst du den Hut von Vera Wichtig? Hat sie .... nicht schon zum letzten Pferderennen getragen?

3 Ergänzen Sie *derjenige-, diejenige-* in der richtigen Form.

- *Diejenigen*, die noch Probleme mit dem Wortschatz haben, sollten viel lesen.

1. Die Abgeordnete sprach lange mit ...., die im Erdbebengebiet geholfen haben.
2. ...., der die Alarmanlage im Museum ausgeschaltet hat, wurde gestern verhaftet.
3. Die Polizei hat auch .... befragt, die nicht mehr im Museum arbeiten.
4. Gestern gab es ein Arbeitstreffen mit ...., die an einer Projektmitarbeit interessiert sind.
5. Die Projektleitung versucht ...., die fachlich geeignet sind, in das Projekt einzubinden.

3.6 Das Wort *es*

Es ist heiß.

Martin hat es eilig.

Es freut mich, Sie wiederzusehen.

Wo ist mein Geld? Ich habe es nicht.

Es waren viele Leute auf der Party.

▶ Gebrauch

- → *Es* kann bei bestimmten Verben oder Wendungen als festes Subjekt stehen: Es ist heiß. Es regnet.
- → *Es* kann bei bestimmten Wendungen als festes Objekt stehen: Martin hat es eilig.
- → *Es* kann als „Platzhalter" für nachfolgende Infinitivsätze, *dass*-Sätze oder indirekte Fragesätze stehen: Es freut mich, Sie wiederzusehen.
- → *Es* kann als Pronomen verwendet werden: Wo ist mein Geld? Ich habe es nicht.
- → *Es* kann auf Position 1 stehen, um das Subjekt des Satzes zu betonen: Viele Leute waren auf der Party. → Es waren viele Leute auf der Party.

▶ Formen: *Es* als festes Subjekt oder Objekt

Wetter-Verben	Es regnet. Heute regnet es. Es hat heute geregnet. Es schneit, blitzt, donnert …	*es* als Subjekt
Wetter-Adjektive	Es ist heiß, warm, kalt …	
Uhrzeit/Zeit	Wie spät ist es? Es ist 10.00 Uhr. Es ist schon spät.	
Sinneseindrücke	Schmeckt es dir? Es duftet. Es stinkt. Es klingelt. Es raschelt.	
feste Wendungen	Es handelt sich um … Es geht um … Es kommt darauf an, … Es hängt davon ab, … Es gibt … Es wird ernst./…	
feste Wendungen	Er hat es eilig. Sie hat es nicht leicht. Er nimmt es mit Humor. Ich meine es ernst.	*es* als Objekt

▶ Formen: *Es* als Platzhalter für nachfolgende Sätze

***dass*-Sätze**	Es freut mich sehr, dass du kommen konntest.
indirekte Fragesätze	Es ist nicht sicher, ob wir finanzielle Unterstützung bekommen.
Infinitivsätze	Es tut mir leid, dich zu enttäuschen. Für uns ist es wichtig, auch andere Aspekte zu beachten.

Wenn der Nebensatz oder Infinitivsatz vorangestellt ist, entfällt *es*:
Es freut mich sehr, dass du kommen konntest. → Dass du kommen konntest, freut mich sehr.

Das Wort *es*

Übungen

1 Was für ein Tag! Beschreiben Sie das heutige Wetter.

heiß sein • sonnig sein • windig sein • stürmisch sein • … Grad sein • stürmen • donnern • blitzen • regnen • die Sonne scheint • Wolken ziehen auf • ein Sturm kommt auf

vormittags

nachmittags

abends

2 Bilden Sie Sätze mit *es*.

- • wie – gehen – Ihnen? — *Wie geht es Ihnen?*
1. was für ein Computerproblem – sich handeln um? ……………
2. neue Sicherheitsregeln – gehen um ……………
3. geben – eine Lösung – für das Problem? ……………
4. abhängen von – vielen Faktoren ……………
5. auch – ankommen auf – gutes Fachwissen ……………

3 Bilden Sie Sätze mit oder ohne *es*.

- • ich – mögen • dir bei der Arbeit zuzusehen — *Ich mag es, dir bei der Arbeit zuzusehen.*
1. ich – mögen • meine Arbeit nicht besonders ……………
2. ich – hassen • Berichte zu schreiben ……………
3. ich – lieben • nur die praktische Seite an der Arbeit ……………
4. ich – schön finden • dass du mich unterstützt ……………
5. schade sein • dass du das nicht immer machst ……………
6. für mich – ein Rätsel sein • wie du das immer schaffst ……………

4 Ein geschäftliches Gespräch (40)
Im folgenden Dialog fehlt das Wort *es* elfmal (ohne das Beispiel). Finden Sie, wo? Überprüfen Sie Ihre Lösungen mit dem Hörtext.

□ Guten Tag, Herr Kaiser. Freut mich, Sie zu sehen. Wie geht Ihnen?
△ Danke, mir geht gut. *(Es)*
□ Wie war die Fahrt?
△ Oh, die Fahrt war schrecklich. Gab ziemlich viel Stau auf der Autobahn und wir haben heute für die Strecke über zwei Stunden benötigt.
□ Das ist wirklich viel. Kommt nicht so oft vor, dass die Straßen hier in der Gegend für eine ganze Stunde gesperrt sind.
△ Ich glaube, gab einen Unfall.
□ Ah, das war sicher der Grund dafür. Ist schon spät und der nächste Termin steht gleich auf meinem Plan. Lassen Sie uns anfangen. Was genau können wir für Sie tun?
△ Geht um ein neues Projekt, das ich Ihnen gerne vorstellen möchte.
□ Handelt sich um die Entwicklung eines neuen Softwareprogramms für die Verwaltung?
△ Ja genau, darum geht. Vielleicht kann ich Ihnen kurz erläutern.
□ Gerne. Nur kurz ein paar Bemerkungen vorab. Für uns ist sehr wichtig, dass die Verwaltung mit einem Programm arbeitet, das für die Kolleginnen und Kollegen zeitsparend, selbsterklärend und benutzerfreundlich ist und das gleichzeitig den gestiegenen Anforderungen in diesem Bereich gerecht wird …

4 Adjektive

4.1 Deklination

Der Baum ist *alt*.
↓
undekliniertes Adjektiv

Peter fährt sehr *schnell*.
↓
undekliniertes Adjektiv

In unserem Garten steht ein 200 Jahre *alter* Baum.
↓
dekliniertes Adjektiv

Die *schöne* Tasche kann ich mir leider nicht leisten.
↓
dekliniertes Adjektiv

Ich kaufe *frisches* Obst immer auf dem Markt.
↓
dekliniertes Adjektiv

▶ Gebrauch

→ Adjektive beschreiben eine Sache, einen Zustand oder eine Tätigkeit näher.

→ Adjektive können **prädikativ bzw. adverbial** gebraucht werden.

- prädikativ: Der Baum ist **alt**. Ich finde den Baum **beeindruckend**. Das Adjektiv steht mit einem Verb (oft *sein, werden, bleiben*) und bezieht sich auf das Subjekt oder Akkusativobjekt.
- adverbial: Peter fährt sehr **schnell**. Das Adjektiv bezieht sich auf das Verb.
  Das Haus verursacht **übermäßig** hohe Kosten. Das Adjektiv *übermäßig* bezieht sich auf ein anderes Adjektiv.

→ Prädikativ bzw. adverbial verwendete Adjektive haben keine Endung.

→ Adjektive können auch **attributiv** gebraucht werden: Die **schöne** Tasche kann ich mir leider nicht leisten. Attributive Adjektive stehen vor einem Nomen und werden dekliniert.

■ Deklination nach bestimmtem Artikel

Die *schöne* Tasche kann ich mir leider nicht leisten.

▶ Formen

	Singular									Plural		
Kasus	**maskulin**			**neutral**			**feminin**					
Nominativ	der	alt**e**	Baum	das	schnell**e**	Auto	die	schön**e**	Tasche	die	neu**en**	Bilder
Akkusativ	den	alt**en**	Baum	das	schnell**e**	Auto	die	schön**e**	Tasche	die	neu**en**	Bilder
Dativ	dem	alt**en**	Baum	dem	schnell**en**	Auto	der	schön**en**	Tasche	den	neu**en**	Bilder**n**
Genitiv	des	alt**en**	Baum**(e)s**	des	schnell**en**	Auto**s**	der	schön**en**	Tasche	der	neu**en**	Bilder

- Auch nach: *diese-, jene-, jede- (Sg.), welch-, alle- (Pl.), beide- (Pl.)*

4.1 Adjektive
Deklination

▶ Kurzübersicht Adjektivendungen

Kasus	Singular: maskulin	Singular: neutral	Singular: feminin	Plural
Nominativ	-e	-e	-e	-en
Akkusativ	-en	-e	-e	-en
Dativ	-en	-en	-en	-en
Genitiv	-en	-en	-en	-en

→ Adjektive auf *-er* und *-el* verlieren im attributiven Gebrauch das *e* vor dem *r/l*:
teuer – der teure Laptop, dunkel – das dunkle Zimmer

→ Einige wenige Adjektive werden nicht dekliniert:
- einige umgangssprachliche Ausdrücke: das super Konzept, die prima Idee
- die Farben *lila* und *rosa*: die lila Handtasche, das rosa Kleid
- Ableitungen von Städtenamen und einigen Regionen auf *-er*:
der Hamburger Hafen, Nürnberger Lebkuchen, Schweizer Käse, Thüringer Bratwurst

→ Wenn mehrere Adjektive ein Nomen beschreiben, haben alle Adjektive die gleiche Endung:
Ich mag unseren Garten mit den wunderschönen, großen, alten Bäumen.

■ Deklination nach unbestimmtem Artikel

In unserem Garten steht ein 200 Jahre alter Baum.

▶ Formen

Kasus	Singular: maskulin		Singular: neutral		Singular: feminin		Plural	
Nominativ	ein alter	Baum	ein schnelles	Auto	eine schöne	Tasche	keine neuen	Bilder
Akkusativ	einen alten	Baum	ein schnelles	Auto	eine schöne	Tasche	keine neuen	Bilder
Dativ	einem alten	Baum	einem schnellen	Auto	einer schönen	Tasche	keinen neuen	Bildern
Genitiv	eines alten	Baum(e)s	eines schnellen	Autos	einer schönen	Tasche	keiner neuen	Bilder

- Auch nach: *kein, mein, dein, sein, ihr, Ihr, unser, euer*

▶ Kurzübersicht Adjektivendungen

Kasus	Singular: maskulin	Singular: neutral	Singular: feminin	Plural
Nominativ	-er	-es	-e	-en
Akkusativ	-en	-es	-e	-en
Dativ	-en	-en	-en	-en
Genitiv	-en	-en	-en	-en

Zur Kennzeichnung des Genus und Kasus enden die Adjektive vor maskulinen und neutralen Nomen im Nominativ auf *-er* bzw. *-es*. Im Akkusativ enden Adjektive vor neutralen Nomen auf *-es*.

Deklination ohne Artikel

Ich kaufe frisches Obst immer auf dem Markt.

▶ Formen

Kasus	Singular						Plural	
	maskulin		neutral		feminin			
Nominativ	guter	Wein	frisches	Obst	warme	Milch	süße	Äpfel
Akkusativ	guten	Wein	frisches	Obst	warme	Milch	süße	Äpfel
Dativ	gutem	Wein	frischem	Obst	warmer	Milch	süßen	Äpfeln
Genitiv	guten	Wein(e)s	frischen	Obst(e)s	warmer	Milch	süßer	Äpfel

‣ Auch nach: *andere, einige, etliche, folgende, mehrere, verschiedene, viele, wenige* (betrifft nur die Pluralformen)

▶ Kurzübersicht Adjektivendungen

Kasus	Singular maskulin	Singular neutral	Singular feminin	Plural
Nominativ	-er	-es	-e	-e
Akkusativ	-en	-es	-e	-e
Dativ	-em	-em	-er	-en
Genitiv	-en	-en	-er	-er

→ Adjektive ohne Artikel übernehmen die Endungen der Artikel als Kasus-Signal.
Ausnahme: Adjektive im Genitiv Singular vor maskulinen und neutralen Nomen enden auf *-en*.
Das Kasus-Signal steht am Nomen: ein Glas guten Wein**(e)s**.

→ Die unbestimmten Zahlwörter *andere, einige, etliche, folgende, mehrere, verschiedene, viele, wenige* werden wie Adjektive dekliniert. Sie haben die gleiche Endung wie eventuell nachfolgende Adjektive:
Der Sturm beschädigte viel**e** alt**e** Bäume und die Dächer etlich**er** alt**er** Häuser.

→ *Manche* und *sämtliche (Pl.)* können wie bestimmte Artikel (Regelfall) oder wie Adjektive (Ausnahme) verwendet werden. Die Endungen der nachfolgenden Adjektive richten sich nach der Art des Gebrauchs:
Der Sturm beschädigte sämtliche alt**en** Bäume. → Deklination nach bestimmtem Artikel
Der Sturm beschädigte sämtliche alt**e** Bäume. → Deklination ohne Artikel

Übungen

1 Alles neu!
Ergänzen Sie *neu* in der richtigen Form im Akkusativ. Achten Sie auf den Artikel vor dem Adjektiv.

Wie findest du …

- ● den *neuen* Werbeslogan
1. das .... Marketingkonzept
2. diesen .... Vorschlag
3. diese .... Farben
4. die .... Arbeitszeiten
5. mein .... Büro
6. deinen .... Job
7. unser .... Firmenlogo
8. die .... Cafeteria
9. die .... Sicherheitsregeln?

2 Der Traumurlaub

Ergänzen Sie die Adjektivendungen. Überprüfen Sie Ihre Lösungen mit dem Hörtext. (41)

Emma und Paul sitzen in ihrem gemütlich*en* Wohnzimmer und reden über den bevorstehend....... Sommerurlaub. Sie wollen in einem schön....... Hotel mit einem gut....... Restaurant, freundlich....... Angestellten und einem groß......., sauber....... Swimmingpool wohnen. Sie wünschen sich ein hell....... Zimmer mit einem sonnig....... Balkon. Natürlich sollte das Hotel über ein gut funktionierend....... WLAN und vielfältig....... Sportmöglichkeiten verfügen und in einer ruhig....... Gegend liegen. Paul möchte im Urlaub gerne an einem weiß....... Sandstrand sitzen, ein spannend....... Buch lesen und ab und zu auf das blau....... Meer schauen. Dagegen liebt Emma historisch....... Innenstädte, gemütlich............. Cafés, klein....... Galerien und Museen mit modern........ Kunst. Romantisch........ Stunden bei wundervoll....... Sonnenuntergängen finden beide sehr schön.

3 Unsere Firma

Ergänzen Sie die passenden Adjektive in der richtigen Form.

kundenspezifisch • weltweit • ~~mittelständisch~~ • zahlreich • modern • zukünftig • sauber • hervorragend • hoch

Unsere Firma ist ein *mittelständisches* Unternehmen und bis heute in Familienbesitz. Unsere Firmenphilosophie wurde an der Marktforderung nach einer .... Qualität, der Realisierung .... Wünsche und einer .... Distribution ausgerichtet. Voraussetzung hierfür sind .... Vertretungen im Ausland und ein .... Distributionssystem.

Das Thema „Umweltschutz" hat bei uns einen .... Stellenwert. Unser Anliegen ist es, ... Generationen eine .... Welt zu hinterlassen.

4 Teamarbeit

Ergänzen Sie die Adjektivendungen.

1. Teamarbeit bedeutet die eng*e* Zusammenarbeit von mindestens zwei Personen, die gemeinsam....... Ziele haben und sich in regelmäßig....... Meetings austauschen.
2. Bei der Arbeit in größer....... Gruppen sollte das Team aus Personen mit verschieden....... Kompetenzen und Fähigkeiten zusammengesetzt werden.
3. Wirklich....... Teamarbeit zeichnet sich durch ein stark....... Zugehörigkeitsgefühl zur Gruppe aus.
4. Auch eine reibungslos....... Kommunikation gehört zu den Voraussetzungen einer erfolgreich....... Arbeit.
5. Normalerweise verfolgt jeder seine persönlich....... beruflich....... Ziele. In einem funktionierend....... Team stehen aber die kollektiv....... Ziele im Vordergrund.
6. Ein weiter....... wichtig....... Aspekt ist gegenseitig....... Unterstützung und kollegial....... Hilfe.
7. Das Team sollte in einem produktiv....... und kreativ....... Arbeitsumfeld agieren, um die gewünscht....... Ergebnisse erreichen zu können.
8. Auch das Verhalten der Führungskraft spielt eine groß....... Rolle. Dazu gehört ein respektvoll....... und vertrauenswürdig....... Umgang mit den Teammitgliedern.
9. Probleme bei der Teamarbeit können durch ein negativ....... Arbeitsumfeld entstehen.
10. Auch Teammitglieder, die kein groß....... Engagement zeigen oder keinen eigen....... Input liefern, können das Arbeitsergebnis beeinträchtigen.

5 Wahrnehmungen und Reaktionen

Ergänzen Sie die Adjektivendungen in den folgenden Zeitungsartikeln.

a) **Beeinflusst ein weich*er* Sessel unsere Entscheidungen?**

Die körperlich....... Wahrnehmung wirkt sich in hoh....... Maße auf unsere Entscheidungen aus. Zu diesem erstaunlich....... Ergebnis kommen amerikanisch....... Psychologen in der Fachzeitschrift „Science".
Ein Forschungsteam hat in verschieden....... Experimenten das Verhalten zufällig ausgewählt....... Probanden untersucht. Die Teilnehmenden trugen schwer....... oder leicht....... Aktenordner, fassten hart....... oder weich....... Gegenstände an und saßen auf hart....... Stühlen oder in weich....... Sesseln. Anschließend mussten sie die Eignung von Job-Bewerbern beurteilen, die Schärfe eines Konflikts bewerten, den Preis für ein gebraucht....... Auto aushandeln und ähnlich....... Aufgaben lösen.
Wer einen schwer....... Aktenordner in seinen Händen hielt, war strenger zu den Bewerbern. Wer einen rau....... Gegenstand angefasst hatte, bewertete den Konflikt als feindseliger. Und wer auf einem hart....... Stuhl saß, war nicht so kompromissbereit wie die Kollegin oder der Kollege im weich....... Sessel.

b) **Wie Tiere Katastrophen erspüren** ***(Hoher Schwierigkeitsgrad)*** 42
Überprüfen Sie Ihre Lösungen mit dem Hörtext.

Wenn irgendwo auf der Welt verheerend...... Naturkatastrophen ganze Gegenden zerstören, tauchen in den sozial...... Medien immer wieder Berichte über seltsam...... Verhaltensweisen von Tieren auf. Die Rede ist dann oft von fliehend...... Elefanten, jaulend...... Hunden oder nervös flatternd...... Vögeln. Auf die Frage, warum die Tiere ihr Verhalten ändern, gibt es noch keine eindeutig...... Erklärungen. Es existieren aber durchaus Hinweise darauf, dass manche Arten ein fein...... Gespür für das herannahend...... Unheil haben, zum Beispiel bei Erdbeben.
Eine überliefert....... Geschichte über merkwürdig....... Tierverhalten ist bereits zweieinhalbtausend Jahre alt: Im Winter des Jahres 373 v. Chr. spielten sich am Golf von Korinth offenbar gespenstisch....... Szenen ab. Mäuse, Marder, Schlangen, Tausendfüßer und Käfer verließen geschlossen die Stadt. Fünf Tage später zerstörte ein gewaltig....... Erdbeben sämtlich....... Gebäude und eine riesig....... Flutwelle setzte das Gebiet unter Wasser. Ähnliches wird von Zeugen jünger....... Naturkatastrophen berichtet. Vor dem verheerend....... Tsunami in Südostasien 2004 sollen sowohl in Sri Lanka als auch in Thailand Elefanten landeinwärts in höher....... Gebiete geflohen sein. Einen wissenschaftlich...... Beleg für ein Frühwarnsystem einiger Tiere fanden Forschende in Italien, während sie wissenschaftlich...... Untersuchungen an Erdkröten vornahmen. Plötzlich und unerwartet verließen die Tiere Anfang April ihre heimisch...... Gewässer – wenige Tage, bevor ein Erdbeben die nah gelegen...... Stadt L'Aquila dem Erdboden gleichmachte.
Die Frage, was hinter solchen Phänomenen steckt, kann die Wissenschaft noch nicht beantworten. Relativ klar scheint die Sache bei tierisch....... Reaktionen zu sein, die nur ein paar Sekunden vor einem Beben zu beobachten sind. Dafür werden die sogenannt....... Primärwellen verantwortlich gemacht, die einige Tiere mit ihrer hoh....... Sensibilität für Erdbewegungen spüren.
Das erklärt allerdings keine der vielen Geschichten, in denen Tiere schon Stunden oder sogar Tage vor einer schrecklich...... Katastrophe die Flucht ergriffen haben. Was bei diesen Tieren das lebensrettend...... Frühwarnsystem ausgelöst haben könnte, ist noch völlig unklar, zum Ärger vieler Fachleute. Denn ein funktionierend...... Alarmsystem könnte bei Erdbeben viele Leben retten. Darüber sind sich wohl alle einig.

6 Eine Umfrage

Bilden Sie aus den vorgegebenen Wörtern Sätze im Präteritum.

- letzt-, Woche – eine Umfrage des Betriebsrates – mit etlich-, neu, Vorschlägen – stattfinden
  Letzte Woche fand eine Umfrage des Betriebsrates mit etlichen neuen Vorschlägen statt.

1. auf die Umfrage – zahlreich, interessant, Reaktionen – es – geben
2. eine Reihe der Kolleginnen und Kollegen – bei einig-, neu, Ideen – auf frühere Erfahrungen – verweisen
3. bei viel, jünger, Beschäftigten – die Vorschläge – auf Zustimmung – stoßen
4. mehrer-, interessiert, Kolleginnen und Kollegen – gestern – an einer Betriebsversammlung – teilnehmen
5. auf der Betriebsversammlung – über – verschieden, neu, Arbeitszeitmodelle – diskutiert werden
6. alle, anwesend, Mitarbeiterinnen und Mitarbeiter – mit einer Vier-Tage-Woche – einverstanden sein

4.2 Komparation

Steigerungsstufen:

Gestern war Sportfest und es gab viele Wettkämpfe:

Anne schwamm schnell.	*Sie belegte den 3. Platz.*
Marie schwamm schneller.	*Sie belegte den 2. Platz.*
Martina schwamm am schnellsten.	*Sie belegte den 1. Platz.*

→ Das Adjektiv bezieht sich auf das Verb.

Georg ist ein schneller Läufer.	*Er gewann die Bronzemedaille.*
Klaus ist der schnellere Läufer.	*Er gewann die Silbermedaille.*
Martin ist der schnellste Läufer.	*Er gewann die Goldmedaille.*

Martin ist einer der schnellsten Läufer in der Region.

→ Das Adjektiv steht vor einem Nomen. Es wird dekliniert.

Vergleiche:

Martina schwamm am schnellsten. Sie schwamm schneller als Marie.
↓ Adjektiv im Komparativ

Franzi und Gabi kamen zeitgleich ins Ziel. Franzi schwamm genauso schnell wie Gabi.
↓ Adjektiv im Positiv

Proportionalität (Doppelter Komparativ):

Je härter man trainiert, desto/umso schneller schwimmt man.

▶ Gebrauch

→ Die meisten Adjektive können gesteigert werden. Es gibt drei Steigerungsstufen:
Positiv: Georg ist ein schneller Läufer. Er läuft schnell.
Komparativ: Klaus ist der schnellere Läufer. Er läuft schneller.
Superlativ: Martin ist der schnellste Läufer. Er läuft am schnellsten.

→ Der Superlativ kann auch relativiert werden: Martin ist einer der schnellsten Läufer in der Region.

▶ Formen

	Positiv	Komparativ	Superlativ
1. **Normalform**	billig	billiger	am billigsten/der billigste
2. **a → ä** warm – lang – arm – alt – kalt – hart – scharf	warm kalt	wärmer kälter	am wärmsten/der wärmste am kältesten/der kälteste
o → ö groß	groß	größer	am größten/der größte
u → ü kurz – jung – dumm – klug	jung	jünger	am jüngsten/der jüngste
3. **Adjektive auf:** *-er* *-el*	teuer dunkel	teurer dunkler	am teuersten/der teuerste am dunkelsten/der dunkelste
4. **Adjektive auf:** *-sch/-s/-ß/-z* *-d/-t*	frisch intelligent	frischer intelligenter	am frisch(e)sten/der frisch(e)ste am intelligentesten/der intelligenteste
5. **Sonderformen**	gut viel gern hoch nah	**besser** **mehr** **lieber** **höher** **näher**	**am besten/der beste** **am meisten/der meiste** **am liebsten/der liebste** **am höchsten/der höchste** **am nächsten/der nächste**

- → Der **Komparativ** der Adjektive wird mit *-er* gebildet:
  schnell – schneller, der schnelle Läufer – der schnellere Läufer.
- → Der **Superlativ** der Adjektive wird mit *am …-sten* bzw. *-st-* gebildet:
  schnell – **am** schnell**sten**, der schnelle Läufer – der schnellste Läufer.
- → Einige einsilbige Adjektive mit den Vokalen *a*, *o*, *u* bilden den Komparativ und Superlativ **mit einem Umlaut**: alt, arg, arm, hart, kalt, lang, nah, scharf, schwach, schwarz, stark, warm, grob, groß, hoch, dumm, jung, klug, kurz
- → Adjektive auf *-er* und *-el* verlieren im Komparativ ein *e*: teuer – teurer.
- → Adjektive auf *-sch/-s/-ß/-z* und *-d/-t* bekommen im Superlativ ein *-e-*: hübsch – am hübschesten.
- → **Vergleiche** werden mit *als* oder *wie* gebildet.
  Steht das Adjektiv im Komparativ, verwendet man *als*, steht das Adjektiv im Positiv, gebraucht man *wie*:
  Martina schwamm **schneller als** Marie. Franzi schwamm **genauso schnell wie** Gabi.

▶ Besonderheiten

- → Bei **zusammengesetzten Adjektiven** (Adjektiv + Adjektiv/Partizip) wird entweder der erste oder der zweite Teil gesteigert: das meistgelesene Buch, der schwerwiegendste Vorwurf.
- → Die **Einschränkung/Relativierung des Superlativs** bedeutet, dass etwas/jemand eins/einer/eine von mehreren ist: Martin ist einer der schnellsten Läufer in der Region.
  Nomen und Adjektive stehen dann im Genitiv Plural.
- → Man kann den **Superlativ mit** *aller-* noch weiter steigern:
  Martin ist der allerschnellste Läufer in der Region. Dieses Bild gefällt mir am allerbesten.

▶ Satzbau: Vergleichssätze

I.	II.	III.	Ende der Satzklammer	Nachfeld
Franzi	**ist**	beim Wettkampf **genauso schnell**	**geschwommen**	**wie** Gabi.
Martina	**ist**	viel **schneller**	**geschwommen**	**als** Marie.

‣ In Vergleichssätzen können Angaben mit *als* und *wie* nach der Satzklammer stehen. ➤ Seite 188

▶ Satzbau: Proportionalität

Nebensatz		Hauptsatz
	Satzende	
Je härter man	**trainiert,**	**desto/umso schneller schwimmt** man.

Übungen

1 Mit oder ohne Umlaut?
Bilden Sie den Komparativ und den Superlativ. Achtung: Im Superlativ steht immer der bestimmte Artikel.

Positiv	Komparativ	Superlativ
● ein warmer Tag	*ein wärmerer Tag*	*der wärmste Tag*
1. ein starkes Gift	....	....
2. eine klare Aussage	....	....
3. eine schwache Leistung	....	....
4. ein armes Land	....	....
5. eine scharfe Currywurst	....	....
6. ein straffes Programm	....	....
7. ein hoher Ton	....	....
8. ein kurzer Roman	....	....
9. ein stumpfes Messer	....	....
10. eine kluge Frage	....	....
11. eine dumme Antwort	....	....
12. eine junge Teilnehmerin	....	....

4.2 Adjektive
Komparation

2 Rekorde. Ergänzen Sie das passende Adjektiv im Superlativ in der richtigen Form.

lang • schnell • alt • schwer • schief • klein • ~~groß~~

- Das *größte* Aquarium der Welt befindet sich in Zuhai, China. Es ist mit 22,7 Millionen Litern Wasser gefüllt und hat den *größten* Unterwasser-Tunnel mit einem Durchmesser von 12 Metern.

1. Das .... Auto der Welt misst drei Nanometer und wurde an der Universität in Houston entwickelt.
2. Der .... Turm der Welt steht in dem ostfriesischen Ort Suurhusen. Er hat eine Neigung von 5,19 Grad.
3. Die derzeit .... Brücke der Welt, die Qingdao-Jiaozhou in China, bringt es allein auf dem Abschnitt über Wasser auf 36,48 Kilometer. Ihre Gesamtlänge beträgt 164,8 Kilometer.
4. Die .... noch existierende Tageszeitung ist die „Wiener Zeitung". Sie erschien 1703 zum ersten Mal.
5. Die .... Zitrone der Welt wurde am 8. Januar 2003 gewogen. Sie brachte es auf 5,265 Kilogramm.
6. Der .... Zug im öffentlichen Nahverkehr ist die Magnetschwebebahn in Shanghai. Sie erreicht auf ihrer Strecke zum Flughafen eine Geschwindigkeit von 460 km/h.

3 Stadtrundgang. Ergänzen Sie den Superlativ. Achten Sie auf die Adjektivdeklination.

- Also, eines der *wichtigsten (wichtig)* Gebäude unserer Stadt ist natürlich die Universität.

1. Sie ist zwar die .... *(jung)* Bildungseinrichtung der Gegend, aber sie hat einen sehr guten Ruf und zieht viele Studierende an.
2. Gleich daneben sehen Sie die .... *(schön)* Villa der Stadt. Das Gebäude wurde im Jahre 1908 erbaut, damals gehörte es der .... *(wohlhabend)* Kaufmannsfamilie.
3. Wir stehen jetzt vor der .... *(alt)* Kirche der Stadt. Sie wurde schon zweimal zerstört und wieder aufgebaut.
4. Genau gegenüber befindet sich das Hotel „Adler". Mit seinen 35 Stockwerken ist es das .... *(hoch)* Gebäude. Es ist auch das .... *(teuer)* Hotel.
5. Dort drüben ist die .... *(beliebt)* Konditorei des Stadtviertels. Sie können hier die .... *(lecker)* Kuchen, Torten und Eisspezialitäten bestellen.
6. Heute Nachmittag werden wir das Technische Museum besuchen. Es verfügt über die .... *(wertvoll)* Sammlung optischer Geräte in Deutschland.
7. Das Museum liegt in der .... *(kurz)* Straße des Bundeslandes, die aus nur vier Häusern besteht.
8. Und das hier ist die .... *(gemütlich)* Kneipe mit Livemusik. Wenn Sie Lust haben, können Sie hier heute Abend das .... *(gut)* Bier der Stadt trinken und dazu die derzeit .... *(populär)* Jazzband hören.

4 Lernen im Alter 43
Ergänzen Sie den Komparativ. Achten Sie, wenn nötig, auf die Adjektivendungen. Überprüfen Sie Ihre Lösungen mit dem Hörtext.

Seit einigen Jahren ist bekannt: Graue Zellen wachsen auch in *höherem (hoch)* Alter nach. Ein durch Alter verursachter Abbau des Gehirns findet erst nach dem 80. Lebensjahr statt. Mit steigendem Alter wird das Kurzzeitgedächtnis .... *(schwach)*, deshalb dauert das Lernen .... *(lang)*: Um das Gelernte im Langzeitgedächtnis zu speichern, muss es .... *(oft)* wiederholt werden. Diese Erscheinung tritt aber schon viel .... *(früh)* auf als viele denken: im siebten Lebensjahr! Man lernt mit steigendem Alter also nicht .... *(schlecht)*, sondern anders. Beispielsweise können Senioren Dinge aus dem Langzeitgedächtnis .... *(gut)* wiedergeben als Jugendliche. Außerdem bietet .... *(alt)* Menschen ihre .... *(lang)* Lebenserfahrung einen klaren Vorteil: Sie können neue Informationen mit bekannten verlinken. Diese Vernetzung macht das Einprägen .... *(einfach)*. Reines Auswendiglernen geht bei Senioren nicht mehr so einfach wie bei .... *(jung)* Menschen.

Mit zunehmendem Alter spielt die Eigenmotivation eine .... *(groß)* Rolle, unsere Leistung wird .... *(wenig)* von Außen beurteilt. Für .... *(alt)* Lerner ist es wichtig, dass sie etwas Nützliches dazulernen – und das ist richtig so.

Eins gilt für 20-Jährige genauso wie für 70-Jährige: Wer eine .... *(gut)* Gehirnleistung erreichen möchte, muss sein Gehirn täglich trainieren.

5 **Je …, desto …**
Bilden Sie Sätze wie im Beispiel. Achten Sie auf den Satzbau.

- Je *geringer* (*gering*) der Energieverbrauch eines Gerätes ist, (*wenig – Geld – man – im Monat – ausgeben*)
  desto weniger Geld gibt man im Monat aus.

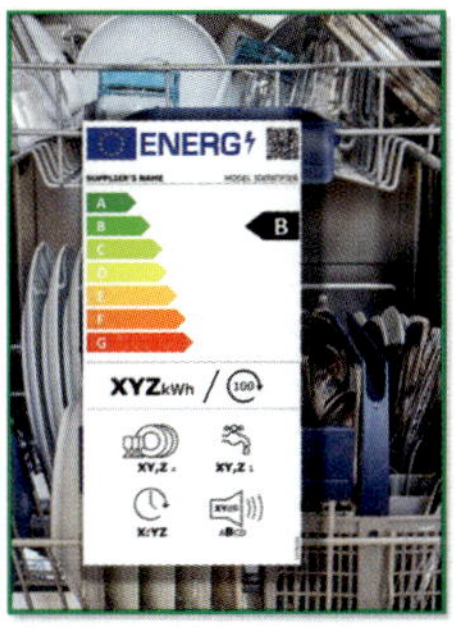

1. Je .... (*viel*) Werbung man macht, (*bekannt – der Firmenname – werden*)
   ....
2. Je .... (*gut*) die Bedienungsanleitung ist, (*einfach – das Gerät – bedienen – sich lassen*)
   ....
3. Je .... (*edel*) die Materialien sind, (*teuer – man – das Produkt – verkaufen – kann*)
   ....
4. Je .... (*modern*) das Produkt gestaltet ist, (*interessant – es – jüngere Kunden – finden*)
   ....

6 **Eine der schönsten …**
Ergänzen Sie das Attribut im Genitiv Plural wie im Beispiel.

- Die blaue Villa ist eine *der schönsten Villen* (*schön, Villa*) der Stadt.

1. Das Buch über die Arbeit der Geheimdienste ist eines .... (*interessant, Werk*) zu diesem Thema.
2. Der Diamant mit dem Namen „Großmogul" ist einer .... (*groß, Diamant*) der Welt.
3. Die „Sternennacht" ist eines .... (*berühmt, Gemälde*) von Vincent van Gogh.
4. Die Ausstellung zeigt einige .... (*bekannt, Fotografien*) von Andreas Gursky.
5. Auf der Kundgebung spricht eine .... (*derzeit umstritten, Politikerin*).
6. Die Ansprache des Präsidenten war eine .... (*überzeugend, Rede*), die ich in der letzten Zeit gehört habe.

7 ***Als* oder *wie*? Bilden Sie aus den vorgegebenen Wörtern Vergleichssätze.**
Achten Sie auf den Satzbau und die angegebene Zeitform.

- heute ↔ gestern – ich – (*lang*) – arbeiten müssen (*Präsens*)
  Heute muss ich länger arbeiten als gestern.

1. in diesem Monat ↔ im letzten Monat – wir – (*viel*) – Aufträge – erhalten (*Perfekt*)
   ....
2. eine Vier-Tage-Woche ↔ eine Fünf-Tage-Woche – die meisten Beschäftigen – (*gut*) – finden (*Präsens*)
   ....
3. Klaus = Mia – (*genauso gut*) – Spanisch sprechen (*Präsens*)
   ....
4. die Präsentation von Frau Schirmer = die von Frau Hummel – (*genauso professionell und informativ*) – sein (*Präteritum*)
   ....
5. das neue Programm ↔ das alte – tatsächlich – (*schnell*) – laden (*Präsens*)
   ....
6. das Design der Konkurrenz ↔ unser eigenes Design – (*ansprechend und auffällig*) – sein (*Präsens*)
   ....

8 **Murphys Gesetz**
Ergänzen Sie die Adjektive in der passenden Form.

- In der Schlange, in der du stehst, geht es immer *langsamer* (*langsam*) voran als in der Schlange neben dir.

1. Es ist immer .... (*leicht*), etwas auseinanderzunehmen, als es zusammenzubauen.
2. Alles dauert .... (*lang*), als man glaubt.
3. Nichts ist so .... (*leicht*), wie es aussieht.
4. Selbst die .... (*gut*) Lösung für ein Problem bringt mindestens zwei neue Probleme.
5. Das Produkt, das du gerade gekauft hast, schneidet im Testbericht am .... (*schlecht*) ab.
6. Egal, wie alt dein Auto ist, dein Nachbar fährt immer ein .... (*neu*) Modell.
7. Je .... (*harmlos*) eine Änderung erscheint, desto .... (*weitreichend*) sind ihre tatsächlichen Folgen.

4.3 Partizipien als Adjektive

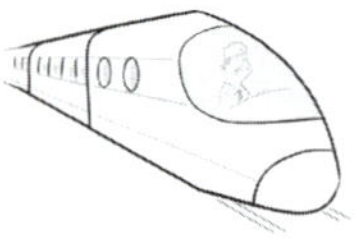

Am Bahnhof

„Achtung an Gleis 3! Der einfahrende ICE aus Hamburg hat eine abweichende Wagenreihung! Die Wagen der ersten Klasse befinden sich heute am Ende des Zuges."

„Achtung an Gleis 3! Der eben eingefahrene Zug aus Hamburg kann die Fahrt nach München aus technischen Gründen nicht fortsetzen. Der bereitgestellte Ersatzzug fährt um 14.28 Uhr von Gleis 7."

Einige sich ärgernde Fahrgäste schimpfen laut.
Andere empörte Fahrgäste beschweren sich beim Bahnpersonal.

▶ Gebrauch

- → Partizipien als Adjektive werden attributiv verwendet. Das heißt, sie stehen vor dem Nomen und werden dekliniert.
- → Partizipien als Adjektive geben eine temporale Beziehung zur Haupthandlung wieder.
  - ‣ Das **Partizip I** beschreibt einen noch andauernden Vorgang:
    Der einfahrende ICE aus Hamburg hat eine abweichende Wagenreihung! (= Der Zug fährt in diesem Moment ein und die Reihenfolge der Wagen weicht (von der ursprünglichen Planung) ab.)
  - ‣ Das **Partizip II** beschreibt in der Regel einen abgeschlossenen Vorgang:
    Der eben eingefahrene Zug aus Hamburg kann die Fahrt nach München aus technischen Gründen nicht fortsetzen. (= Der Zug ist eingefahren. Danach kann er seine Fahrt nicht mehr fortsetzen.)
- → Wenn die Adjektive aus **reflexiven Verben** gebildet werden, steht das Reflexivpronomen vor dem **Partizip I**:
  Einige sich ärgernde Fahrgäste schimpfen laut. *(sich ärgern)*
  - ‣ Beim **Partizip II** fällt das Relativpronomen weg: Andere empörte Fahrgäste beschweren sich beim Bahnpersonal. *(sich empören)*
    Wenn das **Partizip II** aus einem reflexiven Verb gebildet wird, kann die Handlung in einigen Fällen auch parallel zu Haupthandlung laufen.
- → Partizipien können mit verschiedenen Angaben **erweitert** werden:
  Die im letzten Monat mehrfach aufgetretenen technischen Pannen müssen von einer Expertenkommission untersucht werden.
  Erweiterte Partizipien werden oft in der Schriftsprache, z. B. in beschreibenden Texten, in wissenschaftlichen Publikationen, in beruflichen und behördlichen Berichten oder Pressemitteilungen verwendet.
- → Das **Partizip I** in Verbindung mit *zu* bildet das sogenannte **Gerundiv**. Dieses Attribut ist eine Passiv-Ersatzform und kennzeichnet eine Notwendigkeit oder eine Möglichkeit:
  Die zu untersuchenden Pannen sind alle im letzten Monat aufgetreten.
  (= Die Pannen, die untersucht werden müssen, sind alle im letzten Monat aufgetreten.)
  Das sind nicht zu erklärende technische Störungen. (= Die technischen Störungen können nicht erklärt werden.)

▶ Formen: Partizip I und II

➤ Seite 18: *Partizip II*

Partizip I	der **einfahrende** Zug	Partizip I (einfahrend) + Adjektivendung	Der Zug fährt ein.	Die Handlung dauert an.
Partizip II	der **eingefahrene** Zug	Partizip II (eingefahren) + Adjektivendung	Aktiv: Der Zug ist eingefahren.	Die Handlung ist abgeschlossen.
	der **bereitgestellte** Zug	Partizip II (bereitgestellt) + Adjektivendung	Passiv: Der Zug wurde bereitgestellt.	
	die **empörten** Fahrgäste	Partizip II (empört) + Adjektivendung	Aktiv: Die Fahrgäste empörten sich.	Handlung/Zustand ist abgeschlossen oder anhaltend.

▶ **Formen: Gerundiv**

***zu* + Partizip I**	die **zu untersuchenden** Pannen	*zu* + Partizip I (untersuchend) + Adjektivendung	Passiv: Die Pannen müssen untersucht werden.	zum Ausdruck von Möglichkeit oder Notwendigkeit

Bei einigen Verben wird das **Partizip II** nicht als Adjektiv verwendet, z. B. bei *sein* und *haben*, oder bei Verben, die nicht mit einem Akkusativobjekt stehen können, wie *arbeiten, antworten, danken, drohen, gefallen, nützen, schlafen* oder *sitzen*.

Übungen

1 Lesen und hören Sie den folgenden Text. (44)

a) Markieren Sie alle Partizipien als Adjektive.

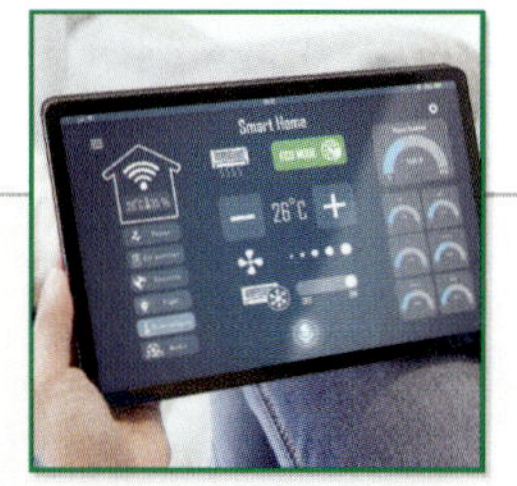

Was spricht für ein Smarthome?
Ein Smarthome-System besteht aus aufeinander abgestimmten Einzelelementen mit einer dazugehörenden Steuerungszentrale. Diese Kompatibilität garantiert die fehlerfreie Zusammenarbeit der miteinander vernetzten und kommunizierenden Geräte.
Ein smartes Zuhause ermöglicht den Bewohnern, ihren Alltag einfacher und zeitökonomischer zu gestalten. Für mehr Bequemlichkeit sorgen zum Beispiel saugende und wischende Hausroboter oder eine auf Sprachbefehle reagierende Lichtsteuerung. Die über das Smartphone gesteuerte Heizung kann von unterwegs eingeschaltet und die gewünschte Temperatur eingestellt werden. Programmierte Gartenhelfer mähen den Rasen oder bewässern die Blumen, während man sich einen entspannenden Mittagsschlaf gönnt. Außen und innen angebrachte Überwachungskameras senden Nachrichten oder Bilder in HD-Qualität an das mit allen Geräten verbundene Smartphone der Eigentümer. Bei einem versuchten Einbruch können die Anwender direkt die Polizei oder eine Vertrauensperson informieren.

b) Notieren Sie die Partizipien mit Nomen und nennen Sie das Verb.

Partizip I	Partizip II
………………	*aufeinander abgestimmte Einzelelemente – abstimmen*
………………	

2 Adjektive aus Partizipien
Bilden Sie Adjektive aus dem Partizip I und II wie im Beispiel.

- Die Kartoffeln kochen/sind gekocht. → *die kochenden/die gekochten Kartoffeln*
1. Das Flugzeug landet/ist gelandet. → ………………
2. Die Anforderungen steigen/sind gestiegen. → ………………
3. Der Tresor öffnet sich/wurde geöffnet. → ………………
4. Das Gerät reinigt sich selbst/wurde gereinigt. → ………………
5. Die Preise sinken/sind gesunken. → ………………
6. Die Sonne geht auf/ist aufgegangen. → ………………

3 Was passt? Partizip I oder II?
Bilden Sie aus den Verben Adjektive und beschreiben Sie den Vorgang.

- sich verändern – Bedingungen *sich verändernde Bedingungen – Die Bedingungen verändern sich.*
1. unterschreiben – der Vertrag ………………
2. beantworten – die E-Mails ………………
3. explodieren – die Kosten ………………
4. treffen – die Maßnahmen ………………
5. streichen – die Urlaubstage ………………
6. motivieren – eine Rede ………………
7. sich widersprechen – Meinungen ………………

Partizipien als Adjektive

4 Unser Verkehrsbericht zur Urlaubszeit
Ergänzen Sie das Partizip I in der richtigen Form.

Hier unser aktueller Verkehrsbericht, live von der A8.

1. *Stockender* *(stocken)* Verkehr und viele Staus begleiten die Menschen auch am heutigen Tag auf der Fahrt in den .... *(anstehen)* Urlaub.
2. Schnell noch ein Hinweis für alle, die noch mit Verbrennungsmotor fahren: Im Stillstand .... *(laufen)* Motoren sind schädlich für die Umwelt. Stellt eure .... *(laufen)* Motoren deshalb bitte im Stau ab!
3. An der Grenze nach Österreich behindern .... *(streiken)* Lkw-Fahrer noch immer die Einreise.
4. Am Straßenrand .... *(stattfinden)* Bauarbeiten machen die Situation in einigen Abschnitten noch schlimmer.
5. Die lauten, ... *(stören)* Geräusche der Baumaschinen gehen den .... *(warten)* Autofahrerinnen und Autofahrern auf die Nerven.
6. Deshalb hier ein Tipp für .... *(sich ärgern)* Autoinsassen: Genießen Sie die .... *(fliegen)* Ballons am Himmel und entspannen Sie sich.
7. Durch die Kombination von Urlaubszeit und notwendigen Straßenarbeiten rechnen wir in den .... *(kommen)* Tagen mit einer weiter .... *(steigen)* Staugefahr.

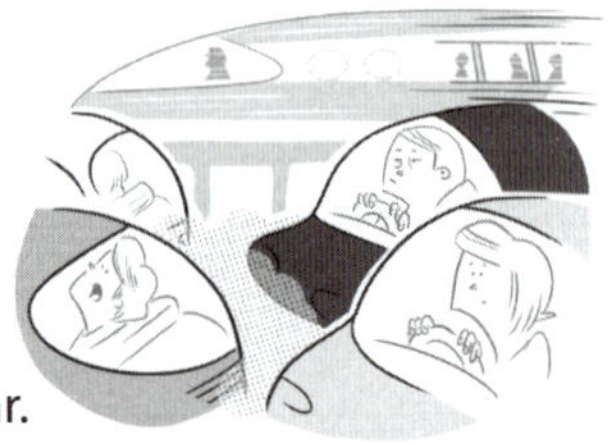

5 Immer wieder Probleme mit der Technik!
Ergänzen Sie das Partizip II in der richtigen Form.

- Ich kann einige *gespeicherte* *(speichern)* Dokumente nicht öffnen.

1. Manchmal verschwinden .... *(weiterleiten)* E-Mails aus meiner Mailbox.
2. In meinem Word-Dokument erscheinen die .... *(einfügen)* Absätze in einer anderen Schriftart.
3. Die .... *(einscannen)* Abbildungen sind von schlechter Qualität.
4. Der .... *(anschalten)* Laptop macht laute Geräusche.
5. Das neu .... *(einrichten)* WLAN ist zu langsam.
6. Die .... *(einbauen)* Webcam eignet sich nicht für Videokonferenzen.
7. Trotz .... *(aktualisieren)* Virenscan-Programme ist Spyware in den Computer eingedrungen.
8. Ich kann die vor einer Woche .... *(installieren)* Programme nicht mehr starten.
9. Der .... *(anklicken)* Menüpunkt im Intranet führt mich nicht auf die .... *(wünschen)* Seite.
10. Ich kann mich auf der neu .... *(anlegen)* Plattform für das Kollegium nicht einloggen.

6 Aus Stellenanzeigen
Ergänzen Sie das Partizip I oder II in der richtigen Form.

1. Wir sind ein junges, schnell *wachsendes* *(wachsen)* Unternehmen und suchen .... *(engagieren)* und .... *(erfahren)* Ingenieurinnen und Ingenieure mit .... *(abschließen)* Hochschulstudium der Fachrichtung Elektrotechnik oder einer .... *(entsprechen)* Spezialisierung.
2. Wir bieten Ihnen .... *(herausfordern)* Projekte, ein .... *(angemessen)* Gehalt, einen zunächst für drei Jahre .... *(befristen)* Arbeitsvertrag und ein angenehmes Arbeitsklima.
3. Wir erwarten von unseren zukünftigen Mitarbeiterinnen und Mitarbeitern eine sehr gute Kommunikationsfähigkeit, ... *(ausprägen)* Teamgeist und Kenntnisse der allgemein .... *(anerkennen)* Regeln der Technik sowie des .... *(gelten)* Bauordnungsrechts.
4. Benutzen Sie für Ihre Bewerbung bitte das im Internet .... *(bereitstellen)* Formular. Nur vollständig .... *(ausfüllen)* Bewerbungsformulare können berücksichtigt werden.

7 Notwendigkeit. Bilden Sie das Gerundiv wie im Beispiel.

- Diese Maßnahmen müssen schnell ergriffen werden. Hier ist die Übersicht mit den *schnell zu ergreifenden Maßnahmen*.

1. Diese Vorwürfe müssen ernst genommen werden. Das sind ....!
2. Diese Rechnungen müssen noch bezahlt werden. Hier sind die ....
3. Diese Ersatzteile müssen bestellt werden. Hier ist die Liste der ....
4. Die Aufträge müssen erledigt werden. Das sind die .... für die nächste Woche.
5. Diese Beschwerden müssen beantwortet werden. Bei wem liegen die ....?
6. Die Verbesserungsvorschläge müssen demnächst umgesetzt werden. Wo ist die Liste mit den demnächst ....?

4.4 Nominalisierte Adjektive und Partizipien

Die Abschlussfeier für Studierende der Rechtswissenschaften findet am 23. Juli statt.

studierend – Studierende
→ nominalisiertes Partizip

Auf der Party hat Tim mit vielen Bekannten gesprochen. Es gab aber nichts Neues.

bekannt – viele Bekannte, neu – nichts Neues
→ nominalisierte Adjektive

▶ Gebrauch

- → Die meisten Adjektive und Partizipien können auch als Nomen im Satz auftreten.
- → Nominalisierte Adjektive und Partizipien dienen zur Bezeichnung von Personen oder Abstrakta:
Tim hat mit vielen Bekannten gesprochen. Es gab nicht Neues.
- → Nominalisierte Partizipien als Personenbezeichnungen gewinnen im Sprachgebrauch immer mehr an Bedeutung, weil sie in der Pluralform genderneutral sind. In einigen Kontexten werden sie gegenüber den langen Doppelnennungen bevorzugt: Studentinnen und Studenten = Studierende.

▶ Formen: Personen

Adjektiv/Partizip	mit bestimmtem Artikel im Singular und Plural	mit unbestimmtem, negativem oder possessivem Artikel im Singular und Plural
abgeordnet	Sg.: der/die Abgeordnete Pl.: die Abgeordneten	Sg.: ein Abgeordneter • eine Abgeordnete Pl.: Abgeordnete, keine Abgeordneten
angestellt	Sg.: der/die Angestellte Pl.: die Angestellten	Sg.: ein Angestellter • eine Angestellte Pl.: Angestellte, keine Angestellten
studierend	Sg.: der/die Studierende Pl.: die Studierenden	Sg.: ein Studierender • eine Studierende Pl.: Studierende, keine Studierenden
bekannt	Sg.: der/die Bekannte Pl.: die Bekannten	Sg.: ein Bekannter • eine Bekannte Pl.: Bekannte, keine Bekannten
fremd	Sg.: der/die Fremde Pl.: die Fremden	Sg.: ein Fremder • eine Fremde Pl.: Fremde, keine Fremden

▶ Formen: Abstrakta

Adjektiv/Partizip	mit bestimmtem Artikel	ohne Artikel
böse	das Böse	nur Böses
gut	das Gute	etwas Gutes
neu	das Neue	nichts Neues
gelernt	das Gelernte	Gelerntes

- → Nominalisierte Adjektive werden dekliniert wie attributiv verwendete Adjektive. Sie bekommen eine Endung, die von der Art des verwendeten Artikels abhängt. Besonders im Plural sollte man auf unbestimmte Zahlwörter achten: Alle Studierenden erhalten eine Einmalzahlung von 200 Euro. (*alle* = bestimmter Artikel) Zahlreiche Studierende haben die Zahlung noch nicht erhalten. (*zahlreich* = Adjektiv, kein Artikel)
➤ Seite 131: *Deklination der Adjektive*
- → Es gibt auch einige Ausnahmen und Besonderheiten:
  - Bei der nominalisierten Form von *beamtet* gibt es eine besondere feminine Bezeichnung:
der Beamte – die Beamtin, Beamte und Beamtinnen
  - Bezeichnungen von Nationalitäten, die auf *-e* enden, gehören zu den Nomen der *n*-Deklination (➤ Seite 108). Nur *der/die Deutsche, die Deutschen* werden wie nominalisierte Adjektive dekliniert.

Nominalisierte Adjektive

Übungen

1 Kündigungsgründe
Lesen Sie den folgenden Text. Markieren Sie alle nominalisierten Adjektive und Partizipien. Schreiben Sie die Nomen und das entsprechende Adjektiv/Partizip auf.

In vielen Fällen verlassen Angestellte eine Firma, weil sie mit ihren Vorgesetzten Probleme haben. Doch wo liegen die Ursachen solcher Konflikte, die im schlimmsten Fall mit einer Kündigung enden? Forschende der Universität Wien führen in einem Artikel zu diesem Thema unter anderem folgende Punkte dafür an:

1. Vorgesetzte überfordern die fähigsten Mitarbeiter und Mitarbeiterinnen, wenn sie diese mit zu vielen Aufgaben zuschütten. Denn oft müssen die Fähigen die Arbeit von anderen mit übernehmen. Viele Beschäftigte empfinden das nicht als Anerkennung, sondern als Strafe.
2. Positives Feedback – Fehlanzeige! Etwas Motivierendes oder Lobendes über die Arbeit der Mitarbeitenden zu sagen, fällt vielen Führungskräften schwer. Dafür loben sie sich gern selbst.
3. Beim Bewerbungsverfahren lassen sich die Verantwortlichen von nicht geeigneten Kandidatinnen und Kandidaten blenden und stellen die falschen Leute ein. Das wirkt sich langfristig negativ auf das Arbeitsklima aus. Besonders problematisch wird es, wenn die Unfähigen im Kollegium schneller befördert werden als die langjährig Engagierten, zum Beispiel, weil sie zu den Vorgesetzten übermäßig freundlich sind.
4. Die Talentierten unter den Kolleginnen und Kollegen wollen oft Arbeitsabläufe oder Produkte verbessern, indem sie etwas Neues vorschlagen. Wenn ihre Ideen immer wieder auf Ablehnung stoßen, sehen sich besonders Kreative nach neuen Jobmöglichkeiten um.

2 Personen. Bilden Sie Nomen im Plural und ergänzen Sie die Sätze.

•	lehrend	*Lehrende* an verschiedenen Universitäten kämpfen für bessere Arbeitsbedingen.
1.	abgeordnet	Die .... im Bundestag beschließen heute neue Maßnahmen zur Energiewende.
2.	studierend	.... an den Münchner Universitäten klagen über viel zu hohe Mieten.
3.	auszubildend	Vor allem in handwerklichen Berufen werden dringend neue .... gesucht.
4.	angeklagt	Die drei .... im Steuerbetrugsprozess plädieren auf Freispruch.
5.	verdächtig	Die Polizei durchsuchte die Wohnungen von insgesamt vier ....
6.	teilnehmend	Die .... müssen die Gebühren vor Tagungsbeginn überweisen.
7.	anwesend	Alle .... bekamen Werbegeschenke.
8.	verwandt	In Berlin wohnen .... von mir.
9.	unbekannt	.... haben gestern Nacht drei wertvolle Gemälde aus dem Museum gestohlen.
10.	jugendlich/erwachsen	Die Veranstaltung ist sowohl für .... als auch für .... interessant.

3 Abstrakta. Ergänzen Sie das Adjektiv als Nomen.

- In jedem Sprichwort steckt etwas *Wahres* *(wahr)*.

1. Viel .... *(neu)* hat der Politiker in seiner Wahlrede nicht gesagt.
2. Liebe ist etwas .... *(wunderbar)*.
3. Er gibt immer sein .... *(best-)*, aber manchmal ist das .... *(best-)* nicht gut genug.
4. Niederlagen haben auch etwas .... *(gut)*, wenn man aus den Fehlern lernt.
5. Man muss allerdings das .... *(gelernt)* auch anwenden.
6. Lesen Sie beim Abschluss eines Vertrages immer das .... *(kleingedruckt)*.

4 Gegensätze ziehen sich an. Ergänzen Sie das Adjektiv als Nomen.

Sie arbeitet als *Angestellte* *(angestellt)*.
... ist im Dorf eine .... *(einheimisch)*.
... sieht immer nur das .... im Menschen *(gut)*.
... isst gern .... *(süß)*.
Beide mögen Bier. Sie trinkt lieber .... *(hell)*.

Er ist .... *(freischaffend)*.
... ist ein .... *(fremd)*.
... sieht nur das .... *(schlecht)*.
... mag lieber .... *(salzig)*.
... bevorzugt .... *(dunkel)*.

4.5 Adjektive mit Ergänzungen

Autoabgase sind
für die Umwelt sehr schädlich.
↓
Ergänzung *für* + Akkusativ

Einige Fragen waren
dem Politiker sehr unangenehm.
↓
Ergänzung im Dativ

▶ Gebrauch

Man kann viele Adjektive, wenn sie prädikativ verwendet werden, durch weitere Satzglieder ergänzen. Meistens handelt es sich um Kombinationen von Adjektiven mit dem Verb *sein*. Die Ergänzung ist oft eine Präpositionalgruppe, die vor oder nach dem Adjektiv stehen kann: Autoabgase sind für die Umwelt schädlich. Autoabgase sind sehr schädlich für die Umwelt. (➤ Seite 188: *Satzglieder im Nachfeld*)
Manchmal haben Adjektive (wie Verben) eine Ergänzung im Dativ, Akkusativ oder Genitiv:
Einige Fragen waren dem Politiker sehr unangenehm.

■ Adjektive mit präpositionalem Kasus

▶ Formen

➤ Seite 246: Übersicht *Adjektive mit präpositionalem Kasus*

Adjektive mit Präposition + Dativ *bei, gegenüber, mit, nach, von, vor, zu*	beliebt sein bei aufgeschlossen sein gegenüber *(oft nachgestellt)* verwandt sein mit verrückt sein nach begeistert sein von blass sein vor nett sein zu	Die Sängerin ist vor allem bei jungen Leuten beliebt. Wir sind jeglicher Kritik gegenüber aufgeschlossen. Sind Sie mit dem berühmten Schauspieler verwandt? Mika ist verrückt nach Schokolade. Frau Marx war von unseren Vorschlägen begeistert. Frau Dix war vor Angst ganz blass. Du solltest zu den Kunden etwas netter sein.
Adjektive mit Präposition + Akkusativ *auf, für, gegen, über, um*	gespannt sein auf wichtig sein für immun sein gegen verwundert sein über besorgt sein um	Wir sind auf das Ergebnis gespannt. Der Master-Abschluss ist für meine Bewerbung sehr wichtig. Er hatte die Krankheit schon. Jetzt ist er gegen sie (dagegen) immun. Über diese Produktbeurteilung sind wir sehr verwundert. Die Ärzte sind um diesen Patienten sehr besorgt.
Adjektive mit Präposition + Dativ oder Akkusativ *an, in*	interessiert sein an + Dativ gewöhnt sein an + Akk. gut sein in + Dativ verliebt sein in + Akk.	Ich bin an dem Projekt sehr interessiert. Wir sind an diese Kälte nicht gewöhnt. In diesem Fach war Jan noch nie gut. Anke ist in ihren Nachbarn verliebt.
Adjektive mit Präposition + Gleichsetzungskasus *als*	bekannt sein als + Nom.	Der Autor ist als Kämpfer für den Frieden überall bekannt.

Für Aussage- und Fragesätze gelten die gleichen Regeln wie für Verben mit präpositionalem Kasus (➤ Seite 61):
Ich bin an dem Projekt sehr interessiert. Du auch? – Nein, daran bin ich nicht interessiert – Woran bist du interessiert?

Adjektive mit Ergänzungen

Übungen

1 **Welche Präposition passt?**
Bilden Sie Sätze wie im Beispiel. Achten Sie auf den richtigen Kasus.

1. *an* a) wir – eine Zusammenarbeit – interessiert sein *Wir sind an einer Zusammenarbeit interessiert.*
   b) wir – das Projekt – beteiligt sein ....
   c) das Land – Erdöl – reich sein ....
2. .... a) Otto – seine Leistung – stolz sein ....
   b) ich – der Vortrag von Dr. Rau – gespannt sein ....
3. .... a) Klaus – die Finanzen – verantwortlich sein ....
   b) ich – dir – deine Hilfe – sehr dankbar sein ....
4. .... a) das Management – der Bericht – sehr erstaunt sein ....
   b) wir – die unpünktliche Lieferung – verärgert sein ....
5. .... a) David – die Abrechnung – beschäftigt sein ....
   b) wir – die Entscheidung – nicht einverstanden sein ....
6. .... a) die Leiterin – neue Projekte – aufgeschlossen sein ....
   b) sie – fremde Menschen – erst mal – misstrauisch sein ....
7. .... a) die Kritiker – die Romanverfilmung – enttäuscht sein ....
   b) ich – zweistündige Rede – müde sein ....
8. .... a) der Kellner – die Gäste – oft – unfreundlich sein ....
   b) du – meine Mutter – müssen – viel netter sein ....

2 **Klatsch und Tratsch im Büro**
Ergänzen Sie die fehlenden Präpositionen bzw. die Pronominaladverbien.

1. □ Warum ist Rudolf so wütend *auf* dich?
   △ Er ist .... überzeugt, dass ich ihm die Stelle als Abteilungsleiter weggenommen habe.
2. □ Linus ist in letzter Zeit so freundlich .... Kathrin.
   △ Ja, das ist mir auch aufgefallen. Ich glaube, er ist froh ...., dass sie ihn bei seiner Arbeit unterstützt.
   □ Meinst du? Ich dachte immer, er wäre .... einer Zusammenarbeit mit jemandem aus der Abteilung gar nicht interessiert.
3. □ Stimmt es, dass Eva nicht mehr .... das Projekt verantwortlich ist?
   △ Ja. Sie hat Monikas Aufgabenbereich übernommen: Sie ist jetzt .... internationale Lieferungen zuständig.
   □ Aber .... ist sie doch gar nicht geeignet! Sie kann ja nicht mal Englisch!
4. □ Weißt du, warum Sonja gekündigt hat? Sie war doch .... allen so beliebt.
   △ Sie wollte schon immer weg. .... der Stelle war sie von Anfang an unzufrieden.
5. □ Ich glaube, Dr. Kurz ist unheimlich stolz .... die Forschungsergebnisse.
   △ Ja, aber am wichtigsten war .... ihn, dass sein Name unter der Publikation steht.

Adjektive mit direktem Kasus

Formen

Adjektive mit dem Dativ	ähnlich sein/sehen	Mein Bruder ist/sieht mir ähnlich.
	behilflich sein	Kannst du uns mal behilflich sein?
	böse sein	Bist du mir immer noch böse?
	egal/gleichgültig sein	Das ist mir egal/gleichgültig.
	lieb/teuer sein	Du bist mir lieb und teuer.
	peinlich sein	Das ist mir aber peinlich!
	recht sein	Die Entscheidung ist mir recht.
	unangenehm sein	Die Frage war dem Politiker sehr unangenehm.
	verbunden sein	Wir sind dir sehr verbunden.
	schlecht/übel sein/werden	Mir ist/wird schlecht/übel.
	kalt/warm/heiß sein/werden	Mir ist/wird kalt/warm/heiß.

Adjektive mit dem Dativ + *zu*	anstrengend sein gefährlich sein langweilig sein leicht sein schwierig/schwer/kompliziert sein kalt/warm/heiß sein	Die Arbeit ist mir zu anstrengend. Der Ausflug ist mir zu gefährlich. Der Film ist mir zu langweilig. Du bist ja schon fertig! – Ja, die Aufgabe war mir zu leicht. Mir war die Aufgabe zu schwierig/schwer/kompliziert. In Grönland ist es mir zu kalt.
Adjektive mit dem Akkusativ	alt sein breit/hoch/schwer sein entfernt sein wert sein	Das Gebäude ist 400 Jahre alt. Das Fahrzeug ist drei Meter breit, zwei Meter hoch und zwei Tonnen schwer. Das Krankenhaus ist nur einen Kilometer von dem Ort entfernt. Das Haus ist den hohen Preis nicht wert.
Adjektive mit dem Genitiv	bewusst sein *(Dativ + Genitiv)* sicher sein *(Dativ + Genitiv)*	Ich bin mir der Verantwortung bewusst. Ich bin mir seiner Loyalität nicht sicher.

→ Direkte Ergänzungen im Dativ beziehen sich auf Personen: Bist du mir noch böse?
Die Adjektive *schlecht, übel, kalt, warm, heiß* können nur mit einer Dativergänzung (ohne Subjekt im Nominativ) verwendet werden: Mir ist schlecht.

→ Bei Ergänzungen im Dativ mit *zu* sind auch Ersatzkonstruktionen mit *für* möglich:
Die Arbeit ist mir zu anstrengend. = Die Arbeit ist zu anstrengend für mich.

→ Adjektive mit einer Akkusativergänzung beschreiben Maße, Gewichte, Entfernungen, Alter oder Qualität:
Das Gebäude ist 400 Jahre alt. Das Haus ist den hohen Preis nicht wert.

→ Adjektivergänzungen im Genitiv sind sehr selten. Sie beschränken sich auf einige wenige Adjektive:
Ich bin mir der Verantwortung bewusst.

Übungen

3 Das ist mir zu …
Beantworten Sie die Fragen negativ, wie im Beispiel.

- Steigst du mit uns auf den Berg? *(das, anstrengend)* Nein, das ist mir zu anstrengend.

1. Machst du mit uns eine Wanderung durch den Urwald? *(das, gefährlich)* ....
2. Fliegst du mit mir nach Thailand? *(dort, es, heiß)* ....
3. Hast du den Roman zu Ende gelesen? *(der, langweilig)* ....
4. Machst du auch die A2-Prüfung? *(die, leicht)* ....

4 Welches Adjektiv passt?
Ergänzen Sie die fehlenden Adjektive und das Personalpronomen.

ähnlich • böse • recht • behilflich • kalt • übel • peinlich • ~~warm~~ • kompliziert

- Kannst du bitte das Fenster öffnen? Mir *(Ich)* ist warm.

1. Bist du .... *(wir)* wegen der zerbrochenen Vase noch ....?
2. Ist das dein Sohn? Er sieht .... *(du)* sehr ....!
3. Karl war gestern krank. Wir waren in einer Sitzung und plötzlich wurde .... *(er)* ....
Wir mussten einen Arzt rufen.
4. Ist .... *(ihr)* nicht ....? Es sind nur zehn Grad und ihr habt keine Mäntel an!
5. Trudi sagt, dass die Besprechung am Montag oder am Mittwoch stattfinden soll. Welcher Tag passt dir?
– Ich habe immer Zeit, ... *(ich)* sind beide Tage ....
6. Es ist .... *(ich)* wirklich sehr ...., aber ich muss dich schon wieder um einen Gefallen bitten.
7. Könntest du .... *(ich)* bitte bei der Jahresendabrechnung .... sein? Die Tabelle ist .... *(ich)* zu ....

4.6 Zahlwörter

Heute war das 100-Meter-Freistil-Finale der Frauen.
An dem Finale nahmen nur drei (3) Schwimmerinnen teil.
↓ Kardinalzahl

Anne belegte den dritten (3.) Platz.
↓ Ordinalzahl

Martina gewann auch dieses Finale. Sie ist jetzt dreifache Deutsche Meisterin.
↓ Vervielfältigungszahl

Für ihren Sieg erhielt Martina 9 000 Euro von einem Sponsor.
Ein Drittel des Geldes spendete sie für soziale Zwecke.
↓ Bruchzahl

- → **Kardinalzahlen** benennen eine genaue Menge. Sie haben in der Regel keine Endung:
  Am Finale nahmen drei Schwimmerinnen teil.
  Eine Ausnahme ist die Zahl *eins*. Sie wird wie der unbestimmte Artikel dekliniert:
  Ich habe **einen** Mann, **ein** Kind und **eine** Katze.
- → **Ordinalzahlen** bezeichnen einen Rang in einer Reihe. Sie werden wie Adjektive dekliniert:
  Anne belegte den **dritten** Platz.
  Eine Ausnahme ist die Angabe der Anzahl der Personen mit *zu*: Wir waren nur zu dritt (zweit, viert, fünft usw.).
- → **Vervielfältigungszahlen** geben eine Häufigkeit an und enden auf *-fach*. Sie werden dekliniert:
  Martina ist dreifache Deutsche Meisterin. (= Sie hat dreimal gewonnen.)
- → **Bruchzahlen** beschreiben den Teil eines Ganzen. Sie können als Adjektiv oder Nomen auftreten.
  Zahladjektive oder Nomen auf *-tel* bzw. *-stel* bekommen keine Endung: Ein **Drittel** des Geldes spendete sie für soziale Zwecke.
  Halb als Adjektiv wird dekliniert: Sie trank vor dem Wettkampf einen **halben** Liter Milch.
  ➤ Seite 131: *Deklination der Adjektive*

▶ Formen

Kardinalzahl			Ordinalzahl		
1	eins	(**ein** Mann, **eine** Maus)	1.	**erste**	(der erste Januar, die erste Aufgabe, das erste Mal)
2	zwei	(zwei Männer, zwei Mäuse)	2.	zwei**te**	(der zweite Januar, die zweite Aufgabe, das zweite Mal)
3	drei	(drei Männer, drei Mäuse)	3.	**dritte**	(der dritte Januar, die dritte Aufgabe, das dritte Mal)

Kardinalzahl		Ordinalzahl	
4	vier	4.	vier**te**
5	fünf	5.	fünf**te**
6	sechs	6.	sechs**te**
7	sieben	7.	**siebte**/sieben**te**
8	acht	8.	ach**te**
9	neun	9.	neun**te**
10	zehn	10.	zehn**te**
11	elf	11.	elf**te**
12	zwölf	12.	zwölf**te**
13	dreizehn	13.	dreizehn**te**

Kardinalzahl		Ordinalzahl	
20	zwanzig	20.	zwanzig**ste**
21	einundzwanzig	21.	einundzwanzig**ste**
30	dreißig	30.	dreißig**ste**
40	vierzig	40.	vierzig**ste**
100	hundert	100.	hundert**ste**
125	hundertfünfundzwanzig	125.	hundertfünfundzwanzig**ste**
1000	(ein)tausend	1000.	(ein)tausend**ste**
3000	dreitausend	3000.	dreitausend**ste**
4573	viertausendfünfhundert-dreiundsiebzig	4573.	viertausendfünfhundert-dreiundsiebzig**ste**

Übungen

1 Feiertage in Deutschland. Nennen Sie das Datum.

• Wann feiert man in Deutschland Neujahr? *(1.1.)*	Neujahr ist am *ersten Ersten*.
1. Wann ist der Tag der Liebe? *(14.2.)*	Der Valentinstag ist am ....
2. Wann feiert man in Köln in diesem Jahr Karneval? *(17.2.)*	Fastnacht ist am ....
3. Wann ist eigentlich dieses Jahr Ostern? *(5.4.)*	Ostersonntag ist am ....
4. Gibt es in Deutschland auch einen Nationalfeiertag? *(3.10.)*	Ja, der Tag der Deutschen Einheit ist am ....
5. Wann kommt in Deutschland der Weihnachtsmann? *(24.12.)*	Der kommt am Abend des ....

2 Verschiedene Zahlen. Schreiben Sie die Zahlen als Wörter.

1. Ich bin *siebenmal* *(7x)* durch die Fahrprüfung gefallen, beim .... *(8.)* Mal habe ich sie bestanden. Allerdings hatte ich bei meiner .... *(1.)* Autofahrt, die ich ganz alleine gemacht habe, furchtbare Angst.
2. Genau .... *(1 293 765)* Euro verdient der Bankmanager im Jahr. Mir würde schon eine .... *(0,5)* Million reichen.
3. Ich hätte gern einen .... *(⅛ Liter)* roten Hauswein.
4. Es sind Herbstferien. Wir waren gestern nur zu .... *(vier)* im Kurs.
5. Heinrich der .... *(8.)* hatte .... *(6)* Frauen. Die .... *(4.)* war eine Deutsche.
6. Die Athletin übersprang die Höhe beim .... *(3.)* Versuch. Damit wurde sie zum .... *(2.)* Mal Weltmeisterin.

3 Fragen. Welche Antwort passt? Ordnen Sie zu.

1. Wann beginnt die Sitzung?	a) Wir waren nur zu viert.
2. Wie oft warst du schon in Japan?	b) Vier.
3. Wann hast du den Termin beim Anwalt?	c) Um Vier.
4. Waren beim Klassentreffen alle da?	d) Nein, nur ein Viertel.
5. Welchen Tag haben wir heute?	e) Am vierten Vierten.
6. Hast du die ganze Pizza gegessen?	f) Den vierten Vierten.
7. Wie viele Geschwister hast du?	g) Viermal.

4 Online-Dating. Lesen Sie den Text und schreiben Sie die Zahlen als Wörter.

Was Liebe per Mausklick kostet

Jeder *dritte* *(3.)* Bundesbürger verlässt sich bei der Suche nach einer Partnerin oder einem Partner nicht mehr auf den Zufall, sondern nimmt sie mithilfe eines Online-Dating-Dienstes selbst in die Hand. In einer Umfrage unter .... *(1 006)* Bundesbürgern gab .... *(⅓)* der Teilnehmenden an, schon einmal auf einem Dating-Portal gewesen zu sein. Bei den .... *(16- bis 29-)*Jährigen liegt der Anteil sogar bei .... *(47)* Prozent und immerhin .... *(⅒)* der über 65-Jährigen nutzt das Onlineangebot ebenfalls. Dabei greift jeder .... *(2.)* auf einen kostenpflichtigen Dienst zurück, die andere .... *(½)* setzt auf kostenlosen Service. Die Prognosen für den Umsatz bei den kostenpflichtigen Anbietern liegen in Deutschland bei rund .... *(100 000 000)* Euro, weltweit bei etwa .... *(3,5)* Milliarden. Für einige Nutzerinnen und Nutzer scheint sich der finanzielle Einsatz zu lohnen, denn immerhin gaben .... *(27)* Prozent der Befragten an, eine länger anhaltende Partnerschaft eingegangen zu sein. Allerdings wurden auch ein paar negative Punkte genannt. Die .... *(½)* der Befragten kritisierte, dass Beziehungen durch Online-Dating schneller wieder beendet würden. Fast ebenso viele fanden Online-Dating unromantisch. Und jeder .... *(4.)* meinte, Online-Dating sei nur etwas für Übriggebliebene.

4.7 Wortbildung der Adjektive

Das ist Friedrich Eisenherz.
Friedrich ist sehr sportlich.
↓
abgeleitetes Adjektiv
(der Sport + -lich)

Friedrich trainiert jeden Tag, um leistungsfähig zu bleiben.
↓
zusammengesetztes Adjektiv
(die Leistung + fähig)

▶ Gebrauch

Man kann Adjektive (genauso wie Nomen) aus verschiedenen Wortarten zusammensetzen oder ableiten.

▶ Formen

zusammengesetzte Adjektive

Adjektiv + Adjektiv	hell + blau	→	hellblau
Verb + Adjektiv	wissen + begierig	→	wissbegierig
Nomen + Adjektiv	die Leistung + fähig	→	leistungsfähig

➤ Seite 100: *Komposita: „Fugen-s"*

abgeleitete Adjektive von Nomen oder Verben

mit Suffix (Nachsilbe):

-lich	der Tag	→	täglich	bedrohen	→	bedrohlich			
-ig	der Stein	→	steinig	die Seide	→	seidig			
-isch	Franzose	→	französisch	angeben	→	angeberisch			
-bar	die Furcht	→	furchtbar	ableiten	→	ableitbar			
-sam	die Mühe	→	mühsam	sparen	→	sparsam			
-abel	variieren	→	variabel	spenden	→	spendabel			
-haft	der Schmerz	→	schmerzhaft	der Name	→	namhaft			
-gemäß/-mäßig	die Zeit	→	zeitgemäß	das Recht	→	rechtmäßig			
-al/-ell/-iell	die Region	→	regional	die Form	→	formell	die Potenz	→	potenziell
-iv/-ös	der Impuls	→	impulsiv	der Nerv	→	nervös			

- → Am besten ist es, das Adjektiv gleich mit dem richtigen Suffix zu lernen.
- → Einige Suffixe können dem Adjektiv eine bestimmte Bedeutung verleihen.
  - Die Suffixe *-ig* und *-lich* beschreiben oft eine Qualität: steinig, seidig, schlampig, ordentlich.
  - *-isch* kann eine Zugehörigkeit oder ein Charakteristikum benennen: französisch, angeberisch.
  - *-bar* und *-abel* drücken oft eine Möglichkeit aus: ableitbar (etwas kann abgeleitet werden), *variabel* (etwas kann variiert werden). Das Suffix *-abel* erhalten vor allem Fremdwörter.
  - *-gemäß* und *-mäßig* beschreiben abstrakte Qualitäten: zeitgemäß, rechtmäßig.
- → Einige Adjektive können sowohl mit *-al* als auch mit *-ell* gebildet werden: z. B. rational (mit Vernunft) – rationell (zweckmäßig).

Bedeutungsveränderung

Negation durch Präfix (Vorsilbe):

miss-	verständlich	↔	missverständlich
un-	höflich	↔	unhöflich
in-	stabil	↔	instabil
ir-	rational	↔	irrational
il-	legal	↔	illegal
non-	verbal	↔	nonverbal
de-/des-	aktiviert	↔	deaktiviert
	interessiert	↔	desinteressiert

Negation durch Suffix (Nachsilbe):

-los	der Schlaf	→	schlaflos

Verstärkung durch Zusammensetzung

Nomen + Adjektiv	das Gift + grün	→	giftgrün
Verb + Adjektiv	betteln + arm	→	bettelarm
Adjektiv + Adjektiv	hoch + aktuell	→	hochaktuell

Übungen

1 Adjektivbildung
Bilden Sie Adjektive mit den Suffixen *-ig*, *-lich* oder *-isch*.
Alle Nomen eines Aufgabenpunktes bekommen dieselbe Endung. Einige Adjektive haben einen Umlaut.

Wetter

1. die Sonne → *sonnig* | der Wind → .... | der Nebel → *nebl*...................
2. der Winter → .... | der Sommer → .... | der Herbst → ....
3. der Regen → *regner*............... | der Sturm → ....

Menschliche Eigenschaften

4. Risikofreude → .... | Selbstsucht → .... | Vernunft → ....
   Geduld → .... | Witz → .... | Ruhe → ....
   Mut → ....
5. Freund → .... | Leidenschaft → .... | Punkt → ....
6. Sympathie → .... | Laune → .... | Pessimist → ....
   Optimist → .... | Egoist → ....

2 Zeitangaben
Ergänzen Sie die Suffixe *-lich* oder *-ig*. Achten Sie auch auf die richtigen Endungen der Adjektive.

▸ Das Suffix *-ig* kennzeichnet bei temporalen Adjektiven eine Dauer, *-lich* bedeutet eine Wiederholung.

- Sie nimmt an einer *zweiwöchigen* Weiterbildung teil. *(zwei Wochen)*

1. Sein monat......... Gehalt beträgt 2 000 Euro. *(jeden Monat)*
2. Ernährungswissenschaftlern zufolge soll man fünfmal täg......... Obst essen. *(jeden Tag)*
3. Bis 31. Mai muss man die jähr......... Steuererklärung ausfüllen. *(jedes Jahr)*
4. Das dreijähr......... Studium wird mit dem Bachelor of Arts abgeschlossen. *(drei Jahre)*
5. Die Studierenden können während des viermonat......... Praktikums Erfahrungen sammeln. *(vier Monate)*
6. Paul war so müde, er schlief in der zweistünd......... Sitzung ein. *(zwei Stunden)*

3 Fähigkeiten
Formen Sie die Passivsätze um wie im Beispiel.
Verwenden Sie Adjektive mit dem Suffix *-bar* oder zusammengesetzte Adjektive mit *-fähig*.

- Die Schrift kann gut gelesen werden. *Die Schrift ist gut lesbar.*

1. Die Krankheit kann geheilt werden. ....
2. Der Patient kann jetzt transportiert werden. ....
3. Das Obst kann schon gegessen werden. ....
4. Das Wasser kann nicht getrunken werden. ....
5. Das Programm kann noch verändert werden. ....
6. Die Kenntnisse können noch ausgebaut werden. ....

Wortbildung der Adjektive

4 Welches Nomen passt? Bilden Sie zusammengesetzte Adjektive, die die Bedeutung verstärken.

das Bild • der Stein • die Feder • das Gift • der Blitz • der Knall • ~~der Schnee~~ • die Butter

- Sie trug ein *schnee*weißes Kleid.

1. Wir kommen mit unserem Geld kaum aus – andere Leute dagegen sind .... reich.
2. Das neue Material wiegt fast nichts. Es ist ....leicht.
3. Die Schauspielerin war nicht nur klug, sie war auch .... schön.
4. Der Braten war lange im Ofen. Jetzt ist er ....weich.
5. Margot ist Designerin. Sie liebt leuchtende Farben, zum Beispiel ....grün oder ....rot.
6. Das Polizeiauto fuhr ....schnell an uns vorbei.

5 Antonyme. Wie heißt das Gegenteil?

• interessant:	eine	*uninteressante*	Tätigkeit		5. typisch:	ein	....	Fehler
1. kompetent:	ein	....	Gutachter		6. verständlich:	eine	....	Äußerung
2. konsequent:	die	....	Erziehung		7. formell:	die	....	Anrede
3. direkt:	die	....	Beleuchtung		8. befristet:	der	....	Vertrag
4. verbindlich:	eine	....	Zusage		9. rational:	eine	....	Handlung

6 Baden, waschen und die Gesundheit – ein kurzer historischer Rückblick

Bilden Sie aus den angegebenen Wörtern Adjektive. Das können abgeleitete Adjektive mit einem Suffix oder Partizipien sein. Achten Sie auch auf die richtige Endung des Adjektivs.

Ein *wohltuendes* *(wohltun)* Bad erfrischt Leib und Seele, das wussten schon die alten Griechen und Römer. Deshalb bauten sie .... *(faszinieren)* Badehäuser, in denen man sich wusch, gemeinsam speiste und sich unterhielt. Baden war in der Antike ein .... *(Gesellschaft)* Ereignis. Auch der Wellnessgedanke ist in diesem Zusammenhang keine .... *(Neuzeit)* Erfindung. In den antiken Badehäusern wurden Massagen, ... *(Kosmetik)* Behandlungen und kleinere Operationen durchgeführt.
Mit dem Niedergang des .... *(Rom)* Reiches ging es auch mit der .... *(Europa)* Badekultur bergab. Erst im frühen Mittelalter brachten Kreuzfahrer die Tradition des Badens aus den .... *(Islam)* Ländern mit nach Europa, und im 12. und 13. Jahrhundert stand die Zeremonie des .... *(Gemeinschaft)* Bades in voller Blüte. Doch obwohl Frauen und Männer getrennt badeten, hatten die .... *(Mittelalter)* Badehäuser keinen guten Ruf. Vor allem Vertreter der Kirche betrachteten das Baden als unsittlich und hielten es für .... *(Überfluss)* Luxus.
Als im 15. und 16. Jahrhundert Krankheiten und Seuchen wie die Pest viele Todesopfer forderten, wurden die meisten öffentlichen Badeanstalten geschlossen. Nach Meinung der Ärzte hatten die Bäder einen .... *(Schaden)* Einfluss auf die Gesundheit. Dieser Auffassung blieb man lange treu. Bis Anfang des 18. Jahrhunderts wurde Körperpflege ohne Wasser bevorzugt. Die Adligen wechselten lieber ihre .... *(tragen)* Kleidung, puderten und parfümierten sich, als sich zu waschen.
Das änderte sich in der Zeit der Aufklärung und mit dem .... *(Wissenschaft)* Fortschritt. Wissenschaftler und Ärzte konnten sowohl den Nutzen von Hygiene mit Wasser als auch die .... *(Gesundheit + fördern)* Wirkung von Bädern und heißen Quellen nachweisen.

5 Präpositionen

Wir fahren mit dem Fahrrad.
↓
Präposition mit dem Dativ

Martina kocht für ihre Gäste.
↓
Präposition mit dem Akkusativ

Das Glas steht neben der Flasche.
Ich habe das Glas neben die Flasche gestellt.
↓
Präposition mit Dativ oder Akkusativ

Wegen eines Unfalls kam es auf der Autobahn zu einem Stau.
↓
Präposition mit dem Genitiv

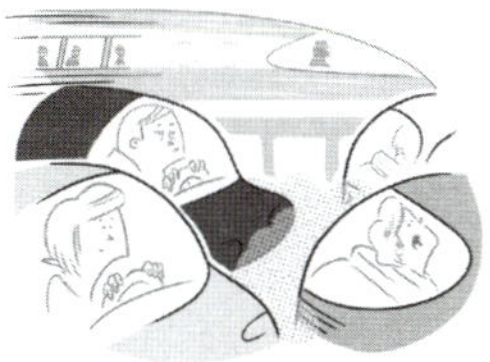

▶ Gebrauch

→ Präpositionen stehen meistens vor einer abhängigen Wortgruppe bzw. einem abhängigen Wort. Sie können eine Richtung oder eine Lage, einen Zeitpunkt oder eine Zeitdauer, eine Art und Weise, einen Grund, einen Gegengrund, einen Gegensatz, eine Folge, einen Zweck oder eine Bedingung kennzeichnen.

→ Präpositionen bestimmen den Kasus der nachfolgenden Nomen oder Pronomen. Das kann ein Dativ, Akkusativ oder Genitiv sein:

Dativ:	Wir fahren mit dem Fahrrad.	➤ Seite 154
Akkusativ:	Martina kocht für ihre Gäste.	➤ Seite 157
Genitiv:	Wegen eines Unfalls kam es auf der Autobahn zu einem Stau.	➤ Seite 161

→ Bei einigen Präpositionen ist neben dem Normalkasus ein zweiter Kasus möglich. Die Bedeutung der Präposition ändert sich dadurch nicht. Das betrifft oft Präpositionen mit dem Genitiv, selten Präpositionen mit Dativ oder Akkusativ:

Dank dem schnellen Eingreifen der Polizei konnte eine Eskalation verhindert werden. *(Dativ)*

Dank des schnellen Eingreifens der Polizei konnte eine Eskalation verhindert werden. *(Genitiv)*

→ Einige Präpositionen (die sogenannten Wechselpräpositionen) regieren Nomen bzw. Pronomen im Dativ oder Akkusativ. Die Verwendung des Kasus ist von der Bedeutung abhängig:
Das Glas steht neben der Flasche. Ich habe das Glas neben die Flasche gestellt. ➤ Seite 159

5.1 Präpositionen mit dem Dativ

Wir fahren
bei schönem Wetter gern
mit dem Fahrrad
von Oberschleißheim
nach Unterschleißheim
zu unseren Freunden.

▶ **Formen**

Präposition	Beispielsätze	Verwendung	Besonderheiten
ab	Das Flugzeug fliegt **ab** Frankfurt. **Ab** nächster Woche habe ich Urlaub.	lokal temporal	oft ohne Artikel
aus	Ich komme **aus** der Türkei. Die Tür ist **aus** Holz. Er heiratete sie **aus** Liebe.	lokal modal kausal	bei Modal- und Kausalangaben ohne Artikel
außer	**Außer** der Chefin wusste niemand von den Plänen. Seine Fähigkeiten stehen **außer** Frage.	konzessiv feste Wendung	in festen Wendungen ohne Artikel
bei	Er wohnt **bei** seinen Eltern. Sie sieht **beim** Essen fern. **Bei** schlechtem Wetter gehe ich nicht spazieren.	lokal temporal konditional	
dank	**Dank** dem schnellen Eingreifen der Polizei konnte eine Eskalation verhindert werden.	kausal	auch mit Genitiv möglich
entgegen	**Entgegen** allen Befürchtungen erholt sich die Wirtschaft wieder.	adversativ	
entsprechend	**Entsprechend** der Vorhersage stieg der Dollarkurs an.	modal	voran- oder nachgestellt
gegenüber	Das Restaurant befindet sich **gegenüber** dem Theater. Fremden **gegenüber** benimmt er sich manchmal etwas merkwürdig.	lokal kausal	voran- oder nachgestellt
gemäß	Das Verfahren muss den Vorschriften **gemäß** ablaufen.	modal	voran- oder nachgestellt
mit	Ich fahre **mit** dem Zug. Der Zug fuhr **mit** hoher Geschwindigkeit.	modal-instrumental modal	
nach	Meiner Meinung **nach** steigen die Benzinpreise noch. Ich fahre **nach** Hause. **Nach** dem Essen gehe ich ins Bett. Wir sind **nach** der Präsentation von Gustav dran.	modal lokal temporal Reihenfolge	bei Modalangaben oft nachgestellt bei Lokalangaben ohne Artikel
seit	Es regnet **seit** zwei Tagen.	temporal	
von	Ich komme gerade **vom** Zahnarzt. Der Kurs geht **vom** 13. bis (zum) 27. Mai. Die Messe wurde **vom** Bundespräsidenten eröffnet. Das ist der Schreibtisch **von** Frau Krüger.	lokal temporal Angabe des Agens in Passivsätzen Genitiversatz	

Präposition	Beispielsätze	Verwendung	Besonderheiten
zu	Ich gehe **zu** Fuß. Der FC Schalke 04 gewann zwei **zu** eins. **Zum** Einparken sollte man beide Außenspiegel benutzen. Ich gehe **zur** Bibliothek. **Zu** dieser Zeit studierte er in Paris.	modal feste Wendung final lokal temporal	
zufolge	Einem Bericht **zufolge** steckt das Unternehmen in Schwierigkeiten.	modal	nachgestellt
zuliebe	Ich mache das nur dir **zuliebe**.	kausal	nachgestellt

Entgegen, entsprechend, gemäß und *zufolge* werden hauptsächlich schriftlich verwendet.

Übungen

1 Wo, woher oder wohin?
Ergänzen Sie die Präposition *aus, bei, nach, von, zu* und den Artikel bzw. die Kurzform.
➤ Seite 163: *Lokalangaben*

- Fährst du auch *nach* München?

1. Ich komme heute später, ich muss noch .... Zahnarzt.
2. Wenn einem das Portemonnaie gestohlen wurde, sollte man .... Polizei gehen. .... Polizei erstattet man Anzeige gegen Unbekannt.
3. Ich habe Klaus getroffen. Er kam gerade .... Party und ging schon wieder .... nächsten.
4. Woher kommen Sie? Ich komme .... Deutschland, meine Kollegin kommt .... Schweiz.
5. Warum kommen Marcus und Elsa schon wieder zu spät .... Sitzung? – Marcus ist noch .... Englischunterricht, Elsa ist .... Kundin.
6. Maria will sich scheiden lassen, sie war sogar schon .... Anwalt.
7. Als ich gestern .... Supermarkt kam und .... Hause fahren wollte, habe ich Lisa auf dem Parkplatz getroffen.

2 Ist die Sauna wirklich gesund? (45)
Ergänzen Sie den Text mit den passenden Ausdrücken. Überprüfen Sie Ihre Lösungen mit dem Hörtext.

bei höllischen • bei einer wissenschaftlichen • mit anderen schwitzenden • zu erstaunlichen • ~~von den unzähligen positiven~~ • bei bestimmten • Untersuchungsergebnissen zufolge • mit zwei

Die einen schwärmen *von den unzähligen positiven* (0) Gesundheitseffekten der Sauna, die anderen verstehen nicht, warum es so viel Spaß machen soll, ... (1) Menschen .... (2) Temperaturen in einem winzigen Raum zu sitzen.
.... (3) Untersuchung zu der Frage, ob die Sauna Erkältungen vorbeugt, kam ein Team der Universität Wien .... (4) Ergebnissen: Die Medizinerinnen und Mediziner führten ein halbes Jahr lang Versuche .... (5) Patientengruppen durch und zeichneten auf, wie oft die Testpersonen erkältet waren. Den .... (6) ließ die Anzahl der Erkältungen bei der Gruppe nach, die regelmäßig die Sauna besuchte. Daraus konnten die Forschenden schließen, dass Saunabesuche .... (7) Krankheiten tatsächlich eine vorbeugende Wirkung haben.

Präpositionen mit dem Dativ

3 Angaben im Dativ
Bilden Sie Sätze. Achten Sie auf den richtigen Kasus und die angegebene Zeitform.

- seit – zwei Jahre – keinen Sport – er – mehr – treiben *(Präsens)* — *Seit zwei Jahren treibt er keinen Sport mehr.*

1. das Endspiel – bei – strömender Regen – stattfinden *(Präteritum)* ……………
2. dank – deine Hilfe – wir – das Projekt – rechtzeitig – beenden können *(Präsens)* ……………
3. entgegen – alle Erwartungen – die Amateurmannschaft – gewinnen *(Präteritum)* ……………
4. die Galerie – gegenüber – das Theater – liegen *(Präsens)* ……………
5. zu – Wandern – man – die richtigen Schuhe – tragen müssen *(Präsens)* ……………
6. zu – die Arbeit – Frau Weber – immer – mit – das Fahrrad – fahren *(Präsens)* ……………
7. der Raum – ab – 15.00 Uhr – belegt sein *(Präsens)* ……………
8. meine Meinung – nach – das Buch – ein Publikumserfolg – werden *(Präsens)* ……………
9. zu – die Weihnachtsfeier – alle – außer – der Direktor – kommen *(Präteritum)* ……………
10. eine Studie – zufolge – viele Menschen – zu wenig – sich bewegen *(Präsens)* ……………
11. seine Frau – zuliebe – Richard – die neue Stelle – in Hamburg – ablehnen wollen *(Präsens)* ……………
12. entsprechend – die Vorgabe – die Pullover – aus – biologisch angebaute Baumwolle – produziert werden *(Präsens)* ……………

4 Hobbys im Lebenslauf
Ergänzen Sie die Präpositionen *aus, bei, gegenüber, gemäß, mit, nach, von, zu, zufolge,* wenn nötig in angepasster Form.

……………. (1) Meinung einiger Personalverantwortlicher kann die Angabe ……………. (2) Hobbys im Lebenslauf Vorteile ……………. (3) der Bewerbung bringen, denn man kann ……………. (4) ihnen seine Persönlichkeit unterstreichen und wichtige Charaktereigenschaften ……………. (5) Geltung bringen. Allerdings punkten nicht alle Hobbys ……………. (6) zukünftigen Arbeitgeber. Karriereberatern ……………. (7) sollte man keine Freizeitbeschäftigungen angeben, ……………. (8) denen man negative Eigenschaften ableiten könnte oder die ……………. (9) negativen Gefühlen verbunden werden. So wird zum Beispiel ……………. (10) Extremsportarten eine Beeinträchtigung der Arbeitsleistung befürchtet, Jagen oder Angeln könnten ……………. (11) Kontroversen führen und Computerspielen lässt auf Passivität schließen. Besondern gern gesehen sind dagegen Hobbys, ……………. (12) denen man Kreativität, Fleiß, Ausdauer oder Ausgeglichenheit assoziiert, wie Musizieren, Laufen oder Meditieren. Deshalb ist es ratsam, nur die Hobbys auszuwählen, die ……………. (13) ausgeschriebenen Stelle passen und ……………. (14) anderen Bewerbungen Pluspunkte bringen. Doch selbst ……………. (15) dem verständlichen Wunsch ……………. (16) einem Bewerbungserfolg sollte man den Bewerbungsvorschriften ……………. (17) handeln und ……………. (18) den Angaben ……………. (19) Freizeitgestaltung die Wahrheit nicht ……………. (20) dem Auge verlieren.

5.2 Präpositionen mit dem Akkusativ

Frau Kunkel kann **ohne** Brille nicht gut lesen.

Martina kocht **für** ihre Gäste.

Ich nehme eine Tablette **gegen** meine Kopfschmerzen.

▶ Formen

Präposition	Beispielsätze	Verwendung	Besonderheiten
bis	Der Zug fährt nur **bis** München. Ich bleibe **bis** Sonntag.	lokal temporal	ohne Artikel, auch in Kombinationen mit anderen Präpositionen möglich *(zu, an, auf)*
durch	Wir fahren **durch** die Türkei. Die Mannschaft verbesserte sich **durch** hartes Training.	lokal modal	
entlang	Der Weg führt den Fluss **entlang**.	lokal	nachgestellt, auch mit Genitiv möglich, im Genitiv vorangestellt
für	Ich brauche das Geld **für** meine Miete. Der Künstler kommt nur **für** eine Stunde ins Atelier. Otto hat das Auto **für** 1 000 Euro bekommen. Sie liest das Manuskript Wort **für** Wort.	final temporal Wertangabe feste Wendung	
gegen	Das Auto fuhr **gegen** einen Baum. Ich komme **gegen** 8.00 Uhr. Ich nehme die Tabletten **gegen** Kopfschmerzen.	lokal temporal – ungenaue Zeitangabe kausal/final	
ohne	**Ohne** Brille kann ich nicht lesen.	modal/konditional	oft ohne Artikel
um	Wir sind **um** die Kirche (herum) gegangen. Die Besprechung beginnt **um** 9.00 Uhr. Die Kirche wurde **um** 1750 gebaut.	lokal temporal – genaue Zeitangabe temporal – ungenaue Zeitangabe	
wider	**Wider** Erwarten sanken die Ölpreise.	feste Wendung	ohne Artikel

Übungen

1 Angaben im Akkusativ. Bilden Sie Sätze. Achten Sie auf den richtigen Kasus und die angegebene Zeitform.

- das Haus – um – 1900 – gebaut werden *(Präteritum)* — *Das Haus wurde um 1900 gebaut.*
1. wir – eine Runde – um – der See – gehen *(Präsens)* ....
2. der Film – bis – nächste Woche Dienstag – laufen *(Präsens)* ....
3. Marie – nichts mehr – ohne – ihr neuer Freund – machen *(Präsens)* ....
4. Bewegung – gegen – allerlei Beschwerden – helfen *(Präsens)* ....
5. der Lkw – gegen – die Leitplanke – prallen *(Präteritum)* ....
6. für – du – ich – doch alles – tun! *(Präsens)* ....
7. die Rallye – mitten – durch – die Wüste – führen *(Präteritum)* ....
8. er – die Einkaufsstraße – entlang – schlendern *(Präteritum)* ....

Präpositionen mit dem Akkusativ

2 **Stressempfinden. Ergänzen Sie die passenden Präpositionen mit dem Akkusativ. Überprüfen Sie Ihre Lösungen mit dem Hörtext.** (46)

für *(3 x)* • wider • bis • durch *(3 x)* • ohne • um

Mehrere wissenschaftliche Studien haben ergeben, dass der Alltagsstress im Laufe des Lebens .... (1) Erwarten nicht zunimmt, sondern abnimmt. Das sind gute Neuigkeiten .... (2) ältere Leute, ... (3) jüngere Menschen bedeutet es die Aussicht auf bessere Zeiten im Alter. Mit Alltagsstress sind beunruhigende Gefühle oder störende Ereignisse gemeint, die zum Beispiel .... (4) Konflikte in der Partnerschaft oder .... (5) berufliche Aufgaben und Anforderungen entstehen. Viele junge Erwachsene versuchen, ... (6) Einschränkungen im Arbeitsleben .... (7) die Familie da zu sein, und arbeiten .... (8) zur Erschöpfung. So .... (9) das 55. Lebensjahr sinkt die permanente Anspannung. Zum einen begreifen die Menschen die Endlichkeit des Lebens und wollen die verbleibende Zeit genießen, zum anderen können sie auf Basis von Erfahrungen mit Stresssituationen besser umgehen. Zwischen dem 80. und 90. Lebensjahr sinkt die Zufriedenheit .... (10) die Zunahme körperlicher Gebrechen wieder.

3 **Rätsel**
Ergänzen Sie die fehlenden Präpositionen (Ü=UE). Wie heißt das Lösungswort (von oben nach unten)?

1. Greenpeace engagiert sich F U E R den Umweltschutz.
2. Einige positive Entwicklungen wären ☐☐☐☐ den Einsatz von Greenpeace nicht denkbar.
3. Gestern demonstrierten viele Bürger ☐☐☐☐☐ den bevorstehenden Atommülltransport.
4. Die Demonstranten marschierten ☐☐☐☐☐☐☐ der Bahngleise.
5. Amnesty International kämpft ☐☐☐☐☐ Menschenrechtsverletzungen.
6. Die Vereinten Nationen haben die Aufgabe, ☐☐☐☐ die Sicherung des Weltfriedens zu sorgen.
7. Die Sitzung für die Hilfe im Katastrophengebiet beginnt ☐☐ 11.00 Uhr.
8. UNICEF setzt sich ☐☐☐☐ die Rechte der Kinder ein.
9. Kinder können sich ☐☐☐☐ Hilfe nicht wehren.
10. Zur Bekämpfung des Schmuggels stehen ☐☐☐☐☐☐☐ des Flusses mehrere Wachposten.

Lösungswort: E ....

4 **Unfallfolgen. Schreiben Sie eine E-Mail an Marcus und ergänzen Sie die fehlenden Präpositionen im Akkusativ. Achten Sie auch auf die Zeitformen und die Stellung der Verben.**

leider • ich • unser gemeinsames Abendessen • absagen • müssen *(Präsens)* → ich • heute früh • .... 9.00 Uhr • mit meinem Auto • aus der Garage • fahren, da • ein Taxi • die Straße .... • rasen *(Perfekt)* → ich • es • unglücklicherweise • zu spät • sehen • und • voll • .... das Taxi • prallen *(Perfekt)* → .... Erwarten • mir und dem Taxifahrer • nicht viel • passieren *(Perfekt)* → ich • mir • das Bein • brechen *(Perfekt)* → der Taxifahrer • nur ein paar Prellungen • haben *(Präsens)* → .... die schnelle und gute Behandlung • im Krankenhaus • ich • schon • zu Hause • auf meinem eigenen Sofa • liegen dürfen *(Präsens)* → du • mich • ja mal • besuchen können • und • vielleicht • etwas zu essen • mitbringen *(Präsens)*

Lieber Marcus, ...
....
....
....
....
....
Liebe Grüße
Kathrin

5.3 Präpositionen mit Dativ oder Akkusativ

Das Glas steht neben der Flasche.

Ich habe das Glas neben die Flasche gestellt.

▶ Formen

Präposition	Kasus	Beispielsätze	Verwendung
an	Dativ Akkusativ Dativ Dativ Akkusativ	Das Bild hängt **an** der Wand. Ich hänge den Mantel **an** die Garderobe. Ich komme **am** Montag. **An** deiner Stelle hätte ich nicht gekündigt. Auf der Hochzeitsfeier waren **an** die 100 Gäste.	lokal (wo?) lokal (wohin?) temporal konditional (irreal) ungenaue Zahlenangabe
auf	Dativ Akkusativ Akkusativ Akkusativ Akkusativ Dativ	Das Buch liegt **auf** dem Tisch. Ich lege das Buch **auf** den Tisch. Die Museumsnacht ist die Nacht von Samstag **auf** Sonntag. Wir verschieben den Termin **auf** den Zehnten. Er macht es **auf** seine Art. Der Text ist **auf** Schwedisch.	lokal (wo?) lokal (wohin?) temporal temporal modal feste Wendung
hinter	Dativ Dativ Akkusativ Akkusativ	Der Brief liegt **hinter** dem Schreibtisch. Der Chef steht **hinter** der Entscheidung des Vorstandes. Der Brief ist **hinter** den Schreibtisch gefallen. Der Chef stellt sich **hinter** die Entscheidung des Vorstandes.	lokal (wo?) übertragene Bed. lokal (wohin?) übertragene Bed.
in	Dativ Akkusativ Dativ Dativ	Ich war **in** der Schweiz. Ich fahre **in** die Schweiz. Wir haben **im** August Ferien. **In** diesem Zustand kannst du nicht Auto fahren.	lokal (wo?) lokal (wohin?) temporal modal/kausal
neben	Dativ Akkusativ	Der Tisch steht **neben** dem Bett. Ich stelle den Tisch **neben** das Bett.	lokal (wo?) lokal (wohin?)
über	Dativ Akkusativ Akkusativ Akkusativ	Das Bild hängt **über** dem Sofa. Otto hängt das Bild **über** das Sofa. Er ging den ganzen Tag **über** spazieren. Die Reise dauerte **über** ein Jahr.	lokal (wo?) lokal (wohin?) temporal (meist nachgestellt) modal (mehr/länger als)
unter	Dativ Akkusativ Dativ Dativ	Die Katze sitzt **unter** dem Stuhl. Die Katze kriecht **unter** den Stuhl. Wir arbeiten **unter** schlechten Bedingungen. **Unter** diesen Voraussetzungen können wir den Vertrag nicht unterschreiben.	lokal (wo?) lokal (wohin?) modal kausal
vor	Dativ Akkusativ Dativ Dativ	Die Taxis stehen **vor** dem Bahnhof. Die Taxis fahren direkt **vor** die Tür. Treffen wir uns **vor** dem Mittagessen? Er sprang **vor** Freude in die Luft.	lokal (wo?) lokal (wohin?) temporal kausal (ohne Artikel)
zwischen	Dativ Dativ Akkusativ Dativ	Vielleicht ist das Foto **zwischen** den Büchern? Er steht **zwischen** den streitenden Parteien. Hast du das Foto **zwischen** die Bücher gesteckt? **Zwischen** dem 1. und dem 5. Mai ist das Restaurant geschlossen.	lokal (wo?) übertragen lokal (wohin?) temporal

Präpositionen mit Dativ oder Akkusativ

→ **Lokalangaben**

Die angegebenen Präpositionen nennt man auch Wechselpräpositionen, weil sie bei lokalen Angaben den Fall wechseln: Auf die Frage *Wo?* folgt der Dativ, auf die Frage *Wohin?* folgt der Akkusativ:

Wo? Das Glas steht neben der Flasche.

Wohin? Ich habe das Glas neben die Flasche gestellt.

Einige Verben können auf beide Fragen antworten, z. B. *klopfen*: Ich klopfe an der Tür/an die Tür.

➤ Seite 163: *Weitere Lokalangaben*

→ **Temporalangaben**

- Bei temporalen Angaben folgt nach *an, in, vor* und *zwischen* immer der Dativ:
  Wir sehen uns am Donnerstag, in der Pause, vor der Besprechung, zwischen den Gesprächen.
- Bei *auf* und *über* steht der Akkusativ:
  Nach dem Sturm in der Nacht vom 2. auf den 3. August war die Feuerwehr den ganzen Tag über im Einsatz.

➤ Seite 166: *Weitere Temporalangaben*

Übungen

1 Digital Detox. Ergänzen Sie die Präpositionen *in, an, auf* oder *zwischen* in der richtigen Form und die Endungen der Artikel. Manchmal gibt es mehrere Möglichkeiten. Hören Sie eine Beispiellösung. (47)

Eine Textnachricht aus dem Liegestuhl .... (1) Strand, ein Foto .... d...... (2) sozialen Netzwerken, ein kurzer Anruf .... (3) Restaurant .... (4) Vorspeise und Hauptgang: Das Smartphone ist für die meisten Menschen auch .... (5) Urlaub nicht mehr wegzudenken. Doch garantiert der Urlaub mit angeschaltetem Handy auch wirkliche Erholung? Nein, sagen immer mehr Experten, echte Erholung beginnt erst, wenn die mobilen Geräte ausgeschaltet sind. Das erfordert allerdings eine Menge Selbstdisziplin. Wer diesbezüglich kleine Schwächen aufweist, könnte sich z. B. für einen Urlaubsort entscheiden, ... d...... (6) es nur einen 2G- bzw. gar keinen Empfang gibt oder für ein Hotel, ... d...... (7) Digital Detox zur Hotelphilosophie gehört. Um die freien Tage .... ein...... (8) weitgehend empfangsfreien Gebiet zu verbringen, muss man aber nicht .... d...... (9) Wüste fahren oder .... d...... (10) Berge des Himalaya klettern. Man wird trotz aller Bemühungen der Netzbetreiber auch .... (11) Deutschland fündig, denn es gibt noch einige weiße Flecken .... d........ (12) deutschen Mobil-Landschaft. Deshalb kann man sich .... (13) so manchem Bergtal .... d...... (14) Alpen oder .... einig...... (15) Orten .... (16) Schwarzwald besonders gut vom Immer-Erreichbarkeitsstress erholen. Kein klingelndes oder piepende Handy nervt einen .... (17) Esstisch .... (18) Restaurant, ... d...... (19) Liege .... (20) Pool oder .... d...... (21) Wanderweg, der .... d...... (22) nächsten Ort führt. Man besinnt sich wieder auf sich selbst und wird bald feststellen, welche überraschenden Fähigkeiten in einem schlummern.

2 Die Geschichte des Bierdeckels
Ergänzen Sie die Präpositionen *in, auf* und *vor* in lokaler oder temporaler Bedeutung in der richtigen Form.

Das beliebteste alkoholische Getränk der Deutschen ist seit Jahrhunderten das Bier. Es gehört *in* (0) Deutschland zum Leben wie der Wein zum Leben der Franzosen. Egal, ob man .... (1) Biergarten, ... (2) Gasthaus oder .... (3) der Kneipe sitzt, Bier wird überall serviert. Und zwar mit einem meist runden Bierdeckel, ... (4) den .... (5) jeder Kneipe das volle Glas gestellt wird. Dieser Gegenstand ist vor allem praktisch: Er saugt den herunterlaufenden Bierschaum auf und die Bedienung kann jedes bestellte Bier mit einem Strich .... (6) dem Deckel vermerken. Der Bierdeckel ist keine neue Erfindung: Früher legte man einen Deckel aus Filz .... (7) das Glas, um Insekten fernzuhalten. Darum heißt der Gegenstand bis heute nicht Bieruntersetzer*, sondern Bierdeckel. Die alten Filzdeckel hatten allerdings den großen Nachteil, dass sie meistens feucht und nicht besonders hygienisch waren. .... (8) mehr als hundert Jahren (1880) kam der Dresdner Robert Sputh auf die Idee, Bierdeckel aus Pappe herzustellen. .... (9) einer Kartonagenfabrik .... (10) Buckau, einem Dorf .... (11) der Nähe von Magdeburg, produzierte er die neuen Deckel und ließ gleichzeitig das Logo der Brauerei .... (12) die Pappe drucken. Zehntausende Brauereien wollten aus Werbegründen ihr Logo .... (13) den Bierdeckeln haben und sorgten dafür, dass die Untersetzer bereits .... (14) den 1920er-Jahren bunt bedruckt waren.

* Untersetzer: kleiner flacher Gegenstand, der zum Schutz unter etwas gelegt wird

5.4 Präpositionen mit dem Genitiv

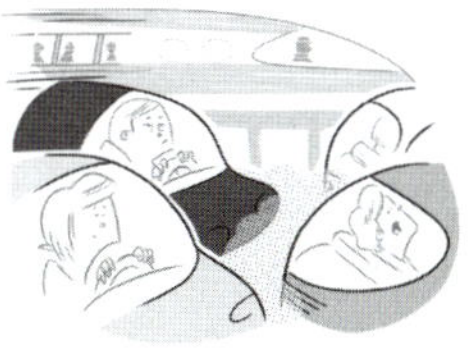

Wegen eines Unfalls kam es auf der Autobahn zu einem 30 km langen Stau.

▶ **Formen**

Präposition	Beispielsätze	Verwendung	Besonderheiten
abseits **diesseits** **längsseits** **jenseits**	Ruhe findet man nur **abseits** der großen Städte. **Diesseits/Längsseits/Jenseits** der Berge wachsen die Weinstöcke besonders gut. Das ist **jenseits** von Gut und Böse.	lokal lokal übertragene Bedeutung	*Jenseits* wird auch in Kombination mit *von* gebraucht: *jenseits von Gut und Böse.*
angesichts	**Angesichts** wachsender Vorurteile wird das Zusammenleben in diesem Viertel immer schwieriger.	kausal	
anhand	**Anhand** dieses Beispiels lässt sich der Prozess gut erklären.	modal-instrumental	
anlässlich	**Anlässlich** des Todes von Max Müller wiederholt das Fernsehen seine berühmtesten Filme.	kausal/temporal	
anstelle	**Anstelle** der Ministerin nimmt ein Staatssekretär an der Verhandlung teil.	alternativ	
außerhalb **innerhalb**	**Außerhalb** der Geschäftszeiten ist niemand im Büro. Bitte bezahlen Sie die Rechnung **innerhalb** einer Woche. **Außerhalb** der Stadt gibt es viel Wald. Das Tier kann sich **innerhalb** der Wohnung befinden.	temporal temporal lokal lokal	*innerhalb* ist temporal auch in Kombination mit *von* + Dativ möglich
bezüglich **hinsichtlich**	Die Vorschriften **bezüglich/hinsichtlich** der staatlichen Beihilfen werden überarbeitet.	kausal	
infolge	**Infolge** starker Schneefälle wurde die Alpenstraße gesperrt.	kausal/konsekutiv	
laut	**Laut** einer Studie sind fast 70 Prozent der Deutschen glücklich.	modal	
mangels	**Mangels** hochwertiger Materialien wurden preiswerte Ersatzstoffe verwendet.	modal-instrumental	
mittels	Die Tür kann man **mittels** eines Drahtes leicht öffnen.	modal-instrumental	
mithilfe **(mit Hilfe)**	**Mithilfe** eines Freundes gelang ihm die Flucht.	modal-instrumental	auch in Kombination mit *von* + Dativ möglich
oberhalb **unterhalb**	**Oberhalb** der Baumgrenze gibt es keine Wanderpfade mehr. **Unterhalb** der 1000-Meter-Grenze befinden sich viele Rastplätze.	lokal lokal	
statt **anstatt**	**Statt/Anstatt** eines Blumenstraußes verschenkte er ein altes Buch.	alternativ	
seitens **vonseiten**	**Seitens/Vonseiten** der Beschäftigten gibt es keine Beschwerden.	lokal, übertragene Bedeutung	
trotz **ungeachtet**	**Trotz** seiner schlechten Leistung bestand er die Prüfung. **Ungeachtet** vieler Mahnungen reagierte sie nicht.	konzessiv konzessiv	umgangssprachlich und in manchen Wendungen mit Dativ
während	**Während** seines Studiums lernte er Spanisch.	temporal	

Präpositionen mit dem Genitiv

Präposition	Beispielsätze	Verwendung	Besonderheiten
wegen **aufgrund**	**Wegen/Aufgrund** eines Unfalls kam es auf der Autobahn zu einem langen Stau. **Wegen** dir bin ich in Berlin geblieben. (alternativ: deinetwegen)	kausal kausal	bei Personalpronomen (oft) und umgangssprachlich (selten) mit Dativ möglich
zugunsten	Sie verzichtete **zugunsten** ihres Sohnes auf das Erbe.	kausal	
zwecks	**Zwecks** Feststellung der Pflegebedürftigkeit erfolgt eine ärztliche Untersuchung.	final	Amtssprache

→ Die meisten Präpositionen mit dem Genitiv werden selten und hauptsächlich schriftsprachlich verwendet.

→ Die Präpositionen *statt/anstatt, trotz, während, wegen, innerhalb (von)* und *außerhalb* findet man auch im alltäglichen Sprachgebrauch.

Übungen

1 Präpositionen mit dem Genitiv. Ergänzen Sie die Sätze wie im Beispiel.

- innerhalb: Die Ergebnisse müssen *innerhalb eines bestimmten Zeitraums (ein bestimmter Zeitraum)* vorliegen.
1. außerhalb: Familie Schmidt hat sich ein kleines Häuschen .... *(die Stadt)* gekauft.
2. angesichts: .... *(der Fachkräftemangel)* sollte die Regierung das Einwanderungsgesetz endlich reformieren.
3. während: .... *(die Arbeitszeit)* ist die private Nutzung des Internets nicht erwünscht.
4. anlässlich: .... *(das 100-jährige Firmenjubiläum)* bekommen alle Beschäftigten eine Bonuszahlung.
5. innerhalb: Der Dieb muss sich noch .... *(das Gebäude)* aufhalten.
6. trotz: .... *(sein Reichtum)* ist der Millionenerbe nicht glücklich.
7. statt: .... *(ein Original)* erhielt der Kunstsammler eine Fälschung.
8. wegen .... *(die schlechte Bezahlung)* sucht sich Andreas eine andere Stelle.
9. laut: .... *(eine neue Studie)* sterben immer mehr Fischarten aus.
10. infolge: .... *(schwere Regenfälle)* hatten viele Züge Verspätung.

2 Das Ergebnisprotokoll der Gemeinderatssitzung. Ergänzen Sie die passenden Präpositionen.

angesichts • außerhalb • aufgrund • infolge • anhand • mithilfe • hinsichtlich • innerhalb • vonseiten

Zu Beginn der Gemeinderatssitzung begrüßte Bürgermeisterin Feuerbach die Teilnehmenden. Sie teilte mit, dass Herr Hauer .... (1) einer Erkrankung nicht an der Sitzung teilnehmen kann. Herr Hauer wurde von Frau Ertl vertreten.
Bürgermeisterin Feuerbach informierte darüber, dass der Probezeitraum für die Aktion „Kostenloses Parken am Stadtrand" Ende dieses Monats ausläuft, und forderte eine Entscheidung über das weitere Vorgehen. Herr Schmidt argumentierte für die Verlängerung der Probezeit. .... (2) der großen Verkehrs- und Umweltprobleme in der Stadtmitte sprach er sich dafür aus, das kostenlose Parken .... (3) der Innenstadt weiter zu fördern. .... (4) des zuverlässigen Pendlerbussystems könnten alle die Innenstadt .... (5) von 15 Minuten erreichten. .... (6) einiger Teilnehmender gab es die Bitte nach einem weiteren Ausbau der Ladesäulen auf den Stadtrandparkplätzen. Frau Egbert schlug vor, das Parken in der Stadtmitte durch erhöhte Parkgebühren unattraktiv zu machen und damit gleichzeitig die Einnahmen für die Stadt zu erhöhen. .... (7) der wachsenden Bevölkerungszahl sei die Luftverschmutzung ein immer größeres Problem, meinte Frau Egbert. Deshalb müsse der Stadtrat zu strengeren Maßnahmen greifen.

.... (8) des weiteren Vorgehens wurde nach einer kurzen Debatte einstimmig beschlossen, dass parallel zur Verlängerung des Projekts „Kostenloses Parken am Stadtrand" die Parkgebühren in der Stadtmitte um 100 Prozent erhöht werden. In einem halben Jahr soll .... (9) der vorliegenden Daten über die Zukunft der beiden Maßnahmen abgestimmt werden.

5.5 Semantische Zuordnung der Präpositionen

Lokalangaben

Formen: Richtungsangaben – *Wohin?*

Präposition	Kasus	Beispielsätze	Verwendung
nach	Dativ	Wir fliegen **nach** Deutschland/**nach** München/**nach** Europa. Wir müssen jetzt **nach** Norden/**nach** links fahren. Soll ich dich **nach** Hause bringen?	Länder, Städte und Kontinente (ohne Artikel) Himmelsrichtungen/Richtungen feste Wendung
zu	Dativ	Ich gehe **zu** meinen Eltern/**zum** Arzt/**zum** Friseur. Du solltest **zur** Polizei gehen und Anzeige erstatten. Der Junge geht noch **zur** Schule. Gehst du auch **zur** Geburtstagsparty von Kathi? Ich gehe **zum** Bahnhof/**zur** Post/**zur** Bibliothek.	Personen einige Behörden/Institutionen einige Veranstaltungen im Sinne von *in Richtung*
an	Akkusativ	Wir fahren **an** die Nordsee/**an** die Grenze. Er ging **ans** Fenster. Ich stelle das Foto **an** die Vase.	Gewässer, Grenzen im Sinne von *heran* genaue Richtung/Lage
auf	Akkusativ	Wir fliegen **auf** eine einsame Insel. Ich gehe **auf** den Potsdamer Platz/**auf** die Baustelle. Gehst du heute **aufs** Finanzamt? Wir gehen **auf** den Empfang der Bürgermeisterin. Kommst du mit **auf** den Aussichtsturm? Die Katze legt sich **auf** das Sofa.	Inseln Plätze einige Ämter einige Veranstaltungen im Sinne von *hinauf* genaue Richtung/Lage
in	Akkusativ	Ich fahre **in** die Schweiz/**in** den Sudan/**in** die USA. Leni geht mit dem Hund **in** den Park. Die Katze kriecht **in** ihr Körbchen.	Länder mit Artikel im Sinne von *hinein* genaue Richtung/Lage
hinter **neben** **über** **unter, vor** **zwischen**	Akkusativ	Die Katze legt sich **hinter/neben/unter/vor** das Sofa, **zwischen** die Kissen. Ich hänge das Bild **über** das Bett.	genaue Richtung/Lage
bis	Akkusativ	Der Zug fährt nur **bis** Nürnberg.	Endpunkt auch in Kombination mit *zu* + Dativ möglich
durch	Akkusativ	Herr Schmidt ging **durch** die Tür.	im Sinne von *hindurch*
entlang	Akkusativ	Der Radweg verläuft den Fluss **entlang**.	Parallelität
gegen	Akkusativ	Er fuhr **gegen** ein Verkehrsschild.	Endpunkt/Aufprall

Formen: Richtungsangaben – *Woher?*

Präposition	Kasus	Beispielsätze	Verwendung
aus	Dativ	Wir kommen gerade **aus** Berlin/**aus** Spanien/**aus** Asien. Sie nahm eine Flasche **aus** dem Kühlschrank.	Städte, Länder, Kontinente im Sinne von *heraus*
von	Dativ	Paul kommt **vom** Arzt/**vom** Friseur. Marie kommt **von** der Polizei/**von** der Uni. Susanne kommt **vom** Unterricht/**von** einer Ausstellung. Das Auto kam **von** Süden/**von** links. Der Zug fuhr **von** Berlin nach Hamburg.	Personen einige Behörden/Institutionen Veranstaltungen Himmelsrichtungen/Richtungen Ausgangspunkt
ab	Dativ	Die Maschine fliegt **ab** Amsterdam.	Ausgangspunkt

Semantische Zuordnung der Präpositionen

▶ Formen: Ortsangaben – *Wo?*

Präposition	Kasus	Beispielsätze	Verwendung
an	Dativ	Wir waren **an** der Nordsee/**an** der Grenze. Er stand **an** der Tür.	Gewässer, Grenzen genaue Ortsangabe
auf	Dativ	Wir waren **auf** einer einsamen Insel. Wir trafen uns **auf** dem Potsdamer Platz/**auf** der Baustelle. Warst du auch **auf** der Party/**auf** dem Empfang? Warst du schon **auf** dem Finanzamt? Das Schreiben vom Bauamt liegt **auf** dem Tisch.	Inseln Plätze einige Veranstaltungen einige Ämter genaue Ortsangabe
in	Dativ	Ich war **in** Portugal, **in** Hamburg, **in** Europa. **In** der Kirche waren ca. 100 Menschen.	Länder, Städte, Kontinente genaue Ortsangabe
hinter **neben** **über** **unter** **vor** **zwischen**	Dativ	Die Katze liegt **hinter/neben/unter/vor** dem Sofa, **zwischen** den Kissen. Das Bild hängt **über** dem Bett.	genaue Ortsangabe
bei	Dativ	Otto war **beim** Arzt/**bei** seinen Eltern. Marie ist **bei** der Polizei/**bei** Siemens. Warst du gestern **beim** Deutschunterricht/**beim** Vortrag von Professor Schulz?	Personen einige Behörden/Firmen Veranstaltungen/Unterricht
gegenüber	Dativ	Das Haus liegt **gegenüber** der Universität.	im Sinne von *auf der anderen Seite*
um **(… herum)**	Akkusativ	Die Menschen standen **um** das Denkmal **herum**.	im Sinne von *Umkreisung*
innerhalb **außerhalb** **oberhalb** **unterhalb** **diesseits** **jenseits** **abseits**	Genitiv	**Innerhalb** der Stadt gilt eine Geschwindigkeitsbegrenzung. **Abseits** der Städte sind die Immobilienpreise gefallen.	im Sinne von *Begrenzung*

Übungen

1 Reiseziele. Ergänzen Sie *an, auf, in* oder *nach* und die Artikel, wenn nötig.

Man kann heute überall hinfliegen, zum Beispiel …

- ● *nach* Kanada
1. .... Kanarischen Inseln
2. .... Schweiz
3. .... Atlantikküste
4. .... Brasilien
5. .... Nordpol
6. .... Mongolei
7. .... Philippinen
8. .... Peking
9. .... Sudan
10. .... Türkei
11. .... Lissabon
12. .... Niederlande
13. .... Australien
14. .... USA

2 Richtungsangaben. Ergänzen Sie die lokalen Präpositionen und die Artikel, wenn nötig.

- ● Wir sind mit dem Taxi *zum* Bahnhof gefahren.
1. Paul kam gerade .... Friseur, als er .... Straße seine Ex-Freundin traf.
2. Der Lkw kam .... rechts und fuhr direkt .... Hauswand.
3. Du musst dich .... Agentur für Arbeit melden.
4. .... Wohngebietes sind nur 30 km/h erlaubt.
5. Musst du schon .... Hause oder bleibst du noch ein bisschen .... mir?
6. Paul hat heute viel vor: Er geht erst .... seinen Eltern, dann .... Büro, danach .... Deutschunterricht und heute Abend .... Vernissage.

3 Ein Gespräch in der Kaffeepause
Ergänzen Sie die lokalen Präpositionen und die Endungen der Artikel.
Überprüfen Sie Ihre Lösungen mit dem Hörtext. 48

□ Hallo Leon, du siehst ja so erholt aus! Warst du *im* Urlaub?

△ Ja, wir waren .... d....... Malediven. Es war herrlich, den ganzen Tag .... Strand liegen, Bücher lesen und sich .... Hotel verwöhnen lassen.

□ Die Malediven sind doch irgendwo .... Indischen Ozean, oder?

△ Stimmt. Genau genommen handelt es sich um mehrere Inselgruppen mitten .... Indischen Ozean, südwestlich .... Indien und Sri Lanka. Hast du noch nie von den blauen Lagunen und den weißen Stränden dort gehört?

□ Doch, doch. Aber ich habe noch nie jemanden getroffen, der tatsächlich .... ein.......... einsamen Insel .... ein....... traumhaften Strand .... Palmen seinen Urlaub verbracht hat. Wie kommt man eigentlich .... d....... Malediven?

△ Man kann .... Frankfurt direkt .... Malé fliegen. Das ist die Hauptstadt. Von dort aus gelangt man mit der Fähre oder dem Wasserflugzeug .... d....... Insel, ... d....... sich die Hotelanlage befindet. Hier, schau mal, das war unser Hotel.

□ Wow, das sieht ja traumhaft aus! Wir verbringen unsere Ferien meistens .... Deutschland und fahren .... d....... Ostsee, ... d....... Thüringer Wald oder .... ein....... Stadt, zum Beispiel .... Berlin. Im letzten Jahr waren wir .... d....... Alpen und sind mit der Seilbahn .... d....... Zugspitze gefahren. Das war sehr interessant. .... d....... Baumgrenze wächst ja wirklich fast nichts mehr.

△ Ach, das würde mir auch gefallen. Wenn man länger als zwei Wochen .... ein....... Insel bleibt, werden selbst weiße Sandstrände und Palmen irgendwann langweilig.

4 Auf der Suche nach dem Täter
Ergänzen Sie die lokalen Präpositionen und die Artikelendungen, wenn nötig.
Achten Sie auf den Kasus (wo? oder wohin?). Manchmal gibt es mehrere Lösungen.

Die Polizei sucht jetzt öffentlich nach dem Museumsdieb und hat eine Beschreibung des Täters gegeben: männlich, ca. 30 Jahre alt, 1,80 m groß, mittelblond, bekleidet mit Jeans und Lederjacke. Hier sind einige Hinweise aus der Bevölkerung:

1 Ich glaube, der Täter ist gerade *im* Theater und sitzt .... d....... ersten Reihe .... Platz 15.

2 Ich habe den Täter .... ein....... Party .... d....... Gästen gesehen.

3 Der Dieb steht .... Taxistand und steigt gerade .... ein....... Taxi ein.

4 Ich habe ihn gesehen, den Museumsräuber! Er war .... Gleis 11 im Leipziger Bahnhof und ist gerade .... ein....... Zug gestiegen. Ich weiß allerdings nicht, ... welch....... Zug er sich jetzt befindet.

5 Ich habe gesehen, wie der Täter .... ein....... Antiquitätengeschäft gegangen ist. Wahrscheinlich will er .... d....... Geschäft das gestohlene Bild verkaufen.

6 Kommen Sie schnell! Ich stehe im Moment .... d....... Kasse .... Supermarkt und der Gesuchte steht direkt .... mir!

7 Ich kenne den Dieb: Es ist mein Nachbar! Er versteckt sich jetzt bestimmt .... sein....... Bett oder .... Kleiderschrank, weil er ahnt, dass ich ihn enttarnt habe. Vielleicht ist er auch .... d....... Keller oder .... d....... Dachboden gegangen.

5 Wegbeschreibung
Ergänzen Sie die passenden Präpositionen.

□ Entschuldigung, wie komme ich *zur* Steinstraße?
△ Es gibt mehrere Steinstraßen .... Berlin. .... welchem Bezirk befindet sich denn die Steinstraße, die Sie suchen?
□ Das ist eine gute Frage. Ich glaube, ich muss .... Steglitz. Liegt Steglitz .... Zentrum?
△ Nein, Steglitz liegt .... Süden von Berlin, ca. 15 km .... hier. Zuerst müssen Sie ca. einen Kilometer .... Osten fahren, Richtung Friedrichstraße. .... der Friedrichstraße biegen Sie links ab. Danach fahren Sie zwei Kilometer geradeaus bis .... Potsdamer Straße. Fahren Sie die Potsdamer Straße .... Ende. Sie führt direkt .... Schöneberg, einem sehr schönen Viertel von Berlin. Ein paar hundert Meter weiter kommen Sie dann .... eine Kreuzung mit Auffahrtsmöglichkeiten .... die Autobahn A103. Nehmen Sie die Auffahrt Richtung Hamburg, Leipzig und Steglitz. Fahren Sie .... der Autobahn ca. drei Kilometer .... Ausfahrt Steglitz. Wenn Sie in Steglitz angekommen sind, fragen Sie am besten noch einmal nach der Steinstraße.

Temporalangaben

▶ Formen: Zeitpunkt/Zeitraum – *Wann?*

Präposition	Kasus	Beispielsätze	Verwendung
an	Dativ	Der Handwerker kommt **am** Nachmittag/**am** Montag/ **am** 8. Mai/**am** Wochenende.	Tagteile, Tage, Datum, Wochenende
aus	Dativ	Die Vase ist **aus** dem 11. Jahrhundert.	zeitliche Herkunft
bei	Dativ	Er hat sich **beim** Skifahren das Bein gebrochen.	parallel laufende Handlungen
in	Dativ	**Im** Moment habe ich keine Zeit. **In** dieser Nacht war es stockdunkel. Wir sehen uns **in** der nächsten Woche/**im** Januar. **In** diesem Winter fällt besonders viel Schnee. Einige Erfolge feierte der Sänger **in** den 1980er-Jahren. **Im** 13. Jahrhundert/**Im** Mittelalter stank es auf den Straßen. Ich sah ihn **in** der Pause/**in** den Ferien. **In** zwei Wochen habe ich Urlaub.	Moment, Augenblick Nacht Wochen, Monate Jahreszeiten Jahrzehnte Jahrhunderte/Epochen im Sinne von *innerhalb* zukünftiger Zeitpunkt
nach, vor	Dativ	Wir treffen uns **nach/vor** dem Essen.	zeitliche Abfolge
zu	Dativ	Was macht ihr **zu** Weihnachten? **Zu** Beginn seiner Rede bedankte er sich bei seiner Frau. **Zu** dieser Zeit war ich nicht im Hause.	Feiertage *(regional – im süddt. und westdt. Sprachraum: an)* Beginn bestimmter Zeitpunkt
zwischen	Dativ	**Zwischen** Weihnachten und Neujahr ist das Institut geschlossen.	begrenzter Zeitraum
auf	Akkusativ	Er verschiebt den Termin **auf** Mittwoch.	Zeitpunkt
um	Akkusativ	Der Unterricht beginnt **um** 8.30 Uhr. Das Haus wurde **um** 1900 gebaut.	genaue Uhrzeit ungenaue Zeitangabe
gegen	Akkusativ	Wir machen **gegen** 20.00 Uhr Pause. Er kommt erst **gegen** Abend.	ungenaue Zeitangabe
außerhalb	Genitiv	**Außerhalb** der Geschäftszeiten ist das Büro nicht besetzt.	begrenzter Zeitraum
innerhalb	Genitiv	Wir erwarten **innerhalb** der nächsten Tage eine Antwort.	begrenzter Zeitraum
während	Genitiv	Susi war **während** der Osterferien bei ihrer Oma. **Während** der Rede gab es mehrere Zwischenrufe.	begrenzter Zeitraum, Gleichzeitigkeit

Semantische Zuordnung der Präpositionen

→ Zeitangaben ohne Präposition stehen im Akkusativ:
Malte kommt dieses Wochenende zu Besuch. Die Sitzung ist nächsten Mittwoch.

→ Datumsangaben ohne Präposition können, abhängig vom Verb, im Nominativ oder Akkusativ stehen:
Heute ist der 13. April. Wir haben heute Freitag, den 13. April.

→ Die Angabe einer Jahreszahl als Zeitpunkt erfolgt in der Regel ohne Präposition:
Johann Wolfgang von Goethe wurde 1749 in Frankfurt geboren.
Nur in Kombination mit *Jahr* steht eine Präposition: im Jahr 1749.

▶ Formen: Zeitdauer – *Wie lange?/Ab wann?/Bis wann?*

Präposition	Kasus	Beispielsätze	Verwendung
ab	Dativ	**Ab** morgen gilt der Sommerfahrplan.	Ausgangszeitpunkt (in Gegenwart oder Zukunft)
seit	Dativ	**Seit** Montag ist er krank. Ich arbeite hier schon **seit** zwei Jahren.	Ausgangszeitpunkt (in Vergangenheit)
bis **bis zu**	Akkusativ Dativ	Die Weiterbildung geht **bis** nächste Woche. Die Stellenausschreibung läuft **bis zum** 12. April.	Endpunkt
von … bis **von … bis zu**	von + Dativ bis + Akk. zu + Dativ	Frau Weber hat nur **von** 10.00 **bis** 12.00 Uhr Zeit. **Vom** 14. **bis zum** 25. Mai sind die Handwerker im Haus.	Anfangs- und Endpunkt
für	Akkusativ	Die Pflegerin kommt **für** eine Stunde.	Zeitdauer
über	Akkusativ	Ich bleibe **übers** Wochenende.	Zeitdauer

Übungen

6 Wann geschah der Einbruch im Museum?
Ergänzen Sie die fehlenden temporalen Präpositionen und Artikel, wenn nötig. Manchmal gibt es mehrere Lösungen.

- • *am* Sonntag
- 1. .... Mitternacht
- 2. .... Wochenende
- 3. .... zwei Stunden
- 4. .... Nacht
- 5. .... Mittagspause
- 6. .... Öffnungszeiten
- 7. .... Vormittag
- 8. .... Feueralarms
- 9. .... 11.00 und 12.00 Uhr
- 10. .... Eröffnungsrede des Direktors

7 Der neue Termin
Ergänzen Sie die Präpositionen und Artikel bzw. Artikelendungen, wenn nötig.

Liebe Frau Müller,

wir hatten .... 13. Oktober .... 12.00 Uhr einen Besprechungstermin zum Thema „Neue Marketingkonzepte" vereinbart. Leider ist bei mir kurzfristig etwas dazwischengekommen: Ich muss .... dies.......... Tag nach Rom reisen. Könnten wir unsere Besprechung vielleicht .... 20. Oktober verlegen? Sollten Sie .... genannten Woche keine Zeit haben, ginge es auch .... 27. Oktober oder .... 4. November.

Beste Grüße
Siegbert Meyer

Semantische Zuordnung der Präpositionen

8 **Zeitdauer oder Zeitpunkt?**
Ergänzen Sie die Präpositionen *vor* oder *seit*.

- Der Galerist hat den Künstler Leo Qualm *vor* fünfzehn Jahren kennengelernt.

1. .... dieser Zeit verkauft der Galerist die Werke des Künstlers.
2. .... zehn Jahren fand eine große Einzelausstellung in New York statt.
3. .... Beginn der Ausstellung vervierfachten sich die Preise für Bilder von Leo Qualm.
4. Sammler, die .... der New York-Ausstellung Bilder erworben haben, können sich glücklich schätzen: Der Wert ihrer Bilder ist gestiegen.
5. Im Museum Ludwig in Köln sind .... zwei Wochen die wichtigsten Werke des bedeutenden Malers zu bewundern.

9 **Persönliche Angaben im Bewerbungsgespräch**
Formulieren Sie Sätze mit den folgenden Angaben.
Achten Sie auf die fehlenden Präpositionen und die angegebene Zeitform.

- 2012: Schule – Abitur – abschließen *(Perfekt)*
  Ich habe die Schule (im Jahre) 2012 mit dem Abitur abgeschlossen.

1. danach – 12 Monate: Freiwilliges Ökologisches Jahr – Naturschutzzentrum – absolvieren *(Perfekt)*
2. 2013–2016: Informatik – Berufsakademie – Karlsruhe – studieren *(Perfekt)*
3. Juni – September 2016: Auslandspraktikum – Firma Green Cathedral – Cambridge – praktische Erfahrungen – sammeln *(Perfekt)*
4. Oktober 2016 – November 2020: Wirtschaftsinformatiker – Firma MarktPlus – Wuppertal – arbeiten *(Perfekt)*
5. selbe Zeit: Master Wirtschaftsinformatik – Fernuniversität Hagen – machen *(Perfekt)*
6. Wochenenden – kaum Zeit für Hobbys – haben (Präteritum)/trotzdem – Naturschutz beim Naturschutzbund Deutschland – sich engagieren *(Perfekt)*
7. 2021: Informatiker – Firma EcoComp – beschäftigt sein *(Präsens)*
8. Freizeit: Datenanalysen – verschiedene Umweltorganisationen – helfen *(Präsens)*

Weitere Angaben

▶ **Formen: Modalangaben – *Wie?/Womit?/Woraus?***

Präposition	Kasus	Beispielsätze	Verwendung
aus	Dativ	Das Kleid ist **aus** reiner Seide.	Rohstoff, Zutaten, Material
entsprechend	Dativ	**Entsprechend** der Vorhersage stieg der Dollarkurs an.	Übereinstimmung
gemäß	Dativ	Das Verfahren muss den Vorschriften **gemäß** ablaufen.	Übereinstimmung
in	Dativ	**In** diesem Zustand kannst du nicht Auto fahren.	Art und Weise
mit	Dativ	Wir fahren **mit** dem Zug.	Mittel, Werkzeug, Instrument, Gerät
nach	Dativ	Meiner Meinung **nach** stimmt das Ergebnis nicht.	Gefühl, Sichtweise
unter	Dativ	Wir arbeiten **unter** schlechten Bedingungen.	Art und Weise
zu	Dativ	Ich gehe **zu** Fuß.	Art und Weise
zufolge	Dativ	Einem Bericht **zufolge** steckt das Unternehmen in Schwierigkeiten.	Quelle
auf	Akkusativ	Er macht es **auf** seine Art.	Art und Weise
durch	Akkusativ	Malaria wird **durch** Mücken übertragen.	Überträger, Überbringer, Vermittler

Präposition	Kasus	Beispielsätze	Verwendung
ohne	Akkusativ	**Ohne** Brille kann ich nicht lesen.	fehlendes Mittel/fehlender Umstand
laut	Genitiv	**Laut** einer Studie sind fast 70 Prozent der Deutschen glücklich.	Quelle
mangels	Genitiv	**Mangels** hochwertiger Materialien wurden preiswerte Ersatzstoffe verwendet.	fehlendes Mittel/fehlender Umstand
mittels **mithilfe**	Genitiv	Die Tür kann nur **mittels/mithilfe** eines Sicherheitsschlüssels geöffnet werden.	Mittel, Werkzeug, Instrument, Gerät

▶ Formen: Finalangaben – *Wofür?/Wozu?*

Präposition	Kasus	Beispielsätze	Verwendung
zu	Dativ	**Zum** Einparken sollte man beide Außenspiegel benutzen.	Ziel, Zweck
für	Akkusativ	Ich tue das alles nur **für** dich.	Adressat
zwecks	Genitiv	**Zwecks** Feststellung der Pflegebedürftigkeit erfolgt eine ärztliche Untersuchung.	Ziel, Zweck

▶ Formen: Kausalangaben – *Warum?*

Präposition	Kasus	Beispielsätze	Verwendung
aus	Dativ	**Aus** Überzeugung isst Mia kein Fleisch mehr. Erik hat seine Ernährung **aus** gesundheitlichen Gründen umgestellt.	Grund/Ursache für eine beabsichtigte Handlung
vor	Dativ	Er sprang **vor** Freude in die Luft.	Grund/Ursache für eine spontane oder unbeabsichtigte Handlung
wegen	Dativ Genitiv	**Wegen** dir bin ich in Berlin geblieben. **Wegen** eines Streiks fuhr heute kein Zug.	Grund/Ursache
angesichts	Genitiv	**Angesichts** wachsender Vorurteile wird das Zusammenleben in diesem Viertel immer schwieriger.	Grund/Ursache
aufgrund	Genitiv	**Aufgrund** eines Unglücks hatte der Zug Verspätung.	Grund/Ursache
bezüglich	Genitiv	Die Vorschriften **bezüglich** der staatlichen Beihilfen werden überarbeitet.	Bezugspunkt
infolge	Genitiv	**Infolge** starker Schneefälle wurde die Alpenstraße gesperrt.	Grund/Ursache für eine bestimmte Folge

▶ Formen: Konditionalangaben – *Wann?*

Präposition	Kasus	Beispielsätze	Verwendung
an	Dativ	**An** deiner/Ihrer/eurer Stelle hätte ich nicht gekündigt.	irreale Bed./feste Wendung
bei	Dativ	**Bei** schlechtem Wetter gehe ich nicht spazieren.	Bedingung

▶ Formen: Konzessivangaben

Präposition	Kasus	Beispielsätze	Verwendung
außer	Dativ	**Außer** der Chefin wusste niemand von den Plänen.	Einschränkung
trotz	Genitiv	**Trotz** seiner schlechten Leistung bestand er die Prüfung.	Gegengrund
ungeachtet	Genitiv	**Ungeachtet** der Wetterwarnungen machten sich die Bergsteiger auf den Weg.	Gegengrund

▶ Formen: Adversativangaben

Präposition	Kasus	Beispielsätze	Verwendung
entgegen	Dativ	**Entgegen** allen Befürchtungen erholt sich die Wirtschaft wieder.	Gegensatz

Semantische Zuordnung der Präpositionen

▶ **Formen: Alternativangaben**

Präposition	Kasus	Beispielsätze	Verwendung
statt/ anstatt	Genitiv	**Statt/Anstatt** eines Blumenstraußes verschenkte er ein altes Buch.	Alternative
anstelle	Genitiv	**Anstelle** der Ministerin nimmt ein Staatssekretär an der Verhandlung teil.	Alternative

Übungen

10 Kausalangaben. *Aus* oder *vor*? Was passt?
Überlegen Sie, ob es sich um ein beabsichtigtes oder unbeabsichtigtes Geschehen handelt.

- Sie heiratete ihn *aus* Liebe.

1. Sie hat dem Fremden .... Mitleid geholfen.
2. Christine ist .... Liebeskummer ganz krank geworden.
3. Sie zitterte .... Angst.
4. Die Sportlerin war so glücklich, dass sie bei der Siegerehrung .... Freude weinte.
5. Er beging das Verbrechen .... Habgier.
6. Die Jugendlichen randalierten .... bloßer Langeweile.

11 Dr. Google
Ergänzen Sie die passenden Präpositionen. Überprüfen Sie Ihre Lösungen mit dem Hörtext. (49)

nach • bei *(4 x)* • von • für • vor • zur *(2 x)* • zum • trotz • zwischen • mit *(2 x)* • ins • um • durch • gegenüber • ohne • zu *(2 x)*

Einer repräsentativen Umfrage des Digitalverbands Bitkom *zufolge* (0) gibt jeder zweite Kranke .... (1) einem Arztbesuch seine Symptome .... (2) Selbstdiagnose .... (3) Internet ein. Noch häufiger wird .... (4) dem Arztbesuch recherchiert. Rund 61 % der Patientinnen und Patienten holen sich .... (5) „Doktor Google“ eine Zweitmeinung ein. Doch die Internetsuche bietet nicht nur Vorteile. Zwar hat „Dr. Google“ rund .... (6) die Uhr geöffnet und kann .... (7) einem fast unendlichen Wissen alle Fragen beantworten, aber Menschen können auch .... (8) den harmlosesten Suchanfragen .... (9) Fehlinformationen stark verunsichert werden. Wer allerdings einige Tipps berücksichtigt, kann .... (10) der Informationsflut im Netz recht gute Ergebnisse erzielen. So schränkt man zum Beispiel .... (11) einer präzise formulierten Suchanfrage die Anzahl der Fehlinformationen ein. Den Unterschied .... (12) guten und weniger guten Quellen kann man .... (13) einem Blick ins Impressum gut erkennen. Dort findet man Hinweise .... (14) den Verantwortlichen und Informationen .... (15) Studien, Untersuchungsergebnissen und Geldgebern. Auch das Datum des letzten Posts spielt .... (16) der Aktualität der Informationen eine Rolle. Auf jeden Fall sollte man eigene Gesundheitsrecherchen nicht .... (17) gesunden Menschenverstand durchführen und .... (18) Aussagen wie „hundertprozentige Heilwirkung“ immer skeptisch sein. Unbedingt zu vermeiden sind Internetforen, denn Meinungen .... (19) fachfremden Personen gelten in der Regel als subjektiv und nicht geprüft. .... (20) eine seriöse Diagnose ist der Gang .... (21) Ärztin oder .... (22) Arzt immer noch der sicherere Weg.

12 Verschiedene Angaben. Bilden Sie Sätze. Achten Sie auf den richtigen Kasus und die angegebene Zeitform.

- zu – Skifahren – man – eine gute Ausrüstung – brauchen *(Präsens)*
  Zum Skifahren braucht man eine gute Ausrüstung.

1. entgegen – die Prognosen – die wirtschaftliche Entwicklung – sich stabilisieren *(Präsens)*
2. außer – der Kapitän – alle – das Schiff – verlassen *(Perfekt)*
3. sie – trotz – eine schwere Erkältung – an dem Workshop – teilnehmen *(Präsens)*
4. statt – eine Beförderung – Frau Hagen – gestern – ihre Kündigung – erhalten *(Perfekt)*
5. der italienische Radsportler – bei – strömender Regen – erneut – zu – Sieg – fahren *(Perfekt)*
6. ungeachtet – die Warnungen der Bergwacht – drei Freizeitsportler – den Berg – besteigen *(Perfekt)*
7. die Krankheit – durch – Viren – auf – der Mensch – übertragen werden *(Präsens)*
8. meine Ansicht – nach – der Staat – zu – Schuldenabbau – mehr sparen müssen *(Präsens)*

Zusammenfassende Übungen

13 Biodiversität
Ergänzen Sie die passenden Präpositionen. Überprüfen Sie Ihre Lösungen mit dem Hörtext. 50

für *(3 x)* • laut • im • ohne • auf *(2 x)* • von *(3 x)* • durch *(2 x)* • zur

1

.... Tiere und Pflanzen könnten wir .... unserem Planeten nicht existieren. Wir benötigen sie .... unsere Nahrung und .... Regulierung des Klimas. .... Schätzungen existieren .... unserer Erde knapp neun Millionen Tier- und Pflanzenarten, viele .... ihnen sind noch unentdeckt. .... den Erhalt der Biodiversität ist eine Vielfalt .... verschiedenen Tier- und Pflanzenarten wichtig, denn nur .... diese Verschiedenartigkeit können unterschiedliche Nischen .... Ökosystem besetzt werden. Das bedeutet im Umkehrschluss, dass .... den Wegfall .... Tier- oder Pflanzenarten Ökokreisläufe gestört werden. Gibt es beispielsweise weniger Insekten, werden weniger Blüten bestäubt und die Pflanzen können sich nicht wie gewohnt vermehren. Das wiederum stellt eine Bedrohung .... Tiere und Menschen dar.

auf • in • trotz • nach • für • gegen • von *(2 x)* • zufolge

2

.... ständiger Warnungen .... Experten geht das Artensterben weiter. Untersuchungen .... sind 25 Prozent aller Tier- und Pflanzenarten betroffen. Heute leben 60 Prozent weniger Wirbeltiere .... der Erde als noch 1970. .... den nächsten Jahrzehnten kommen .... Meinung .... Forschenden noch rund eine Million Arten dazu. Die Folgen .... Natur und Mensch sind verheerend, denn nur intakte Ökosysteme sind einigermaßen widerstandsfähig .... die Folgen des Klimawandels.

von *(2 x)* • in • im • mithilfe • auf • seit • mit • zur • zum • durch • infolge

3

Haupttreiber dieser Entwicklung ist der Mensch, der Land und Ozeane .... Jahrzehnten ausbeutet und .... seiner Monokultur .... Reduzierung .... Insekten und anderen Lebewesen beiträgt. Rodungen .... Wäldern und Umweltverschmutzung gelten .... gleichem Maße als Verursacher des Artensterbens. .... der Verunreinigung der Ozeane zum Beispiel verenden unzählige Meeresbewohner. Dabei könnten die Menschen .... bestimmter Maßnahmen einen Wandel herbeiführen. Allein durch mehr Fruchtwechsel und Mischkulturen .... unseren Feldern würden Rückzugsgebiete für Tiere geschaffen. Aber auch .... Alltag ist es möglich, ... eine klimaschonende und energiesparende Lebensweise etwas .... Artenschutz beizutragen.

14 Können Edelsteine heilen?
Ergänzen Sie die fehlenden Präpositionen. Überprüfen Sie Ihre Lösungen mit dem Hörtext. 51

aus *(3 x)* • im *(3 x)* • mit • gegen *(2 x)* • nach *(2 x)* • beim • von • in *(4 x)* • am

Edelsteine *aus* (0) der Apotheke

.... (1) Altertum glaubten die Menschen fest daran, dass edle Steine Glück bringen und Unheil* abwenden. Deshalb trugen sie die Edelsteine .... (2) Körper oder nahmen sie sogar als Medizin .... (3) Pulverform ein. .... (4) der Einnahme der zerkleinerten Steine wollten die Menschen die positive Wirkung der Steine vervielfachen. Das kann man .... (5) antiken Aufzeichnungen nachlesen, in denen die heilsamen und „kosmischen“ Kräfte der Edelsteine beschrieben wurden. Man kämpfte damals nicht nur .... (6) Krankheiten, sondern auch .... (7) Geister.

.... (8) 11. Jahrhundert nannte das berühmte Rezept „Electuarium ex Gemmis“ fünf Edelsteine als Bestandteile jeder wirksamen Arznei: Granat, Hyazinth, Saphir, Sarder und Smaragd. So bestand ein beliebtes Arzneimittel .... (9) jener Zeit .... (10) 64 Zutaten und enthielt verschiedene Edelsteinpulver wie Rubin, Granat und Smaragd.

Natürlich war diese Medizin nicht billig, aber andere Heilmittel kosteten sogar noch mehr. Der Überlieferung .... (11) richteten sich die Ärzte .... (12) Schreiben ihrer Rezepte .... (13) dem Geldbeutel der Kranken. Der teuerste Patient war wohl Papst Clemens VII. .... (14) seinen letzten Lebenswochen schluckte er Pulvermedizin .... (15) Edelsteinen und Perlen im Wert .... (16) 40 000 Dukaten. Er überlebte diese Behandlung nicht.

Die moderne Heilmittelforschung stellte kürzlich fest, dass einige .... (17) Altertum verwendete Mineralien tatsächlich wirksame Substanzen enthalten.

*Unheil: Unglück

Semantische Zuordnung der Präpositionen

15 Aus der Geschichte der Zahnbürste
Ergänzen Sie die fehlenden Präpositionen.

um *(2 x)* • ~~nach~~ • in *(2 x)* • im *(3 x)* • zu *(2 x)* • zur • zum • seit • aus *(3 x)* • für

„*Nach* (0) dem Essen musst du dir die Zähne putzen!" Wie oft haben Sie diesen Satz .... (1) Ihrer Kindheit gehört?
Die Zahnbürste .... (2) ihrer heutigen Form existiert noch nicht so lange, aber archäologische Funde belegen, dass schon die alten Ägypter .... (3) 3 000 v. Chr. ihre Zähne gereinigt haben. .... (4) dieser Zeit benutzte man dazu einen kleinen Stock zum Kauen. In China gab es .... (5) 1500 die ersten Zahnbürsten. Sie hatten die Form eines Pinsels: Die Borsten wurden .... (6) Hausschweinehaar hergestellt und an Stielen .... (7) Bambus oder Knochen befestigt.
.... (8) Beginn des 19. Jahrhunderts gebrauchten die Europäer vor allem kleine Schwämme oder Stoffstücke .... (9) Reinigung ihrer Zähne, was aber nicht sehr effizient war. .... (10) deutschen Sprachraum wird die Zahnbürste .... (11) Jahr 1700 .... (12) ersten Mal schriftlich erwähnt. Die Borsten wurden .... (13) Pferdehaar gemacht.

Der Engländer William Addis gründete 1780 die erste Firma, die Zahnbürsten professionell herstellte. Diese Zahnbürsten waren jedoch sehr teuer und galten daher als Luxusgüter .... (14) reiche Menschen.
.... (15) Jahr 1938 ermöglichte die Erfindung des Nylons die billige Massenherstellung von Zahnbürsten. Diese Nylon-Zahnbürsten waren jedoch noch so hart, dass sie das Zahnfleisch verletzten und daher kaum zu empfehlen waren. Weicheres Nylon, das heute benutzt wird, ist erst .... (16) 1950 verfügbar.

16 Mensch und Katze
Ergänzen Sie die fehlenden Präpositionen in der richtigen Form.

Die Freundschaft *zwischen* (0) Mensch und Katze ist ungefähr 3 000 Jahre alt. Sie entstand .... (1) alten Ägypten, als die Ägypter sesshaft wurden und begannen, Speicher .... (2) ihr Korn anzulegen. Das lockte massenhaft Mäuse an und die Ägypter waren gezwungen, etwas .... (3) die Bedrohung ihrer Nahrungsvorräte zu unternehmen. .... (4) diesem Kampf fanden sie Verbündete: die Katzen. Die Ägypter waren den Katzen nicht nur .... (5) ihre Hilfe sehr dankbar, sie waren auch .... (6) der Schönheit dieser Tiere verzaubert.
.... (7) der Dankbarkeit der Ägypter wurde mit der Zeit religiöse Bewunderung. So hatte z. B. die Göttin Bastet, Gattin des Sonnengottes Re, die Gestalt einer Katze. Es gab auch verschiedene heilige Katzen, die .... (8) der ägyptischen Mythologie in Beziehung .... (9) Mond gesetzt wurden. Das lag vielleicht daran, dass Katzen gerne .... (10) der Nacht jagen. Die Liebe der Ägypter .... (11) den Katzen ging sogar so weit, dass Menschen, die eine Katze verletzten, ... (12) dem Tod bestraft wurden. Auch der Handel .... (13) Katzen war strengstens verboten. Trotzdem ließen sich Seeleute nicht davon abhalten, ägyptische Katzen .... (14) Europa zu schmuggeln.

Wem es .... (15) Europa gelang, eine Katze „Made in Egypt" zu bekommen, hatte viel Glück und ein Haustier als Statussymbol. Jahrhundertelang lebten Katzen und Menschen .... (16) Europa friedlich zusammen, bis die Hexenverfolgung begann. Vertreter der Kirche suchten .... (17) Symbolen .... (18) Hexen und den Teufel – und ihre Wahl fiel unter anderem .... (19) die Katze. Man glaubte, dass der Hausgeist einer Hexe .... (20) einer Katze wohne. Das hatte eine sehr ungemütliche Zeit .... (21) die schönen Tiere zur Folge. Warum es ausgerechnet die Katzen so hart traf, kann man nur vermuten. Die überlieferte Mythologie der Ägypter und die Nachtaktivität der Katzen könnten Ursachen gewesen sein.
Im 18. Jahrhundert wurde die Hexen- und damit auch die Katzenverfolgung eingestellt. Das Misstrauen .... (22) Katzen aber blieb. So hat sich bis heute der Aberglaube gehalten, dass schwarze Katzen Unglück bringen, wenn sie eine Straße .... (23) links .... (24) rechts überqueren. Auch .... (25) ihres eigenständigen Wesens sind Katzen manchen Menschen noch immer suspekt, ... (26) vielen aber werden sie verehrt und geliebt.

6 Adverbien und Partikeln

6.1 Fragewörter

Heute findet die Präsentation der neuen Produkte statt.

Wann und wo findet die Präsentation statt? → Fragewörter
Wer nimmt an der Präsentation teil? → Fragepronomen
Welche Produkte werden präsentiert? → Frageartikel

▶ Gebrauch

→ Fragewörter können ebenso wie Fragepronomen und Frageartikel Fragesätze einleiten.
→ Die **Fragewörter** *wann, wo, woher, wohin, wie (lange, oft, alt, hoch, weit, viel* usw.), warum, wieso, weshalb, wozu* werden nicht dekliniert, sie bleiben unverändert. Fragewörter mit *wo(r)* + Präposition wie *wovon, woran, womit, worüber, worauf* werden ebenfalls nicht dekliniert.
*Wenn das unbestimmte Zahlwort *viel* direkt vor einem Nomen steht, wird es dekliniert:
Wie viele Produkte werden präsentiert?
→ Fragen nach Personen werden mit den **Fragepronomen** *wer, wen, wem, wessen* oder einer Präposition und einem Fragepronomen, z. B. *für wen, von wem* usw. gebildet. Fragepronomen werden dekliniert. ➤ Seite 126
→ Auch die **Frageartikel** *welche, welcher, welches, was für eine, was für ein* werden dekliniert. ➤ Seite 118

▶ Formen: Fragewörter

Ort **Richtung**	Wo? Wohin? Woher?	**Wo** wohnen Sie? **Wohin** fahrt ihr am Wochenende?
Grund	Warum? Wieso? Weshalb?	**Warum** kommst du schon wieder zu spät? **Weshalb** ist Juliana nicht mitgekommen?
Ziel, Zweck	Wozu?	**Wozu** hast du das gemacht?
Sache (bei Verben und Adjektiven mit Präposition)	Worüber? Worauf? Womit? Wogegen? usw.	**Worüber** hast du dich so gefreut? **Worauf** sind Sie besonders stolz? **Womit** müssen wir rechnen? **Wogegen** haben die Menschen protestiert?
Zeitpunkt **Zeitdauer**	Wann? Wie lange?	**Wann** beginnt die Präsentation? **Wie lange** dauert sie?
Qualität, Eigenschaft	Wie?	**Wie** schmeckt deine Suppe?
Häufigkeit	Wie oft?	**Wie oft** hat Herr Maier angerufen?
Alter	Wie alt/jung?	**Wie alt** ist Herr Maier eigentlich?
Menge	Wie viel? Wie viele?	**Wie viel** kostet das? **Wie viele** Leute waren da?
Maße	Wie lang? Wie hoch? Wie breit? Wie tief?	**Wie lang** war der Stau? **Wie hoch** ist das Gebäude? **Wie breit** ist der Fluss? **Wie tief** ist der See?

▶ Formen: Fragepronomen und Frageartikel

Person	Wer? Wen? Wem? Wessen?	**Wer** hat den Eröffnungsvortrag gehalten? **Wessen** Portemonnaie ist das?
Person (bei Verben und Adjektiven mit Präposition)	Über wen? Auf wen? Mit wem? usw.	**Über wen** habt ihr gelacht? **Auf wen** hast du gewartet? **Mit wem** bist du verabredet?
Sache	Was? Wessen?	**Was** hast du da in der Hand?
Person oder Sache (Wahl aus konkreten Möglichkeiten)	Welch-? (welcher, welche, welches usw.)	**Welcher** Pullover gefällt dir am besten? **Welches** T-Shirt möchtest du?
Person oder Sache (Wahl aus allgemeinen Möglichkeiten)	Was für ein? (was für ein/eine/einen usw.)	**Was für ein** Geschenk soll ich für Paul kaufen? **Was für einen** Wein möchten Sie?

Fragewörter

Übungen

1 Quizfragen zu Deutschland

Ergänzen Sie Fragewörter und wählen Sie die richtige Antwort.

1. .... heißt die Landeshauptstadt von Thüringen? ○ Erfurt ○ Weimar
2. .... Inseln gibt es in Deutschland? ○ 66 ○ 92
3. .... wählt den/die Bundespräsidenten/in? ○ Das Volk. ○ Die Bundesversammlung.
4. .... ist die Zugspitze (Deutschlands höchster Berg)? ○ 2 962 Meter. ○ 4 478 Meter.
5. .... steht die Wartburg (mittelalterliche Burg)? ○ In Berlin. ○ In Eisenach.
6. .... fiel die Berliner Mauer? ○ 1989 ○ 2003
7. .... dauerte der Bau des Kölner Doms? ○ 153 Jahre ○ 632 Jahre
8. .... bedeutet der Ausdruck „etwas ist 08/15"? ○ Etwas ist mittelmäßig. ○ Etwas ist nicht vollständig.

2 Im Sprachkursbüro

52

Ergänzen Sie die passenden Fragewörter, Frageartikel, Fragepronomen. Manchmal gibt es mehrere Möglichkeiten. Hören Sie eine Beispiellösung.

□ *Wie* kann ich Ihnen helfen?

△ Ich bin zufällig hier vorbeigekommen und da dachte ich, dass ich mich eigentlich gleich persönlich über Ihr Sprachkursangebot informieren könnte.

□ Da sind Sie bei mir genau richtig. .... für Fragen haben Sie denn?

△ Zunächst würde ich gerne wissen, ... Art von Kursen Sie überhaupt anbieten.

□ Wir haben Präsenzkurse, Blended-Learning- und Onlinekurse. Hier sind unsere Kursbeschreibungen mit näheren Erläuterungen.

△ Die Präsenzkurse interessieren mich am meisten. Ich möchte nämlich so viel wie möglich sprechen. .... fangen denn die neuen Kurse an?

□ Am 2. Februar.

△ Und .... gehen die Kurse?

□ Wir haben 8-Wochen-Kurse und 16-Wochen-Kurse.

△ .... findet der Unterricht in der Woche statt?

□ Bei den 8-Wochen-Kursen zweimal, bei den 16-Wochen-Kursen einmal pro Woche.

△ .... kosten die 8-Wochen-Kurse eigentlich?

□ Das ist unterschiedlich. Allgemeinsprachliche Kurse kosten 450 Euro, berufssprachliche Kurse kosten 480 Euro.

△ .... sind die berufssprachlichen Kurse eigentlich teurer als die allgemeinsprachlichen Kurse?

□ Das weiß ich ehrlich gesagt nicht. Das ist eine Entscheidung des Managements.

△ Okay. Und .... Fertigkeiten werden in den berufssprachlichen Kursen trainiert?

□ Wir unterrichten alle Fertigkeiten: Lesen, Hören, Schreiben und Sprechen. Aber der besondere Fokus liegt auf dem Sprechen.

△ Sehr gut. .... und .... kann man sich denn einschreiben?

□ Entweder direkt hier bei uns oder auf der Website. Wenn Sie kein Anfänger sind, müssten Sie zuerst einen Einstufungstest machen. Dann können Sie sich anmelden.

△ Super! .... kann ich den Test machen?

□ Jetzt gleich, wenn Sie möchten.

3 Fragen und Antworten beim Vorstellungsgespräch

Formulieren Sie Fragen mit Fragewörtern oder Fragepronomen.

- *Wo wohnen Sie?* – Ich wohne in München.

1. ....? Seit 15 Jahren.
2. ....? Ich habe in München studiert, an der Uni.
3. ....? Wirtschaftsstatistik.
4. ....? Ich fand Mathematik schon immer interessant und Wirtschaft auch. Wirtschaftsstatistik ist eine gute Kombination.
5. ....? Meine ersten Arbeitserfahrungen habe ich bei der HypoVereinsbank gesammelt.
6. ....? Ich habe mich hauptsächlich mit Datenanalyse beschäftigt.
7. ....? In meiner Abteilung haben zehn Leute gearbeitet.
8. ....? Ich spreche fließend Englisch und Spanisch.
9. ....? An der Volkshochschule.
10. ....? Ich suche neue Herausforderungen.

4 **Die Kommissarin denkt über den Einbruch im Museum nach**
Sie schreibt sich dazu ein paar Fragen auf. Helfen Sie ihr dabei. Formulieren Sie Fragen.

wie • wo • woher • wann • wie viel • womit • warum • wer	~~Tür öffnen~~ • keine Spuren hinterlassen • gestohlenes Bild verstecken • Tipp bekommen • Einbruch stattfinden • Bild verkaufen können • den Tätern helfen • Alarmanlage nicht angehen • die Bilder wert sein • die Kunstwerke transportieren

- *Wie haben die Täter die Tür geöffnet?/Womit haben die Täter die Tür geöffnet?/ Wer hat den Tätern die Tür geöffnet?*

1. ....
2. ....
3. ....
4. ....
5. ....
6. ....
7. ....
8. ....
9. ....

5 **Fragen im Büro**
Bilden Sie Fragesätze mit einem Fragewort und antworten Sie.
Achten Sie auf die fehlende Präposition und den richtigen Kasus.

- träumen – Paul *(eine Beförderung)*
Wovon träumt Paul? *Paul träumt von einer Beförderung.*

1. freuen – Frau Weber – so *(ihre Dienstreise nach Madrid)*
....
2. arbeiten – Gustav – eigentlich – so fleißig *(eine Produktpräsentation)*
....
3. sich ärgern – du *(die E-Mail einer Kollegin)*
....
4. denken – du – gerade *(mein Abschlussbericht)*
....
5. reden wollen – der Manager – mit der Kundin *(Zahlungs- und Lieferfristen)*
....
6. warten – du *(ein Anruf aus München)*
....
7. sich interessieren – Marie *(nur für ihre Karriere)*
....
8. sich beklagen – der neue Kollege *(sein unbequemer Bürostuhl)*
....
9. sprechen – die – in der Sitzung – so lange *(Rückgang der Verkaufszahlen)*
....
10. kämpfen – die Gewerkschaft – zurzeit *(die Vier-Tage-Woche)*
....
11. sich vorbereiten – Max – so intensiv *(das Bewerbungsgespräch für eine Leitungsposition)*
....
12. lachen – Richard – so laut *(ein Witz seines Vorgesetzten)*
....
13. warnen – die IT-Abteilung – schon wieder *(ein gefährlicher Computervirus)*
....
14. suchen – Verwaltungsleiterin – eigentlich *(ein wichtiges Schreiben vom Finanzamt)*
....
15. gehen – es – heute – in der Besprechung *(das neue Projekt)*
....

6.2 Adverbien

Heute findet im Club „Ronnie" wieder ein Konzert statt.
↓
Temporaladverb

Hier spielen die angesagtesten Bands.
↓
Lokaladverb

Für die junge Band „Max Wolf" ist es eine große Chance.
Die Musiker freuen sich *sehr* auf diesen Auftritt.
Vielleicht wird es der Beginn einer *ganz* großen Karriere.
→ Modaladverbien

▶ Gebrauch

→ Adverbien können die Zeit, die Häufigkeit, den Ort, die Art und Weise oder den Grund eines Geschehens angeben.

→ Sie beziehen sich auf
- den ganzen Satz: **Heute findet ein Konzert statt.**
- ein Verb: Die Musiker **freuen sich sehr** auf den Auftritt.
- ein Adjektiv: Vielleicht wird es der Beginn einer **ganz großen** Karriere.
- oder ein anderes Adverb: Es gibt nicht viele Bands, die es nach **ganz oben** schaffen.

→ Adverbien werden nicht dekliniert.

■ Lokale Adverbien

Otto geht/kommt …

hinunter/herunter	hinauf/herauf	hinein/herein	hinaus/heraus	hinüber/herüber
umgangssprachlich: runter	rauf	rein	raus	rüber

hin → von Sprecher/in weg   her → auf Sprecher/in zu

▶ Formen

Ort: Wo?	hier, dort, da, überall, nirgendwo, links, rechts, oben, unten, vorn, hinten, innen, außen, draußen, drin/drinnen, drüben	Ich fühle mich **hier** richtig wohl. Der Wein ist **unten** im Keller. Otto steht **draußen** und friert.
Richtung: Wohin?	hierhin, dorthin, dahin, hinein, hinaus, hinauf, hinunter, hinüber, aufwärts, abwärts, vorwärts, rückwärts, geradeaus **mit Präposition:** nach links, nach rechts, nach oben, nach unten	Leg den Brief bitte **dorthin**. Er sah **hinüber** zum anderen Ufer. Es geht wieder **aufwärts**! Fahren Sie bitte erst **nach links**, dann **geradeaus**.
Richtung: Woher?	hierher, dorther, daher, herein, heraus, herauf, herunter, herüber **mit Präposition:** von links, von rechts, von oben, von unten, von innen, von drinnen	Mein Mann kommt aus Leipzig. Ich komme auch **dorther**. Das Auto kam **von links**.

→ Die Adverbien: *hinunter/herunter, hinauf/herauf, hinein/herein, hinaus/heraus, hinüber/herüber* bzw. *hin-* und *her-* können mit Verben verbunden werden:
Reichst du mir mal das Salz herüber (rüber)? → herüberreichen
Du hast mir mein Handy weggenommen. Gib es wieder her! → hergeben

→ Aus einigen Adverbien kann man Adjektive bilden:
- dort + *-ig*: die dortigen Verhältnisse
- innen/außen/oben/unten/hinten: die innere Sicherheit, die äußere Schale, das obere Stockwerk, die untere Schublade, die hinteren Reihen
- rechts/links: auf der rechten Seite, am linken Bildrand

Übungen

1 Antonyme
Wie heißt das Gegenteil?

- aufwärts ↔ *abwärts*
1. drinnen ↔ ....
2. rein ↔ ....
3. unten ↔ ....
4. vorwärts ↔ ....
5. links ↔ ....
6. rauf ↔ ....
7. überall ↔ ....
8. hinten ↔ ....

2 Eine Party bei Ben (53)
Ergänzen Sie die passenden lokalen Adverbien. Überprüfen Sie Ihre Lösungen mit dem Hörtext.

rein • drüben • draußen • hier • nach unten • unten • rauf • runter • von innen • ~~da~~

□ Hallo Ben!
△ Hallo, ihr Zwei. Schön, dass ihr *da* seid. Kommt doch ....!
□ Oh ja, gerne. .... ist es wahnsinnig kalt.
△ .... ist es warm, keine Sorge. Eure Mäntel könnt ihr dort .... an die Garderobe hängen. Wollt ihr euch gleich ein bisschen .... aufwärmen und einen heißen Tee trinken?
□ Gerne, ich brauche jetzt unbedingt ein warmes Getränk.
○ Also mir wäre ein Glas Wein lieber.
△ Geht schon mal ins Wohnzimmer, ich komme sofort. Ich muss noch mal schnell .... und ein paar Flaschen Wasser und eine Flasche Wein holen. Die stehen im Keller.
□ Soll ich mit ....kommen und dir beim Tragen helfen?
△ Oh ja, das ist eine gute Idee.
○ Bleibt aber bitte nicht so lange da .... Ich kenne doch niemanden von den Gästen.
△ Keine Angst, Alice, wir kommen gleich wieder ....

3 Wo und/oder wohin? Ergänzen Sie die fehlenden lokalen Adverbien.

links • drin • runter • rauf • drinnen • geradeaus • ~~raus~~ • rüber

1. □ Die Sonne scheint, lass uns *raus* in den Park gehen.
   △ Nein, ich bleibe lieber ....
2. □ Wie komme ich zum Museum?
   △ Bis zur nächsten Kreuzung .... und dann nach ....
3. □ Gibst du mir bitte mal die Dose mit dem Zucker ....?
   △ Tut mir leid, in der Dose ist kein Zucker mehr ....
4. □ Mein Wintermantel hängt noch oben auf dem Dachboden. Kannst du mir den mal ....bringen?
   △ Bin ich dein Butler? Geh doch selber .... und hol ihn dir.

Adverbien

Temporale Adverbien

▶ Formen

Zeitpunkt: Vergangenheit	einst, früher, damals, ehemals, gestern, vorgestern, neulich, kürzlich, vorhin, gerade, soeben	**Früher** war alles anders. Ich habe den Schauspieler **kürzlich** in einer TV-Show gesehen.
Zeitpunkt: Gegenwart	zurzeit, heute, jetzt, nun, momentan, gerade	Ich bin **jetzt** im Büro. Ich habe **gerade** sehr viel zu tun.
Zeitpunkt: Zukunft	sofort, gleich, morgen, übermorgen, bald, demnächst, später	Ich habe **morgen** einen Termin. Das mache ich **später**.
zeitliche Abfolge: Gleichzeitigkeit	zugleich, gleichzeitig, zeitgleich, währenddessen, unterdessen, inzwischen	Sie können nicht **gleichzeitig** den Computer starten und die Programme öffnen.
zeitliche Abfolge: Nach- bzw. Vorzeitigkeit	zuerst, zunächst, vorher, zuvor, anfangs zuletzt, schließlich, danach, hinterher	**Zuerst** müssen Sie den Computer starten. **Danach** öffnen Sie das Programm.
Häufigkeit Wiederholung	immer, meistens, oft, manchmal, selten, nie immer wieder, montags, vormittags	Ich trinke **selten** Tee. **Montags** spiele ich Tennis.
Dauer	immerfort, stets, zeitlebens	Man sollte **zeitlebens** an sich arbeiten.

Übungen

4 Zeitangaben. Ersetzen Sie die unterstrichenen Satzteile durch temporale Adverbien.

a) **Zeitpunkt**

demnächst • vorhin • soeben • einst • kürzlich • früher • ~~gleich~~

- Ich bin <u>in einer Sekunde</u> fertig.
  Ich bin gleich fertig.

1. <u>Vor wenigen Augenblicken</u> gewann Liechtenstein das Endspiel der Fußballweltmeisterschaft.
2. In diesem Wald lebte <u>vor ganz langer Zeit</u> eine böse Hexe.
3. Der ehemalige Ministerpräsident übernimmt <u>in absehbarer Zeit</u> einen wichtigen Posten in einem großen Unternehmen.
4. <u>Vor ein paar hundert Jahren</u> sind die Menschen im Durchschnitt nur ca. 40 Jahre alt geworden.
5. Wo warst du <u>vor einer Stunde</u>, als ich dich angerufen habe?
6. Weißt du, wen ich <u>vor zwei Tagen</u> ganz zufällig im Supermarkt getroffen habe?

b) **Häufigkeit, Dauer**

immer • zeitlebens • mittwochs • meistens • manchmal

1. Die Abteilungssitzung findet <u>jeden Mittwoch</u> statt.
2. Ich nehme <u>in der Regel</u> an der Sitzung teil.
3. <u>Bei einigen Sitzungen</u> muss ich Protokoll schreiben.
4. Unsere neue Vorgesetzte arbeitet <u>Tag und Nacht</u>.
5. Unsere letzte Besprechung werde ich <u>mein ganzes Leben lang</u> nicht vergessen. Die war wirklich eine Katastrophe.

5 **Vortrag zum Thema „Die Zukunft des Verkehrs“. Ordnen Sie die Stichpunkte und erläutern Sie anschließend die Struktur Ihres Vortrages mithilfe der Adverbien *zuerst, danach, dann, hinterher, schließlich, zuletzt.***

- die Maßnahmen der Regierung erläutern
- über die Entwicklung der Verkehrssituation in den letzten zehn Jahren sprechen
- einen Ausblick für die Zukunft geben
- etwas über die Zunahme des Verkehrs auf den Autobahnen sagen
- die Situation der öffentlichen Verkehrsmittel beschreiben
- die eigene Meinung darlegen
- Vorschläge zur Lösung der Verkehrsprobleme machen

Zuerst möchte ich … ....

6 **Parallele Handlungen. Was passt: *gleichzeitig/zeitgleich* oder *inzwischen/währenddessen*?**

▸ Die Adverbien *gleichzeitig* oder *zeitgleich* bedeuten: zur gleichen Zeit.
Die Adverbien *inzwischen* und *währenddessen* bedeuten: in dieser Zeit.

● Die Polizei verhaftete heute einen Manager wegen Steuerbetrugs. *Gleichzeitig/Zeitgleich* durchsuchten Polizeibeamte sein Büro.

1. Ich schäle die Kartoffeln, du kannst .... schon mal das Wasser aufsetzen.
2. Man sollte nicht .... telefonieren und essen.
3. Es sind jetzt vier Jahre vergangen. Was hast du .... alles gemacht?
4. Der Sieger ließ sich gestern Abend ausgiebig feiern. .... wurde das Resultat der positiven Dopingprobe bekannt gegeben.
5. Wir fahren morgen für drei Wochen in den Urlaub. Du kannst .... bei uns wohnen und die Blumen gießen.

Modale und kausale Adverbien

▶ **Formen**

Art und Weise	anders, gern, leider	Ich habe **leider** keine Zeit.
Art und Weise: Graduierung	**Verstärkung:** sehr, überaus, besonders, ganz **Verstärkung einer Negation:** gar, überhaupt **Abschwächung:** einigermaßen, ein bisschen, fast, halbwegs, kaum, relativ, vergleichsweise, wenig, ziemlich, ganz	Er liebt sie **sehr**. Darüber habe ich mich **besonders** gefreut. Das Bild gefällt mir **überhaupt** nicht. Ich habe mich am Abend **einigermaßen** erholt. Die Probleme waren **relativ** klein.
Art und Weise: Vermutung	vielleicht, möglicherweise, wohl, vermutlich, wahrscheinlich, sicher, bestimmt, zweifellos	**Möglicherweise** war die Tür nicht abgeschlossen.
Art und Weise: Beurteilung durch den Sprecher	freundlicherweise, dummerweise, glücklicherweise, netterweise, verständlicherweise	**Dummerweise** hat er den Vertrag schon unterschrieben.
Grund	anstandshalber, vorsichtshalber, umständehalber	Ich habe **vorsichtshalber** einen Regenschirm mitgenommen.
Bedingung	schlimmstenfalls, bestenfalls, notfalls, keinesfalls	**Schlimmstenfalls** müssen wir zu Fuß gehen.

Adverbien

→ Das Adverb *ganz* kann eine Verstärkung oder eine Abschwächung bewirken:
In Verstärkungsbedeutung ist es betont: Der Pullover ist ganz weich.
In Abschwächungsbedeutung ist es unbetont: Wie findest du die neue Kollegin? Ach, ganz nett.
(oft in Kombination mit *gut, nett, schön*)

→ *Überhaupt* bedeutet „generell". Es steht meistens mit einer Negation, kann aber auch in Sätzen ohne Negation stehen: Linus geht es überhaupt nicht gut. Die Frage ist, ob die Züge wegen des Streiks überhaupt fahren.

Übungen

7 Verstärkung einer Aussage. Intensivieren Sie die Aussagen mit *sehr, ganz* oder *gar/überhaupt*.

- Der Wein schmeckt mir nicht. — *Der Wein schmeckt mir gar/überhaupt nicht.*

1. Das verstehe ich nicht. ……………………………
2. Das Restaurant war leer. ……………………………
3. Ich habe keine Zeit. ……………………………
4. Das war eine tolle Party! ……………………………
5. Die Entscheidung kann ich nicht nachvollziehen. ……………………………
6. Mir geht es gut. ……………………………
7. Ich kann dazu nichts sagen. ……………………………
   Ich habe keine Ahnung von Marketing. ……………………………

8 Modalität und Kausalität. Ersetzen Sie die unterstrichenen Satzteile durch die passenden Adverbien.

bestenfalls • anstandshalber • notfalls • vergleichsweise • vermutlich • netterweise • dummerweise • schlimmstenfalls • keinesfalls • ~~verständlicherweise~~ • umständehalber

- Frau Schmidt hat sich über die Beschwerde geärgert. Das kann Ich verstehen.
  Frau Schmidt hat sich *verständlicherweise* über die Beschwerde geärgert.

1. Es wäre anständig, das Kollegium über die Situation der Firma zu informieren, bevor es in der Zeitung steht.
   Das Kollegium sollte …………………… über die Situation der Firma informiert werden, bevor es in der Zeitung steht.
2. Ich vermute, dass Alex noch im Büro ist.
   Alex ist …………………… noch im Büro.
3. Wenn der beste Fall eintritt, hat der Computervirus gar keine Auswirkungen – im schlimmsten Fall legt er das gesamte System lahm.
   …………………… hat der Computervirus gar keine Auswirkungen – …………………… legt er das gesamte System lahm.
4. Ich werde mich unter gar keinen Umständen an der Aktion beteiligen.
   Ich werde mich …………………… an der Aktion beteiligen.
5. Im Vergleich zu anderen Produkten finde ich diese Kaffeemaschine teuer.
   Ich finde diese Kaffeemaschine …………………… teuer.
6. Mia hat mir noch einige Tipps für meine Präsentation gegeben. Das fand ich sehr nett von ihr.
   Mia hat mir …………………… noch einige Tipps für meine Präsentation gegeben.
7. Wenn es unbedingt notwendig ist, kann ich deine Aufgaben übernehmen.
   …………………… kann ich deine Aufgaben übernehmen.
8. Weil die Umstände gerade sehr ungünstig sind, müssen wir den Beginn der Arbeiten um zwei Wochen verschieben.
   …………………… müssen wir den Beginn der Arbeiten um zwei Wochen verschieben.
9. Ich habe der Arbeitszeitverlängerung schon zugestimmt. Das war sehr dumm von mir.
   Ich habe der Arbeitszeitverlängerung …………………… schon zugestimmt.

6.3 Redepartikeln

□ *Oh, Gudrun, mir ist gestern etwas Furchtbares passiert!*

△ *Was ist denn passiert, Sabine?*

□ *Stell dir vor, ich wollte mir gestern neue Schuhe kaufen und beim Anprobieren der Schuhe hat mir jemand mein Portemonnaie gestohlen! Das ist doch unglaublich, oder?*

△ *Das ist ja schrecklich! Wie viel Geld war denn im Portemonnaie?*

□ *500 Euro.*

△ *500 Euro! Davon kann man ja fünf Paar Schuhe kaufen!*

denn, doch, ja → Redepartikeln

▶ Gebrauch

→ Redepartikeln gehören zur gesprochenen Sprache und geben dem Satz einen bestimmten emotionalen Ausdruck. Man kann auf diese Weise zum Beispiel **Überraschung**, **Ärger** oder **Interesse** ausdrücken. Die meisten Partikeln haben mehrere Bedeutungen.

→ Redepartikeln werden nicht dekliniert.

▶ Formen: Fragesätze

Interesse ausdrücken	denn eigentlich	Wann ist **denn** deine Prüfung? Haben Sie **eigentlich** die neue Ausstellung gesehen?
Überraschung ausdrücken	denn	Was ist **denn** hier los?
Bitten formulieren	mal vielleicht	Könntest du **mal** das Fenster öffnen? Können Sie mir **vielleicht** helfen?
eine **positive Reaktion** erwarten	doch	Das ist **doch** toll, oder?

▶ Formen: Aussage- oder Aufforderungssätze

Überraschung ausdrücken	ja doch aber	Das ist **ja** schrecklich! Das ist **doch** ein fantastisches Ergebnis! Das ist **aber** ein schönes Geschenk!
Ärger ausdrücken	doch vielleicht	Das weißt du **doch**! Hier ist **vielleicht** eine Stimmung im Raum!
eine **Ermunterung** ausdrücken	ruhig	Bewerben Sie sich **ruhig**. Sie haben gute Chancen.
eine **Warnung** verstärken	bloß ja	Lass **bloß** die Finger davon! Erzähl das **ja** nicht weiter!
eine **Bitte**/einen **Rat** formulieren	doch mal doch	Kommen Sie **doch mal** vorbei! Setzen Sie sich **doch**!
eine **Beruhigung** formulieren	schon	Das kommt **schon** wieder in Ordnung!

Redepartikeln

Übungen

1 Interesse oder Überraschung ausdrücken
Formulieren Sie Fragen mit *denn* oder *eigentlich*.

- wer – heute – zur Sitzung – kommen
  Wer kommt denn heute zur Sitzung? *Wer kommt eigentlich heute zur Sitzung?*

1. wie – du – den Vorschlag von Susanne – finden
   ....
2. warum – du – nicht – um den Leitungsposten – sich bewerben
   ....
3. deine neue Arbeit – dir – Spaß machen
   ....
4. was – das – für ein Chaos – hier – sein
   ....
5. was – du – in meinem Büro – an meinem Laptop – machen
   ....
6. wann – die nächste Konferenz – stattfinden
   ....

2 Mehr Emotionen. Ergänzen Sie in den Sätzen *ja, doch (mal), aber, ruhig* oder *bloß*.

- Das ist eine Überraschung! *Das ist ja eine Überraschung!*

1. Die Gläser sind sehr zerbrechlich. Sei vorsichtig damit! ....
2. Du brauchst hier nicht so gelangweilt rumzusitzen. ....
   Du kannst ein bisschen mithelfen. ....
3. Die Eingangstür war schon wieder nicht abgeschlossen. ....
   Das ist merkwürdig! ....
4. Lies den Artikel hier im „Spiegel"! Der ist wirklich interessant. ....
5. Mach keine Bemerkungen wegen der Jobabsage. ....
   Martin ist immer noch ganz geknickt. ....
6. Du wusstest, dass ich deine Hilfe brauche! ....

3 Smalltalk vor einer Geschäftsverhandlung
Bringen Sie Emotionen in die Sätze. Ergänzen Sie passende Redepartikeln. Manchmal gibt es mehrere Möglichkeiten. Hören Sie eine Beispiellösung. (54)

denn • aber • ja • doch • vielleicht • eigentlich

□ Hallo, Herr Heinrich! Freut mich, Sie endlich persönlich kennenzulernen. Herzlich willkommen in unserer Firma! Waren Sie .... (1) schon einmal bei uns?
△ Leider nein.
□ Kommen Sie, wir gehen gleich in mein Büro. Sind Sie .... (2) mit dem Auto gekommen? Ich frage nur wegen des Parkens auf dem Firmengelände. Dafür braucht man einen Zugangscode und ich weiß gar nicht, ob ich Ihnen den Code geschickt habe.
△ Das war überhaupt kein Problem. Die Rezeption wusste .... (3) über unseren Termin Bescheid, deshalb hat jemand das Tor geöffnet und mich reingelassen.
□ Ach, prima. Wie geht es .... (4) Ihrer Kollegin, Frau Hoffmann? Die arbeitet .... (5) jetzt in einer anderen Abteilung, habe ich gehört.
△ Genau. Sie leitet zurzeit ein großes Marketingprojekt.
□ Das freut mich für sie! Grüßen Sie Frau Hoffmann .... (6) bitte herzlich von mir. … So, wir sind da. Treten Sie ein.
△ Vielen Dank. Das ist .... (7) ein großes Büro. Und eine schöne Aussicht haben Sie!
□ Ja, die Aussicht ist toll. Setzen Sie sich .... (8). Möchten Sie einen Kaffee oder lieber einen Tee?
△ Am liebsten einen Tee. Kennen Sie .... (9) unsere neuen Produkte schon oder sollte ich .... (10) erst mit einer kurzen Präsentation beginnen?

7 Einfache Sätze

Sandra spielt zweimal in der Woche Tennis. *Sie will fit und gesund bleiben.*	→ Aussagesätze
Was ist Ihre Lieblingssportart?	→ Fragesatz mit Fragewort
Treiben Sie gern Sport?	→ Fragesatz ohne Fragewort
Bewegen Sie sich regelmäßig!	→ Aufforderungssatz
Hätte ich doch mehr Zeit zum Training! *Wenn das Fitnessstudio doch nicht so teuer wäre!*	→ Wunschsätze (➤ Seite 81: *Konjunktiv II*)

▶ Gebrauch

- → Es gibt im Deutschen verschiedene Satzformen: einfache Sätze, zusammengesetzte Sätze und mehrfach zusammengesetzte Sätze. Einfache Sätze sind Sätze mit nur einer konjugierten Verbform.
- → Man kann Sätze nach ihrer Funktion in folgende Satzarten einteilen: Aussagesätze, Fragesätze, Aufforderungssätze und Wunschsätze.
- → Das Verb ist der Kern des Satzes. Die Position des Verbs ist klar geregelt. In Hauptsätzen steht das konjugierte Verb an zweiter oder erster Stelle, in Nebensätzen an letzter Stelle.
- → Normalerweise können Nebensätze nicht allein stehen, sie gehören deshalb zu den zusammengesetzten Sätzen (➤ Seite 201). Eine Ausnahme ist der Wunschsatz im Konjunktiv II: Wenn das Fitnessstudio doch nicht so teuer wäre!

7.1 Position der Verben

▶ Formen: Das konjugierte Verb steht an Position 2.

	Position 1	Position 2 (Anfang der Satzklammer)	Mittelfeld	Satzende (Ende der Satzklammer)
Aussagesatz	Sandra	**spielt**	zweimal in der Woche Tennis.	
Aussagesatz mit trennbarem Präfix	Kathrin Kathrin	**gibt** **leitet**	das Passwort die Dokumente an die Kollegin	**ein.** **weiter.**
Aussagesatz mit Modalverb	Sie Sandra	**sollten** **will**	sich regelmäßig fit und gesund	**bewegen.** **bleiben.**
Aussagesatz im Konjunktiv	Sie An die Ostsee	**wäre** **würden**	gern Clubmeisterin. wir zu dieser Jahreszeit nicht	 **fahren.**
Aussagesatz im Perfekt/Plusquamperfekt	In München Max	**sind** **hatte**	50 Oldtimer durch die Innenstadt die Rechnung schon	**gefahren.** **bezahlt.**
Aussagesatz im Futur	Viele Tierarten	**werden**	in den nächsten 50 Jahren	**aussterben.**
Aussagesatz im Passiv	Die Ministerin Im letzten Jahr	**wird** **wurden**	heute in Paris in Deutschland mehr Fahrräder	**empfangen.** **verkauft.**
Fragesatz mit Fragewort	Was Wann	**ist** **hat**	Ihre Lieblingssportart? der Wettkampf	 **begonnen?**

Einfache Sätze
Position der Verben

→ Das konjugierte Verb steht an Position 2. **Verben mit trennbarem Präfix** und **mehrteilige Verbformen (Prädikate)** bilden eine **Satzklammer**. Das trennbare Präfix, der Infinitiv oder das Partizip stehen am Satzende.

→ Alle anderen Satzglieder kann man verschieben. Normalerweise steht das Subjekt an Position 1. Es können auch andere Satzglieder an erster Stelle stehen, zum Beispiel adverbiale Angaben. In diesen Fällen folgt das Subjekt oft direkt nach dem konjugierten Verb.

▶ Formen: Das konjugierte Verb steht an Position 1.

	Position 1	Mittelfeld	Satzende
Fragesatz ohne Fragewort	**Treiben**	Sie gern Sport?	
	Hat	der Wettkampf schon	**begonnen?**
Aufforderungssatz	**Bewegen**	Sie sich regelmäßig!	
	Ruf	mich doch bitte morgen	**an!**
irrealer Wunschsatz	**Hätte**	ich doch mehr Zeit zum Training!	
	Könnte	ich doch schneller	**laufen!**

Im Fragesatz ohne Fragewort, im Aufforderungssatz und oft im Wunschsatz steht das konjugierte Verb an erster Stelle.

Übungen

1 Die Abteilungsleiterin hat eine Menge Aufträge für ihr Team
Formulieren Sie Aufforderungssätze wie im Beispiel. Achten Sie auf den Satzbau.

- Frau Müller: die Kolleginnen und Kollegen – über die Teamsitzung – informieren – bitte
  Informieren Sie bitte die Kolleginnen und Kollegen über die Teamsitzung.

1. Peter: ein Angebot – der Firma Umex – bitte – senden – umgehend
2. Herr Köhler: die Zahlungseingänge – kontrollieren – bitte
3. Felix und Lena: alle Mahnungen – verschicken – im Laufe der Woche – bitte
4. Mark: den Termin – mit Frau Krüger – absagen – bitte
5. Sarah: bitte – die neuen Aufgaben – mit der Praktikantin – besprechen
6. Frau Weber: alle Anrufe – entgegennehmen – bitte – für mich – heute

2 Post aus Berlin
Formulieren Sie aus den vorgegebenen Wörtern eine E-Mail. Die unterstrichenen Satzglieder stehen an erster Stelle. Achten Sie auf die richtige Form und Stellung der Verben.

ganz herzlich – sich bedanken möchten – <u>ich</u> – für eure nette Mail • nach Berlin – <u>gerne</u> – ich – mal wieder – kommen • passen – mir – <u>am besten</u> – es – am übernächsten Wochenende • am Freitag und am Montag – <u>ich</u> – nämlich – frei haben • ich – <u>deshalb</u> – nehmen müssen – für die Reise – keine extra Urlaubstage • sehr praktisch – finden – ich – <u>das</u> • ich – buchen – <u>mein Hotelzimmer</u> – selbst • ihr – sich nicht zu kümmern brauchen – <u>darum</u> • kennen – ein sehr nettes kleines Hotel – <u>ich</u> – in der Nähe der Museumsinsel • ein Besuch im Neuen Museum – auf meinem Programm – <u>auf jeden Fall</u> – stehen • <u>vielleicht</u> – zusammen – wir – ins Museum – gehen – und – danach – fahren – auf den Fernsehturm – können • eine wunderbare Sicht – auf ganz Berlin – haben – man – <u>vom Fernsehturm aus</u> • sich sehr freuen – <u>ich</u> – auf unser Wiedersehen • ich – meine genauen Reisezeiten – <u>morgen</u> – mailen – euch

Liebe Eva, lieber Klaus, ich möchte mich ganz herzlich für eure nette Mail bedanken. …
Bis bald, eure Annette

7.2 Position der anderen Satzglieder
7.2.1 Wortstellung im Mittelfeld

Andreas fotografiert einen Schmetterling in seinem Garten.
Andreas fotografiert in seinem Garten einen Schmetterling.

▶ Gebrauch

→ Verben haben obligatorische und fakultative Ergänzungen. Außer dem Subjekt stehen die Ergänzungen normalerweise im Mittelfeld des Satzes. Ihre Reihenfolge ist im Deutschen nicht so strikt festgelegt wie die Stellung der Verben. Oft spielt die Aussageabsicht eine wichtige Rolle. Hervorgehobene oder neue Informationen stehen am Ende, bekannte Informationen stehen vorn. Die Betonung liegt auf der hervorgehobenen oder der neuen Information.

→ Trotz der Verschiebbarkeit der verschiedenen Satzglieder (außer den Verben) gibt es einige Regeln zu ihrer Position im Satz.

■ Kasusergänzungen

Nina erklärt der neuen Kollegin das Programm.

- Nina ↓ Subjekt Nominativ
- der neuen Kollegin ↓ Ergänzung Dativ
- das Programm ↓ Ergänzung Akkusativ

Die Marketingmanagerin lädt die Gäste zum Essen ein.

- Marketingmanagerin ↓ Subjekt Nominativ
- die Gäste ↓ Ergänzung Akkusativ
- zum Essen ↓ präpositionale Ergänzung

▶ Formen

	Position 1	Position 2	Mittelfeld	Satzende
Beispiel 1	Nina	erklärt	**der neuen Kollegin das Programm.**	
Beispiel 2	Paul	hat	**es ihr** auch schon	erklärt.
Beispiel 3	Eva Die Erklärung	hat kostete	**es einer anderen Kollegin** **sie viel Zeit.**	erklärt.
Beispiel 4	Ich	gratuliere	**dir zur Beförderung.**	
Beispiel 5	Die Managerin	lädt	**die Gäste zum Essen**	ein.

→ Normalerweise ist die Reihenfolge der Ergänzungen: Nominativ, Dativ, Akkusativ (➤ Beispiel 1).
→ Gibt es als Kasusergänzungen zwei Pronomen, steht der Akkusativ vor dem Dativ (➤ Beispiel 2).
→ Pronomen stehen vor Nomen (➤ Beispiel 3).
→ Dativ- oder Akkusativergänzungen stehen vor präpositionalen Ergänzungen (➤ Beispiele 4 und 5).
→ Pronomen stehen direkt nach dem Verb (➤ Beispiele 3 und 4), wenn das Subjekt auf Position 1 steht.

Position der anderen Satzglieder: Mittelfeld

Angaben

Tina und Tim fahren am Wochenende mit dem Auto nach Berlin.
↓ Temporalangabe ↓ Modalangabe ↓ Lokalangabe

Formen

	Position 1	Position 2	Mittelfeld	Satzende
Beispiel 1	Tina und Tim	fahren	**am Wochenende mit dem Auto nach Berlin.**	
Beispiel 2	Paul	geht	**heute aus Zeitgründen nicht in die Kantine.**	
Beispiel 3	Ich	möchte	**mir am Samstag ein neues Handy**	kaufen.
Beispiel 4	Die Managerin	hat	**die Gäste gestern netterweise zum Essen**	eingeladen.

→ Die Reihenfolge der Angaben ist meistens: 1. temporal (wann?) • 2. kausal (warum?) • 3. modal (wie? mit wem? womit?) • 4. lokal (wo? wohin?) (➤ Beispiele 1 und 2).
Kleine Eselsbrücke: te – ka – mo – lo

→ Adverbiale Angaben stehen oft zwischen **zwei** Ergänzungen (Kasusergänzung oder präpositionale Ergänzung) (➤ Beispiele 3 und 4).

→ Achtung: Je nach Aussageabsicht kann die Reihenfolge der Ergänzungen und Angaben verändert werden. Überraschende, hervorgehobene oder neue Informationen stehen am Ende.
Quellenangaben stehen oft auf Position 1 oder weit vorn im Mittelfeld:
Gerüchten zufolge hat sich die Politikerin mit einem Lobbyisten **im Café Berlin** getroffen.
Die Politikerin hat sich Gerüchten zufolge im Café Berlin **mit einem Lobbyisten** getroffen.

Übungen

1 Privates
Ergänzen Sie die fehlenden Personalpronomen.

- Franz wollte schon immer dieses wunderbare Gemälde.
  Sein Vater schenkte *es ihm* zum Geburtstag.

1. Kannst du mir mal ein bisschen Geld leihen?
   – Nein, aber frag doch mal Rudi, vielleicht kann .... etwas leihen.
2. In diesem großen Haus wohnt mein Bruder.
   .... kostet .... jeden Monat ein kleines Vermögen.
3. Hast du Martina schon dein neues Smartphone gezeigt?
   – Nein, ... zeige .... später.
4. Hast du der Nachbarin deinen Schlüssel gegeben, damit sie die Blumen gießen kann?
   – Ja, ... habe .... gestern gegeben.
5. Hat dir Julia schon ihren neuen Freund vorgestellt?
   – Ja, ... hat .... auf der letzten Party vorgestellt.
6. Hast du Johann und Johanna auch eine Einladung zur Hochzeit geschickt?
   – Ja, ... habe .... auch eine Einladung geschickt.

2 **Studienergebnisse: Gesunde Ernährung**
Bilden Sie Sätze. Achten Sie auf die Wortstellung und die richtige Verbform.

- auf gesunde Ernährung – mehr Wert – Familien mit Kindern – legen
  Familien mit Kindern legen mehr Wert auf gesunde Ernährung.

1. in Deutschland – die Ergebnisse – mehrerer Studien – das – zeigen
2. im Supermarkt – den Umfragen zufolge – regelmäßig – 40 % der Eltern – Bioprodukte – kaufen
3. von Obst und Gemüse – außerdem – sie – auf den regelmäßigen Verzehr – achten
4. noch immer – von Kindern – aber – Spaghetti – das Lieblingsessen – sein
5. liegen – der Hamburger – nicht – auf den ersten zehn Plätzen – überraschenderweise
6. gelegentlich – über Essenswünsche – mit ihren Kindern – fast alle Eltern – reden
7. sehr wichtig – das Vorbild der Eltern – sein – bei der Ernährung
8. häufig – Kinder – mehr Spaß – haben – von ernährungsbewussten Eltern – am Essen
9. bei den Tischmanieren – in letzter Zeit – es – die deutlichsten Veränderungen – geben
10. auf dem Esstisch – man – immer häufiger – elektronische Geräte wie Smartphones oder Tablets – finden
11. beim Essen – nach Meinung von Experten – die Handynutzung – den Genuss der Mahlzeit – beeinträchtigen

3 **Workshop: „Trinkwasser für alle"**
Schreiben Sie zwei kurze E-Mails. Benutzen Sie die vorgegebenen Wörter. Setzen Sie dabei die Verben in die richtige Form.

a) Einladung zum Workshop

Sehr geehrte Frau Dr. Köhler,

- auch in der Öffentlichkeit – im September letzten Jahres – spätestens seit der Konferenz – die Bedeutung des Themas „Trinkwasser für alle" – präsent – sein – in Wien
- an die Realisierung entsprechender Projekte – damit – der Anspruch – wachsen
- zu diesem Thema – einen ganztägigen Workshop – wir – nun – planen
- für einen Gedankenaustausch über Konzeption, Umsetzung und Ergebnisse bereits bestehender Projekte – als Plattform – dienen – sollen – dieser Workshop
- die bessere Vernetzung der Projekte – ein weiteres Ziel – sein
- herzlich – zu diesem Workshop – einladen – aufgrund Ihrer Expertise – wir – möchten – Sie – in dem Bereich
- am 21. Februar – von 9.30 Uhr bis ca. 17.30 Uhr – er – in Hamburg – stattfinden
- Sie – Ihre Zusage bzw. Absage – verbindlich – mitteilen – bitte – uns – bis zum 30. November

Mit Dank und freundlichen Grüßen
Siegmar Kunze

b) Weitere Informationen

Sehr geehrte Frau Dr. Köhler,

- für Ihre schnelle Rückmeldung – vielen Dank
- sehr – über Ihre Zusage – freuen – uns – wir
- im Seminargebäude der Universität – der Workshop – stattfinden
- rechtzeitig – wir – den Raum – bekannt geben
- im Hotel „Krone" – wir – vom 20. bis 22. Februar – für Sie – reserviert haben – bereits – ein Einzelzimmer
- in der Markusstraße – direkt neben dem Seminargebäude – befinden – das Hotel – sich
- Ihnen – für weitere Fragen – jederzeit – wir – zur Verfügung – stehen

Mit freundlichen Grüßen
Siegmar Kunze

Position der anderen Satzglieder: Nachfeld

7.2.2 Satzglieder im Nachfeld

Vergleiche

Der Kuchen hat 70 Cent mehr gekostet als vor einem Jahr.
Franzi ist heute genauso schnell geschwommen wie Gabi.

▶ Formen

Position 1	Position 2 (Anfang der Satzklammer)	Mittelfeld	Ende der Satzklammer	Nachfeld
Der Kuchen	hat	70 Cent mehr	gekostet	**als vor einem Jahr.**
Franzi	ist	heute genauso schnell	geschwommen	**wie Gabi.**

In Vergleichssätzen können Angaben mit *als* und *wie* nach der Satzklammer stehen.

Sonderfall: Ausklammerung

Das großformatige Bild „99 Cent" des Fotografen Andreas Gursky wurde bei einer Auktion verkauft für 2,25 Millionen Dollar.

Mehrere Sammler waren sehr interessiert an diesem Werk.

▶ Formen

Position 1	Position 2 (Anfang der Satzklammer)	Mittelfeld	Ende der Satzklammer	Nachfeld
Das Bild „99 Cent"	wurde	bei einer Auktion	verkauft	**für 2,25 Millionen Dollar.**
Mehrere Sammler	waren	sehr	interessiert	**an diesem Werk.**

→ In seltenen Fällen (hauptsächlich in der gesprochenen Sprache) kann ein Satzglied auch nach der rechten Satzklammer stehen.
Wenn man ein Satzglied ausklammert und betont, verleiht man ihm besonderen Nachdruck. Ist das ausgeklammerte Satzglied unbetont, wirkt es eher beiläufig.

→ Bei prädikativ verwendeten Adjektiven mit einer präpositionalen Ergänzung kann die Ergänzung vor oder nach der Satzklammer stehen: Mehrere Sammler waren **an dem Kunstwerk** sehr interessiert. Mehrere Sammler waren sehr interessiert **an dem Kunstwerk**.

Übungen

1 Der Winter und seine Folgen
Bilden Sie Sätze in der angegebenen Zeitform wie im Beispiel. Ergänzen Sie *als* oder *wie*.

- schneller – der Wintereinbruch – kommen • vorhergesagt *(Perfekt)*
  Der Wintereinbruch ist schneller gekommen als vorhergesagt.

1. besser – die öffentlichen Verkehrsmittel – funktionieren • im letzten Jahr *(Perfekt)*
   ....
2. nicht so drastisch – auf den Autobahnen – das Chaos – sein • befürchtet *(Präteritum)*
   ....
3. allerdings – nicht so reibungslos – der Flugverkehr – verlaufen • erhofft *(Perfekt)*
   ....
4. mehr – zu kämpfen haben – Großbritannien und Frankreich – mit dem Schnee • Deutschland *(Präteritum)*
   ....
5. weniger Flugzeuge – in Paris und London – starten und landen können • in Frankfurt *(Präteritum)*
   ....
6. viel mehr Winterreifen – die Autohändler – verkaufen • erwartet *(Perfekt)*
   ....
7. auch – die Schuhgeschäfte – höhere Umsätze – erzielen • in den vergangenen Jahren *(Präteritum)*
   ....
8. die Hoteliers – in den Touristengebieten – nicht so hohe Gewinne – verzeichnen können • erwünscht *(Präteritum)*
   ....

2 Einbruch bei dem Privatdetektiv Rudi Rotzig (55)
Er beschreibt der Polizei die Vorgänge in dramatischer Form.
Klammern Sie die unterstrichenen Satzglieder aus und verleihen Sie ihnen damit besonderen Nachdruck.
Lesen Sie den Text laut mit besonderer Betonung auf den ausgeklammerten Satzgliedern.
Hören Sie den Text zur Kontrolle der Betonung.

Gestern bin ich <u>so gegen Mitternacht</u> plötzlich wach geworden. Ich habe verdächtige Schritte <u>im Nebenraum</u> gehört. Ich bin sofort aufgestanden und habe in meinem Schreibtisch nach meiner Pistole gesucht. Ich war <u>wegen des Geräuschs</u> etwas nervös. Das verstehen Sie doch sicher. Danach habe ich meinen Hausmantel angezogen und bin mit der Pistole in den Nebenraum gegangen. Zwei Diebe haben in der Ecke <u>direkt vor meinem Tresor</u> gestanden. Als sie mich bemerkten, sind sie geflüchtet. Der Tresor war geöffnet, der Schaden ist ziemlich groß. Die Diebe haben wichtige Dokumente, <u>zum Beispiel Fotos von Persönlichkeiten aus Politik und Wirtschaft in heiklen Situationen</u>, aus dem Tresor entwendet. Die Betroffenen werden <u>über diese Tatsache</u> nicht erfreut sein! Vielleicht wird jetzt alles öffentlich oder sie werden erpresst. Man kann ja nie wissen. Ich habe die Fotos rein zufällig, <u>ohne böse Absicht</u> gemacht. Ich würde solche Fotos niemals gegen jemanden verwenden.

Gestern bin ich plötzlich wach geworden so gegen Mitternacht. ....
....
....
....
....
....
....
....
....

7.3 Besonderes Satzglied: Apposition

Der höchste Berg Deutschlands, die Zugspitze, ist 2962 Meter hoch.

Die Zugspitze, der höchste Berg Deutschlands, ist 2962 Meter hoch.

Auf dem höchsten Berg Deutschlands, der Zugspitze, hat man eine wunderbare Aussicht.

Auf der Zugspitze, dem höchsten Berg Deutschlands, hat man eine wunderbare Aussicht.

▶ **Gebrauch**

→ Eine Apposition ist eine Nomengruppe, die sich auf ein vorangestelltes Nomen bezieht und dieses näher beschreibt oder erklärt.
→ Die Apposition steht im gleichen Kasus wie das Bezugswort. Sie wird normalerweise durch Kommas abgetrennt.
→ Zur Apposition rechnet man auch nachgestellte Eigennamen und Namensergänzungen:
Der höchste Berg Deutschlands, **die Zugspitze**, ist 2962 Meter hoch. König Ludwig **der Zweite** lebte in Bayern.
Namensergänzungen sind die einzigen Appositionen, die in der Regel nicht in Kommas stehen.

Übungen

1 Nähere Beschreibungen. Ergänzen Sie die Apposition im richtigen Kasus.

- Die Gäste wurden von Frau Zimmermann *(die Organisatorin der Veranstaltung)* begrüßt.
  Die Gäste wurden von Frau Zimmermann, der Organisatorin der Veranstaltung, begrüßt.

1. Auf dem offiziellen Empfang sprach ich lange mit Herrn Meier *(der Leiter der Forschungsgruppe)*.
2. Wir unterhielten uns über die neueste Entwicklung seiner Firma *(ein Apparat zu einer schnelleren und umfassenderen Blutanalyse)*.
3. Das Gerät wurde von Otto Friedrich *(ein Ingenieur der Forschungsgruppe)* entwickelt.
4. Die Erfindung wurde bereits beim Europäischen Patentamt auf Deutsch *(eine offizielle Amtssprache)* als Patent angemeldet.

2 Ludwig II. von Bayern. Ergänzen Sie in dem folgenden Text die Apposition *der Zweite* jeweils im richtigen Kasus.
Achtung: *Der Zweite* wird wie ein Adjektiv dekliniert. (➤ Seite 131)

Ludwig *der Zweite* wurde am 25. August 1845 in München geboren. Nach dem Tod seines Vaters Maximilian 1864 wurde Ludwig im Alter von 18 Jahren als Ludwig .... (1) zum König von Bayern gekrönt. Von Anfang an engagierte er sich für die Förderung der Kultur. So konnte zum Beispiel mit der finanziellen Unterstützung Ludwigs .... (2) Richard Wagners „Ring der Nibelungen" entstehen.
Im Gegensatz zu seinem Engagement für die schönen Künste stand das Desinteresse Ludwigs .... (3) an der Politik. Schon bald nach seiner Krönung überließ er die politischen Fragen seinen Ministern und zog sich auf seine Schlösser zurück, die er für viel Geld ausbauen ließ. Ludwig .... (4) verbrachte die meiste Zeit auf seinem Märchenschloss Neuschwanstein und beschäftigte sich hauptsächlich mit romantischen Träumereien. Oft hatten die Minister Mühe, Unterschriften für die Staatsgeschäfte von Ludwig .... (5) zu erhalten.
Der Schuldenberg für den Ausbau der Schlösser wuchs ins Unermessliche. Anfang 1886 verweigerte das bayerische Kabinett Ludwig .... (6) die Bürgschaft für einen Kredit in Höhe von sechs Millionen Gulden und leitete seine Entmündigung ein. Ärzte befürworteten die Entmündigung und beschrieben Ludwig .... (7) als „seelengestört". Am 11. Juni 1886 reiste eine Regierungskommission nach Neuschwanstein und informierte Ludwig .... (8) über das Gutachten der Ärzte und den Verlust seines Amtes.
Am 13. Juni brachen der Arzt Professor von Gudden und Ludwig .... (9) zu einem Spaziergang im Schlosspark auf. Sie starben am selben Abend im flachen Uferwasser des Starnberger Sees. Um den Tod Ludwigs .... (10) ranken sich bis heute zahlreiche Gerüchte. Einige Theorien gehen von einem Mord aus.

7.4 Negation

Der Wein hat Ellen nicht geschmeckt.
Sie hat nicht den roten Merlot getrunken, sondern den weißen Riesling.
Paul trinkt überhaupt keinen Wein. Deshalb trank er gestern nur Cola.
Alex hat gar nichts getrunken. Er fühlte sich nicht wohl.
Niemand wollte am Ende noch einen Kaffee.
Anna trinkt sowieso nie Kaffee, sie trinkt immer Tee.

▶ Gebrauch

- → Bei der Negation unterscheiden wir zwischen der Negation eines Satzes, der Negation eines Satzteils und der Negation eines einzelnen Wortes (Artikel, Pronomen oder Adverb).
- → Mit *nicht* kann man Sätze oder Satzteile negieren.
- → *Kein, nichts, niemand, nie, nirgends, nirgendwo* negieren Artikel, Pronomen oder Adverbien.
  Der negative Artikel *kein* steht immer vor einem Nomen oder einer Nomengruppe.

▶ Formen: Satznegation

Position von *nicht*	Position 1	Position 2	Mittelfeld	Satzende
am Ende	Ich Frau Weber	beantworte kommt	diese E-Mail **nicht.** heute **nicht.**	
vor dem zweiten Teil des Verbs/ Prädikats	Ich Sie	kann leitete	morgen leider **nicht** das Dokument **nicht**	kommen. weiter.
vor Ergänzungen, die eng zum Verb gehören	Felix Heute	kann habe	noch **nicht** Auto ich **nicht** Tennis	fahren. gespielt.
vor präpositionalen Ergänzungen	Wir Marie	haben interessiert	**nicht** über Politik sich **nicht** für moderne Kunst.	gesprochen.
vor bestimmten Adverbien	Der Minister Mir	hat gefällt	**nicht** sofort das Bild **nicht** besonders gut.	reagiert.
vor lokalen Angaben	Wir Bist	gehen du	heute **nicht** ins Kino. **nicht** nach Frankreich	 gefahren?

▶ Formen: Teilnegation

Position von *nicht*	Position 1	Position 2	Mittelfeld	Satzende
vor dem Satzteil, der negiert wird	Die Personalabteilung Maria	hat hat	**nicht** Paul für die Leitungsstelle die Stelle	ausgewählt. bekommen

- → In der Satznegation steht *nicht* möglichst weit am Ende des Satzes.
- → In der Teilnegation steht *nicht* vor dem Satzteil, der negiert wird.

▶ Formen: Negation von Artikeln, Pronomen und Adverbien

	positiv	negativ	
Artikel	ein, eine	kein, keine	Ich habe **kein** eigenes Büro.
Pronomen	einer, eine, ein(e)s	keiner, keine, kein(e)s	Ich habe auch **keins.**
Indefinitpronomen	etwas, alles jemand, alle	nichts niemand, keiner	Die Zeugen haben **nichts** gesehen. **Niemand** kann den Täter beschreiben.
Adverb	manchmal, oft, immer schon (ein)mal überall, irgendwo	nie, niemals noch nie nirgends, nirgendwo	Er hat seine Tante **nie** im Krankenhaus besucht. Ich war **noch nie** in New York. Ich konnte meinen Schlüssel **nirgendwo** finden.

Übungen

1 An der Uni

Negieren Sie die Sätze. Ergänzen Sie das Wort *nicht*.

- Martin hat mit seinen Kommilitonen gesprochen.
  Martin hat nicht mit seinen Kommilitonen gesprochen.
1. Er will an der Demonstration gegen die Bildungspolitik teilnehmen.
2. Auch Susanne will sich an der Kundgebung beteiligen.
3. Knut geht heute Abend zu dem Vortrag von Prof. Schulz.
4. Die Vorlesung hat pünktlich begonnen.
5. Ich fand sie besonders gut.
6. Paulina hat viel mitgeschrieben.
7. Gehst du zu dem Seminar?
8. Die Dozentin hat der Verlängerung der Abgabefrist für die Abschlussarbeit zugestimmt.
9. Dr. Günther erinnerte die Studierenden an die rechtzeitige Bewerbung um Praktikumsplätze.

2 Gutes Benehmen im Geschäftsleben

Geben Sie Empfehlungen wie im Beispiel. Benutzen Sie *nicht* oder *kein*.

- Gäste warten lassen — *Man sollte Gäste nicht warten lassen.*
1. unvorbereitet an Besprechungen teilnehmen ……………
2. die Namen der Kundinnen und Kunden vergessen ……………
3. über Kolleginnen und Kollegen lästern ……………
4. im Gespräch zu nah an Beteiligte herantreten ……………
5. die Geschäftspartner gleich duzen ……………
6. fehlerhafte E-Mails schreiben ……………
7. vertrauliche Mitteilungen per E-Mail versenden ……………
8. beim Smalltalk über Beziehungsprobleme oder Krankheiten sprechen ……………
9. durch seine Kleidung auffallen: schrille Farbkombinationen, weiße Socken zum dunklen Anzug, Krawatten mit Comicfiguren tragen ……………

3 Geografisches über Deutschland. Sie wissen es besser!

Korrigieren Sie die folgenden Aussagen wie im Beispiel.

- Der längste Fluss in Deutschland ist die Elbe. *(Donau)*
  Der längste Fluss in Deutschland ist nicht die Elbe, sondern die Donau.
1. Der geografische Mittelpunkt Deutschlands liegt in Berlin. *(500 Meter nördlich des Ortes Niederdorla in Thüringen)*
   ……………
2. Das größte Bundesland in Deutschland ist Niedersachsen. *(Bayern)*
   ……………
3. Aachen ist die nördlichste Großstadt in Deutschland. *(westlichste)*
   ……………
4. Die Insel Sylt liegt in der Ostsee. *(Insel Hiddensee)*
   ……………

4 Im Büro

Beantworten Sie die Fragen negativ.

- Habt ihr schon etwas über das neue Projekt gehört? — *Nein, wir haben (darüber) noch nichts gehört.*
1. Hast du die Übersicht über die Umsatzzahlen irgendwo gesehen? ……………
2. Warst du schon mal bei einer Verkaufsverhandlung dabei? ……………
3. Habt ihr einen Farbdrucker? ……………
4. Weißt du etwas über die geplante Umstrukturierung? ……………
5. War gestern irgendjemand an meinem Schreibtisch? ……………
6. Hast du mal einen Stift für mich? ……………

8 Zusammengesetzte Sätze

Hauptsatz + Hauptsatz:

Martin macht im Winter in den Alpen Urlaub, denn er fährt gern Ski.
↓ Konjunktion

Hauptsatz + Hauptsatz:

Martin fährt gern Ski, deshalb macht er im Winter in den Alpen Urlaub.
↓ Konjunktionaladverb

Hauptsatz + Nebensatz:

Martin macht im Winter in den Alpen Urlaub, weil er gern Ski fährt.
↓ Subjunktion

Hauptsatz + Nebensatz (indirekter Fragesatz):

Gudrun und Gustav wissen noch nicht, wann sie in den Urlaub fahren.
↓ Fragewort

Hauptsatz + Infinitiv mit *zu*:

Sie haben vor, im Urlaub lange Wanderungen zu unternehmen.
↓ *zu* + Infinitiv

▶ Gebrauch

- → Zusammengesetzte Sätze bestehen aus mehreren Teilsätzen. Das können Hauptsätze, Nebensätze oder Infinitivkonstruktionen sein.
- → Nebensätze und Infinitivkonstruktionen ergänzen Hauptsätze. Sie können in der Regel nicht allein stehen. (Ausnahme: ➤ Seite 87, 183: *Irreale Wunschsätze*)

8.1 Hauptsätze

8.1.1 Satzverbindung: Konjunktionen

Martin macht im Winter in den Alpen Urlaub, denn er fährt gern Ski.
↓ Konjunktion

Am liebsten würde er schon jetzt seinen Koffer packen, aber er muss noch drei Wochen arbeiten.
↓ Konjunktion

▶ Gebrauch

- → Konjunktionen verbinden zwei Hauptsätze miteinander.
- → Sie stehen zwischen den Sätzen. Ihre Position ist nicht veränderbar.
- → Sätze mit *denn, aber* und *sondern* werden durch Komma getrennt. Bei Sätzen mit *oder* und *und* kann ein Komma stehen, muss aber nicht.

Hauptsätze: Konjunktionen

Einteilige Satzverbindungen

Formen

	Hauptsatz 1	Konjunktion	Hauptsatz 2
Grund (Kausalangabe)	Martin **macht** im Winter in den Alpen Urlaub,	**denn**	er **fährt** gern Ski.
Gegensatz (Adversativangabe)	Früher **habe** ich im Sommer Urlaub gemacht, Kathrin **fährt** im August nicht an die Ostsee,	**aber** **sondern**	heute **fahre** ich lieber im Winter **weg**. sie **bleibt** zu Hause.
Alternative	Vielleicht **gehen** wir am Wochenende wandern(,)	**oder**	wir **arbeiten** im Garten.
Aufzählung (Addition)	Im Januar **fahren** wir nach Österreich	**und**	im Sommer **reisen** wir nach Irland.

→ Im zweiten Hauptsatz steht das konjugierte Verb an zweiter Stelle nach der Konjunktion.

→ Mit der Konjunktion *aber* bezeichnet man einen Gegensatz:
Früher habe ich im Sommer Urlaub gemacht, aber heute fahre ich lieber im Winter weg.
Man kann mit *aber* auch einen Vorbehalt/ein Gegenargument benennen:
Wir möchten gern auf die Malediven fliegen, aber wir haben kein Geld.
Sondern steht nach einer Negation und stellt Informationen aus dem ersten Satz mit einer gegensätzlichen Aussage richtig.

→ Wenn in beiden Sätzen Subjekt oder Subjekt und Verb identisch sind, kann der zweite Satz verkürzt werden (Ausnahme: Sätze mit *denn*): Vielleicht **fahren wir** in die Berge(,) oder **wir fahren** ans Meer.
→ Vielleicht **fahren wir** in die Berge oder ans Meer.

Übungen

1 Pläne
Bilden Sie Sätze wie im Beispiel. Achten Sie auf die Satzstellung und die Form der Verben.

- Ich putze die Fenster • ihr – und – euer Zimmer – aufräumen
Ich putze die Fenster und ihr räumt euer Zimmer auf.

1. Wir können heute über die Urlaubsplanung sprechen • es – verschieben – oder – wir – auf nächste Woche
....
2. Wir gehen dieses Wochenende nicht zu meiner Schwester • kommen – meine Schwester – zu uns – sondern
....
3. Ich bleibe heute Vormittag zu Hause • ich – den Monteur – denn – erwarten
....
4. Olga möchte im Juli in die Berge fahren • aber – ihr Mann – lieber ans Meer – wollen
....
5. Erik wollte eigentlich ins Fitnessstudio gehen • er – aber – noch – einen Kunden – besuchen müssen *(Präteritum)*
....
6. Wir können uns direkt in der Stadt treffen • ich – oder – abholen – dich – zu Hause
....
7. Eva möchte heute nicht Klavier üben • sondern – sie – spielen – wollen – mit ihren Freundinnen
....
8. Sei bitte pünktlich • wir – denn – nicht – warten können
....
9. Christine lernt für die Prüfung • die Einkäufe – und – Jan – erledigen
....
10. Max muss heute Abend nicht kochen • in ein Restaurant – wir – gehen – denn
....

2 **Eine Zeitungsmeldung. Ergänzen Sie die fehlenden Konjunktionen *denn, aber, und* oder *sondern*. Überprüfen Sie Ihre Lösungen mit dem Hörtext.** (56)

Der gute Mensch von der Autobahn
Wer regelmäßig die Nachrichten verfolgt, der kann schon den Glauben an die Menschheit verlieren, *denn* (0) Katastrophen, Not und Gewalt scheinen die Welt zu bestimmen.
Doch manchmal gibt es sie noch, die guten Menschen, die einfach nur das Richtige tun: Fast 30 Jahre lang war der französische Lkw-Fahrer Alexandre auf den Straßen der Normandie unterwegs .... (1) arbeitete zuverlässig für wenig Geld. In der Zeit der Wirtschaftskrise wurde sein fester Arbeitsplatz immer unsicherer, ... (2) die Firma, bei der er angestellt war, stand kurz vor der Pleite. Nebenbei spielte Alexandre regelmäßig Lotto .... (3) eines Tages überraschte ihn ein Scheck über zehn Millionen Euro. Er hatte den Jackpot geknackt! Entgegen allen Erwartungen setzte sich Alexandre mit seinem Geld nicht zur Ruhe, ... (4) kaufte die marode Speditionsfirma auf .... (5) sanierte sie. Damit rettete er seinen 14 Kollegen den Arbeitsplatz. Auch sein ehemaliger Chef durfte bleiben, allerdings als Angestellter. Auf die Frage, warum er sich mit so viel Geld nicht eine Villa in der Karibik gekauft habe, antwortete er nur: „Ich habe getan, was getan werden musste. Außer mir hätte ja niemand die Firma gekauft .... (6) das wäre das Ende gewesen." Alexandre lebt weiterhin sehr bescheiden, ... (7) einen kleinen Luxus im Alltag gönnt er sich doch: Er ist nicht mehr mit einem Lkw unterwegs, ... (8) fährt nun einen schicken Geländewagen. Dass ein Angestellter von seinem Lottogewinn die Firma kauft, bei der er arbeitet, ist in der Lottogeschichte einzigartig.

Zweiteilige Satzverbindungen

Formen

	Hauptsatz 1	Konjunktion	Hauptsatz 2
Einschränkung (Konzessivangabe)	Die Regeln **klingen zwar** einfach,	**aber**	ihre Umsetzung **fällt** manchen Menschen schwer.
Alternative	Lena **fährt** im Urlaub **entweder** nach Spanien	**oder**	sie **bleibt** zu Hause.
Aufzählung – Positiv (Addition)	Martin **fährt nicht nur** gut Ski,	**sondern**	er **kann auch** gut schwimmen.

→ Im zweiten Hauptsatz steht das konjugierte Verb an zweiter Stelle nach *aber, oder, sondern*.
→ Wenn in beiden Sätzen Subjekt und Verb identisch sind, kann der zweite Satz verkürzt werden:
Lena fährt entweder nach Spanien oder **sie fährt** nach Griechenland.
→ **Lena fährt** entweder nach Spanien oder nach Griechenland.
Martin spielt nicht nur gut Schach, sondern **er spielt** auch gut Tennis.
→ **Martin spielt** nicht nur gut Schach, sondern auch gut Tennis.

Übungen

3 **Aussagen über Stephan**
Ergänzen Sie die zweiteiligen Konjunktionen *nicht nur … sondern auch, zwar … aber, entweder … oder*.

- Stephan ist ein vielseitiger Mensch: Er ist *nicht nur* ein guter Sportler, *sondern* er interessiert sich *auch* für Kunst.

1. Stephan kennt viele Leute: Er ist .... mit seinen Kollegen befreundet, ... er hat .... viele Freunde außerhalb der Arbeit.
2. An Wochentagen muss er .... meist länger arbeiten, ... er nimmt sich auch Zeit für seine Familie.
3. Freitagabends geht er oft aus: Er trifft sich .... mit Freunden .... er geht mit seiner Frau ins Theater.
4. Stephan spricht .... ausgezeichnet Französisch, ... er verfügt .... über sehr gute Spanischkenntnisse.
5. Für dieses Wochenende hat er zwei Einladungen bekommen: Er kann .... zur Geburtstagsparty eines Freundes gehen .... mit einem anderen Freund in die Berge fahren.
6. Stephan ist .... noch jung, ... er hat schon ganz genaue Vorstellungen von seiner Zukunft.

4 Die wohltuenden Wirkungen von Yoga
Verbinden Sie die Sätze mit den vorgegebenen Konjunktionen.

- Yoga hat positive Effekte auf die körperliche Gesundheit. Es wirkt sich auch auf die Psyche günstig aus. *(nicht nur – sondern auch)*
  Yoga hat nicht nur positive Effekte auf die körperliche Gesundheit, sondern es wirkt sich auch auf die Psyche günstig aus.

1. Es kann bei Rückenschmerzen und anderen körperlichen Beschwerden helfen. Es hat eine positive Wirkung bei Schlafstörungen, Angst, Depression und chronischen Kopfschmerzen. *(nicht nur – sondern auch)* ....
2. Mit den verschiedenen Yoga-Haltungen werden Muskelkraft, Flexibilität und Gleichgewichtssinn trainiert. Es verbessert sich die geistige Leistungsfähigkeit. *(nicht nur – sondern auch)* ....
3. Yoga hilft, innere Ruhe und Gleichgewicht zu finden. Es hat Einfluss auf das Verhalten gegenüber den Mitmenschen. *(nicht nur – sondern auch)* ....
4. Die Wurzeln von Yoga liegen im Hinduismus. Es wird von Menschen unterschiedlicher Religionen und Weltanschauungen praktiziert. *(zwar – aber)* ....
5. Yoga macht man zu Hause. Man meldet sich zu einem Yogakurs an. *(entweder – oder)* ....
6. Yoga gilt nicht als Therapie. Im Rahmen der Prävention werden die Kosten für Yogakurse manchmal von der Krankenkasse bezahlt. *(zwar – aber)* ....

5 Ergänzen Sie den Text mit den passenden ein- und zweiteiligen Konjunktionen. Überprüfen Sie Ihre Lösungen mit dem Hörtext. (57)

zwar … aber • und *(3 x)* • denn *(2 x)* • nicht nur … sondern auch *(2 x)* • sondern

Das Restaurant Hiltl in Zürich

Das Restaurant Hiltl in Zürich ist *nicht nur* (0) das älteste vegetarische Restaurant der Schweiz, *sondern auch* das älteste vegetarische Restaurant der Welt. Das Restaurant ist immer noch in Familienbesitz .... (1) wird heute vom Urenkel des Mannes geführt, der es 1898 gegründet hat.

Das Lokal, das früher den Namen „Vegetarierheim und Abstinenz Café" trug, lief am Anfang nicht gut, ... (2) Vegetarier hatten damals keinen guten Ruf: Sie wurden als „Grasfresser" verspottet. Einige Gäste gingen deshalb nicht durch die Eingangstür ins Restaurant, ... (3) sie betraten es nur durch die Hintertür.

Ambrosius Hiltl, der in der Anfangszeit das Restaurant führte, war ursprünglich kein Vegetarier. Wegen einer schweren Erkrankung im Jahr 1901 musste er eine vegetarische Diät machen .... (4) wurde nach seiner Heilung überzeugter Vegetarier.

Einen großen Einfluss auf das heutige Angebot hat seine Schwiegertochter, Margrith Hiltl. Sie nahm 1957 als Schweizer Delegierte an einem Vegetarierkongress in Neu-Delhi teil, ... (5) sie interessierte sich sehr für die indische Küche. In Indien erlernte sie die indische Kochkunst .... (6) fuhr mit neuen Ideen zurück in die Schweiz.

Am Anfang wollte die Familie .... (7) von den indischen Rezepten nichts wissen, ... (7) Margrith konnte sie vom Geschmack der neuen Speisen überzeugen. Heute ist das indische Buffet ein Markenzeichen des Restaurants.

2007 wurde das Hiltl umgebaut und erweitert: Seitdem gibt es .... (8) ein Restaurant, ... (8) man kann .... (8) in einem Kochstudio vegetarisch kochen lernen. Zusätzlich wurde das Take-away-Angebot an mehreren Standorten ausgebaut.

8.1.2 Satzverbindung: Konjunktionaladverbien

Martin fährt gern Ski, deshalb macht er im Winter in den Alpen Urlaub.
↓ Konjunktionaladverb

Gudrun und Gustav wollten nicht mit uns schwimmen gehen, stattdessen sind sie zwei Stunden gewandert.
↓ Konjunktionaladverb

▶ Gebrauch

- → Auch Adverbien können Hauptsätze miteinander verbinden.
- → Adverbien sind eigenständige Satzglieder. Sie können an verschiedenen Positionen des Satzes stehen. Meistens stehen sie vor oder nach dem konjugierten Verb:
  Martin fährt gern Ski, **deshalb** macht er im Winter in den Alpen Urlaub.
  Martin fährt gern Ski, er macht **deshalb** im Winter in den Alpen Urlaub.
- → Sätze mit Adverbien als Verbindung werden immer durch Komma getrennt.

■ Einteilige Satzverbindungen

▶ Formen

	Hauptsatz 1	Hauptsatz 2
Zeit: gleichzeitig ablaufende Handlungen (Temporalangabe)	Du **packst** die Koffer,	**inzwischen/währenddessen drucke** ich alle wichtigen Dokumente **aus**.
Zeit: nicht gleichzeitig ablaufende Handlungen (Temporalangabe)	Wir **haben** im Hotel eingecheckt, Am Abend **haben** wir im Restaurant gegessen,	**anschließend/danach/dann haben** wir uns die Gegend angesehen. **davor waren** wir 30 Minuten im Pool.
Grund (Kausalangabe)	Martin **fährt** gern Ski,	**deshalb/deswegen/darum/daher macht** er im Winter in den Alpen Urlaub.
Folge (Konsekutivangabe)	Martin **fährt** gern Ski, Man **muss** regelmäßig Ski fahren,	**folglich/infolgedessen/demzufolge fährt** er jedes Jahr in den Winterurlaub. **sonst/andernfalls verlernt** man es wieder.
Einschränkung (Konzessivangabe)	Gustav **kann** nicht Ski fahren,	**trotzdem/dennoch macht** er im Winter in den Alpen Urlaub.
Gegensatz (Adversativangabe)	Einige Teilnehmende **haben** kaum Fortschritte gemacht,	**dagegen haben** andere in einer Woche viel gelernt.
Alternative	Gudrun und Gustav **wollten** nicht mit uns schwimmen gehen,	**stattdessen sind** sie zwei Stunden gewandert.

- → Das konjugierte Verb steht in beiden Hauptsätzen an Position 2.
- → Die Konjunktionaladverbien *deshalb/deswegen/darum/daher* verweisen auf den Grund, der im ersten Hauptsatz angegeben wird.
- → Die Konjunktionaladverbien *folglich/infolgedessen/demzufolge* verweisen auf eine Folge im zweiten Hauptsatz.

Hauptsätze: Konjunktionaladverbien

Übungen

1 Influencer-Marketing. Verbinden Sie die Sätze mit dem angegebenen Konjunktionaladverb.

- In zahlreichen Studien konnte der Erfolg von Infuencer-Marketing nachgewiesen werden. Diese Art des Marketings ist für viele Firmen interessant. *(deshalb)*
  In zahlreichen Studien konnte der Erfolg von Influencer-Marketing nachgewiesen werden, deshalb ist diese Art des Marketings für viele Firmen interessant.

1. Bei einem erfolgreichen Influencer-Marketing wird die Bekanntheit des Produkts und des Influencers bzw. der Influencerin verbessert. Man kann von einer Win-win-Situation sprechen. *(folglich)*
2. Normalerweise werden Werbeauftritte von Firmen minutiös geplant. Beim Influencer-Marketing ist Freiraum gefragt. *(dagegen)*
3. Influencer/-innen kennen ihre Anhängerschaft genau. Sie können die Werbebotschaft auf die bestmögliche Weise kommunizieren. *(daher)*
4. Die Auftraggeberinnen und Auftraggeber sollten als Erstes die Botschaft der Werbung und eventuelle Grenzen beschreiben. Die Influencer/-innen können ihre Kreativität entfalten. *(anschließend)*
5. Manchmal wirkt Influencer-Werbung nicht hundertprozentig professionell. Die Zielgruppe kann erreicht werden. *(trotzdem)*
6. Bei dieser Werbeform steht Glaubwürdigkeit im Vordergrund. Authentizität und Spontaneität sind wichtige Elemente. *(darum)*
7. Influencer/-innen haben ein Vertrauensverhältnis zu ihren Followerinnen und Followern. 50 Prozent der User verlassen sich auf ihre Empfehlungen. *(deswegen)*
8. Allerdings ist die Zusammenarbeit mit den richtigen Partnerinnen und Partnern unabdinglich. Unternehmen verschwenden Zeit und Ressourcen. *(andernfalls)*
9. Es muss zunächst eine gründliche Recherche über verschiedene Influencer/-innen und ihre Zielgruppen erfolgen. Der Kontakt wird hergestellt. *(dann)*
10. Außerdem muss die Partnerschaft klar offengelegt werden. Man schädigt den Ruf des Unternehmens. *(sonst)*

2 Im Büro ist wieder viel los
Verbinden Sie die Sätze mit einem passenden Konjunktionaladverb. Manchmal gibt es mehrere Möglichkeiten.

- Andrea schreibt die Tagesordnung. Zur gleichen Zeit kopiert Sven schon einige Unterlagen für die Sitzung.
  Andrea schreibt die Tagesordnung, währenddessen/inzwischen kopiert Sven schon einige Unterlagen für die Sitzung.

1. In der Besprechung schreibt Andrea Protokoll. Sie verschickt das Protokoll später an alle.
   ....
2. Frau Ebert fühlt sich heute nicht wohl. Sie nimmt an der Sitzung teil.
   ....
3. Susanne hat große Probleme mit dem neuen Programm. Martina kommt damit ausgezeichnet klar.
   ....
4. Richard arbeitet heute bis 20.00 Uhr. Er muss seine Verabredung mit Katja absagen.
   ....
5. Die Verkaufszahlen sind gesunken. Das Management wird langsam nervös.
   ....
6. Das Budget für Werbung wurde in den letzten Jahren erhöht. Der Erfolg blieb aus.
   ....
7. Edwin fühlt sich in seiner Arbeit nicht anerkannt. Er sieht sich nach einer neuen Stelle um.
   ....
8. Herr Zimmerman muss die Versetzung nach Hamburg akzeptieren. Er muss die Firma verlassen.
   ....
9. Herr Schröder besucht ein Seminar für neue Managementstrategien. Er kann in dieser Woche nicht an seinem Projekt weiterarbeiten.
   ....
   ....
10. Die Angestellten dürfen im Homeoffice nicht mehr mit eigenen Geräten arbeiten. Sie sollen Firmenlaptops benutzen.
   ....
   ....

3 Ratschläge für den neuen Kollegen
Bilden Sie Sätze mit *sonst/andernfalls*. Orientieren Sie sich am Beispiel.

- mit öffentlichen Verkehrsmitteln – fahren • wegen des permanenten Staus – nicht rechtzeitig – zur Arbeit – kommen
  Du solltest mit öffentlichen Verkehrsmitteln fahren, sonst/andernfalls kommst du wegen des permanenten Staus nicht rechtzeitig zur Arbeit.

1. an jeder Teambesprechung – teilnehmen • wichtige Entscheidungen – verpassen
   ....
2. nicht zu früh – nach Hause – gehen • Ärger – mit deiner Vorgesetzten – bekommen
   ....
3. ab und zu – eine Pause – machen • nicht gut – sich konzentrieren können
   ....
4. die Abrechnung für Dienstreisen – pünktlich – einreichen • sehr lange – auf das Geld – warten müssen
   ....
5. sich – für verschiedene Fortbildungen – anmelden • sich – fachlich – nicht – weiterentwickeln können
   ....
6. alle wichtigen E-Mails – speichern • bestimmte Vorgänge – nicht mehr – dokumentieren können
   ....

Zweiteilige Satzverbindungen

▶ **Formen**

	Hauptsatz 1	Hauptsatz 2
Einschränkung (Konzessivangabe)	Ella **kann zwar** nicht gut Ski fahren,	**trotzdem will** sie am Abfahrtslauf teilnehmen.
Gegensatz (Adversativangabe)	**Einerseits mag** ich das Meer,	**andererseits verbringe** ich meinen Urlaub gerne in den Bergen.
Aufzählung negativ (Addition)	Simon **kann weder** gut Ski fahren(,)	**noch kann** er gut schwimmen.

→ Die zweiteiligen Satzverbindungen *zwar – trotzdem/dennoch, einerseits – andererseits* und *weder – noch* zählen zu den Adverbien. Sie können an verschiedenen Positionen des Satzes stehen:
Ich kann **zwar** nicht Ski fahren, **trotzdem** fahre ich jeden Winter nach Österreich.
→ **Zwar** kann ich nicht Ski fahren, ich fahre **trotzdem** jeden Winter nach Österreich.

→ Wenn in beiden Sätzen Subjekt und konjugiertes Verb identisch sind, kann der zweite Satz verkürzt werden:
Simon kann weder gut Ski fahren noch **kann er** gut schwimmen.
→ **Simon kann** weder gut Ski fahren noch gut schwimmen.

Übungen

4 Julia möchte vielleicht den Arbeitsplatz wechseln und erwägt Vor- und Nachteile
Ergänzen Sie die zweiteiligen Satzverbindungen *einerseits … andererseits, zwar … trotzdem* oder *weder … noch*.

- Meine Kolleginnen und Kollegen sind *zwar* nett, *trotzdem* fühle ich mich hier nicht richtig wohl.

1. .... will ich einen abwechslungsreichen Job, ... brauche ich auch soziale Sicherheit.
2. Ich spreche .... nur eine Fremdsprache, ... finde ich berufliche Kontakte ins Ausland wichtig.
3. Ich will .... alleine im Büro sitzen, ... möchte ich das Büro mit vielen Leuten teilen.
4. Ich bin .... belastbar, ... möchte ich keine Stelle, bei der ich jeden Tag Überstunden machen muss.
5. .... finde ich, dass meine Leistung hier nicht genug geschätzt wird, ... befürchte ich, dass es bei einer anderen Firma ähnlich sein wird.
6. Ich möchte .... bei einer sehr kleinen Firma .... bei einem multinationalen Großunternehmen arbeiten.

Zusammengesetzte Sätze
Hauptsätze: Konjunktionaladverbien

5 **Manches ist nicht so einfach**
Bilden Sie Sätze mit *einerseits … andererseits* oder *zwar … trotzdem*.

- Robert findet es schön, viel Zeit mit seiner Freundin zu verbringen. Er geht gerne mit seinen Freunden aus.
Einerseits findet es Robert schön, viel Zeit mit seiner Freundin zu verbringen, andererseits geht er gerne mit seinen Freunden aus.

1. Dora legt sehr viel Wert auf Pünktlichkeit. Sie kommt öfter zu spät.
....
2. Jana hat meistens recht. Sie darf ihre Vorgesetzten nicht so undiplomatisch kritisieren.
....
3. Bertus ist ein sehr begabter Musiker. Er arbeitet als Angestellter beim Finanzamt.
....
4. Inge und Josef möchten in die Stadt ziehen. Sie mögen die Ruhe auf dem Land.
....
5. Michaela interessiert sich sehr für Management. Auf eine Karriere als Wissenschaftlerin will sie nicht verzichten.
....

6 **Gesamtwiederholung: Hauptsätze**
Ergänzen Sie die passenden ein- oder zweiteiligen Konjunktionen oder Konjunktionaladverbien.
Überprüfen Sie Ihre Lösungen mit dem Hörtext. 58

und • deshalb *(3 x)* • zwar … trotzdem • dagegen • zwar … aber • danach *(2 x)* • infolgedessen • währenddessen • nicht nur … sondern auch *(3 x)* • einerseits … andererseits • stattdessen

Ein Politiker als Erfinder

- Der erste deutsche Bundeskanzler Konrad Adenauer war *nicht nur* Politiker, *sondern* er betätigte sich *auch* sehr eifrig als Erfinder.

1. Als Politiker war er sehr erfolgreich, als Erfinder .... konnte er nur wenige Erfolge feiern.
2. Während des Ersten Weltkrieges reichte Konrad Adenauer in England eine Patentanmeldung ein .... erhielt 1918 vom englischen König sein erstes Patent für die „Wurst mit Friedensgeschmack“, eine Sojawurst mit nur sehr geringen Spuren von Fleisch.
3. .... hatte er nun das Wurstpatent vom englischen König, ... er stieß mit seiner Sojawurst beim Kaiserlichen Patentamt in Deutschland auf Ablehnung.
4. Die Rezeptur der „Wurst mit Friedensgeschmack“ lässt sich mit dem bundesdeutschen Lebensmittelgesetz nicht vereinbaren, ... darf die Wurst in Deutschland bis heute nicht hergestellt werden.
5. In den Kriegsjahren hungerten viele Menschen, ... entwickelte Konrad Adenauer neben der Sojawurst noch ein „Rheinisches Schrotbrot“.
6. Normalerweise wird Brot aus Roggen- oder Weizenmehl hergestellt, ... verwendete Konrad Adenauer Maismehl, Gerste, Reismehl und Kleie – eine günstige und nahrhafte Alternative.
7. Das „Schrotbrot“ konnte .... zur Linderung des Hungers während der Kriegsjahre beitragen, ... dauerte es eine Weile, bis der Kölner Politiker sein „Erfinderrecht“ bekam, das Patent vom Kaiserlichen Patentamt.
8. Das „Schrotbrot“ geriet bis zur Produktion eines Films über Konrad Adenauer in den 1980er-Jahren in Vergessenheit, erst .... begann eine traditionsreiche Rhöndorfer Bäckerei, nach Adenauers Rezept „Schrotbrot“ zu backen – und sie backt es noch heute.
9. Adenauer war zur Zeit des Ersten Weltkrieges als Oberbürgermeister der Stadt Köln für die Versorgung der Not leidenden Bevölkerung zuständig, ... haben seine Erfindungen aus dieser Zeit etwas mit Nahrung zu tun.
10. 1933 ergriffen die Nationalsozialisten in Deutschland die Macht, gleich .... entließen sie Adenauer aus seinem Amt als Kölner Oberbürgermeister.
11. Von 1933 bis 1945 hatte Adenauer Berufsverbot. Er verbrachte die Jahre zurückgezogen in Rhöndorf und erfand .... allerlei skurrile Dinge.
12. Er entwickelte .... Geräte für den Haushalt wie einen von innen beleuchteten Toaster, ... er wollte .... Autofahrer mit seinen Ideen beglücken. Zum Beispiel bastelte er an einer „Vorrichtung zur Verhinderung von Zugluft in einem mit geöffnetem Fenster fahrenden Auto“.
13. Als begeisterter Gärtner ärgerte er sich .... über Schädlinge, ... wollte er aber keine Pestizide einsetzen. .... baute er einen „elektrischen Insektentöter“.
14. In Serie gegangen ist der Insektentöter allerdings nicht. Die Stromstöße würden .... die Schädlinge töten, ... Bäume und Menschen gefährden. Das stand in einem Gutachten über die Erfindung.

8.2 Adverbiale Nebensätze

Martin macht im Winter in den Alpen Urlaub, weil er gern Ski fährt.
↓ Subjunktion

Gudrun und Gustav wollen heute wandern, wenn es nicht regnet.
↓ Subjunktion

▶ Gebrauch

- → Subjunktionen leiten Nebensätze ein. Im Nebensatz steht das konjugierte Verb an letzter Stelle.
- → Nebensätze ergänzen Hauptsätze. Sie können in der Regel vor oder nach dem Hauptsatz stehen.
- → Hauptsatz und Nebensatz werden immer durch Komma getrennt.

▶ Satzbau

Hauptsatz			Nebensatz		
	konjugiertes Verb		**Subjunktion**		**konjugiertes Verb**
Martin	**macht**	im Winter in den Alpen Urlaub,	**weil**	er gern Ski	**fährt.**

Nebensatz			Hauptsatz	
Subjunktion		**konjugiertes Verb**	**konjugiertes Verb**	
Weil	er gern Ski	**fährt,**	**macht**	Martin im Winter in den Alpen Urlaub.

‣ Wenn der Nebensatz vor dem Hauptsatz steht, folgt das konjugierte Verb direkt nach dem Nebensatz.

8.2.1 Temporale Nebensätze

▶ Formen

	Hauptsatz	Nebensatz
gleichzeitig ablaufende Handlungen	Ich **besuche** dich, Ich **besuchte** ihn, Er **verbesserte** sein Englisch enorm, Oma **sollte** ihre Traumreise machen,	**wenn** ich in München **bin**. **als** ich in München **war**. **während** er in Lancaster **studierte**. **solange** sie noch so fit **ist**.
Gleichzeitigkeit: Betonung von Anfangs- bzw. Endpunkt	Er **hat** noch nicht angerufen, Ich **warte**,	**seit/seitdem** er nach Berlin umgezogen **ist**. **bis** du mit dem Essen fertig **bist**.
nicht gleichzeitig ablaufende Handlungen	Bitte **ruf** mich an, Dem Patienten **ging** es besser, Theo **schreibt** die E-Mail, Timo **darf** nicht Computer spielen,	**bevor/ehe** du **kommst**. **nachdem/sobald/als** er die Tablette eingenommen **hatte**. **wenn/nachdem/sobald/sowie** er sich mit Frau Hübner abgestimmt **hat**. **solange** er seine Hausaufgaben nicht gemacht **hat**.

Adverbiale Nebensätze: Temporale Nebensätze

→ In temporalen Nebensätzen verwendet man *wenn* in der Gegenwart, in der Zukunft und bei mehrmaligen Ereignissen in der Vergangenheit:
Wenn ich in München bin, komme ich mal bei dir vorbei.
Immer **wenn** Paul in München war, besuchte er das Deutsche Museum.

→ *Als* gebraucht man bei einmaligen Ereignissen oder Zuständen in der Vergangenheit:
Als ich in München war, habe ich zufällig Herrn Kühn getroffen.
Als ich ein Kind war, hatte ich Angst vor Gespenstern.

→ *Solange* zeigt eine Gleichzeitigkeit von Handlungen an (wie bei *während*):
Oma sollte ihre Traumreise machen, **solange** sie noch so fit ist.
Solange kann aber auch Vorzeitigkeit ausdrücken:
Timo darf nicht Computer spielen, **solange** er seine Hausaufgaben nicht gemacht hat.
Die Handlung des Hauptsatzes findet nach der Handlung des Nebensatzes statt.

→ Bei Sätzen mit *nachdem* wird die zeitliche Abfolge zusätzlich mit einem Wechsel der Zeitformen der Verben unterstrichen:
Theo schreibt die E-Mail, **nachdem** er sich mit Frau Hübner abgestimmt hat.
→ Hauptsatz im Präsens, Nebensatz im Perfekt
Dem Patienten ging es besser, **nachdem** er die Tablette eingenommen hatte.
→ Hauptsatz im Präteritum, Nebensatz im Plusquamperfekt (➤ Seite 33)

→ Die Subjunktionen *sobald/sowie* bedeuten: *gleich wenn, in dem Augenblick*.
Die Sätze können eine andere oder die gleiche Zeitform haben wie der Hauptsatz:
Theo schreibt die E-Mail, **sobald/sowie** er sich mit Frau Hübner abgestimmt hat.
Theo schreibt die E-Mail, **sobald/sowie** er das OK von Frau Hübner bekommt.

→ Auch *wenn* oder *als* können nicht gleichzeitig ablaufende Handlungen beschreiben.
Theo schreibt die E-Mail, **wenn (nachdem/sobald/sowie)** er sich mit Frau Hübner abgestimmt hat.
Als (nachdem) er die Mail versendet hatte, rief Frau Hübner noch einmal an.
Er hatte die E-Mail gerade abgeschickt, **als** ihn Frau Hübner noch einmal anrief.

Übungen

1 Das Neue Museum in Berlin
Gleichzeitigkeit: Verbinden Sie die Sätze mit *wenn* oder *als*.

- Ich fahre am Wochenende nach Berlin. Ich besuche das Neue Museum.
Wenn ich am Wochenende nach Berlin fahre, besuche ich das Neue Museum.

1. Ich war das letzte Mal in Berlin. Das Neue Museum befand sich noch im Wiederaufbau.
....
2. 1841 hatte Friedrich Wilhelm IV., König von Preußen, für die Präsentation seiner Kunstsammlungen nicht mehr ausreichend Platz. Er befahl den Bau eines neuen Museums.
....
3. 1850 wurde der Bau fertiggestellt. Viele Kunstschätze aus Europas Frühzeit und dem alten Ägypten konnten den Besuchern erstmalig gezeigt werden.
....
4. Der Zweite Weltkrieg tobte. Bomben verursachten schwere Schäden am Gebäude und an den Kunstobjekten.
....
5. 1999 wurde ein Gesamtkonzept für die Museumsinsel in Berlin entwickelt. Man beschloss den Wiederaufbau des Neuen Museums.
....
6. 2009 war das Neue Museum fertig. Der Schlüssel wurde dem Generaldirektor der Staatlichen Museen zu Berlin feierlich übergeben.
....
....
7. Ich bin am Wochenende endlich im Neuen Museum. Ich fotografiere die interessantesten Ausstellungsstücke.
....
8. Ich sehe mir eine interessante Ausstellung an. Ich kaufe mir immer einen Katalog.
....

2 Rudolf Diesel – der Erfinder des Dieselmotors
Verbinden Sie die Sätze.

a) **Gleichzeitigkeit**
Formulieren Sie Nebensätze mit *als*.

- Rudolf Diesel war noch klein. Er lebte mit seinen Eltern in Paris.
  Als Rudolf Diesel noch klein war, lebte er mit seinen Eltern in Paris.

1. Er war neun Jahre alt. Er besuchte die Weltausstellung in Paris und machte erste Bekanntschaft mit den neuen Maschinen und Motoren.
   ....
2. Der Krieg brach 1870 aus. Die Familie flüchtete nach London.
   ....
3. Die Familie geriet in wirtschaftliche Schwierigkeiten. Rudolf musste zu seinem Onkel nach Augsburg ziehen.
   ....
4. Er studierte am Polytechnikum in München. Er beschäftigte sich schon mit der Dampfmaschine.
   ....

b) **Zeitliches Nacheinander**
Formulieren Sie Nebensätze mit *nachdem*. Achten Sie auf die Zeitform des Nebensatzes.

- Er schloss sein Studium ab. Danach entwickelte er die Idee für eine neue „Wärmekraftmaschine", die effektiver mit Energie umgeht.
  Nachdem er sein Studium abgeschlossen hatte, entwickelte er die Idee für eine neue „Wärmekraftmaschine", die effektiver mit Energie umgeht.

1. Er experimentierte jahrelang an der Entwicklung eines neuen Motors. Er konnte im Jahre 1897 das erste funktionstüchtige Modell vorzeigen. ....
2. Er stellte die Leistungsfähigkeit des Motors unter Beweis. Danach war der Siegeszug des Dieselmotors nicht mehr aufzuhalten. ....
3. Er gründete 1898 die Dieselmotorenfabrik Augsburg. Danach kam es zur Gründung der Allgemeinen Gesellschaft für Dieselmotoren. ....
4. Er legte sein verdientes Geld falsch an. Er war finanziell ruiniert. ....
5. Er verhandelte erfolgreich mit der Firma Consolidated Diesel Manufacturing Ltd. in London. Er fuhr am 20. September 1913 mit dem Schiff zu einem Treffen nach England. ....
6. Er ging auf dem Schiff nach dem Abendessen in seine Kabine. Er wurde nie wieder gesehen. ....
7. Fischer fanden eine Leiche im Wasser. Rudolf Diesel konnte anhand persönlicher Gegenstände identifiziert werden. ....

3 Bewerbung
Was passiert vorher? Formulieren Sie Sätze mit *ehe/bevor* in der Ich-Form.

- sich um eine Stelle bewerben – sich das Stellenprofil genau durchlesen
  Bevor/Ehe ich mich um eine Stelle bewerbe, lese ich mir das Stellenprofil genau durch.

1. das Anschreiben formulieren – sich gründlich über die Firma informieren
   ....
2. meine Bewerbungsunterlagen abschicken – den richtigen Ansprechpartner suchen + alle geschriebenen Texte Korrektur lesen
   ....
3. zum Bewerbungsgespräch gehen – sich überzeugende Argumente für die Bewerbung überlegen
   ....
4. sich verabschieden – sich für das Gespräch bedanken
   ....
5. einen Arbeitsvertrag unterschreiben – die Arbeitsbedingungen genau prüfen
   ....

Adverbiale Nebensätze: Temporale Nebensätze

4 Anfangs- und Endpunkt

a) Johanna geht es gut
Formulieren Sie Nebensätze mit *seit/seitdem*. Die Nebensätze stehen im Perfekt.

Johanna geht es gut, …

- ihre Abschlussprüfung – bestehen — *seit/seitdem sie ihre Abschlussprüfung bestanden hat.*

1. nach Berlin – ziehen ....
2. eine feste Stelle – bekommen ....
3. ihr erstes kleines Projekt – leiten können ....
4. neue Freunde – finden ....

b) Ziele. Formulieren Sie Nebensätze mit *bis* im Präsens.

- Jean-Marc will so lange Deutsch lernen • er – es – perfekt beherrschen
  Jean-Marc will so lange Deutsch lernen, bis er es perfekt beherrscht.

1. Professor Günter will das Projekt so lange betreuen • wir – es – erfolgreich abschließen können
   ....
2. Oskar will sich so oft bewerben • er – seinen Traumjob – finden
   ....
3. Kerstin will ihr altes Auto so lange fahren • es – auseinanderfallen
   ....
4. Irina will so oft beim Kundendienst anrufen • jemand – den Hörer – abnehmen
   ....

5 Ein besonderer Politiker. Formen Sie die Präpositionalgruppen in temporale Nebensätze um. Achten Sie auf die passende Subjunktion und die richtige Verbform.

- Seit seinem Amtsantritt steigt die Beliebtheit des Politikers. *(sein Amt antreten)*
  Seit er sein Amt angetreten hat, steigt die Beliebtheit des Politikers.

1. Gleich nach seiner Amtsübernahme leitete er Reformen ein. *(sein Amt übernehmen)*
   ....
2. Bis zu den nächsten Wahlen muss er erste Erfolge vorweisen. *(die nächsten Wahlen stattfinden)*
   ....
3. Bei dem Besuch der Buchmesse in Frankfurt sprach er über die Notwendigkeit von Bildung. *(die Buchmesse in Frankfurt besuchen)*
   ....
4. Nach dem Ende seiner Rede diskutierte er noch lange mit dem Publikum. *(seine Rede beenden)*
   ....
5. Vor seiner Abreise aus Frankfurt traf er sich mit dem Friedensnobelpreisträger. *(aus Frankfurt abreisen)*
   ....

6 Pausen helfen dem Gedächtnis. Ergänzen Sie in dem Text die Subjunktionen *wenn, nachdem, bevor* oder *während*. Manchmal gibt es mehrere Möglichkeiten. Hören Sie eine Beispiellösung.

59

.... (1) wir faulenzen oder nichts tun, tut unser Gehirn auch nichts – das denken wir jedenfalls. Eine wissenschaftliche Studie aus New York bewies vor einiger Zeit das Gegenteil: .... (2) wir scheinbar unproduktiv sind, verarbeitet unser Gehirn zuvor aufgenommene Informationen. In einem wissenschaftlichen Experiment wurden Versuchspersonen in zwei Gruppen eingeteilt, ... (3) sie gemeinsam verschiedene Bilder gesehen hatten.
Die Mitglieder der ersten Gruppe mussten Fragen zu den gezeigten Bildern beantworten, gleich .... (4) sie die Bilder betrachtet hatten. Die zweite Gruppe durfte dagegen eine Pause einlegen, ... (5) ihr dieselben Fragen gestellt wurden.
In der Studie schnitt die zweite Gruppe deutlich besser ab: Die Probanden konnten sich an die gezeigten Informationen besser erinnern.
.... (6) sich die Kandidatinnen und Kandidaten der zweiten Gruppe in der Pause ausruhten, untersuchten die Forschenden ihre Gehirnaktivität. Dabei stellten sie fest, dass jene Teile des Gehirns besonders intensiv arbeiteten, die beim Betrachten der Bilder angeregt wurden.
Das Forscherteam schlussfolgerte daraus, dass unser Gehirn sehr wohl für uns arbeitet, ... (7) wir uns ausruhen. Deshalb sind kurze Pausen sehr wichtig für das Gedächtnis.

8.2.2 Kausale Nebensätze

Formen

	Hauptsatz	Nebensatz
Grund	Ich **fahre** an die Nordsee,	**weil** ich eine Woche frei **habe**.

	Nebensatz	Hauptsatz
Grund	**Da** es dort oft kalt und windig **ist**, **Weil** Martin gern Ski **fährt**,	**nehme** ich eine warme Jacke **mit**. **macht** er im Winter in den Alpen Urlaub.

Nebensätze mit *weil* oder *da* geben den Grund für die Handlung im Hauptsatz an, wobei *da* seltener, oft für bereits bekannte Gründe gebraucht wird. Sätze mit *da* stehen meist vor dem Hauptsatz.

Übungen

1 Gründe. Beantworten Sie die Fragen mit *weil*. Achten Sie auf die Zeitform der Verben.

- Warum bist du so aufgeregt? *(jemand – mein Portemonnaie – stehlen) (Perfekt)*
  Ich bin so aufgeregt, weil jemand mein Portemonnaie gestohlen hat.

1. Warum grüßt du deine Nachbarn nicht? *(ich – mich – mit ihnen – streiten) (Perfekt)*
   ....
2. Warum sind Sie nicht zur Vernissage gekommen? *(ich – ein wichtiges Geschäftsessen – haben) (Präteritum)*
   ....
3. Warum fährst du heute nicht mit dem Fahrrad? *(der Hinterreifen – kaputt sein) (Präsens)*
   ....
4. Warum gehst du nicht zum Physiotherapeuten? *(die Ärztin – mir – noch keine Überweisung – schreiben) (Perfekt)*
   ....
5. Warum bist du so nervös? *(ich – in einer halben Stunde – meine Arbeitsergebnisse – müssen – präsentieren) (Präsens)*
   ....
6. Warum machst du keinen Sprachkurs? *(ich – zurzeit – beruflich – sehr viel – zu tun haben) (Präsens)*
   ....
7. Warum kommt ihr so spät? *(wir – zwei Stunden – im Stau stehen) (Perfekt)*
   ....
8. Warum arbeitest du nicht mehr an der Universität? *(mein Vertrag – auslaufen) (Perfekt)*
   ....

2 Konsequenzen. Bilden Sie kausale Nebensätze mit *weil* oder *da*.

- Die Kosten für Strom und Rohstoffe sind gestiegen, deshalb müssen wir die Preise für unsere Produkte erhöhen.
  Da die Kosten für Strom und Rohstoffe gestiegen sind, müssen wir die Preise für unsere Produkte erhöhen.

1. Die Produktwerbung zeigt keine Wirkung, deswegen muss die Werbestrategie geändert werden.
2. Es gibt Beschwerden über die Qualität unseres Angebots, darum muss eine strengere Kontrolle des Produktionsprozesses stattfinden.
3. Die Konkurrenz hat uns Marktanteile weggenommen, deshalb müssen wir die Kunden mit neuen, innovativen Produkten zurückgewinnen.
4. Viele Meetings dauern zu lange, darum müssen sie besser vorbereitet und zeitlich begrenzt werden.
5. Viele Beschäftigte sind unzufrieden, deswegen müssen alle Vorgesetzten eine Schulung zum Thema Führungskompetenzen besuchen.
6. Mitarbeitende werden von zu vielen E-Mails im Arbeitsprozess unterbrochen, darum werden neue Richtlinien für interne Mails und Verteilerlisten aufgestellt.

8.2.3 Konditionale Nebensätze

▶ **Formen**

	Hauptsatz	Nebensatz
Bedingung	Bitte **melden** Sie sich, Ich **komme** um 18.00 Uhr,	**wenn** Sie Fragen **haben**. **falls** ich mal pünktlich Schluss machen **kann**.

- → Nebensätze mit *wenn* und *falls* bezeichnen eine Bedingung.
- → *Wenn* kann auch temporale Bedeutung haben. Manchmal sind temporale und konditionale Bedeutung nicht klar voneinander zu trennen:
  Wenn ich in München bin, besuche ich dich.
- → *Falls* hat ausschließlich konditionale Bedeutung.
- → Die Subjunktion *wenn* kann mit anderen Wörtern, zum Beispiel *nur*, *sogar*, *selbst*, *außer* kombiniert werden:
  Nur wenn die Resultate vorliegen, rufe ich dich an.
  Wir kommen, **sogar/selbst wenn** es regnet.
  Ich fahre immer mit dem Fahrrad, **außer wenn** es schneit.

Übungen

1 Wenn Sie …
Verbinden Sie die Sätze mit *wenn* oder *falls*.

- Sie haben Fragen. Ich stehe Ihnen gerne zur Verfügung.
  Wenn/Falls Sie Fragen haben, stehe ich Ihnen gerne zur Verfügung.

1. Sie haben nachher etwas Zeit. Wir könnten über die Präsentation sprechen.
   ……………………………………………………………
2. Sie wollen noch ein paar Kopien machen. Sie können den Kopierer in der zweiten Etage benutzen.
   ……………………………………………………………
3. Sie wollen etwas reklamieren. Wenden Sie sich bitte an unsere Serviceabteilung.
   ……………………………………………………………
4. Sie haben die Probezeit erfolgreich gemeistert. Wir bieten Ihnen einen unbefristeten Vertrag an.
   ……………………………………………………………
5. Sie haben gute Ideen oder Verbesserungsvorschläge. Schreiben Sie uns eine E-Mail.
   ……………………………………………………………
6. Sie möchten sich weiterbilden. Sie können sich mit der Personalabteilung in Verbindung setzen.
   ……………………………………………………………

2 Kleine Schritte für eine bessere Umwelt
Bilden Sie konditionale Nebensätze. Orientieren Sie sich am Beispiel.

- beim Einkaufen – Mehrwegbehälter – nutzen • weniger Müll – produziert — *Wenn man beim Einkaufen Mehrwegbehälter nutzt, produziert man weniger Müll.*

1. unterwegs – einen Kaffee – gerne – trinken • auf To-Go-Becher – verzichten – sollten ……………………………
2. selbst – den Konsum von Kleidung und anderen Konsumgütern – nur minimal – einschränken • einen kleinen Beitrag – zur Reduzierung von CO_2-Emissionen – leisten ……………………………
3. regionale und biologisch produzierte Lebensmittel – kaufen • die ökologische Landwirtschaft – unterstützen ……………………………
4. den privaten Wasserverbrauch – reduzieren • Geld – sparen – und – die Wasserressourcen – schonen ……………………………
5. kurze Wege – zu Fuß oder mit dem Fahrrad – zurücklegen • etwas – für seine Gesundheit und die Umwelt – tun ……………………………

8.2.4 Konsekutive Nebensätze

▶ **Formen**

	Hauptsatz	Nebensatz
Folge	Es **schneite** in der Nacht sehr stark, Die Nachfrage nach dem Produkt **ist so** groß,	**sodass** die Wanderung abgesagt **wurde**. **dass** wir die Produktion erweitern **müssen**.

→ Nebensätze mit *sodass* und *so … dass* geben die Folge aus der Handlung des Hauptsatzes an. Sie können deshalb nur nach dem Hauptsatz stehen.

→ Die Verbindung mit *so … dass* kann auch mit den Wörtern *dermaßen/derart* variiert werden:
Ella war vom Verhalten der Geschäftspartner **so/dermaßen/derart** enttäuscht, **dass** sie die Zusammenarbeit sofort beendet hat.
In den meisten Fällen wird aber *so … dass* verwendet.

Übungen

1 Ein tolles Gerät
Finden Sie das passende Satzende.

1. Die Stiftung „Umwelt und Fortschritt" hat das Forschungsprojekt komplett finanziert,
2. An der Oberseite ist eine lange Schlaufe befestigt,
3. Das Gerät ist vollkommen wasserdicht,
4. Es wurde am Gerät vieles verändert,
5. Die Leistungssprünge sind von Gerätegeneration zu Gerätegeneration sehr groß,
6. An der Unterseite des Gerätes befinden sich vier Gumminoppen,

a) sodass es sich vom Original grundlegend unterscheidet.
b) sodass dieses umweltfreundliche Gerät entwickelt werden konnte.
c) sodass das Gerät auf dem Schreibtisch nicht verrutschen kann.
d) sodass das Gerät auch um den Hals getragen werden kann.
e) sodass es bedenkenlos in Süß- und Salzwasser eingesetzt werden kann.
f) sodass die Geräte relativ schnell veralten.

2 Ursachen und Folgen. Verbinden Sie die Sätze mit *so/dermaßen … dass*.

a) Wetter

- Es hat viel geschneit. Einige Flüge mussten annulliert werden.
  Es hat so/dermaßen viel geschneit, dass einige Flüge annulliert werden mussten.

1. Der Sturm war heftig. Zahlreiche Bäume und Strommasten kippten um.
   ……………………………………
2. Einige Häuser sind stark beschädigt. Sie müssen abgerissen werden.
   ……………………………………
3. Es war im Sommer heiß. Das Trinkwasser wurde knapp.
   ……………………………………
4. Viele landwirtschaftliche Nutzflächen litten stark unter der Trockenheit. Es kam zu massiven Ernteausfällen.
   ……………………………………

b) Aktivitäten am Wochenende

1. Der Film war schlecht. Ich bin aus dem Saal gegangen.
   ……………………………………
2. Die Ausstellung hat mir gut gefallen. Ich will sie noch einmal sehen.
   ……………………………………
3. Der Krimi war spannend. Ich habe ihn in einer Nacht ausgelesen.
   ……………………………………
4. Das Restaurant war voll. Wir sind wieder nach Hause gegangen und haben uns eine Pizza bestellt.
   ……………………………………

Adverbiale Nebensätze: Konzessive Nebensätze

8.2.5 Konzessive Nebensätze

▶ **Formen**

	Hauptsatz	Nebensatz
Einschränkung/ Gegengrund	Gustav **macht** im Winter in den Alpen Urlaub,	**obwohl/obgleich/obschon** er nicht Ski fahren **kann**.
	Elvira **hat** die E-Mail nicht beantwortet,	**obwohl** sie den ganzen Tag Zeit dafür **hatte**.

→ Nebensätze mit *obwohl, obgleich, obschon* beschreiben Umstände, die eigentlich gegen die Handlung des Hauptsatzes sprechen.

→ In der Regel gebraucht man im Deutschen *obwohl*. *Obgleich* und *obschon* werden immer seltener verwendet.

Übungen

1 Otto gibt nicht so schnell auf
Bilden Sie Nebensätze mit *obwohl*.

- Er ist schon viermal bei der Fahrprüfung durchgefallen. Er versucht es aufs Neue.
  Obwohl er schon viermal bei der Fahrprüfung durchgefallen ist, versucht er es aufs Neue.

1. Er kann überhaupt nicht singen. Er hat vor, Mitglied in einem Chor zu werden.
2. Er hatte noch nie eine Kamera in der Hand. Er will einen Kurzfilm drehen.
3. Er kann sehr schlecht Englisch. Er möchte sich bei einer amerikanischen Firma bewerben.
4. Er hat zwei linke Hände. Er will das kaputte Waschbecken selbst reparieren.
5. Er hat noch nie im Lotto gewonnen. Er kauft sich jede Woche einen Lottoschein.
6. Niemand lacht über seine Witze. Er erzählt sie immer wieder.
7. Er treibt keinen Sport. Er möchte an einem Marathonlauf teilnehmen.

2 Gegengründe
Formen Sie die Sätze um. Bilden Sie Nebensätze mit *obwohl* wie im Beispiel.

- Marina ist mit ihren beruflichen Aufgaben nicht zufrieden, trotzdem spricht sie mit ihrer Vorgesetzten nicht über das Problem.
  Obwohl Marina mit ihren beruflichen Aufgaben nicht zufrieden ist, spricht sie mit ihrer Vorgesetzten nicht über das Problem.

1. Christoph hat nicht die notwendigen Qualifikationen, trotzdem bemüht er sich zum dritten Mal um einen Leitungsposten.
2. Paul hat sich mit dem Produkt nicht ausreichend beschäftigt, trotzdem präsentiert er es auf der Messe.
3. Tim kommt mit dem Programm nicht zurecht, trotzdem nimmt er an der Schulung nicht teil.
4. Die Ergebnisse der innerbetrieblichen Umfrage zeigen große Unzufriedenheit bei den Beschäftigten, trotzdem ergreift das Management keine Maßnahmen.
5. Die Regeln zur IT-Sicherheit wurden allen kommuniziert, trotzdem halten sich einige nicht daran.
6. Die Angestellten brauchen am Wochenende und im Urlaub keine geschäftlichen Mails zu lesen und zu beantworten, trotzdem wird es in einigen Abteilungen erwartet.
7. Mehrere Beschäftigte klagen über Rückenschmerzen, trotzdem werden keine ergonomischen Büromöbel angeschafft.

8.2.6 Finale Nebensätze

▶ **Formen**

	Hauptsatz	Nebensatz
Ziel/Absicht	Lucie **schreibt** ein kurzes Memo,	**damit** niemand den Termin **vergisst**.

→ Nebensätze mit *damit* drücken eine Absicht oder ein Ziel aus. Oft ist das Subjekt in Haupt- und Nebensatz unterschiedlich:
Lucie schreibt ein kurzes Memo, **damit** niemand den Termin vergisst.

→ Wenn das Subjekt in beiden Sätzen identisch ist, kann man auch eine Infinitivkonstruktion mit *um … zu* verwenden (➤ Seite 213: *Sinngerichtete Infinitivkonstruktionen*):
Ich lerne Deutsch, **damit** ich bessere Berufschancen habe.
→ Ich lerne Deutsch, **um** bessere Berufschancen **zu** haben.

Übungen

1 Alfred tut alles für seine Mitmenschen
Bilden Sie Finalsätze wie im Beispiel.

- Alfred räumt die Wohnung auf. • seine Frau – nach dem langen Arbeitstag – sich erholen können
  Alfred räumt die Wohnung auf, damit sich seine Frau nach dem langen Arbeitstag erholen kann.

1. Alfred hört nie laut Musik. • seine Nachbarn – nicht gestört werden
   ....
2. Alfred kauft nur Bioprodukte. • seine Kinder – sich gesund ernähren
   ....
3. Alfred organisiert gemeinsame Aktivitäten außerhalb der Arbeitszeit. • die Stimmung im Kollegium – sich verbessern
   ....
4. Alfred hilft jungen Kolleginnen und Kollegen. • ihnen – die Einarbeitung – leichterfallen
   ....
5. Alfred finanziert Nachhilfestunden für seinen Sohn. • sein Sohn – in Chemie – gute Noten bekommen
   ....
6. Alfred erzählt seiner Tochter vor dem Einschlafen Märchen. • sie – gut schlafen können
   ....

2 Alles für die Gäste
Bilden Sie Finalsätze wie im Beispiel.

Hotel	Gäste
~~die Zimmer renovieren~~ • den Wellnessbereich ausbauen • vegane und vegetarische Gerichte anbieten • wissenschaftliche Vorträge organisieren • die Grünfläche vergrößern • Yoga- und Pilateskurse anbieten • einen Fitnesstrainer und eine Gesundheitsexpertin engagieren	Interessantes und Wissenswertes über unterschiedliche Themen erfahren • verschiedene Behandlungen buchen können • sich gesund ernähren • sich ausreichend an der frischen Luft bewegen • ~~sich wohlfühlen~~ • Entspannungstechniken lernen • sich professionell beraten lassen können

- *Das Hotel renoviert die Zimmer, damit sich die Gäste wohlfühlen.*

1. ....
2. ....
3. ....
4. ....
5. ....
6. ....

8.2.7 Modale Nebensätze

▶ Formen

	Hauptsatz	Nebensatz
Art und Weise	Man **lernt** Ski fahren am besten,	**indem** man an einem Skikurs **teilnimmt**.
Vergleich	Der Krimi **war** nicht so **spannend**,	**wie** ich erwartet **habe**.
	Der Krimi **war spannender**,	**als** ich erwartet **habe**.
fehlender Umstand/ fehlende Handlung	Er **beging** schon mehrere Fehler,	**ohne dass** es Konsequenzen **hatte**.

▶ Formen: Zweiteilige Satzverbindungen

	Hauptsatz	Nebensatz
Art und Weise	Die Tür **lässt** sich **dadurch** öffnen,	**dass** man den grünen Knopf **drückt**.

	Nebensatz	Hauptsatz
Vergleich	**Je** öfter man Ski **fährt**,	**desto/umso** besser **kann** man es.

→ Nebensätze mit *indem* und *dadurch … dass* beschreiben die Art und Weise einer Handlung oder das Mittel, mit dem eine Handlung ausgeführt wird.

→ Nebensätze mit *ohne dass* beschreiben einen fehlenden Umstand oder eine fehlende Handlung, die eigentlich erwartet wird. Wenn das Subjekt in beiden Sätzen identisch ist, kann man auch eine Infinitivkonstruktion mit *ohne … zu* verwenden (➤ Seite 213: *Sinngerichtete Infinitivkonstruktionen*):
Er beging schon mehrere Fehler, **ohne** daraus **zu** lernen.

→ Bei Vergleichssätzen steht *als*, wenn das Adjektiv im Hauptsatz im Komparativ steht:
Der Krimi war spannender, **als** ich erwartet habe.
Steht das Adjektiv im Hauptsatz im Positiv, beginnt der Nebensatz mit *wie*:
Der Krimi war nicht so spannend, **wie** ich erwartet habe.

→ Vergleichssätze mit *je … desto/umso* werden mit zwei Komparativen gebildet. Die Komparative stehen jeweils direkt nach *je* bzw. *desto/umso* (➤ Seite 136: *Vergleiche*).

Übungen

1 So funktioniert der Kopierer
Bilden Sie Sätze mit *indem*.

- Der Kopierer wird in Betrieb genommen. Man drückt auf den Knopf an der Vorderseite des Geräts.
  Der Kopierer wird in Betrieb genommen, indem man auf den Knopf an der Vorderseite des Geräts drückt.

1. Die Kopie des Originaldokuments können Sie vergrößern oder verkleinern. Sie stellen unter dem Menüpunkt „Zoom" die gewünschte Größe ein. ……………………
2. Der Einzug des Dokuments erfolgt. Man legt das Dokument in die aufklappbare Abdeckung. ……………………
3. Sie können Größe, Kopierqualität und Anzahl der Kopien einstellen. Sie drücken die entsprechenden Schaltflächen. ……………………
4. Die Papierbehälter können Sie auffüllen. Sie öffnen das entsprechende Fach des Kopierers und legen Papier ein. ……………………
5. Gestautes Papier können Sie aus der Maschine entfernen. Sie folgen den Hinweisen auf dem Display. ……………………
6. Das Glas lässt sich leicht reinigen. Man wischt es mit einem feuchten und sauberen Tuch ab. ……………………

2 **Zweisprachigkeit und Konzentrationsfähigkeit**
Ergänzen Sie die fehlenden Satzverbindungen. Überprüfen Sie Ihre Lösungen mit dem Hörtext. (60)

~~als~~ • dadurch … dass • indem • je … desto • ohne dass *(2 x)* • wie

Die Vorteile von Zweisprachigkeit zeigen sich viel eher, *als* (0) man bislang dachte.
Wenn man schon als Kleinkind eine zweite Sprache lernt, kann man einfacher zwischen unterschiedlichen Aufgaben wechseln, ………………… …………… (1) man besondere Schwierigkeiten oder Konzentrationsprobleme bekommt. Das stellten kanadische Psychologen jetzt fest.
Die Wissenschaftlerinnen und Wissenschaftler haben die Konzentrationsfähigkeit von mehr als sechzig einsprachigen oder zweisprachigen Zweijährigen getestet, ……………… (2) die Kinder verschiedene Aufgaben lösen mussten. Gleichzeitig wurden sie durch verschiedene Geräusche abgelenkt. Zweisprachige Kinder haben in der Studie besser abgeschnitten als die einsprachigen Probanden.

Diesen Vorteil haben die Kinder wahrscheinlich ……………… (3) erworben, …………… (3) sie tagtäglich zwei Sprachen hören und anwenden mussten. Mit 24 Monaten hatten sie bereits einen vergleichbaren Wortschatz im Englischen und Französischen aufgebaut und eine gewisse Erfahrung darin, zwischen den beiden Sprachen zu wechseln.
Den Forschenden zufolge kann das frühe Lernen einer zweiten Sprache die Konzentrationsfähigkeit der Kleinen verbessern, ……………… …………… (4) sich dieser Lernprozess auf andere Gebiete der Entwicklung negativ auswirkt, ……………… (5) das früher vermutet wurde.
Die Ergebnisse der Tests zeigen: ……………… (6) früher Kinder eine zweite Sprache lernen, ……………… (6) stärker wird ihre Konzentrationsfähigkeit.

8.2.8 Adversative Nebensätze

▶ **Formen**

	Hauptsatz	Nebensatz
Gegensatz	Die erste Gruppe **fuhr** einen kleinen Hügel hinunter,	**während/wohingegen/wogegen** die zweite Gruppe an einem steilen Berg **übte**.

Nebensätze mit *während* können nicht nur zeitliches Geschehen beschreiben (➤ Seite 201: *Temporale Nebensätze*), sondern auch Gegensätze.

Übungen

1 **Insekten als Nahrungsmittel**
Bilden Sie aus den vorgegeben Wörtern Nebensätze.

Der Gedanke, Insekten zu essen, ist in Deutschland für viele noch gewöhnungsbedürftig. *Während einige der Idee positiv gegenüberstehen (positiv – der Idee – einige – während – gegenüberstehen),* lehnen andere den Verzehr von Insekten strikt ab. Viele fürchten sich sogar davor, dass zu Mehl verarbeitete Insekten in Keksen, Chips oder Nudeln landen, …………………………………………………………… *(sie – merken – es – ohne dass).* Doch diese Angst ist unbegründet. Produkte mit Insektenmehl müssen genau gekennzeichnet werden, …………………………………………………………… *(andere Inhaltsstoffe wie Treibmittel zum Backen oder Enzyme – wohingegen – müssen – nicht – angegeben werden).* In deutschen Supermärkten sind bisher vor allem Riegel, Chips und Teigwaren mit Insekten erhältlich, …………………………………………………………… *(ganze Insekten – in vielen Ländern und in Onlineshops – kaufen kann – man – während).* Diese Snacks sind Experten zufolge oft zu zucker- oder salzhaltig, …………………………………………………………… *(gelten – wogegen – frittierte oder gebratene ganze Insekten – als gesund).* Sie sind reich an Omega-3-Fettsäuren, B-Vitaminen und wichtigen Mineralstoffen. Vor allem aber sind sie eine gute Eiweißquelle.

Adverbiale Nebensätze: Adversative Nebensätze

2 Im letzten Jahr war alles anders
Formen Sie die Sätze um. Benutzen Sie die vorgegebenen Subjunktionen.

- Bei der letzten Reise waren die Hotelzimmer gemütlich eingerichtet und mit allem Komfort ausgestattet, aber dieses Jahr waren sie dunkel und klein. *(wogegen)*
  Bei der letzten Reise waren die Hotelzimmer gemütlich eingerichtet und mit allem Komfort ausgestattet, wogegen sie dieses Jahr dunkel und klein waren.

1. Unsere Reiseleiterin vom letzten Jahr sprach fließend drei Sprachen, aber der Reiseleiter in diesem Jahr konnte nicht mal gut Englisch. *(während)*
2. Letztes Jahr haben wir viele interessante Orte besucht und Abenteuer erlebt, aber dieses Jahr haben wir nur langweilige Ausstellungen gesehen. *(wohingegen)*
3. Letztes Jahr konnten die Kinder an verschiedenen Aktivitäten teilnehmen, aber dieses Jahr gab es überhaupt keine Veranstaltungen für Kinder. *(während)*
4. Letztes Jahr hatten wir zahlreiche Möglichkeiten, die Kultur des Gastlandes selbst zu erkunden, aber dieses Jahr mussten wir in der Gruppe zusammenbleiben. *(wogegen)*
5. Letztes Jahr hatten wir zwei Wochen lang wunderschönes Wetter, aber dieses Jahr regnete es die ganze Zeit. *(wohingegen)*
6. Letztes Jahr habe ich mich mit den meisten Mitreisenden angefreundet, aber dieses Jahr konnte ich keine Kontakte knüpfen. *(wohingegen)*
7. Letztes Jahr hat sich der Busfahrer kein einziges Mal verfahren, aber dieses Jahr mussten wir ständig halten, um nach dem Weg zu fragen. *(während)*
8. Letztes Jahr konnten wir überall kulinarische Spezialitäten probieren, aber dieses Jahr mussten wir uns mit Brötchen und Fastfood zufriedengeben. *(wogegen)*

3 So verschieden können Brüder sein
Bilden Sie Sätze über Karl und Martin, zwei Brüder.
Benutzen Sie verschiedene Subjunktionen.

- Karl: ein bescheidenes Leben führen
  Martin: auf großem Fuß leben
  Karl führt ein bescheidenes Leben, wogegen Martin auf großem Fuß lebt.

1.	Karl:	sich für Naturwissenschaften interessieren	Martin:	sich für Mode und Theater begeistern
2.	Karl:	am Wochenende am liebsten zu Hause bleiben	Martin:	gerne Ausflüge machen
3.	Karl:	sehr schüchtern sein	Martin:	mit jedem gerne reden
4.	Karl:	nicht lügen können	Martin:	die Wahrheit oft verdrehen
5.	Karl:	lieber kein Risiko eingehen	Martin:	ziemlich risikofreudig sein
6.	man:	auf Karl zählen können	man:	sich auf Martin nicht immer verlassen können
7.	Karl:	immer pünktlich sein	Martin:	es mit der Zeit nicht so genau nehmen
8.	Karl:	wenig Geld für Kleidung und Essen ausgeben	Martin:	sein Geld zum Fenster rauswerfen

8.3 Sinngerichtete Infinitivkonstruktionen

Nina und Max fahren in den Urlaub, um sich zu erholen.
Sie sind heute früh abgereist, ohne vorher ein Hotelzimmer zu buchen.
Statt den Urlaub genau zu planen, wollen sie sich spontan für einen Ort oder eine Unterkunft entscheiden.

▶ Gebrauch

→ Mit sinngerichteten Infinitivkonstruktionen kann man **ein Ziel/eine Absicht**, **eine fehlende Handlung** oder **eine Alternative** für eine nicht stattfindende/stattgefundene Handlung beschreiben.
→ Infinitivkonstruktionen haben kein eigenes Subjekt. Sie beziehen sich auf das Subjekt im Hauptsatz.
→ Infinitivkonstruktionen können vor oder nach dem Hauptsatz stehen.
→ Hauptsatz und sinngerichtete Infinitivkonstruktion werden immer durch Komma getrennt.

▶ Formen

	Hauptsatz	Infinitivkonstruktion
Ziel/Absicht (Finalangabe)	Nina und Max **fahren** in den Urlaub,	**um** sich **zu erholen**.
Art und Weise: fehlende Handlung (Modalangabe)	Sie **sind** heute früh abgereist,	**ohne** vorher ein Hotelzimmer **zu buchen**.
Alternative (Alternativangabe)	Sie **wollen** sich spontan entscheiden,	**(an)statt** alles genau **zu planen**.

→ Infinitivkonstruktionen mit *ohne … zu* drücken aus, dass eine erwartete Handlung nicht stattfindet.
→ Infinitivkonstruktionen mit *(an)statt … zu* drücken aus, dass eine erwartete Handlung nicht stattfindet, dafür aber eine unerwartete Handlung realisiert wird.
→ Bei trennbaren Verben steht *zu* zwischen dem Präfix und dem Verbstamm.
Sie besuchte eine Party, anstatt sich auf die Prüfung vor**zu**bereiten.

Übungen

1 Absichten
Beantworten Sie die Fragen mit der Infinitivkonstruktion *um … zu*.

● Warum gehst du in die Stadt? *(sich neue Schuhe kaufen)*
Um mir neue Schuhe zu kaufen.

1. Warum ist Luca früher gegangen? *(sein repariertes Fahrrad noch abholen können)*
……………………………………………………………………………………………
2. Warum nehmt ihr Privatstunden? *(sich besser auf die Sprachprüfung vorbereiten)*
……………………………………………………………………………………………
3. Warum ist Herr Kaiser nach Dortmund umgezogen? *(seiner Familie näher sein)*
……………………………………………………………………………………………
4. Warum bleibst du heute Abend zu Hause? *(sich ausruhen und sich eine lustige Serie ansehen)*
……………………………………………………………………………………………
5. Warum sind Sie nicht mit dem Auto gekommen? *(nicht im Stau stehen müssen)*
……………………………………………………………………………………………
6. Warum war Frau Veigel heute Vormittag in der Personalabteilung? *(sich für eine Weiterbildung anmelden)*
……………………………………………………………………………………………
7. Warum hast du Katja angerufen? *(ihr zu ihrem Sprachdiplom gratulieren)*
……………………………………………………………………………………………

Singgerichtete Infinitivkonstruktionen

2 **Wozu braucht man …?**
Bilden Sie Sätze mit *um … zu*.

immer erreichbar und gut informiert sein • sich wohlfühlen • ~~sich erholen~~ • bessere Berufschancen haben • schnell, emissionsfrei und geräuscharm fahren • mit jemandem über Probleme sprechen können • sich im Beruf nicht langweilen

- das Wochenende — *Man braucht das Wochenende, um sich zu erholen.*
1. ein Elektroauto ……………
2. ein Handy ……………
3. eine gemütliche Wohnung ……………
4. einen interessanten Job ……………
5. gute Freunde ……………
6. einen guten Schulabschluss ……………

3 **Das könnte besser laufen**
Bilden Sie Sätze mit den Infinitivkonstruktionen *ohne zu* oder *(an)statt zu*.

- Jan hörte sich die ungerechten Vorwürfe an. Er sagte kein Wort dazu.
  Jan hörte sich die ungerechten Vorwürfe an, ohne ein Wort dazu zu sagen.
1. Gabi war gestern Abend im Kino. Sie ist nicht zu meiner Geburtstagsparty gekommen.
   ……………
2. Andreas ist aus dem Haus gegangen. Er hat die Tür nicht abgeschlossen.
   ……………
3. Samuel hat heute Nachmittag einfach das Büro verlassen. Er hat niemandem Bescheid gesagt.
   ……………
4. Dirk hat eine Schlange als Haustier gekauft. Er hatte vorher mit seiner Freundin nicht darüber gesprochen.
   ……………
5. Stephanie sieht fern. Sie arbeitet nicht an ihrem Vortrag.
   ……………
6. Friedrich redet einfach weiter. Er geht auf meine Fragen nicht ein.
   ……………

4 **Zielgerichtete, fehlende oder alternative Handlungen**
Verbinden Sie die Sätze mit einer passenden Infinitivkonstruktion *(um … zu, ohne … zu* oder *(an)statt … zu)*.

- Martin bucht ein Hotel für das Wochenende. Eigentlich soll er dienstliche E-Mails beantworten. — *Martin bucht ein Hotel für das Wochenende, anstatt dienstliche E-Mails zu beantworten.*
1. Nora blieb der Sitzung fern. Sie hat sich nicht abgemeldet. ……………
2. Till nimmt an der Weiterbildung teil. Er will seine Managementkenntnisse verbessern. ……………
3. Wir haben die ganze Zeit gearbeitet. Wir haben keine Pause gemacht. ……………
4. Marcus fährt zum Flughafen. Er will die Gäste abholen. ……………
5. Lisa ist nach Hause gegangen. Sie hat den Computer nicht ausgeschaltet. ……………
6. Otto hat die wichtigen Dateien gelöscht. Er hätte sie sichern sollen. ……………
7. Matteo besucht einen Kunden. Er hat seinen Besuch vorher nicht angekündigt. ……………
8. Der Manager hat einen Fehler gemacht. Er schweigt. Er sollte sich entschuldigen. ……………

8.4 Übersicht Adverbialsätze Zuordnung nach semantischen Gesichtspunkten

➤ 8.1, 8.2 und 8.3

■ Temporalsätze: Angabe der Zeit

▶ Formen: Gleichzeitig ablaufende Handlungen

Hauptsatz – Hauptsatz (mit Konjunktionaladverb)	Du **packst** die Koffer,	**inzwischen/währenddessen drucke** ich alle wichtigen Dokumente aus.
Hauptsatz – Nebensatz	Ich **besuche** dich, Ich **besuchte** ihn, Er **verbesserte** sein Englisch enorm, Oma **sollte** ihre Traumreise machen,	**wenn** ich in München **bin**. **als** ich in München **war**. **während** er in Lancaster **studierte**. **solange** sie noch so fit **ist**.
Hauptsatz – Nebensatz (Betonung von Anfangs- und Endpunkt)	Er **hat** noch nicht angerufen, Ich **warte**,	**seit/seitdem** er nach Berlin umgezogen **ist**. **bis** du mit dem Essen fertig **bist**.

▶ Formen: Nicht gleichzeitig ablaufende Handlungen

Hauptsatz – Hauptsatz (mit Konjunktionaladverb)	Wir haben im Hotel **eingecheckt**, Am Abend haben wir im Restaurant **gegessen**,	**anschließend/danach/dann** haben wir uns die Gegend **angesehen**. **davor waren** wir 30 Minuten im Pool.
Hauptsatz – Nebensatz	Bitte **ruf** mich an, Dem Patienten **ging** es besser, Theo **schreibt** die E-Mail, Timo **darf** nicht Computer spielen,	**bevor/ehe** du **kommst**. **nachdem/sobald/als** er die Tablette eingenommen **hatte**. **wenn/nachdem/sobald/sowie** er sich mit Frau Hübner abgestimmt **hat**. **solange** er seine Hausaufgaben nicht gemacht **hat**.

■ Kausalsätze: Angabe eines Grundes

▶ Formen

Hauptsatz – Hauptsatz (mit Konjunktion)	Martin **macht** im Winter in den Alpen Urlaub,	**denn** er **fährt** gern Ski.
Hauptsatz – Hauptsatz (mit Konjunktionaladverb)	Martin **fährt** gern Ski,	**deshalb/deswegen/darum/daher macht** er im Winter in den Alpen Urlaub.
Hauptsatz – Nebensatz	Ich **mache** am liebsten im Januar Urlaub,	**weil/da** ich den Schnee **liebe**.

→ Die Konjunktionaladverbien *deshalb, deswegen, darum, daher* verweisen auf den Grund, der im ersten Hauptsatz angegeben wird: Martin fährt gern Ski, **deshalb** macht er in den Alpen Urlaub.

→ Sätze mit *denn* und *weil* oder *da* benennen den Grund: Martin macht in den Alpen Urlaub, **weil** er gern Ski fährt. Martin macht in den Alpen Urlaub, **denn** er fährt gern Ski.

■ Konditionalsätze: Angabe einer Bedingung

▶ Formen

Hauptsatz – Nebensatz	Bitte **melden** Sie sich,	**wenn/falls** Sie Fragen haben.

Übersicht Adverbialsätze

Konsekutivsätze: Angabe einer Folge

▶ **Formen**

Hauptsatz – Hauptsatz (mit Konjunktionaladverb)	Martin **fährt** gern Ski, Man **muss** regelmäßig Ski fahren,	**folglich/infolgedessen/demzufolge fährt** er jedes Jahr in den Winterurlaub. **sonst/andernfalls verlernt** man es wieder.
Hauptsatz – Nebensatz	Es **schneite** in der Nacht sehr stark, Die Nachfrage **ist so** groß,	**sodass** die Wanderung abgesagt **wurde**. **dass** wir die Produktion erweitern **müssen**.

Konzessivsätze: Angabe einer Einschränkung

▶ **Formen**

Hauptsatz – Hauptsatz (mit Konjunktion)	Die Regeln **klingen zwar** einfach,	**aber** ihre Umsetzung **fällt** manchen Menschen schwer.
Hauptsatz – Hauptsatz (mit Konjunktionaladverb)	Gustav **kann** nicht Ski fahren, Ella **kann zwar** nicht gut Ski fahren,	**trotzdem/dennoch macht** er im Winter in den Alpen Urlaub. **trotzdem will** sie am Abfahrtslauf teilnehmen.
Hauptsatz – Nebensatz	Gustav **macht** im Winter in den Alpen Urlaub,	**obwohl/obgleich/obschon** er nicht Ski fahren **kann**.

→ Die Konjunktionaladverbien *trotzdem, dennoch* und die Konjunktion *aber* verweisen auf die Einschränkung bzw. den Gegengrund im ersten Hauptsatz: Gustav kann nicht Ski fahren, **trotzdem/dennoch** macht er im Winter in den Alpen Urlaub.

→ Sätze mit *obwohl, obgleich, obschon* benennen die Einschränkung bzw. den Gegengrund: Gustav macht im Winter in den Alpen Urlaub, **obwohl/obgleich/obschon** er nicht Ski fahren kann.

Finalsätze: Angabe einer Absicht, eines Ziels

▶ **Formen**

Hauptsatz – Nebensatz	Lucie **schreibt** ein kurzes Memo,	**damit** niemand den Termin **vergisst**.
Hauptsatz – Infinitivkonstruktion	Nina und Max **fahren** in den Urlaub,	**um** sich **zu erholen**.

Modalsätze: Angabe der Art und Weise

▶ **Formen**

Hauptsatz – Nebensatz	Man **lernt** Ski fahren am besten, Die Tür **lässt** sich **dadurch** öffnen, Der Krimi **war** nicht so spannend, Der Krimi **war** spannender, Er **beging** schon mehrere Fehler,	**indem** man an einem Skikurs **teilnimmt**. **dass** man den grünen Knopf **drückt**. **wie** ich erwartet **habe**. **als** ich erwartet **habe**. **ohne dass** es Konsequenzen **hatte**.
Hauptsatz – Infinitivkonstruktion	Nina und Max **sind** heute früh abgereist,	**ohne** vorher ein Hotelzimmer **zu buchen**.
Nebensatz – Hauptsatz	**Je** öfter man Ski **fährt**,	**desto/umso** besser **kann** man es.

Adversativsätze: Angabe eines Gegensatzes

▶ Formen

Hauptsatz – Hauptsatz (mit Konjunktion)	Früher **habe** ich im Sommer Urlaub gemacht, Kathrin **fährt** im August nicht an die Ostsee,	**aber** heute **fahre** ich lieber im Winter **weg**. **sondern** sie **bleibt** zu Hause.
Hauptsatz – Hauptsatz (mit Konjunktionaladverb)	Einige Teilnehmende **haben** kaum Fortschritte gemacht, **Einerseits** **mag** ich das Meer,	**dagegen** **haben** andere viel gelernt. **andererseits** **verbringe** ich meinen Urlaub gerne in den Bergen.
Hauptsatz – Nebensatz	Die erste Gruppe **fuhr** einen kleinen Hügel hinunter,	**während/wohingegen/wogegen** die zweite Gruppe an einem steilen Berg **übte**.

Alternativsätze: Angabe einer Alternative

▶ Formen

Hauptsatz – Hauptsatz (mit Konjunktion)	Vielleicht **gehen** wir am Wochenende wandern(,) Lena **fährt** im Urlaub **entweder** nach Spanien	**oder** wir **arbeiten** im Garten. **oder** sie **bleibt** zu Hause.
Hauptsatz – Hauptsatz (mit Konjunktionaladverb)	Gudrun und Gustav **wollten** nicht mit uns schwimmen gehen,	**stattdessen** **sind** sie zwei Stunden gewandert.
Hauptsatz – Infinitivkonstruktion	Sie **wollen** sich spontan entscheiden,	**(an)statt** alles genau **zu** **planen**.

Aufzählungen

▶ Formen

Hauptsatz – Hauptsatz (mit Konjunktion)	Im Januar **fahren** wir nach Österreich(,) Martin **fährt** **nicht nur** gut Ski,	**und** im Sommer **reisen** wir nach Irland. **sondern** er **kann** **auch** gut schwimmen.
Hauptsatz – Hauptsatz (mit Konjunktionaladverb)	Simon **kann** **weder** gut Ski fahren(,)	**noch** **kann** er gut schwimmen.

Zusammenfassende Übungen

1 Was passiert wie, wann, warum (nicht), …? Formen Sie die Sätze um. Verwenden Sie die in Klammern angegebene Satzverbindung und achten Sie bei der Umformung auf die Stellung der Verben.

- Du rufst Herrn Fröhlich an, inzwischen beantworte ich die Mail der Firma Contex. *(während)*
  Während du Herrn Fröhlich anrufst, beantworte ich die Mail der Firma Contex.

1. David geht zum Mittagessen in die Kantine, davor muss er noch das Sitzungsprotokoll schreiben. *(bevor)*
2. Der letzte Betriebskoch hat miserabel gekocht, demzufolge wurde ihm gekündigt. *(so … dass)*
3. Obwohl sich viele Kolleginnen und Kollegen über sein Essen beschwert haben, hat die Betriebsleitung jahrelang nichts unternommen. *(trotzdem)*
4. Die Beschäftigten wollten gern mehr vegetarische Mahlzeiten, trotzdem gab es in der Kantine hauptsächlich Fleischgerichte. *(obwohl)*
5. Der neue Kollege ist manchmal ein bisschen seltsam, trotzdem kann man gut mit ihm auskommen. *(zwar … aber)*
6. Wir hatten im Januar einen Teambildungsworkshop, damit wir unsere Zusammenarbeit noch weiter verbessern. *(um … zu)*
7. Wir können unsere Probleme lösen, indem wir besser kommunizieren. *(dadurch … dass)*
8. Mangelnde oder schlechte Kommunikation kann zu Missverständnissen führen, folglich werden die Arbeitsabläufe gestört. *(sodass)*

Übersicht Adverbialsätze

2 Was Gründerinnen und Gründer von Start-ups beachten müssen
Ergänzen Sie die fehlenden Satzverbindungen.

um … zu *(2 x)* • denn • nicht nur … sondern auch • ohne dass • damit • deshalb • anstatt • sondern • wenn *(2 x)* • dadurch … dass • weil

1. Einige Gründerinnen und Gründer entwickeln ein Start-up, ... die Finanzen sorgfältig geplant und kontrolliert werden. .... ein Unternehmen überhaupt eine Überlebenschance hat, ist zunächst eine ausreichende Start- und Folgefinanzierung erforderlich. Ab einem gewissen Zeitpunkt müssen dann genügend Einnahmen erwirtschaftet werden, ... zumindest die laufenden Kosten .... decken.
2. Auch die Wahl des Standortes hat Einfluss auf den Erfolg eines Unternehmens, ... er spielt .... bei der Sichtbarkeit und Erreichbarkeit eine Rolle, ... er stellt .... einen Kostenfaktor dar.
3. .... sich an den tatsächlichen Bedürfnissen der Kunden zu orientieren, bieten viele Start-up-Unternehmen Produkte an, die sie selbst für die beste Lösung halten. .... sich einen Absatzmarkt über einen längeren Zeitraum .... sichern, braucht man aber Marktanalysen und regelmäßiges Feedback.
4. Das Produkt muss die Welt nicht grundlegend verändern, ... ist weniger oft mehr. Manchmal ist es sinnvoll, nicht zu viel Zeit in die Perfektionierung des Produktes zu stecken, ... es im Laufe der Zeit zu verbessern und an den Markt anzupassen.
5. Viele Start-ups scheitern, ... sie die falschen Leute im Team haben. .... Mitarbeitende überhaupt nicht ins Team passen, muss man sich von ihnen trennen, selbst .... es sich um Freunde handelt. Ein gutes Team kann nur .... erfolgreich sein, ... alle Mitglieder ihre Stärken einbringen und mit voller Kraft an einem Strang ziehen.

3 Das schönste Lächeln der Welt 61
Ergänzen Sie die fehlenden Satzverbindungen. Überprüfen Sie Ihre Lösungen mit dem Hörtext.

und *(2 x)* • ohne … zu • wie • weil • um … zu • folglich • sondern • obwohl • wenn • nicht nur … sondern auch *(2 x)* • denn

Lächeln ist die schönste Art der nonverbalen Kommunikation. Wir lächeln manchmal, ... (1) es .... (1) merken. Oder wir lächeln, ... (2) wir gerade angelächelt wurden. Lächeln ist nämlich ansteckend, meinen die Verhaltensforscher, ... (3) es ist angeboren.
Vor mehr als 500 Jahren hat Leonardo da Vinci das bis heute bekannteste und rätselhafteste Lächeln in Öl verewigt: das Lächeln der Mona Lisa.
.... (4) das Lächeln der Mona Lisa zu deuten ist, darüber machen sich seit vielen Jahren .... (5) Dichter und Philosophen Gedanken, ... (5) Forscherinnen und Forscher beschäftigen sich mit diesem Thema.
Der französische Schriftsteller Théophile Gautier beschrieb das berühmte Lächeln als Inbegriff der Weiblichkeit. Und mit dieser Interpretation steht er nicht allein. Millionen von Menschen besuchen bis heute den Pariser Louvre, ... (6) das Lächeln der Mona Lisa .... (6) bewundern.
Aber .... (7) das Lächeln gibt uns bisher Rätsel auf, ... (7) Mona Lisa selbst. .... (8) es zu diesem Thema schon viele Untersuchungen und Spekulationen gibt, ist bis heute nicht genau belegt, wer die Schöne eigentlich war. Leonardo hat sein Geheimnis nicht preisgegeben. Allgemein wird angenommen, dass es sich bei der porträtierten Person um Lisa del Giocondo handelt, die Frau eines reichen Tuchhändlers aus Florenz. Diese These wird aber von einigen Experten angezweifelt, ... (9) Leonardo konnte sich zu Lebzeiten nie von dem kleinen Bild trennen. War die Mona Lisa also doch jemand anderes, vielleicht seine große Liebe?

Ja, sagte vor einiger Zeit der italienische Kunsthistoriker Silvano Vinceti .... (10) überraschte die Kunstwelt. .... (11) man ihm und seiner Forschung Glauben schenkt, dann ist das Lächeln der Mona Lisa gar nicht das Lächeln einer Frau. Vinceti glaubt belegen zu können, dass sich Leonardo von seinem Schüler Gian Giacomo Caprotti, auch bekannt als Salai, inspirieren ließ. Vinceti hat eine große Ähnlichkeit mit Figuren anderer Leonardo-Bilder gefunden, ... (12) müsse Leonardo jemanden gemalt haben, der bereits zu einem früheren Zeitpunkt dem Maler Modell gestanden hat. Außerdem, so der Kunsthistoriker, soll man in den Augen der Mona Lisa zwei Buchstaben lesen können – ein L für Leonardo und ein S für Salai.
Experten im Louvre halten diese Interpretation für sehr fragwürdig: Das seien keine Buchstaben in den Augen der Mona Lisa, ... (13) die Farbe habe im Laufe der Zeit Risse bekommen.

8.5 Verbabhängige Nebensätze und Infinitivkonstruktionen
8.5.1 *dass*-Sätze

Unsere Freunde haben berichtet, dass man im Nationalpark im Harz gut wandern kann.
Es ist bekannt, dass der Harz mit seinen Bergen, Wäldern und Mooren ein besonderes Landschaftserlebnis bietet.

▶ Gebrauch

- → *Dass*-Sätze sind Verbergänzungen. Sie stehen oft für ein Akkusativobjekt:
  Wir erwarten eine schnelle Lösung des Problems. Wir erwarten, **dass** das Problem schnell gelöst wird.
- → *Dass*-Sätze sind Nebensätze. Das konjugierte Verb steht an letzter Stelle. *Dass*-Sätze können vor oder nach dem Hauptsatz stehen. Das Subjekt von Haupt- und Nebensatz ist oft nicht identisch:
  Unsere Freunde haben berichtet, **dass** man im Nationalpark im Harz gut wandern kann.
- → *Dass*-Sätze werden vom Hauptsatz durch Komma getrennt.

▶ Formen

‣ *Dass*-Sätze stehen oft **nach** oder **vor**:

unpersönlichen Ausdrücken mit *es*	Es ist notwendig, Es ist wichtig, Es stimmt, Es tut mir leid, Es freut mich,	dass wir über die Fehler sprechen. dass wir jetzt Maßnahmen ergreifen. dass wir eine neue Mitarbeiterin bekommen. dass ich keine Zeit für dich hatte. dass du die Prüfung bestanden hast.
Wendungen zur Meinungsäußerung	Mir gefällt nicht, Ich bin der Meinung,	dass wir nicht informiert wurden. dass wir etwas ändern müssen.
Verben der Kommunikation	Claudia sagte, Die Zeitungen berichten, Eine Untersuchung hat ergeben,	dass sie nicht kommen kann. dass in den Bergen kaum Schnee liegt. dass Tiere lachen können.
… der persönlichen Erwartung	Experten erwarten, Ich glaube/hoffe,	dass die Zinsen weiter steigen. dass sich die politische Lage wieder entspannt.
… des Wissens	Ich weiß,	dass die Situation im Moment nicht einfach ist.
… mit präpositionalen Ergänzungen	Ich freue mich darüber, Ich warte darauf,	dass du befördert wurdest. dass Elias mich anruft.

Übungen

1 Wissenswertes über Mäuse. Ich habe gelesen, dass …
Bilden Sie *dass*-Sätze.

- Es gibt ungefähr 40 Mäusearten. — *Ich habe gelesen, dass es ungefähr 40 Mäusearten gibt.*

1. Die meisten Mäusearten leben in Afrika und Asien. ……………………
2. Die heute als Hausmaus bekannte Art stammt ursprünglich aus Indien. ……………………
3. Mäuse mögen keinen Käse, sondern Süßigkeiten. ……………………
4. Mäuse haben einen sehr ausgeprägten Geruchssinn. ……………………
5. Mäuse können auch klettern, schwimmen und für Menschen unhörbar singen. ……………………
6. Mäuse sind bevorzugt in den Morgen- und Abendstunden aktiv. ……………………
7. Mäuse halten zwar keinen Winterschlaf, können aber ihre Körperfunktionen zum Energiesparen herunterfahren. ……………………

Nebensätze und Infinitivkonstruktionen: *dass*-Sätze

2 Lebensmittel und ihre Wirkungen

a) Länger leben. Lesen Sie die Studienergebnisse und bilden Sie *dass*-Sätze.
Beginnen Sie mit: *Eine Studie/Untersuchung hat ergeben, .../Ein Forscherteam hat herausgefunden, .../ Ein (weiteres) Ergebnis war, .../Außerdem wurde festgestellt, ...*

- Man kann durch eine drastische Ernährungsumstellung bis maximal zehn Jahre Lebenszeit dazugewinnen.
  Eine Studie hat ergeben, dass man durch eine drastische Ernährungsumstellung bis maximal zehn Jahre Lebenszeit dazugewinnen kann.

1. Eine typisch westliche Ernährung, die dem Durchschnittskonsum in den USA und Europa entspricht, enthält zu viel Fleisch, verarbeitetes Getreide und gezuckerte Getränke.
   ....
2. In Deutschland sind die meisten Menschen noch weit von einer optimalen Ernährung entfernt.
   ....
3. Vor allem rotes Fleisch und verarbeitete Produkte wie Wurst und Schinken haben einen negativen Effekt.
   ....
4. Der dauerhafte Verzehr ungesunder Lebensmittel kann Erkrankungen wie Diabetes, Alzheimer, Herzerkrankungen und Krebs auslösen.
   ....
5. Hülsenfrüchte wie Kichererbsen, Bohnen, Linsen und Erbsen sind echte Lebensverlängerer.
   ....
6. Sie weisen antioxidative und entzündungshemmende Eigenschaften auf, stehen aber viel zu selten auf dem Speiseplan.
   ....

b) Kuriose Erkenntnisse. Bilden Sie *dass*-Sätze.

Eine Untersuchung/Studie kam zu dem erstaunlichen/überraschenden Ergebnis, ...

1. Gelegentlicher Pizzagenuss senkt das Herzinfarktrisiko um rund 22 Prozent.
2. Der Konsum von Milch und Fleisch erhöht die Chance, Zwillingsnachwuchs zu bekommen.
3. Kreative Gemüsenamen wie „Röntgenblick-Karotten" steigern den Gemüsekonsum von Kindern und Jugendlichen.
4. Zitronenduft animiert Menschen zum Putzen.
5. Grünes Gemüse hat durch die enthaltenen Antioxidantien positive Effekte auf das Hörvermögen und hilft gegen Hörverlust.

3 Krisensitzung in der Firma

Bilden Sie Sätze wie im Beispiel.

- Dienstreisen sollten vollständig durch Videokonferenzen ersetzt werden. *(ich bin der Meinung)*
  Ich bin der Meinung, dass Dienstreisen vollständig durch Videokonferenzen ersetzt werden sollten.

1. Wir werden langfristig nicht um eine Einsparung bei den Personalausgaben herumkommen. *(ich denke)*
   ....
2. Personal muss eingespart, das heißt entlassen werden. *(schlagen Sie jetzt tatsächlich vor?)*
   ....
3. Wir denken in alle Richtungen. *(ich halte es für wichtig)*
   ....
4. Uns könnte eine ganz neue Marketingstrategie helfen. *(ich bin davon überzeugt)*
   ....
5. Wir sind ohne bessere Produkte den neuen Herausforderungen nicht gewachsen. *(ich fürchte)*
   ....
6. Ich unterbreche Sie, aber es wurden entscheidende Managementfehler begangen. *(entschuldigen Sie)*
   ....
7. Die hierarchischen Strukturen werden verändert und die Beschäftigten werden in Entscheidungen einbezogen. *(ich bin dafür)*
   ....
   ....
8. Die Diskussion geht jetzt in eine falsche Richtung. *(ich glaube)*
   ....

8.5.2 Infinitiv mit *zu*

Gudrun und Gustav haben vor, im Urlaub lange Wanderungen zu unternehmen.
↓
zu + Infinitiv

▶ Gebrauch

- → Infinitivkonstruktionen mit *zu* sind Verbergänzungen.
- → Infinitivkonstruktionen mit *zu* stehen nach dem Hauptsatz. Der Infinitiv steht an letzter Stelle.
- → Die Infinitivkonstruktion kann einen *dass*-Satz ersetzen, wenn das Subjekt in beiden Teilsätzen gleich ist:
  Ich verspreche dir, dass ich mich um das Problem kümmere.
  → Ich verspreche dir, mich um das Problem zu kümmern.
- → Bei trennbaren Verben steht *zu* zwischen dem Präfix und dem Verbstamm:
  Es ist wichtig, das Projekt erfolgreich ab**zu**schließen.
- → Das Komma zwischen Hauptsatz und Infinitiv mit *zu* ist fakultativ. Bei erweiterten Infinitivkonstruktionen mit *zu* ist ein Komma zu empfehlen, um die Struktur des Satzes zu verdeutlichen.

▶ Formen

‣ Der Infinitiv mit *zu* steht oft **nach**:

unpersönlichen Ausdrücken wie	Es ist wichtig, Es ist verboten/erlaubt, Es ist ratsam, Es ist nicht leicht,	das Projekt erfolgreich **abzuschließen**. hier **zu parken**. alles noch einmal **zu überdenken**. sich bei dem Lärm **zu konzentrieren**.
Nomen in Verbindung mit *haben*	Ich habe keine Lust, Ich habe jetzt keine Zeit, Die Firma hat die Absicht, Lucas hat den Wunsch,	immer auf dich **zu warten**. die E-Mail **zu beantworten**. ein Nachhaltigkeitskonzept **umzusetzen**. andere Aufgaben **zu übernehmen**.
Verben der Erlaubnis, Absicht oder Empfehlung	Ich erlaube dir nicht, Wir haben vor, Ich empfehle dir,	mit meinem Fahrrad **zu fahren**. lange Wanderungen **zu unternehmen**. mehr Sport **zu treiben**.
Verben mit präpositionaler Ergänzung	Ich freue mich (darauf), Bitte achtet darauf,	euch in München **zu sehen**. die neuen Regeln wirklich **einzuhalten**.
anderen Verben wie	Ich versuche gerade,	mich **zu konzentrieren**.

‣ Der Infinitiv mit *zu* kann **nicht** stehen **nach:**

Modalverben	dürfen, können, mögen, müssen, sollen, wollen, möchten	Sie dürfen hier nicht parken. Wir wollen lange Wanderungen unternehmen. Ich möchte nicht mitkommen.
Verben der Kommunikation	sagen, fragen, berichten	Ich sage, was ich denke.
Verben der Wahrnehmung	sehen, hören	Ich hörte ihn Klavier spielen.
anderen Verben wie	lassen, bleiben	Wir bleiben hier wohnen. Ich lasse mich nicht irritieren.

Zusammengesetzte Sätze
Nebensätze und Infinitivkonstruktionen: Infinitiv mit *zu*

Übungen

1 Ratschläge gegen Stress
Formen Sie die Sätze um wie im Beispiel.

- Sie sollten Kopfschmerzen oder unruhigen Schlaf als Stresssymptome wahrnehmen.
  Ich rate Ihnen, Kopfschmerzen oder unruhigen Schlaf als Stresssymptome wahrzunehmen.

1. Sie sollten regelmäßig Sport treiben.
   Beginnen Sie damit, ...
2. Sie sollten auf ungesunde Ernährung verzichten. *(sich ernähren)*
   Hören Sie auf, ...
3. Sie sollten ab und zu mal Nein sagen.
   Fangen Sie endlich an, ...
4. Sie sollten sich mit einer spannenden Lektüre von Ihren Sorgen ablenken.
   Ich empfehle Ihnen, ...
5. Sie sollten regelmäßig Ruhepausen einlegen.
   Ich rate Ihnen, ...
6. Sie sollten immer positiv denken.
   Es wäre für Sie gut, ...

2 Was haben die Kolleginnen und Kollegen vor?
Bilden Sie jeweils einen Satz mit und ohne Modalverb wie im Beispiel.

- Marcus – Direktor werden
  a) *Marcus will Direktor werden.*
  b) *Marcus hat vor/hat sich vorgenommen/hat die Absicht/beabsichtigt, Direktor zu werden.*

1. Elli – weniger arbeiten
   a) ....
   b) ....
2. Kathrin – sich einen anderen Job suchen
   a) ....
   b) ....
3. Frau Krüger – sich für einen Posten im Vorstand bewerben
   a) ....
   b) ....
4. Otto – mit seiner Vorgesetzten über eine Gehaltserhöhung sprechen
   a) ....
   b) ....
5. die Firmenleitung – die Umsätze weiter erhöhen
   a) ....
   b) ....
6. Ferdinand – auf der nächsten Sitzung seine Arbeitsergebnisse präsentieren
   a) ....
   b) ....

3 Mit Strom gegen Matheschwäche
Ergänzen Sie das passende Verb mit oder ohne *zu*.

bewältigen • lernen • ~~erhöhen~~ • behandeln • helfen • durchführen • lösen • haben • steigern

Eine elektrische Reizung bestimmter Hirnbereiche hilft offenbar, mathematische Leistungen *zu erhöhen* (0). Zu diesem Ergebnis kamen britische Wissenschaftlerinnen und Wissenschaftler, die versuchten, Menschen mit Rechenschwierigkeiten mithilfe schwacher Stromflüsse .... (1).
In einem Experiment mussten 15 Probandinnen und Probanden sechs Tage lang mathematische Symbole .... (2). Dabei setzte das Forschungsteam einen kleinen Teil des Gehirns der Teilnehmenden unter Strom. Das Ergebnis war erstaunlich: Die elektrische Stimulation verbesserte das Vermögen der Kandidaten, mathematische Aufgaben .... (3). Dieser Effekt hielt sechs Monate an und schien keinen Einfluss auf andere Fähigkeiten .... (4). Die Stimulation verwandelt zwar niemanden in Albert Einstein, aber die Methode führt dazu, das Leistungsvermögen von Menschen mit Rechenschwäche .... (5). Sie könnte auch alten Menschen im Alltag .... (6), die kaum noch in der Lage sind, Situationen wie zum Beispiel das Zählen von Wechselgeld beim Einkaufen .... (7).
Es wird natürlich niemandem geraten, das Experiment im Selbstversuch .... (8).

8.6 Fragesätze als Nebensätze

Frage mit Fragewort:

Wo übernachten Nina und Max?

Nina und Max wissen noch nicht, wo sie übernachten werden.
↓
Fragewort

Frage ohne Fragewort (Ja-Nein-Frage):

Finden Nina und Max vor Ort eine gute Unterkunft?

Nina und Max wissen nicht, ob sie vor Ort eine gute Unterkunft finden.
↓
Subjunktion

▶ Gebrauch

→ Indirekte Fragen sind Nebensätze. Das konjugierte Verb steht an letzter Stelle.

→ Bei Fragen mit Fragewort benutzt man das Fragewort als Einleitung des Nebensatzes:
Nina und Max wissen noch nicht, **wo** sie übernachten werden.
Bei Fragen ohne Fragewort gebraucht man die Subjunktion *ob*:
Nina und Max wissen nicht, **ob** sie vor Ort eine gute Unterkunft finden.

→ Indirekte Fragesätze werden vom Hauptsatz durch Komma getrennt.

▶ Formen

Frage mit Fragewort	**Wo** ist der Seminarraum B03? **Seit wann** läuft der Vortrag von Dr. Schüler schon? **Worüber** wurde nach dem Plenarvortrag so heftig diskutiert?	**Wissen Sie vielleicht,** **wo** der Seminarraum B03 ist? **seit wann** der Vortrag von Dr. Schüler schon läuft? **worüber** nach dem Plenarvortrag so heftig diskutiert wurde?	**Ich weiß nicht,** **wo** der Seminarraum B03 ist. **seit wann** der Vortrag von Dr. Schüler schon läuft. **worüber** nach dem Plenarvortrag so heftig diskutiert wurde.
Frage ohne Fragewort	Hat der Vortrag von Beate Müllner schon begonnen?	**Können Sie mir sagen,** **ob** der Vortrag von Beate Müllner schon begonnen hat?	**Ich weiß nicht,** **ob** der Vortrag von Beate Müllner schon begonnen hat.

Übungen

1 Die großen Fragen der Menschheit. Formen Sie die Sätze um wie im Beispiel.

- Gibt es Leben auf anderen Planeten? Das möchten viele Menschen wissen.
  Viele Menschen möchten wissen, ob es Leben auf anderen Planeten gibt.

1. Was war vor dem Urknall? Die Astronominnen und Astronomen haben noch keine Antwort auf diese Frage.
   ....
2. Wie ist das Leben auf der Erde entstanden? Das wissen wir heute noch nicht genau.
   ....
3. Können Pflanzen Schmerz empfinden? Das untersuchen Biologen.
   ....
4. Sind Menschen in jeder Hinsicht intelligenter als Tiere? Das fragen sich viele Forscherinnen und Forscher.
   ....
5. Wie sind die Dinosaurier ausgestorben? Darüber gibt es verschiedene Theorien.
   ....
6. Was bedeuten die ägyptischen Hieroglyphen? Das erforschten Historikerinnen und Historiker jahrhundertelang.
   ....
7. Wann können wir endlich den Krebs besiegen? Das fragen sich vor allem kranke Menschen.
   ....

Fragesätze als Nebensätze

2 Eine Politikerin und ein Politiker aus Berlin besuchen die Provinz vor wichtigen Wahlen

a) Sie wollen sich über die Lage vor Ort informieren und stellen ihren Parteifreunden verschiedene Fragen. Formulieren Sie indirekte Fragen wie im Beispiel. Achten Sie auf die richtige Form der Verben.

- die größten Probleme – wo – liegen – hier
  Können Sie mir sagen, wo hier die größten Probleme liegen?
  Wissen Sie vielleicht, wo hier die größten Probleme liegen?

1. die Arbeitslosigkeit – wie hoch – sein
   ....
2. alle Jugendlichen – einen Ausbildungsplatz – bekommen
   ....
3. welche Themen – bei der Bevölkerung – gerade – gut ankommen
   ....
4. in den Meinungsumfragen – vorn stehen – welche Partei
   ....
5. wer – unsere Partei – wählen – eigentlich
   ....
6. wie – noch Stimmen – gewinnen können – wir
   ....
7. welche lokalen Zeitungen – auf unserer Seite – stehen
   ....
8. welche Lokalpolitikerinnen und Lokalpolitiker – die beste Onlinepräsenz – haben
   ....
9. unsere politischen Gegner – welche Argumente – haben
   ....
10. welche Prominenten – uns – bei der Wahl – noch unterstützen können
   ....

b) Nach einem Gespräch mit Bürgerinnen und Bürgern will die Parteileitung in Berlin wissen, was die Abgesandten in der Provinz erfahren haben. Ergänzen Sie den Dialog mit indirekten Fragen wie im Beispiel.

Habt ihr die Bürgerinnen und Bürger … gefragt?

- nach Ihren Problemen — *Ja, wir haben gefragt, ob sie Probleme haben./ welche Probleme sie haben./ob es Probleme gibt.*

1. nach der Zufriedenheit mit der jetzigen Politik — *Ja,* ....
2. nach den Erwartungen an die Politik — *Ja,* ....
3. nach ihren Ängsten — *Ja,* ....
4. nach ihrem Einkommen — *Nein,* ....
5. nach ihren persönlichen Wünschen — *Ja,* ....

3 Sie möchten bei der Firma KLAR fünf Kopierer für Ihre Firma kaufen
Vorher brauchen Sie aber noch einige Informationen. Formulieren Sie indirekte Fragen wie im Beispiel.

- die Preisangaben auf der Website *(noch stimmen)* — *Mich würde interessieren/Ich möchte gerne wissen, ob die Preisangaben auf der Website noch stimmen.*

1. Rabatt für fünf Kopierer *(gewähren)* ....
2. Zusatzfunktionen das Modell X10 gegenüber dem Modell X9 *(verfügen über)* ....
3. Tonerverbrauch *(hoch sein)* ....
4. Wartungsservice *(bieten)* ....
5. Lieferzeit *(rechnen müssen)* ....
6. alte Geräte *(entsorgen)* ....
7. Garantie *(laufen)* ....
8. bei Ausfall eines Kopierers *(passieren)* ....

8.7 Relativsätze

Martin nimmt die Ski mit, die er schon vor zehn Jahren gekauft hat.
↓
Relativpronomen

Martin wohnt in einem Hotel, in dem/wo er schon Stammgast ist.
↓
Relativpronomen

Martin macht im Urlaub nur das, was ihm wirklich Spaß macht.
↓
Relativpronomen

▶ Gebrauch

→ Mit einem Relativsatz beschreibt man Personen oder Sachen näher. Der Relativsatz ist ein Nebensatz. Er wird mit einem Relativpronomen eingeleitet und steht nach dem Hauptsatz.
→ Der Relativsatz wird durch Komma vom Hauptsatz getrennt.

Relativsätze mit *der, das, die*

▶ Formen

	Singular			Plural
Kasus	**maskulin**	**neutral**	**feminin**	
Nominativ	der	das	die	die
Akkusativ	den	das	die	die
Dativ	dem	dem	der	**denen**
Genitiv	**dessen**	**dessen**	**deren**	**deren**

→ Das Relativpronomen richtet sich in Genus und Numerus nach dem Bezugswort im Hauptsatz, im Kasus nach der Funktion im Relativsatz.
→ Bei Relativsätzen mit präpositionalen Ausdrücken steht die Präposition vor dem Relativpronomen. Der Kasus richtet sich nach der Präposition.
→ Die Relativpronomen *welcher, welches, welche* als Alternative zu *der, das, die* werden selten und hauptsächlich in der Schriftsprache verwendet.

Übungen

1 Kennen Sie diese berühmten Maler? Formen Sie die Sätze in Relativsätze um.

● Kennen Sie Neo Rauch? Er gilt international als bedeutendster Künstler der „Neuen Leipziger Schule".
Kennen Sie Neo Rauch, der international als bedeutendster Künstler der „Neuen Leipziger Schule" gilt?

1. Kennen Sie Lyonel Feininger? Er arbeitete von 1919 bis 1932 am Bauhaus.
   ....
2. Kennen Sie Claude Monet? Sein schlechtes Sehvermögen im Alter löste bei ihm Depressionen aus.
   ....
3. Kennen Sie Marc Chagall? Ihn interessierten hauptsächlich Motive aus der Bibel oder aus dem Zirkusleben.
   ....
4. Kennen Sie Franz Marc? Seine Tiergemälde zählen zu den berühmtesten Werken des Expressionismus.
   ....
5. Kennen Sie Vincent van Gogh? Viele Leute hielten ihn für verrückt.
   ....

2 Was dick macht, kann auch reich machen

Ergänzen Sie die passenden Relativpronomen. Überprüfen Sie Ihre Lösungen mit dem Hörtext. 62

Hier eine leichte Frage: Wie viele Kilokalorien haben zusammengerechnet ein Hamburger, *der* (0) mit Speck und Soße serviert wird, und eine Portion Pommes, ... (1) frisch aus dem Frittierfett kommt? Nun, grob geschätzt handelt es sich hier um eine Mahlzeit, ... (2) zwischen 1 200 und 1 500 Kilokalorien enthält. Nächste Frage: Wie viele Kilokalorien sollte ein erwachsener Mann, ... (3) einer ganz normalen Bürotätigkeit nachgeht, am Tag zu sich nehmen? Das haben wir inzwischen von den zahlreichen Fernsehsendungen, ... (4) uns über gesunde Ernährung aufklären, gelernt: rund 2 500. Letzte Frage: Wie viele Fastfood-Mahlzeiten kann also ein Mann, ... (5) im nächsten Sommer die Badehose noch passen soll, am Tag essen? Richtig. Maximal zwei. Und sonst nichts.

Was aber sollen die armen Menschen tun, ... (6) in einem Fastfood-Restaurant arbeiten und .... (7) den ganzen Tag die Hamburger duftend und kostenfrei vor der Nase rumstehen? Sollen ausgerechnet diejenigen, ... (8) den ganzen Tag Pommes verkaufen, selbst keine essen? Und was passiert eigentlich, wenn so ein Mitarbeiter, ... (9) aus Qualitätsgründen ab und zu einen Hamburger prüft, zu dick wird?

Die Antwort ist klar: Dann ist der Arbeitgeber schuld! Das entschied jetzt ein Gericht in Brasilien, bei .... (10) ein Mitarbeiter einer Fastfood-Kette Klage eingereicht hatte. Das Gericht in Porto Alegre sah es als erwiesen an, dass der Arbeitgeber am Übergewicht des Klägers, ... (11) in zwölf Jahren 30 Kilo zugenommen hatte, schuld ist. Das Urteil lautet: 12 500 Euro Schadensersatz für den jetzt nicht mehr so armen, aber immer noch sehr dicken Mitarbeiter, ... (12) aus den genannten Gründen für sein Körpergewicht nichts kann. Für 12 500 Euro bekommt man übrigens 3 125 Hamburger mit Speck.

3 Selftracking: Datensammler in eigener Sache

Ergänzen Sie die Relativpronomen.

- Heutzutage gibt es immer mehr Menschen, *die* minutiös Daten aus ihrem Lebensalltag erfassen.

1. Sie werden (mit einem Wort, ... aus dem Englischen kommt) als Selftrackers bezeichnet.
2. Datenorientierte Selbstbeobachtung ist eine Freizeitbeschäftigung, ... total im Trend liegt.
3. Zur Gruppe der Selftrackers gehören beispielsweise Menschen, ... das Erfassen von eigenen Daten ein Gefühl von Sicherheit gibt.
4. Andere hoffen die ersten Anzeichen von Krankheiten, vor .... sie sich fürchten, wahrzunehmen, oder arbeiten an einem durchtrainierten Körper, mit .... sie Eindruck machen können.
5. Psychologen nutzen solche Datensammlungen bei Patienten, ... typische Verhaltensmuster sie sonst nicht erkennen könnten.
6. Sehr beliebt sind sogenannte Wearables, also elektronische Geräte wie Schrittzähler, Fitnessuhren und Armbänder, mit .... man in regelmäßigen Abständen Werte wie Puls, Blutdruck oder Kalorienverbrauch messen kann.
7. Es gibt aber auch Geräte, ... registrieren können, wie lange und mit welcher Geschwindigkeit die Benutzer lesen oder die die Zeit aufzeichnen, ... man in den sozialen Netzwerken verbringt.
8. Auch sogenannte Schlafhilfe-Programme, mit .... man die Schlafphasen genau dokumentieren kann, sind sehr populär.
9. Neben vielen Vorteilen gibt es beim Selftracking auch einige Nachteile, ... man nicht unterschätzen sollte.
10. Die kleinen tragbaren Geräte sammeln sensible, persönliche Daten, an .... viele Unternehmen großes Interesse haben.

4 Neuigkeiten aus der Universität. Bilden Sie Relativsätze.

1. Die Doktorarbeiten von zwei Politikerinnen werden von den Universitäten erneut geprüft. In ihnen wurden mehrere Stellen mit Plagiaten gefunden.

   ....

2. Viele Universitäten und Hochschulen klagen über Personalmangel, Platzprobleme und mangelnde technische Ausrüstung. Ihre finanzielle Situation ist seit Jahren besorgniserregend.

   ....

3. Alle Seminarräume müssten modernisiert werden. In ihnen befinden sich noch keine interaktiven Whiteboards.

   ....

Relativsätze mit *wo(-)*

▶ Formen: Lokalangaben

Beispielsätze	Verwendung
Das alte Haus, **in dem** ich wohne, wird renoviert.* Das alte Haus, **wo** ich wohne, wird renoviert.	Beide Relativpronomen sind möglich.
Die Stadt, **in die** ich umgezogen bin, gefällt mir gut.* Die Stadt, **wohin** ich umgezogen bin, gefällt mir gut. Die Stadt, **aus der** ich komme, war mir zu hektisch.* Die Stadt, **woher** ich komme, war mir zu hektisch.	Beide Relativpronomen sind möglich.
Leipzig, **wohin** ich umgezogen bin, gefällt mir gut.	Nach Städte- und Ländernamen steht nur *wo* oder *wohin/woher*.

* in den meisten Fällen die stilistisch bessere Variante

▶ Formen: Präpositionalangaben

Beispielsätze	Verwendung
Die Stadtverwaltung hat den Abriss der alten Kirche beschlossen, **wogegen** die Bürgerinnen und Bürger sofort protestiert haben.	Der Relativsatz besteht aus einem Verb mit Präposition und bezieht sich auf die gesamte Aussage des Satzes.

Übungen

5 Informationen von hier und dort. Ergänzen Sie die Relativpronomen mit einer Präposition oder *wo, wohin, woher.*

- Die Firma, *bei der* ich im Moment arbeite, hat finanzielle Schwierigkeiten.

1. Die Universität, ... unsere Tochter studieren will, veranstaltet morgen einen Informationstag.
2. Das Haus, ... wir im Sommer einziehen, muss noch renoviert werden.
3. Kennst du ein gutes Hotel in Hamburg, ... wir übernachten könnten?
4. Die neue Schule, ... unser Sohn ab September gehen wird, macht einen guten Eindruck.
5. Rate mal, wer in dem Supermarkt arbeitet, ... ich heute Nachmittag eingekauft habe.
6. Der Platz, ... das neue Denkmal stehen soll, liegt am Stadtrand.
7. Der Stadtpark, ... viele Menschen bei schönem Wetter grillen, ist sonntagabends meist völlig vermüllt.
8. Das Museum, ... wir gerade kommen, verfügt über eine reiche Sammlung von impressionistischen Gemälden.

6 Lokale Neuigkeiten
Ergänzen Sie Relativpronomen mit *wo-*.

- Der prominenten Politikerin wurde von einem Verlag ein großzügiges Angebot für ihre Biografie gemacht, *worauf* sie sofort eingegangen ist.

1 Die Stadtzeitung hat die Aussagen des Wirtschaftsexperten fehlerhaft wiedergegeben, ... sich der Interviewte sehr geärgert hat.

2 Daraufhin bot die Redaktion dem Experten ein einjähriges kostenloses Abonnement an, ... er aber verzichtete.

3 Die Stadtverwaltung hat vor, aus finanziellen Gründen das Schwimmbad und das Stadtmuseum zu schließen, ... viele Menschen protestierten.

4 Eine Sprecherin der Bürgerbewegung stellte die Forderung nach einer schnellen Sanierung der verfallenden öffentlichen Gebäude, ... die Stadtverwaltung nicht einging.

5 In der letzten Pressekonferenz wurde dem Bauverantwortlichen der Stadt Korruption vorgeworfen, ... der Betroffene nicht reagierte.

6 Inzwischen konnte dem Bauverantwortlichen Korruption in mehreren Fällen nachgewiesen werden, ... viele Menschen entsetzt waren.

Relativsätze

Relativsätze mit *was* und *wer*

Formen

Beispielsätze	Verwendung
Nichts, **was** du mir versprochen hast, hast du gehalten. Alles, **was** er bei der Polizei ausgesagt hat, war gelogen. Essen Sie nur das, **was** Ihnen schmeckt.	nach den Indefinitpronomen *nichts, alles, etwas, einiges, weniges* und *das*
Das ist das Schönste, **was** ich je gesehen habe.	nach nominalisiertem Superlativ
Infolge der Bankenkrise wurden mehrere Manager entlassen, **was** mich nicht überrascht hat.	Der Relativsatz bezieht sich auf die gesamte Aussage des Satzes.
Wer Lust hat, (der) kann mitkommen. **Wem** das Kantinenessen nicht schmeckt, (der) soll sich melden.	bei Bezug auf eine unbestimmte Person

Übungen

7 Tipps fürs Büro
Ergänzen Sie die fehlenden Wörter.

vieles • alles *(2 x)* • das *(2 x)* • nichts *(2 x)*

- Schreiben Sie jeden Morgen *alles* auf, was Sie an dem Tag erledigen möchten.

1. Nehmen Sie sich .... vor, was von vornherein nicht realisierbar ist.
2. Erledigen Sie immer zuerst ...., was Ihnen am wenigsten Spaß macht.
3. Tun Sie ...., was Sie fachlich nicht vertreten können.
4. Speichern Sie ...., was wichtig ist. Löschen Sie den Rest.
5. Regen Sie sich nicht über .... auf, was Sie sowieso nicht ändern können.
6. Es gibt im Büroalltag ...., was man effektiver gestalten könnte.

8 Das ist …
Bilden Sie Relativsätze mit *was* wie im Beispiel. Achten Sie auf die angegebene Zeitform.

- alles • ich – finden können *(Präteritum)* — *Das ist alles, was ich finden konnte.*

1. nichts • mich – begeistern können *(Präsens)* ....
2. das Beste • du – bisher – schreiben *(Perfekt)* ....
3. das Schlimmste • du – mir – antun können *(Präteritum)* ....
4. etwas • mich – nicht interessieren *(Präsens)* ....
5. genau das • ich – suchen *(Präsens)* ....

9 Informationen für Mitarbeiterinnen und Mitarbeiter
Bilden Sie Relativsätze mit *wer*.

- noch Urlaub haben
  Wer noch Urlaub hat, muss diesen bis Ende Mai nehmen.

1. unter zu hoher Arbeitsbelastung leiden
   ...., kann sich an die Gewerkschaft wenden.
2. am Betriebsausflug teilnehmen wollen
   ...., muss sich in diese Liste eintragen.
3. seinen Sommerurlaub noch nicht beantragt haben
   ...., sollte das ganz schnell nachholen.
4. noch Vorschläge für Projekte haben
   ...., muss sie bis Freitag einreichen.
5. seine Fahrtkosten noch nicht abgerechnet haben
   ...., sollte dies umgehend tun.
6. in diesem Jahr noch keine Fortbildung gemacht haben
   ...., kann sich für das nächste Seminar bewerben.

9 Anhang

9.1 Wichtige Regeln zur Rechtschreibung und Zeichensetzung

Rechtschreibung

A Laut-Buchstaben-Zuordnung

Regel	Beispiele
• Schreibt man *ss* oder *ß*?	
Nach kurzem Vokal steht *ss*. Bei *dass* als Subjunktion steht *ss*.	Fluss, müssen, muss, Masse, Stress dass
Nach langem Vokal steht *ß*. Nach Diphthongen *(ei, eu, au, äu)* steht *ß*.	Fußball, Grüße, Maß, groß Fleiß, Strauß
• **Fremdwörter** können „im Original" oder eingedeutscht geschrieben werden.	Spaghetti oder Spagetti Joghurt oder Jogurt Delphin oder Delfin
• Treffen bei **Wortzusammensetzungen** drei gleiche Buchstaben aufeinander, kann man sie zusammen oder (bei Nomen) mit Bindestrich schreiben.	Schifffahrt oder Schiff-Fahrt Bestellliste oder Bestell-Liste Geschirrreiniger oder Geschirr-Reiniger

B Groß- und Kleinschreibung

Regel	Beispiele
• **Nomen** schreibt man **groß**. **Alle anderen Wortarten** schreibt man, außer am Satzanfang, **klein**.	das **H**aus, die **S**onne, der **B**aum Ich **t**ue **d**as **a**lles **n**ur **f**ür **d**ich.
• **Als Nomen gebrauchte Wörter** schreibt man **groß**.	das **E**ssen, der **Lustige** und der **Langweilige**, das **G**rün der **W**iese
• **Nomen in Verbindung mit Verben** schreibt man **groß**.	Ich habe **A**ngst. Ich fahre gerne **A**uto. Franz spielt **F**ußball.
→ Verschiedene **Nomen in Verbindung mit** *sein, bleiben* und *werden* schreibt man **klein**.	Die Firma **ist p**leite. Ich **bin s**chuld.
• Als **Nomen gebrauchte Ordnungszahlen** und **Tageszeiten** nach *gestern, heute, morgen* schreibt man **groß**.	Wir treffen uns am vierten **Z**weiten (= Februar). Wer ist der **E**rste? morgen **A**bend, übermorgen **N**achmittag
• **Adjektive** wie *italienisch, deutsch* usw. schreibt man **klein**.	Ich esse gern **i**talienisch. Paul arbeitet bei einer **d**eutschen Firma.
→ Wenn sie **als Sprachbezeichnung gebraucht** werden, schreibt man sie **groß**.	Ich spreche **I**talienisch. Der Vortrag ist auf **D**eutsch.
• Die **Höflichkeitsanrede** *(Sie/Ihnen/Ihr)* schreibt man **groß**. → Die informelle Anrede *(du/ihr/dein/euer)* schreibt man **klein**. In der schriftlichen Korrespondenz kann man sie klein- (Regelfall) oder großschreiben.	Soll ich **S**ie abholen? Wie geht es **I**hnen? Soll ich **d**ich abholen? Wie geht es **d**ir? Im Brief: Soll ich **d**ich/**D**ich abholen? Wie geht es **d**ir/**D**ir? Wie geht es **d**einem/**D**einem Mann?
• In **festen Wendungen** aus **Präposition** und **dekliniertem Adjektiv** kann man das Adjektiv **groß-** oder **kleinschreiben**.	bei **W**eitem – bei **w**eitem ohne **W**eiteres – ohne **w**eiteres von **N**euem – von **n**euem

Regeln zur Rechtschreibung und Zeichensetzung

C Getrennt- und Zusammenschreibung

Regel	Beispiele
• **Verbindungen aus Nomen und Verb** schreibt man **getrennt.***	Auto fahren, einen Vorschlag machen, Schlange stehen, Ski fahren
→ Diese Verbindungen werden zusammengeschrieben.	eislaufen, leidtun, teilnehmen, schlussfolgern
• **Verbindungen aus Verb** (Infinitiv oder Partizip) **und Verb** schreibt man getrennt.*	spazieren gehen, kochen lernen, ein Wort getrennt schreiben, etwas geschenkt bekommen
→ **Verbindungen** mit *bleiben* und *lassen*, die **mehrere Bedeutungen** haben, können bei **übertragener Bedeutung zusammengeschrieben** werden.	stehen lassen – stehenlassen (sich abwenden) sitzen bleiben – sitzenbleiben (in der Schule eine Klasse wiederholen)
• **Verbindungen aus Adjektiv und Verb** schreibt man **in der Regel getrennt.***	gut gehen, etwas ernst nehmen, Gemüse klein schneiden
→ Wenn durch die Verbindung eine **neue Gesamtbedeutung** entsteht, schreibt man **Adjektiv und Verb zusammen.**	schwarzarbeiten, krankschreiben
• **Verbindungen aus Adverb und Adjektiv/Adverb** schreibt man getrennt.	allgemein verständlich, wie oft, wie viel
• **Verbindungen mit** *sein* schreibt man **getrennt.**	zusammen sein, dabei sein
• **Verbindungen mit** *irgend-* schreibt man **zusammen.**	irgendjemand, irgendetwas

* In verschiedenen Fällen kann man getrennt oder zusammenschreiben.

■ Zeichensetzung

A Komma

Regel	Beispiele
• **Hauptsatz und Nebensatz** werden durch **Komma** getrennt.	Ich komme nicht, weil ich krank bin. Ich weiß, dass du keine Zeit hast. Peter fragte, wie sie heißt. Ist das der Mann, den du magst?
• **Hauptsatz und Hauptsatz** werden durch **Komma** getrennt.	Er spielte Tennis, sie lernte Deutsch. Ich fahre im September nach Italien, denn dort ist es noch warm. Ich möchte eine Prüfung machen, deshalb lerne ich fleißig.
→ Wenn **zwei Hauptsätze** mit *und* oder *oder* verbunden sind, steht **kein Komma.** Zur Gliederung in **komplizierten Sätzen** kann man ein **Komma** setzen.	Er spielte Tennis und sie lernte Deutsch. Kommst du mit oder bleibst du hier?
• **Nebensatz und Nebensatz** werden durch **Komma** getrennt.	Paul weiß, dass ich komme, obwohl ich krank bin.
• **Infinitivgruppen** können durch **Komma** abgetrennt werden, wenn es der Gliederung des Satzes dient.	Ich habe heute keine Lust(,) zu lernen. Sie nahm sich vor(,) ihre Hausaufgaben zu machen.
→ Man muss ein **Komma** setzen, wenn die **Infinitivgruppe** mit *statt/anstatt, ohne, um* oder *außer/als* eingeleitet wird.	Sie sah fern, **statt/anstatt** zu lernen. Er ging, **ohne** zu grüßen. Er fuhr nach Spanien, **um** sich zu erholen. Sie konnte nichts tun, **als/außer** die Polizei zu informieren.
→ Man muss ein **Komma** setzen, wenn die **Infinitivgruppe mit einem hinweisenden Wort** angekündigt wird.	Ich bitte Sie **darum**, die Rechnung sofort zu bezahlen.
• **Partizipialsätze** kann man durch **Komma** trennen.	Vergeblich auf ihren Freund wartend(,) saß die junge Frau auf einer Bank im Park.
• **Erklärungen wie Appositionen** werden in **Kommas** eingeschlossen.	Die Zugspitze, der höchste Berg Deutschlands, ist 2 962 Meter hoch.

• Außerdem steht ein **Komma** bei **Aufzählungen**, aber nicht vor *und/oder*. Ein **Komma** steht nach der **schriftlichen Anrede**. Ein **Komma** steht bei der **Datumsangabe**.	Sie brauchen Ihren Pass, ein Visum und Ihren Impfausweis. Liebe Frau Müller, … Leipzig, den 18.9.20…

B Bindestrich

Regel	Beispiele
• Ein Bindestrich steht bei **Wortkombinationen mit Einzelbuchstaben**. Er steht auch bei **Wortkombinationen mit Abkürzungen**. Und er steht bei **Wortkombinationen mit Zahlen**. → **Aber:** Bei **Suffixen** steht **kein** Bindestrich. → Mit Bindestrich können **Wortzusammensetzungen** geschrieben werden, wenn drei gleiche Buchstaben aufeinandertreffen.	E-Mail, T-Shirt VIP-Bereich, Lkw-Fahrer 50-prozentig, 18-Jährige die 68er Schiff-Fahrt Kaffee-Ersatz

C Doppelpunkt

Regel	Beispiele
• Ein **Doppelpunkt** steht vor der **direkten Rede**. Ein **Doppelpunkt** steht vor **Zitaten**. Ein **Doppelpunkt** steht vor **Resultaten, Folgerungen, Erklärungen**. → **Achtung:** Wenn ein selbstständiger Satz folgt, wird nach dem Doppelpunkt großgeschrieben.	Der Minister sagte: „Wir suchen nach einer Lösung." Hier bestätigt sich wieder die alte Weisheit: Man soll den Tag nicht vor dem Abend loben. Das Resultat der Untersuchung war: **D**ie Hälfte der Pflanzen ging ein.

9.2 Übersicht: Unregelmäßige Verben

A Modalverben

Infinitiv	**3. Person Singular Präsens**	**3. Person Singular Präteritum**	**3. Person Singular Perfekt***
dürfen	er darf	er durfte	er hat gedurft
können	sie kann	sie konnte	sie hat gekonnt
mögen	er mag	er mochte	er hat gemocht
müssen	sie muss	sie musste	sie hat gemusst
sollen	er soll	er sollte	er hat gesollt
wollen	sie will	sie wollte	sie hat gewollt

* Diese Form wird nur gebraucht, wenn das Modalverb als Vollverb auftritt. Zusammen mit einem anderen Verb wird die Perfektform mit *haben* und doppeltem Infinitiv gebildet: Er hat nicht kommen können.

B Hilfsverben *haben, sein* und *werden*

Infinitiv	**3. Person Singular Präsens**	**3. Person Singular Präteritum**	**3. Person Singular Perfekt**
haben	er hat	er hatte	er hat gehabt
sein	sie ist	sie war	sie ist gewesen
werden	er wird	er wurde	er ist geworden

C Wichtige unregelmäßige Verben und Verben aus dem Buch

Infinitiv	**3. Person Singular Präsens**	**3. Person Singular Präteritum**	**3. Person Singular Perfekt**
backen *(einen Kuchen)*	er backt/bäckt	er backte/buk	er hat gebacken
(die Polizistin) befehlen *(ihr zu folgen)*	sie befiehlt	sie befahl	sie hat befohlen
beginnen *(mit der Vorbereitung)*	er beginnt	er begann	er hat begonnen
(der Hund) beißen verbeißen *(sich in eine Aufgabe)*	sie beißt sie verbeißt sich	sie biss sie verbiss sich	sie hat gebissen sie hat sich verbissen
betrügen *(jemanden)*	er betrügt	er betrog	er hat betrogen
(die Krise) bewegen* *(die Politiker zum Handeln)*	sie bewegt	sie bewog	sie hat bewogen
biegen *(einen Stab)* einbiegen *(in eine Straße)* verbiegen *(ein Stück Metall)*	er biegt er biegt ein er verbiegt	er bog er bog ein er verbog	er hat gebogen er ist eingebogen er hat verbogen
bieten *(guten Service)* anbieten *(ein Produkt)* verbieten *(jemandem das Rauchen)*	sie bietet sie bietet an sie verbietet	sie bot sie bot an sie verbot	sie hat geboten sie hat angeboten sie hat verboten
binden *(ein Buch/eine Schleife)* unterbinden *(ein Gesprächsthema)* verbinden *(jemanden am Telefon/etwas)*	er bindet er unterbindet er verbindet	er band er unterband er verband	er hat gebunden er hat unterbunden er hat verbunden
bitten *(jemanden um Hilfe)*	sie bittet	sie bat	sie hat gebeten
(der Wind) blasen	er bläst	er blies	er hat geblasen

Infinitiv	3. Person Singular Präsens	3. Person Singular Präteritum	3. Person Singular Perfekt
bleiben	er bleibt	er blieb	er ist geblieben
braten *(das Fleisch)*	sie brät	sie briet	sie hat gebraten
(das Glas) brechen	es bricht	es brach	es ist gebrochen
abbrechen *(ein Gespräch)*	er bricht ab	er brach ab	er hat abgebrochen
aufbrechen *(eine Kiste/mitten in der Nacht)*	er bricht auf	er brach auf	er hat/ist aufgebrochen
einbrechen *(in ein Museum)*	er bricht ein	er brach ein	er ist eingebrochen
unterbrechen *(jemanden/eine Diskussion)*	er unterbricht	er unterbrach	er hat unterbrochen
(die Liebe) zerbrechen	sie zerbricht	sie zerbrach	sie ist zerbrochen
(das Holz) brennen/*(etwas auf eine CD)*	es brennt	es brannte	es hat gebrannt
(die Scheune) abbrennen	sie brennt ab	sie brannte ab	sie ist abgebrannt
bringen *(jemandem ein Glas Wasser)*	er bringt	er brachte	er hat gebracht
anbringen *(einen Schalter an der Wand)*	er bringt an	er brachte an	er hat angebracht
beibringen *(jemandem das Lesen)*	er bringt bei	er brachte bei	er hat beigebracht
(das Geschäft) einbringen *(Geld)*	es bringt ein	es brachte ein	es hat eingebracht
mitbringen *(jemandem ein Brötchen)*	er bringt mit	er brachte mit	er hat mitgebracht
denken *(an die Arbeit)*	sie denkt	sie dachte	sie hat gedacht
ausdenken *(sich eine Ausrede)*	sie denkt sich aus	sie dachte sich aus	sie hat sich ausgedacht
nachdenken *(über ein Problem)*	sie denkt nach	sie dachte nach	sie hat nachgedacht
überdenken *(eine Entscheidung)*	sie überdenkt	sie überdachte	sie hat überdacht
empfangen *(jemanden)*	er empfängt	er empfing	er hat empfangen
empfehlen *(jemandem ein Restaurant)*	sie empfiehlt	sie empfahl	sie hat empfohlen
empfinden *(große Trauer)*	er empfindet	er empfand	er hat empfunden
entscheiden *(sich für etwas/jemanden)*	sie entscheidet sich	sie entschied sich	sie hat sich entschieden
(das Feuer) erlöschen	es erlischt	es erlosch	es ist erloschen
erschrecken*	er erschrickt	er erschrak	er ist erschrocken
erwägen *(Maßnahmen)*	sie erwägt	sie erwog	sie hat erwogen
essen *(ein Schnitzel)*	er isst	er aß	er hat gegessen
fahren	sie fährt	sie fuhr	sie ist gefahren
abfahren	sie fährt ab	sie fuhr ab	sie ist abgefahren
erfahren *(eine Neuigkeit/Leid)*	sie erfährt	sie erfuhr	sie hat erfahren
(der Dollar) fallen	er fällt	er fiel	er ist gefallen
(der Strom) ausfallen	er fällt aus	er fiel aus	er ist ausgefallen
(die Tasche) gefallen *(jemandem)*	sie gefällt mir	sie gefiel mir	sie hat mir gefallen
durchfallen *(bei einer Prüfung)*	er fällt durch	er fiel durch	er ist durchgefallen
fangen *(einen Fisch)*	sie fängt	sie fing	sie hat gefangen
anfangen *(mit dem Studium)*	sie fängt an	sie fing an	sie hat angefangen
finden	er findet	er fand	er hat gefunden
erfinden *(ein Gerät)*	er erfindet	er erfand	er hat erfunden
befinden *(sich an einem Ort)*	er befindet sich	er befand sich	er hat sich befunden
(eine Veranstaltung) stattfinden	sie findet statt	sie fand statt	sie hat stattgefunden
fliegen	sie fliegt	sie flog	sie ist geflogen
(der Dieb) fliehen	er flieht	er floh	er ist geflohen
(das Wasser) fließen	es fließt	es floss	es ist geflossen
(der Hund) fressen	er frisst	er fraß	er hat gefressen
frieren	sie friert	sie fror	sie hat gefroren

Übersicht: Unregelmäßige Verben

Infinitiv	3. Person Singular Präsens	3. Person Singular Präteritum	3. Person Singular Perfekt
gebären	sie gebiert/gebärt	sie gebar	sie hat geboren
geben *(jemandem einen Apfel)* abgeben *(ein Dokument)* angeben *(mit dem neuen Handy)* aufgeben *(ein Vorhaben)* eingeben *(ein Passwort)* *(die Untersuchung)* ergeben herausgeben *(ein Buch)* hingeben *(sich jemandem/der Musik)* nachgeben *(jemandem/dem Druck)* wiedergeben *(einen Text)*	er gibt er gibt ab er gibt an er gibt auf er gibt ein sie ergibt er gibt heraus er gibt sich hin er gibt nach er gibt wieder	er gab er gab ab er gab an er gab auf er gab ein sie ergab er gab heraus er gab sich hin er gab nach er gab wieder	er hat gegeben er hat abgegeben er hat angegeben er hat aufgegeben er hat eingegeben sie hat ergeben er hat herausgegeben er hat sich hingegeben er hat nachgegeben er hat wiedergegeben
(die Pflanze) gedeihen	sie gedeiht	sie gedieh	sie ist gediehen
gehen ausgehen *(am Abend)* begehen *(ein Verbrechen)* nachgehen *(einer Beschäftigung)* umgehen *(mit einem Schicksalsschlag)* *(die Zeit)* vergehen	er geht er geht aus er begeht er geht nach er geht um sie vergeht	er ging er ging aus er beging er ging nach er ging um sie verging	er ist gegangen er ist ausgegangen er hat begangen er ist nachgegangen er ist umgegangen sie ist vergangen
(das Experiment) gelingen *(jemandem)*	es gelingt	es gelang	es ist gelungen
gelten *(als giftig)*	er gilt	er galt	er hat gegolten
genießen *(das Wochenende)*	sie genießt	sie genoss	sie hat genossen
geraten *(in eine schwierige Situation)*	er gerät	er geriet	er ist geraten
(etwas Schreckliches) geschehen	es geschieht	es geschah	es ist geschehen
gewinnen *(eine Medaille)*	er gewinnt	er gewann	er hat gewonnen
gießen *(die Blumen)*	sie gießt	sie goss	sie hat gegossen
gleichen *(jemandem/einem anderen Produkt)* ausgleichen *(den Kontostand)* *(etwas)* vergleichen *(mit etwas)*	er gleicht er gleicht aus er vergleicht	er glich er glich aus er verglich	er hat geglichen er hat ausgeglichen er hat verglichen
(der Vogel) gleiten *(am Himmel)*	er gleitet	er glitt	er ist geglitten
graben *(ein Loch)*	sie gräbt	sie grub	sie hat gegraben
greifen *(das Glas/nach dem Glas)* angreifen *(eine Person/ein Land)* ergreifen *(eine Chance/das Wort)*	er greift er greift an er ergreift	er griff er griff an er ergriff	er hat gegriffen er hat angegriffen er hat ergriffen
halten *(ein Glas/jemanden für einen Experten)* *(das Produkt)* enthalten *(Giftstoffe)* erhalten *(eine E-Mail)* unterhalten *(sich mit jemandem über Sport)*	sie hält es enthält sie erhält sie unterhält sich	sie hielt es enthielt sie erhielt sie unterhielt sich	sie hat gehalten es hat enthalten sie hat erhalten sie hat sich unterhalten
(das Handtuch) hängen* *(im Bad)* *(etwas)* abhängen *(vom Wetter)*	es hängt es hängt ab	es hing es hing ab	es hat gehangen es hat abgehangen
heben *(eine Last)* abheben *(Geld vom Bankkonto)* aufheben *(ein Andenken/etwas vom Boden/ Sanktionen)* beheben *(einen Fehler)* *(die Bank)* erheben *(Gebühren)*	er hebt er hebt ab er hebt auf er behebt sie erhebt	er hob er hob ab er hob auf er behob sie erhob	er hat gehoben er hat abgehoben er hat aufgehoben er hat behoben sie hat erhoben
heißen	sie heißt	sie hieß	sie hat geheißen

Infinitiv	**3. Person Singular Präsens**	**3. Person Singular Präteritum**	**3. Person Singular Perfekt**
helfen *(einem Freund)* weiterhelfen *(jemandem am Telefon)*	er hilft er hilft weiter	er half er half weiter	er hat geholfen er hat weitergeholfen
kennen *(den neuen Direktor)* erkennen *(jemanden von Weitem/einen Fehler)* anerkennen *(eine Leistung/jemanden)*	sie kennt sie erkennt sie erkennt an	sie kannte sie erkannte sie erkannte an	sie hat gekannt sie hat erkannt sie hat anerkannt
(das Angebot) klingen *(gut)*	es klingt	es klang	es hat geklungen
kommen ankommen *(um 15.00 Uhr)* bekommen *(ein Geschenk)* zurückkommen *(von einer Reise)*	er kommt er kommt an er bekommt er kommt zurück	er kam er kam an er bekam er kam zurück	er ist gekommen er ist angekommen er hat bekommen er ist zurückgekommen
(die Schlange) kriechen	sie kriecht	sie kroch	sie ist gekrochen
laden aufladen *(eine Batterie)* einladen *(jemanden zu einem Fest)* herunterladen *(etwas am Computer)*	er lädt er lädt auf er lädt ein er lädt herunter	er lud er lud auf er lud ein er lud herunter	er hat geladen er hat aufgeladen er hat eingeladen er hat heruntergeladen
lassen hinterlassen *(eine Nachricht)* *(das Interesse)* nachlassen überlassen *(jemandem das Büro)* verlassen *(etwas/jemanden/sich auf jemanden)* zulassen *(jemanden zu einer Prüfung)*	sie lässt sie hinterlässt es lässt nach sie überlässt sie verlässt sie lässt zu	sie ließ sie hinterließ es ließ nach sie überließ sie verließ sie ließ zu	sie hat gelassen sie hat hinterlassen es hat nachgelassen sie hat überlassen sie hat verlassen sie hat zugelassen
laufen *(die Strecke)* verlaufen *(von … bis/nach)* verlaufen *(sich im Wald)*	er läuft sie verläuft er verläuft sich	er lief sie verlief er verlief sich	er ist gelaufen sie ist verlaufen er hat sich verlaufen
leiden *(an einer Krankheit/unter dem Lärm)* erleiden *(eine Niederlage)*	er leidet er erleidet	er litt er erlitt	er hat gelitten er hat erlitten
leihen *(jemandem einen Stift)* verleihen *(Fahrräder/einen Preis)*	sie leiht sie verleiht	sie lieh sie verlieh	sie hat geliehen sie hat verliehen
lesen *(ein Buch)* durchlesen *(sich einen Artikel)* nachlesen *(etwas in einem Fachbuch)* vorlesen *(eine Geschichte)*	er liest er liest sich durch er liest nach er liest vor	er las er las sich durch er las nach er las vor	er hat gelesen er hat sich durchgelesen er hat nachgelesen er hat vorgelesen
liegen *(im Bett)*	sie liegt	sie lag	sie hat gelegen
lügen	er lügt	er log	er hat gelogen
meiden *(Menschenmengen, jemanden)* vermeiden *(Fehler)*	sie meidet sie vermeidet	sie mied sie vermied	sie hat gemieden sie hat vermieden
messen *(die Temperatur)*	sie misst	sie maß	sie hat gemessen
nehmen *(ein Bier)* abnehmen einnehmen *(Tabletten)* entnehmen *(Geld [aus] der Kasse)* teilnehmen *(an einer Veranstaltung)* übernehmen *(Verantwortung/ein Projekt)* unternehmen *(etwas/Anstrengungen)* vornehmen *(sich etwas)* wahrnehmen *(jemanden/einen Termin)* *(der Sturm)* zunehmen	er nimmt er nimmt ab er nimmt ein er entnimmt er nimmt teil er übernimmt er unternimmt er nimmt sich vor er nimmt wahr er nimmt zu	er nahm er nahm ab er nahm ein er entnahm er nahm teil er übernahm er unternahm er nahm sich vor er nahm wahr er nahm zu	er hat genommen er hat abgenommen er hat eingenommen er hat entnommen er hat teilgenommen er hat übernommen er hat unternommen er hat sich vorgenommen er hat wahrgenommen er hat zugenommen
nennen *(jemanden einen Idioten)*	er nennt	er nannte	er hat genannt

Übersicht: Unregelmäßige Verben

Infinitiv	**3. Person Singular Präsens**	**3. Person Singular Präteritum**	**3. Person Singular Perfekt**
pfeifen *(ein Lied)*	sie pfeift	sie pfiff	sie hat gepfiffen
raten *(jemandem, gesund zu leben)* abraten *(jemandem von einer Reise)* beraten *(einen Kunden)* verraten *(ein Geheimnis)*	er rät er rät ab er berät er verrät	er riet er riet ab er beriet er verriet	er hat geraten er hat abgeraten er hat beraten er hat verraten
reiben *(Möhren)* einreiben *(den Fuß mit einer Salbe)*	sie reibt sie reibt ein	sie rieb sie rieb ein	sie hat gerieben sie hat eingerieben
(der Strick) reißen herunterreißen *(Vorhänge)* zerreißen *(ein Stück Papier)*	er reißt er reißt herunter er zerreißt	er riss er riss herunter er zerriss	er ist gerissen er hat heruntergerissen er hat zerrissen
reiten	sie reitet	sie ritt	sie ist geritten
rennen	er rennt	er rannte	er ist gerannt
riechen *(das Meer/nach dem Meer)*	sie riecht	sie roch	sie hat gerochen
ringen *(um eine Lösung)*	er ringt	er rang	er hat gerungen
rufen *(jemanden)* abrufen *(E-Mails)* anrufen *(jemanden)* widerrufen *(ein Geständnis)*	sie ruft sie ruft ab sie ruft an sie widerruft	sie rief sie rief ab sie rief an sie widerrief	sie hat gerufen sie hat abgerufen sie hat angerufen sie hat widerrufen
(das Pferd) saufen	es säuft	es soff	es hat gesoffen
schaffen* *(ein Kunstwerk)*	sie schafft	sie schuf	sie hat geschaffen
(die Sonne) scheinen *(das Buch)* erscheinen	sie scheint es erscheint	sie schien es erschien	sie hat geschienen es ist erschienen
schieben *(ein kaputtes Fahrrad)* verschieben *(einen Termin)*	er schiebt er verschiebt	er schob er verschob	er hat geschoben er hat verschoben
schießen *(ein Tor)*	sie schießt	sie schoss	sie hat geschossen
schlafen einschlafen	er schläft er schläft ein	er schlief er schlief ein	er hat geschlafen er ist eingeschlafen
schlagen *(jemanden)* niederschlagen *(sich auf eine Leistung/ in einem Ergebnis)* vorschlagen *(ein Projekt)*	er schlägt es schlägt sich nieder er schlägt vor	er schlug es schlug sich nieder er schlug vor	er hat geschlagen es hat sich niedergeschlagen er hat vorgeschlagen
(eine Einbrecherin) schleichen *(um das Haus)*	sie schleicht	sie schlich	sie ist geschlichen
schleifen* *(einen Diamanten)*	er schleift	er schliff	er hat geschliffen
schließen *(eine Tür/Freundschaft)* abschließen *(eine Tür/ein Studium)*	sie schließt sie schließt ab	sie schloss sie schloss ab	sie hat geschlossen sie hat abgeschlossen
schmeißen *(Steine)*	er schmeißt	er schmiss	er hat geschmissen
(das Eis) schmelzen	es schmilzt	es schmolz	es ist geschmolzen
schneiden *(das Gemüse)* ausschneiden *(ein Foto)*	sie schneidet sie schneidet aus	sie schnitt sie schnitt aus	sie hat geschnitten sie hat ausgeschnitten
schreiben *(eine E-Mail)* beschreiben *(ein Bild)* mitschreiben *(in einer Vorlesung)* unterschreiben *(einen Vertrag)*	er schreibt er beschreibt er schreibt mit er unterschreibt	er schrieb er beschrieb er schrieb mit er unterschrieb	er hat geschrieben er hat beschrieben er hat mitgeschrieben er hat unterschrieben
(das Baby) schreien	es schreit	es schrie	es hat geschrien

Infinitiv	**3. Person Singular Präsens**	**3. Person Singular Präteritum**	**3. Person Singular Perfekt**
schweigen verschweigen *(jemandem einen Fehler)*	sie schweigt sie verschweigt	sie schwieg sie verschwieg	sie hat geschwiegen sie hat verschwiegen
(der Fuß) schwellen	er schwillt	er schwoll	er ist geschwollen
schwimmen	sie schwimmt	sie schwamm	sie ist geschwommen
schwören *(ewige Treue)*	sie schwört	sie schwor	sie hat geschworen
sehen *(einen Film)* ansehen *(jemanden/jemandem die Freude)* aussehen *(gut/schlecht)* fernsehen umsehen *(sich nach einer Arbeit)* zusehen *(jemandem beim Kochen)*	er sieht er sieht an er sieht aus er sieht fern er sieht sich um er sieht zu	er sah er sah an er sah aus er sah fern er sah sich um er sah zu	er hat gesehen er hat angesehen er hat ausgesehen er hat ferngesehen er hat sich umgesehen er hat zugesehen
senden* *(eine E-Mail)* versenden *(einen Brief)* zusenden *(jemandem ein Dokument)*	sie sendet sie versendet sie sendet zu	sie sandte sie versandte sie sandte zu	sie hat gesandt sie hat versandt sie hat zugesandt
singen *(ein Lied)*	er singt	er sang	er hat gesungen
(das Interesse) sinken	es sinkt	es sank	es ist gesunken
sitzen *(auf dem Sofa)* besitzen *(ein Haus)*	sie sitzt sie besitzt	sie saß sie besaß	sie hat gesessen sie hat besessen
sprechen *(eine Fremdsprache)* besprechen *(einen Plan)* *(das Haus)* entsprechen *(meinen Vorstellungen)* versprechen *(jemandem ein Geschenk)* widersprechen *(jemandem)*	er spricht er bespricht es entspricht er verspricht er widerspricht	er sprach er besprach es entsprach er versprach er widersprach	er hat gesprochen er hat besprochen es hat entsprochen er hat versprochen er hat widersprochen
springen *(über ein Hindernis)*	sie springt	sie sprang	sie ist gesprungen
(die Mücke) stechen bestechen *(einen Beamten mit Geld)*	sie sticht er besticht	sie stach er bestach	sie hat gestochen er hat bestochen
stehen *(im Tor)* aufstehen beistehen *(jemandem in einer schweren Lage)* bestehen *(eine Prüfung/aus zwei Teilen)* gestehen *(den Diebstahl)* verstehen *(jemanden/etwas)*	er steht er steht auf er steht bei er besteht er gesteht er versteht	er stand er stand auf er stand bei er bestand er gestand er verstand	er hat gestanden er ist aufgestanden er hat beigestanden er hat bestanden er hat gestanden er hat verstanden
stehlen *(ein Gemälde)*	sie stiehlt	sie stahl	sie hat gestohlen
steigen *(auf einen Berg)* *(der Meeresspiegel)* ansteigen aussteigen *(aus einem Auto)* einsteigen *(in einen Zug)* umsteigen	er steigt er steigt an er steigt aus er steigt ein er steigt um	er stieg er stieg an er stieg aus er stieg ein er stieg um	er ist gestiegen er ist angestiegen er ist ausgestiegen er ist eingestiegen er ist umgestiegen
sterben *(an einer Krankheit)*	sie stirbt	sie starb	sie ist gestorben
(der Müll) stinken	er stinkt	er stank	er hat gestunken
stoßen *(jemanden/auf Widerstand)* verstoßen *(gegen Regeln)*	sie stößt sie verstößt	sie stieß sie verstieß	sie hat/ist gestoßen sie hat verstoßen
streichen *(eine Wand/Urlaubstage)*	er streicht	er strich	er hat gestrichen
streiten *(sich mit dem Chef)*	sie streitet sich	sie stritt sich	sie hat sich gestritten

Übersicht: Unregelmäßige Verben

Infinitiv	3. Person Singular Präsens	3. Person Singular Präteritum	3. Person Singular Perfekt
tragen *(moderne Kleidung)* *(die Lieferzeit)* betragen übertragen *(etwas live/eine Krankheit)*	er trägt sie beträgt er überträgt	er trug sie betrug er übertrug	er hat getragen sie hat betragen er hat übertragen
treffen *(eine Entscheidung/sich mit Freunden)*	sie trifft	sie traf	sie hat getroffen
treiben *(Sport)*	sie treibt	sie trieb	sie hat getrieben
treten *(vor die Presse/jemanden/etwas)* antreten *(eine Reise)* auftreten *(auf einer Bühne)* betreten *(ein Gebäude)* eintreten *(in eine Partei/eine Tür)* vertreten *(seine Meinung/jemanden vor Gericht)* zurücktreten *(von einem Amt)*	er tritt er tritt an er tritt auf er betritt er tritt ein er vertritt er tritt zurück	er trat er trat an er trat auf er betrat er trat ein er vertrat er trat zurück	er ist/hat getreten er hat angetreten er ist aufgetreten er hat betreten er ist/hat eingetreten er hat vertreten er ist zurückgetreten
trinken *(eine Tasse Kaffee)*	sie trinkt	sie trank	sie hat getrunken
tun *(nichts)* abtun *(einen Vorschlag als sinnlos)*	er tut er tut ab	er tat er tat ab	er hat getan er hat abgetan
verderben *(jemandem den Spaß)*	sie verdirbt	sie verdarb	sie hat verdorben
vergessen *(einen Termin/jemanden)*	er vergisst	er vergaß	er hat vergessen
verlieren *(den Autoschlüssel)*	sie verliert	sie verlor	sie hat verloren
verschwinden *(im Dunkeln)*	er verschwindet	er verschwand	er ist verschwunden
verzeihen *(jemandem einen Fehler)*	sie verzeiht	sie verzieh	sie hat verziehen
(der Baum) wachsen aufwachsen *(in einer Stadt)*	er wächst er wächst auf	er wuchs er wuchs auf	er ist gewachsen er ist aufgewachsen
waschen *(sich/die Sachen)*	sie wäscht	sie wusch	sie hat gewaschen
(der Gegner) weichen abweichen *(von der Norm)* ausweichen *(einem Auto/einer Frage)*	er weicht er weicht ab er weicht aus	er wich er wich ab er wich aus	er ist gewichen er ist abgewichen er ist ausgewichen
weisen *(jemandem den Weg)* beweisen *(eine Theorie)* erweisen *(sich als Irrtum)* nachweisen *(jemandem eine Tat)* verweisen *(auf den Urheber)*	sie weist sie beweist es erweist sich sie weist nach sie verweist	sie wies sie bewies es erwies sich sie wies nach sie verwies	sie hat gewiesen sie hat bewiesen es hat sich erwiesen sie hat nachgewiesen sie hat verwiesen
werben *(für ein Produkt)* bewerben *(sich um ein Stipendium)* erwerben *(Kenntnisse)*	er wirbt er bewirbt sich er erwirbt	er warb er bewarb sich er erwarb	er hat geworben er hat sich beworben er hat erworben
werfen *(einen Gegenstand)*	sie wirft	sie warf	sie hat geworfen
wiegen* *(80 kg)*	er wiegt	er wog	er hat gewogen
wissen	sie weiß	sie wusste	sie hat gewusst
ziehen *(an einem Strick)* anziehen *(sich)* beziehen *(eine Wohnung/das Sofa/sich auf das Angebot)* umziehen *(sich)* umziehen *(in eine andere Stadt)* zurückziehen *(einen Antrag/sich aufs Land)*	er zieht er zieht sich an er bezieht er zieht sich um er zieht um er zieht zurück	er zog er zog sich an er bezog er zog sich um er zog um er zog zurück	er hat gezogen er hat sich angezogen er hat bezogen er hat sich umgezogen er ist umgezogen er hat zurückgezogen
zwingen *(jemanden zum Lernen)*	sie zwingt	sie zwang	sie hat gezwungen

*Verben mit unregelmäßigen und regelmäßigen Vergangenheitsformen

bewegen	unregelmäßige Konjugation im Sinne von *Grund/Motiv* Die Situation bewog ihn zum Umdenken. Die Situation hat ihn zum Umdenken bewogen. regelmäßige Konjugation im Sinne von *Gefühl* oder *Bewegung* Er bewegte sich langsam vorwärts. Er hat sich langsam vorwärts bewegt.
erschrecken	unregelmäßige Konjugation als intransitives Verb (ohne Akkusativergänzung) Er erschrak. Er ist erschrocken. regelmäßige Konjugation als transitives Verb (mit Akkusativergänzung) Er erschreckte sich. Er hat sich erschreckt.
hängen	unregelmäßige Konjugation als intransitives Verb (ohne Akkusativergänzung) Der Mantel hing an der Garderobe. Der Mantel hat an der Garderobe gehangen. regelmäßige Konjugation als transitives Verb (mit Akkusativergänzung) Paul hängte den Mantel an die Garderobe. Paul hat den Mantel an die Garderobe gehängt.
schaffen	unregelmäßige Konjugation im Sinne von *etwas künstlerisch herstellen* Er schuf das Kunstwerk. Er hat das Kunstwerk geschaffen. regelmäßige Konjugation im Sinne von *etwas bewältigen/beenden* Er schaffte die Aufgabe problemlos. Er hat die Aufgabe problemlos geschafft.
schleifen	unregelmäßige Konjugation im Sinne von *etwas bearbeiten* Er schliff den Diamanten. Er hat den Diamanten geschliffen. regelmäßige Konjugation im Sinne von *etwas über den Boden ziehen/den Boden berühren* Er schleifte die Kiste hinter sich her. Er hat die Kiste hinter sich hergeschleift.
senden	unregelmäßige Konjugation im Sinne von *schicken* Er sandte den Brief. Er hat den Brief gesandt. regelmäßige Konjugation im Sinne von *Rundfunk-/TV-Übertragung* Der Rundfunk sendete ein Sonderkonzert. Der Rundfunk hat ein Sonderkonzert gesendet.
wenden	unregelmäßige Konjugation im Sinne von *sich Rat holen* Er wandte sich an einen Experten. Er hat sich an einen Experten gewandt. regelmäßige Konjugation im Sinne von *umdrehen* Er wendete das Steak auf dem Grill. Er hat das Steak auf dem Grill gewendet.
wiegen	unregelmäßige Konjugation im Sinne von *Gewicht feststellen* Er wog 80 kg. Er hat 80 kg gewogen. regelmäßige Konjugation im Sinne von *schaukeln* Die Mutter wiegte das Kind in ihren Armen. Die Mutter hat das Kind in ihren Armen gewiegt.

9.3 Übersicht: Verben mit direktem Kasus

Einige Verben mit dem Akkusativ

- Sehr viele deutsche Verben bilden Sätze mit einer Akkusativergänzung.
- Verben mit den untrennbaren Präfixen *be-*, *ver-* und *zer-* werden fast immer mit dem Akkusativ gebraucht.

Infinitiv	Ergänzung	Beispielsatz
abholen	AKK, *von* + DAT (oft)	Peter holt die Gäste vom Bahnhof ab.
absagen	AKK (oft)	Ich muss den Termin leider absagen.
anrufen	AKK	Ich rufe dich morgen an.
beantworten	AKK	Frau Müller beantwortet die E-Mail sofort.
bearbeiten	AKK	Ich kann das Dokument nicht bearbeiten.
bedienen	AKK	Nur Spezialisten können die Maschine bedienen.
beeinflussen	AKK	Die steigende Nachfrage beeinflusst die Preise.
bekämpfen	AKK	Mittags bekämpfen wir unsere eigene Müdigkeit.
benutzen	AKK	Bitte benutzen Sie nur die Toiletten in der ersten Etage.
besuchen	AKK	Paulina besucht ihre Freunde in Paris.
bezahlen	AKK	Wir bezahlen die Rechnung in zwei Wochen.
empfangen	AKK	Der Direktor empfängt heute Gäste.
entwickeln	AKK	Unsere Fachleute haben ein neues Programm entwickelt.
erhalten	AKK	Wir haben die Ware noch nicht erhalten.
erwarten	AKK	Wir erwarten die Lieferung morgen.
finden	AKK	Wie findest du meine neue Wohnung?
genießen	AKK	Genießen Sie Ihr Wochenende!
gründen	AKK	Wir gründen eine Firma.
hören	AKK	Hörst du die Vögel?
kennenlernen	AKK	Wann haben Sie den berühmten Maler kennengelernt?
kopieren	AKK	Frau Müller hat die Dokumente kopiert.
lesen	AKK	Martina liest einen Krimi.
lieben	AKK	Mäuse lieben Süßspeisen.
lösen	AKK	Ich kann das Problem nicht lösen.
mögen	AKK	Ich mag den neuen Kollegen nicht.
planen	AKK	Wir planen ein neues Projekt.
präsentieren	AKK	Joana präsentiert heute die Arbeitsergebnisse.
respektieren	AKK	Wir müssen unseren Biorhythmus respektieren.
sehen	AKK	Siehst du das blaue Auto dort?
speichern	AKK	Hast du die Dokumente gespeichert?
stehlen	AKK	Die Einbrecher haben ein Bild von Picasso gestohlen.
suchen	AKK	Ich suche meine Uhr.
tragen	AKK	Der Mann trug einen schwarzen Hut.
unterstützen	AKK	Graf Schattenbach hat Mozart finanziell unterstützt.
verarbeiten	AKK	Die Maschine verarbeitet die Daten.
vereinbaren	AKK	Die Chefin vereinbart einen neuen Termin.
vergessen	AKK	Hast du den Termin vergessen?
vorbereiten	AKK	Herr Klein bereitet eine Präsentation vor.
zerreißen	AKK	Der Schüler zerreißt das Zeugnis.
zerstören	AKK	Der Sturm zerstörte viele Häuser.

Einige Verben mit dem Dativ

Infinitiv	Ergänzung	Beispielsatz
antworten	DAT (oft)	Wann hast du ihm geantwortet?
ausweichen	DAT	Wir konnten dem Lkw gerade noch ausweichen.
befehlen	DAT, Inf. mit *zu*	Die Polizistin befahl dem Verdächtigen, ihr zu folgen.
begegnen	DAT	Ich bin heute im Supermarkt meinem alten Mathelehrer begegnet.
beistehen	DAT	Niemand stand mir in dieser schwierigen Lage bei.
beitreten	DAT	Die Ministerin ist schon mit 16 Jahren der Partei beigetreten.
danken	DAT, *für* + AKK (oft)	Ich danke dir für das Geschenk.
entsprechen	DAT	Das Haus entspricht absolut nicht unseren Vorstellungen.
fehlen	DAT	Du fehlst mir so sehr!
folgen	DAT	Die Polizei folgte dem Dieb.
gefallen	DAT	Die Wohnung gefällt mir.
gehorchen	DAT	Katzen gehorchen ihren Besitzern nicht.
gehören	DAT	Die Sonnenbrille gehört mir.
gelingen	DAT, Inf. mit *zu* (oft)	Es ist dem Experten bisher nicht gelungen, seine Theorie zu beweisen.
genügen	DAT	Reichtum allein genügt ihm nicht.
glauben	DAT	Warum glaubst du mir nicht?
gratulieren	DAT, *zu* + DAT	Ich gratuliere dir zu deiner Beförderung!
helfen	DAT, *bei* + DAT (oft)	Kannst du mir bei den Hausaufgaben helfen?
misstrauen	DAT	Wegen fehlerhaften Rechnungen misstraute der Chef seinem Sekretär.
nähern *(sich)*	DAT	Die Ermittler nähern sich langsam der Wahrheit.
nützen	DAT	Wem nützen diese Maßnahmen eigentlich?
passieren	DAT	Mir ist etwas Schreckliches passiert!
raten	DAT, Inf. mit *zu*	Ich rate dir dringend, damit aufzuhören.
schaden	DAT	Die Kampagne in der Presse schadet unserem Ruf.
schmecken	DAT	Wie schmeckt dir das Essen?
vertrauen	DAT	Die Mandantin vertraute ihrem Anwalt nicht mehr.
verzeihen	DAT, AKK (oft)	Ich verzeihe dir deinen Fehler noch einmal.
widersprechen	DAT	Immer widersprichst du mir!
zuhören	DAT	Hörst du mir mal zu?
zulächeln	DAT	Wenn mir jemand zulächelt, lächle ich zurück.
zusehen	DAT, *bei* + DAT	Man darf dem Künstler beim Malen zusehen.
zustimmen	DAT	Die Abgeordneten stimmten der Gesetzesvorlage zu.
zuvorkommen	DAT	Wir müssen der Konkurrenz zuvorkommen.

Einige Verben mit Akkusativ und Dativ

- Bei Ergänzungen im Dativ und Akkusativ steht meist die Person im Dativ, die Sache im Akkusativ.

Infinitiv	Ergänzung	Beispielsatz
anvertrauen	DAT, AKK	Soll ich dir ein Geheimnis anvertrauen?
ausdenken	DAT, AKK	Das hast du dir ja schön ausgedacht!
beantworten	DAT (oft), AKK	Können Sie mir meine Fragen beantworten?
bieten anbieten	DAT (oft), AKK DAT (oft), AKK	Wir bieten unseren Kunden vollen Komfort. Darf ich Ihnen noch einen Kaffee anbieten?
bringen mitbringen	DAT, AKK DAT, AKK	Bitte bringen Sie mir noch eine Tasse Tee. Bringst du mir ein Brötchen mit?

Anhang

Übersicht: Verben mit direktem Kasus

Infinitiv	Ergänzung	Beispielsatz
empfehlen	DAT (oft), AKK	Wir empfehlen unseren Besuchern das Restaurant „Lecker".
erklären	DAT, AKK	Otto erklärt den Kollegen das neue Computerprogramm.
erzählen	DAT, AKK	Mein Opa erzählte mir manchmal Geschichten von früher.
geben zurückgeben	DAT, AKK DAT, AKK	Gibst du mir mal den Bleistift? Wann gibst du mir das Tablet zurück?
gewähren	DAT, AKK	Wir gewähren Ihnen einen Rabatt.
holen	DAT, AKK	Holst du mir noch ein Glas Wasser?
kaufen	DAT (oft), AKK	Hast du dir schon wieder neue Schuhe gekauft?
leihen	DAT, AKK	Ich leihe dir kein Geld mehr.
leisten *(sich etwas)*	DAT, AKK	Diese Wohnung kann ich mir leider nicht leisten.
merken	DAT, AKK	Merkst du dir die Telefonnummer?
mitteilen	DAT, AKK	Bitte teilen Sie mir den Liefertermin so bald wie möglich mit.
schenken	DAT, *zu* + DAT (oft), AKK	Ich habe meiner Frau zum Geburtstag einen Fotoapparat geschenkt.
schicken	DAT, AKK	Wir schicken Ihnen das neue Handy mit der Post.
schreiben	DAT (oft), AKK	Ich schreibe dir eine Postkarte.
senden	DAT, AKK	Ich sende Ihnen heute die Preisliste.
überlassen	DAT, AKK	Herr Müller überließ ihr während der Urlaubszeit sein Büro.
verbieten	DAT, AKK/Inf. mit *zu*	Die Ärztin verbot dem Sportler die Teilnahme am Wettkampf.
versprechen	DAT, AKK	Er versprach ihr ewige Liebe.
verweigern	DAT, AKK	Die Grenzbeamtin verweigerte ihm die Einreise.
vorstellen	DAT, AKK	Ich habe mir den Urlaub ganz anders vorgestellt.
waschen	DAT, AKK	Kannst du mir meine Hosen waschen?
wünschen	DAT, AKK, *zu* + DAT (oft)	Ich wünsche dir alles Gute zum Geburtstag.
zeigen	DAT, AKK	Können Sie mir die Rechnung zeigen?

Verben mit zwei Akkusativen

- Es gibt nur ganz wenige Verben, die zwei Akkusativergänzungen haben können.

Infinitiv	Ergänzung	Beispielsatz
lehren	AKK, AKK	Sein Vater lehrte ihn das Klavierspielen.
nennen	AKK, AKK	Er nannte den Journalisten einen Schmierfinken.
kosten	AKK (oft), AKK	Der Umbau des Hauses kostet die Eigentümerin ein Vermögen.

Verben mit Akkusativ und Genitiv

- Ergänzungen im Akkusativ und Genitiv stehen oft bei Verben, die mit kriminellen Delikten und ihrer strafrechtlichen Verfolgung zu tun haben.

Infinitiv	Ergänzung	Beispielsatz
anklagen	AKK, GEN	Die Staatsanwaltschaft klagte den Verdächtigen des Diebstahls an.
bezichtigen	AKK, GEN	Er bezichtigte den Politiker der Lüge.
überführen	AKK, GEN	Die Polizei überführte den Mann des Mordes.
verdächtigen	AKK, GEN	Der Direktor verdächtigte den Buchhalter der Untreue.

9.4 Übersicht: Verben mit präpositionalem Kasus

Wichtige Verben mit präpositionalem Kasus in alphabetischer Reihenfolge

Infinitiv	Ergänzung		Beispielsatz
abhängen	*von*	+ DAT	Alles hängt vom Wetter ab.
achten	*auf*	+ AKK	Achten Sie besonders auf die Großschreibung.
anfangen	*mit*	+ DAT	Wann fangt ihr mit dem Projekt an?
sich ängstigen Angst haben	*vor*	+ DAT	Wer ängstigt sich (hat Angst) vor Spinnen?
sich anpassen	*an*	+ AKK	Wir müssen uns an die neuen Bedingungen anpassen.
anrufen	*bei*	+ DAT	Ruf doch mal beim Servicezentrum an.
antworten	*auf*	+ AKK	Auf diese Fragen antworte ich nicht.
arbeiten	*bei* *als* *an*	+ DAT + NOM + DAT	Frau Müller arbeitet bei Siemens als Sekretärin. Kerstin arbeitet an einem Gymnasium.
sich ärgern	*über*	+ AKK	Frau Müller ärgert sich über ihren Chef.
aufhören	*mit*	+ DAT	Hör auf mit dem Quatsch!
aufpassen	*auf*	+ AKK	Wer passt heute auf die Kinder auf?
sich aufregen	*über*	+ AKK	Regst du dich schon wieder über die Benzinpreise auf?
sich auseinandersetzen	mit	+ DAT	Man muss sich mit seinen Ängsten auseinandersetzen.
ausgeben	*für*	+ AKK	Er gibt sehr viel Geld für Computerspiele aus.
ausgehen	*von*	+ DAT	Die neue Theorie geht von einem anderen Ansatz aus.
sich bedanken	*bei* *für*	+ DAT + AKK	Martin bedankt sich bei seinem Chef. Der Projektleiter bedankt sich für die gute Zusammenarbeit.
befördern	*zu*	+ DAT	Eduardo ist zum Direktor befördert worden.
beginnen	*mit*	+ DAT	Wann beginnt ihr mit der Arbeit?
sich beklagen	*bei* *über*	+ DAT + AKK	Einige Mitarbeiter beklagten sich bei der Gewerkschaft über die Arbeitsbedingungen.
sich bemühen	*um*	+ AKK	Wir bemühen uns um eine Verbesserung der Kommunikation.
berichten	*über* *von*	+ AKK + DAT	Der Politiker berichtet über das Ergebnis der Verhandlungen. Oskar berichtet von seiner Chinareise.
sich beschäftigen	*mit*	+ DAT	David beschäftigt sich gerade mit der Abrechnung.
sich beschränken	*auf*	+ AKK	Meine Arbeit beschränkt sich auf einen Aspekt des Themas.
beschreiben	*als*	+ AKK	Die Störungen werden als ungewöhnliche Reaktionen beschrieben.
sich beschweren	*bei* *über*	+ DAT + AKK	Der Gast beschwert sich bei dem Manager über das Hotelzimmer.
bestehen	*aus* *auf* *in*	+ DAT + DAT + DAT	Der Film besteht nur aus Actionszenen. *(oft ohne Artikel)* Wir bestehen auf der Einhaltung der Sicherheitsregeln. Das Problem besteht in der Zusammensetzung der Materialien.
sich bewerben	*um*	+ AKK	Robert bewirbt sich um ein Stipendium.
bezeichnen	*als*	+ AKK	Er bezeichnete mich als Experten.
bitten	*um*	+ AKK	Ich bitte dich um einen kleinen Gefallen.
danken	*für*	+ AKK	Ich danke dir für die Blumen.
denken	*an*	+ AKK	Frau Müller denkt auch nachts an ihre Arbeit.
diskutieren	*mit* *über*	+ DAT + AKK	Der Direktor diskutiert mit den Mitarbeitern über die Arbeitsergebnisse.
sich eignen	*für* *zu*	+ AKK/ + DAT	Die bisherigen Untersuchungsmethoden eignen sich nicht für den/zum Nachweis des neuen Krankheitserregers.

Übersicht: Verben mit präpositionalem Kasus

Infinitiv	Ergänzung	Beispielsatz
sich einigen	*auf* + AKK *mit* + DAT	Die Gewerkschaft hat sich mit dem Arbeitgeber auf einen Kompromiss geeinigt.
einladen	*zu* + DAT	Gustav hat die Kollegen zu seiner Hochzeit eingeladen.
sich entscheiden	*für* + AKK	Wir entscheiden uns für die kleine Wohnung.
sich entschließen	*zu* + DAT	Wir haben uns dazu entschlossen, das Haus komplett umzubauen.
sich entschuldigen	*bei* + DAT *für* + AKK	Ich möchte mich bei dir für den Fehler entschuldigen.
sich erholen	*von* + DAT	Wie erholen Sie sich am besten vom Alltagsstress?
sich erinnern	*an* + AKK	Erinnern Sie sich an Ihre Schulzeit?
erkennen	*an* + DAT	Sie erkannte den Täter an seiner Stimme.
erklären	*mit* + DAT	Diese Entwicklung kann man nicht nur mit dem Fall des Dollars erklären.
sich erkundigen	*bei* + DAT *nach* + DAT	Erkundigen Sie sich bitte bei der Lufthansa nach günstigen Flugverbindungen.
sich ernähren	*von* + DAT	Das Tier ernährt sich ausschließlich von Pflanzen.
fragen	*nach* + DAT	Der Chef fragt die Kollegen nach dem Stand der Dinge.
sich freuen	*über* + AKK *auf* + AKK	Ich freue mich über die Blumen und auf das Wochenende.
führen	*zu* + DAT	Die Bauarbeiten führen zu kilometerlangen Staus.
sich fürchten	*vor* + DAT	Ich fürchte mich vor der Dunkelheit.
gehören	*zu* + DAT	Kaffee kochen gehört nicht zu meinen Aufgaben.
es geht	*um* + AKK	Es geht um das neue Projekt.
gelten	*als* + NOM	Er gilt als Experte.
geraten	*in* + AKK	Er ist in eine schwierige Situation geraten.
sich gewöhnen	*an* + AKK	An diese Kälte werde ich mich nie gewöhnen.
gliedern	*in* + AKK	Der Artikel ist in verschiedene Abschnitte gegliedert.
gratulieren	*zu* + DAT	Ich gratuliere dir zum Geburtstag.
halten	*von* + DAT	Was hältst du von unserem neuen Kollegen?
es handelt sich	*um* + AKK	Es handelt sich um unser neues Produkt.
hoffen	*auf* + AKK	Die Veranstalter hoffen auf gutes Wetter.
sich interessieren	*für* + AKK	Interessierst du dich für Computerspiele?
sich irren	*in* + DAT	Frau Müller hat sich im Datum geirrt.
kämpfen	*für* + AKK *gegen* + AKK	Der neue Präsident kämpft für den Frieden und gegen die Korruption.
sich konzentrieren	*auf* + AKK	Ich konzentriere mich nur auf meinen nächsten Wettkampf.
sich kümmern	*um* + AKK	Die Organisation kümmert sich um Menschen in Not.
lachen	*über* + AKK	Über diesen alten Witz lacht niemand mehr.
leiden	*an* + DAT *unter* + DAT	Der Künstler litt an einer schweren Krankheit. Wir wohnen mitten in der Stadt und leiden unter dem Lärm.
es liegt	*an* + DAT	Es liegt nicht an mir!
nachdenken	*über* + AKK	Über diesen Vorschlag muss ich erst mal nachdenken.
sich orientieren	*an* + DAT	Wir orientieren uns an den Qualitätsstandards.
reagieren	*auf* + AKK	Mäuse reagieren auf den Geruch von Käse.
rechnen	*mit* + DAT	Wir rechnen mit deiner Hilfe.
reden	*mit* + DAT *über* + AKK	Er redet gern mit den Ausstellungsbesuchern über moderne Kunst.

Übersicht: Verben mit präpositionalem Kasus

Infinitiv	Ergänzung		Beispielsatz
riechen	*nach*	+ DAT	Der Joghurt riecht nach Erdbeeren.
schmecken	*nach*	+ DAT	Der Joghurt schmeckt auch nach Erdbeeren.
schreiben	*an*	+ DAT	Die Autorin schreibt bereits an der Fortsetzung ihres Erfolgsromans.
(sich) schützen	*vor*	+ DAT	Die Creme schützt vor Sonnenbrand.
sehen	*als*	+ AKK, Inf. mit *zu*	Ich sehe das als gute Gelegenheit, mich weiterzubilden.
sich sehnen	*nach*	+ DAT	Sie sehnt sich nach den Bergen.
senken	*um* *auf*	+ AKK + AKK	Wir müssen unsere Ausgaben um 20 Prozent auf 300 000 Euro senken.
sinken	*um* *auf*	+ AKK + AKK	Unsere Einnahmen sinken dieses Jahr auf einen Tiefpunkt.
sorgen sich sorgen sich Sorgen machen	*für* *um* *um* *über*	+ AKK + AKK + AKK + AKK	Paul sorgt für seine Mutter. Er sorgt sich um seine Zukunft. Ich mache mir große Sorgen um dich. Über die finanzielle Situation der Firma mache ich mir keine Sorgen.
sprechen	*mit* *über* *von*	+ DAT + AKK + DAT	Ich spreche morgen mit meinem Arzt. Die Kinder sprechen über ihre Probleme. Sie spricht nur noch von ihrem neuen Freund.
stammen	*aus*	+ DAT	Das älteste Buch stammt aus China.
staunen	*über*	+ AKK	Selbst die Ärzte staunten über seine schnelle Genesung.
(an)steigen	*um* *auf*	+ AKK + AKK	Die Zahl der Arbeitslosen stieg um zwei Prozent auf vier Millionen.
sterben	*an*	+ AKK	Anfang des 19. Jahrhunderts starb jeder Vierte an Tuberkulose.
sich streiten	*mit* *über*	+ DAT + AKK	Otto streitet sich mit seinem Kollegen über den richtigen Lösungsweg.
teilnehmen	*an*	+ DAT	Wer nimmt an der Besprechung teil?
telefonieren	*mit*	+ DAT	Ich telefoniere gerade mit meiner Mutter.
träumen	*von*	+ DAT	Paul träumt von einem erholsamen Urlaub.
zu tun haben	*mit*	+ DAT	Mit dem Projekt haben wir nichts zu tun.
sich umstellen sich einstellen	*auf* *auf*	+ AKK + AKK	Der Körper muss sich auf die Hitze umstellen/einstellen.
sich unterhalten	*mit* *über*	+ DAT + AKK	Ich unterhalte mich mit Christine über die Arbeit.
verbinden	*mit*	+ DAT	Verbinden Sie mich bitte mit der Marketingabteilung.
verfügen	*über*	+ AKK	Das Hotel verfügt über einen Swimmingpool.
sich verlassen	*auf*	+ AKK	Ich verlasse mich auf dich.
sich verlieben	*in*	+ AKK	Marie hat sich in ihren Friseur verliebt.
verstehen	*unter*	+ DAT	Was verstehen Sie unter diesem Begriff?
verstoßen	*gegen*	+ AKK	Das verstößt gegen die Regeln.
verzichten	*auf*	+ AKK	Die Mitarbeiter verzichteten auf eine Lohnerhöhung.
sich vorbereiten	*auf*	+ AKK	Der Schwimmer bereitet sich auf den Wettkampf gut vor.
warnen	*vor*	+ DAT	Vor diesem Mann kann ich dich nur warnen!
warten	*auf*	+ AKK	Ich warte am Ausgang auf euch.
sich wundern	*über*	+ AKK	Wunderst du dich gar nicht über das Ergebnis?
zurückführen	*auf*	+ AKK	Man kann sein Verhalten auf wenig Selbstbewusstsein zurückführen.
zweifeln	*an*	+ DAT	Sie zweifelte keine Sekunde an ihrer Entscheidung.

9.5 Übersicht: Adjektive mit präpositionalem Kasus

Einige Adjektive mit präpositionalem Kasus in alphabetischer Reihenfolge

Infinitiv	Ergänzung		Beispielsatz
abhängig sein	*von*	+ DAT	Wir sind von den Aufträgen der Firma abhängig.
adressiert sein	*an*	+ AKK	Das Paket ist nicht an Sie adressiert.
anerkannt sein	*als*	+ NOM	Sie ist als Expertin überall anerkannt.
aufgeschlossen sein	*gegenüber*	+ DAT	Der Kollege ist auch Kritik gegenüber aufgeschlossen.
befreundet sein	*mit*	+ DAT	Tante Ina ist mit dem Oberarzt befreundet.
begeistert sein	*von*	+ DAT	Die Chefin war von unseren Vorschlägen begeistert.
bekannt sein	*als* *bei* *für*	+ NOM + DAT + AKK	Der Autor ist als Kämpfer für den Frieden überall bekannt. Brunos Lieder sind bei Jung und Alt bekannt. Der Millionär ist für seine Großzügigkeit bekannt.
(un)beliebt sein	*bei*	+ DAT	Bruno ist bei seinen Fans sehr beliebt.
beschäftigt sein	*mit*	+ DAT	Frau Müller ist immer noch mit der Seminarvorbereitung beschäftigt.
besorgt sein	*um*	+ AKK	Der Arzt ist um seinen Patienten besorgt.
beteiligt sein	*an*	+ DAT	Die Firma ist an dem Projekt finanziell beteiligt.
blass sein	*vor*	+ DAT	Sie war ganz blass vor Angst.
böse sein	*auf*	+ AKK	Bist du noch böse auf mich?
charakteristisch sein	*für*	+ AKK	Die besondere Farb- und Raumgestaltung sind für den Architekten charakteristisch.
dankbar sein	*für*	+ AKK	Die Polizei ist für jeden Hinweis dankbar.
eifersüchtig sein	*auf*	+ AKK	Bist du etwa eifersüchtig auf Georg?
entfernt sein	*von*	+ DAT	Wir sind von einer Lösung des Problems noch weit entfernt.
entscheidend sein	*für*	+ AKK	Das frühe Tor war entscheidend für den Spielverlauf.
einverstanden sein	*mit*	+ DAT	Die Abteilungsleiterin ist mit dem Vorschlag einverstanden.
enttäuscht sein	*von*	+ DAT	Die Zuschauer waren von dem Film enttäuscht.
erstaunt sein	*über*	+ AKK	Ich bin über seine Reaktion sehr erstaunt.
fähig sein	*zu*	+ DAT	Wer ist zu so einer Tat fähig?
fertig sein	*mit*	+ DAT	Wann bist du mit dem Protokoll fertig?
(un)freundlich sein	*zu*	+ DAT	Das Hotelpersonal ist zu den Gästen sehr freundlich.
froh sein	*über*	+ AKK	Sie sind sehr froh, dass alles so gut geklappt hat.
(un)geeignet sein	*für*	+ AKK	Der Bewerber ist für die Stelle ungeeignet.
gespannt sein	*auf*	+ AKK	Wir sind auf das Ergebnis sehr gespannt.
gewöhnt sein	*an*	+ AKK	Ich bin an diese Hitze nicht gewöhnt.
(un)glücklich sein	*über*	+ AKK	Susanne war über die Absage der Firma sehr unglücklich.
gut sein	*zu* *in*	+ DAT + AKK	Du warst immer gut zu mir. In diesem Fach war Jonas noch nie gut.
immun sein	*gegen*	+ AKK	Er ist jetzt gegen die Krankheit immun.
interessiert sein	*an*	+ DAT	Die Konkurrenz ist an unseren Arbeitsergebnissen interessiert.
misstrauisch sein	*gegenüber*	+ DAT	Gegenüber Fremden sind die jungen Hunde misstrauisch.

Übersicht: Adjektive mit präpositionalem Kasus

Infinitiv	Ergänzung		Beispielsatz
müde sein	*von*	+ DAT	Ich bin vom langen Zuhören müde.
nett sein	*zu*	+ DAT	Du solltest zu dem Praktikanten etwas netter sein.
neugierig sein	*auf*	+ AKK	Auf die Resultate der Auslosung bin ich richtig neugierig.
nützlich sein	*für*	+ AKK	Marie übernimmt nur Projekte, die für ihre Karriere nützlich sind.
reich sein	*an*	+ DAT	Das Land ist reich an Bodenschätzen.
(un)schädlich sein	*für*	+ AKK	Autoabgase sind schädlich für die Umwelt.
schuld sein	*an*	+ DAT	An dem Unfall ist der Busfahrer schuld.
stolz sein	*auf*	+ AKK	Die Eltern sind auf die Leistungen des Kindes stolz.
traurig sein	*über*	+ AKK	Über deinen Weggang sind wir alle sehr traurig.
überzeugt sein	*von*	+ DAT	Der Vorstand ist von der Richtigkeit der Maßnahmen überzeugt.
verantwortlich sein	*für*	+ AKK	Wer war für die Katastrophe verantwortlich?
verärgert sein	*über*	+ AKK	Die Organisatoren waren über die Absage des Künstlers verärgert.
verliebt sein	*in*	+ AKK	Bist du in deinen Deutschlehrer verliebt?
verrückt sein	*nach*	+ DAT	Sie ist verrückt nach Schokolade.
verwandt sein	*mit*	+ DAT	Sind Sie mit der berühmten Schauspielerin verwandt?
verwundert sein	*über*	+ AKK	Über diese Einschätzung sind wir sehr verwundert.
wichtig sein	*für*	+ AKK	Das Diplom ist für meine Bewerbung sehr wichtig.
wütend sein	*auf* *über*	+ AKK + AKK	Sie ist auf ihren Ex-Mann und über die Entscheidung des Gerichts noch immer wütend.
(un)zufrieden sein	*mit*	+ DAT	Mit meinem Gehalt bin ich sehr zufrieden.
zurückhaltend sein	*gegenüber*	+ DAT	Gegenüber neuen Kollegen ist Frau Müller meist zurückhaltend.
zuständig sein	*für*	+ AKK	Otto ist für die Produktwerbung zuständig.

9.6 Übersicht: Nomen-Verb-Verbindungen

Einige wichtige Nomen-Verb-Verbindungen

einfaches Verb	Nomen-Verb-Verbindung	Beispielsatz
abgelehnt werden	auf Ablehnung stoßen	Die Vorschläge stießen auf Ablehnung.
abhängen *(von etwas)*	sich in Abhängigkeit befinden	Durch hohe Kredite befindet sich die Firma in finanzieller Abhängigkeit von der Bank.
absprechen *(etwas)*	eine Absprache treffen	Wir haben über den Zeitplan bereits eine Absprache getroffen.
anerkannt werden	Anerkennung finden	Die Publikation fand in der Fachwelt breite Anerkennung.
anfangen	den Anfang machen	Wer macht den Anfang?
anklagen *(jemanden)*	Anklage erheben	Die Staatsanwaltschaft erhebt nun Anklage gegen den Bankdirektor.
ansprechen *(ein Thema)*	zur Sprache bringen	Wir werden auch die geplante Verlängerung der Arbeitszeiten zur Sprache bringen.
sich anstrengen	Anstrengungen unternehmen	Um konkurrenzfähig zu bleiben, müssen wir noch größere Anstrengungen unternehmen.
anwenden *(etwas)*	zur Anwendung kommen	Das neue Verfahren kommt erst Ende des Jahres zur Anwendung.
aufregen *(jemanden)* sich aufregen	in Aufregung versetzen in Aufregung geraten	Die Pläne des Vorstandes versetzten die Mitarbeiter in helle Aufregung.
auswählen *(etwas/jemanden)*	eine Auswahl treffen	Die Personalabteilung trifft ihre Auswahl in der nächsten Woche.
ausgewählt werden können	zur Auswahl stehen	Es stehen mehrere Kandidaten zur Auswahl.
sich auswirken *(auf etwas)*	Auswirkungen haben auf	Die Ereignisse in Japan haben direkte Auswirkungen auf die europäische Wirtschaft.
bauen/gebaut werden	sich im Bau befinden	Die Autobahn befindet sich noch im Bau.
beachten *(etwas)*	Beachtung finden	Seine Forschungsergebnisse fanden weltweit Beachtung.
beanspruchen *(etwas)*	Anspruch haben/erheben auf	Die Mitarbeiter haben Anspruch auf Urlaubsgeld.
beantragen *(etwas)*	einen Antrag stellen	Den Antrag auf Kindergeld können Sie elektronisch stellen.
beauftragen *(jemanden)* beauftragt werden	einen Auftrag geben/erteilen einen Auftrag bekommen/erhalten	Wir erteilen Ihnen den Auftrag zur Umgestaltung unserer Cafeteria.
beeindrucken *(jemanden)*	Eindruck machen auf/einen (guten) Eindruck hinterlassen	Die Kandidatin hat auf uns einen guten Eindruck gemacht.
beeinflussen *(etwas/jemanden)*	Einfluss ausüben/nehmen auf	Wir können leider auf die Entscheidung der Kommission keinen Einfluss nehmen.
beeinflusst werden	unter (dem) Einfluss stehen	Er stand unter dem Einfluss von Medikamenten.
begleiten *(jemanden/ bei jemandem sein)*	Gesellschaft leisten	Soll ich dir Gesellschaft leisten?
beitragen *(etwas)*	einen Beitrag leisten zu	Dazu kann ich leider keinen Beitrag leisten.
sich bemühen *(um etwas)*	Bemühungen unternehmen	Zur Steigerung der Verkaufszahlen müssen wir größere Bemühungen unternehmen.
beobachtet werden	unter Beobachtung stehen	Der Verdächtige stand seit Langem unter Beobachtung der Polizei.

Übersicht: Nomen-Verb-Verbindungen

einfaches Verb	Nomen-Verb-Verbindung	Beispielsatz
berechnen *(jemandem etwas)*	in Rechnung stellen	Den entstandenen Schaden stellen wir Ihnen in Rechnung.
bereitstellen *(etwas)* bereitstehen	zur Verfügung stellen zur Verfügung stehen	Können Sie mir die Unterlagen bis Montag zur Verfügung stellen?
berücksichtigen *(etwas)* berücksichtigt werden	Rücksicht nehmen auf Berücksichtigung finden	Wir nehmen keine Rücksicht auf unsere Nachbarn. Einige Bewerbungen fanden keine Berücksichtigung.
beschließen *(etwas)*	einen Beschluss fassen	Die Regierung fasste einen Beschluss über den Ausstieg aus der Kernenergie.
besprechen *(ein Thema)* besprochen werden	zur Sprache bringen zur Sprache kommen	Er wollte das Thema zur Sprache bringen, leider ist es aber nicht zur Sprache gekommen.
sich bewegen	in Bewegung geraten/kommen	Die Finanzmärkte sind in Bewegung geraten.
beweisen *(etwas)*	unter Beweis stellen/einen Beweis erbringen/führen	Bei diesem Test müssen die Kandidaten ihre fachlichen Fähigkeiten unter Beweis stellen.
sich beziehen *(auf etwas)*	Bezug nehmen auf	Ich nehme Bezug auf Ihr Schreiben vom 25.1.
diskutieren *(ein Thema)* diskutiert werden	zur Diskussion stellen zur Diskussion stehen	Im Bundestag stehen heute die Vorschläge zur Gesundheitsreform zur Diskussion.
einsehen *(Akten)*	Einsicht nehmen in	Der Beschuldigte konnte keine Einsicht in die Akten nehmen.
empfangen *(jemanden)*	in Empfang nehmen	Frau Müller nimmt die Gäste in Empfang.
entgegenstehen *(jemandem/etwas)*	im Gegensatz stehen zu	Das Verhalten einiger Mitglieder steht im Gegensatz zu unseren Richtlinien.
sich entschließen *(zu etwas)*	einen Entschluss fassen	Nach langer Überlegung fasste er den Entschluss, sein Studium abzubrechen.
erfüllt werden	in Erfüllung gehen	Ich hoffe, dass meine Wünsche in Erfüllung gehen.
erlauben *(jemandem etwas)*	eine Erlaubnis erteilen/geben	Mein Chef hat mir die Erlaubnis erteilt, zur Konferenz nach Rom zu fliegen.
erstaunen *(jemanden)*	in Erstaunen versetzen	Du versetzt mich immer wieder in Erstaunen.
erwägen *(etwas)*	in Erwägung ziehen	Ich werde Ihren Vorschlag in Erwägung ziehen.
folgen *(aus etwas)*	zur Folge haben	Die Umstrukturierung hat auch die Entlassung von Mitarbeitern zur Folge.
fordern *(etwas)*	eine Forderung stellen	Man darf nicht nur Forderungen stellen, man muss auch etwas leisten.
fragen *(etwas)*	eine Frage stellen	Möchte noch jemand zu diesem Thema eine Frage stellen?
gefährden *(jemanden/etwas)* gefährdet sein	in Gefahr bringen in Gefahr schweben/sein/sich in Gefahr befinden	Mit seiner riskanten Fahrweise brachte er alle in Gefahr. In einigen Ländern befinden sich Politiker der Opposition in ständiger Gefahr.
handeln	Maßnahmen treffen/ergreifen	So geht das nicht weiter! Die Regierung muss endlich Maßnahmen ergreifen!
helfen *(jemandem)*	Hilfe leisten	Die Organisation leistet vor allem in Katastrophengebieten Hilfe.
hinweisen *(jemanden auf etwas)*	einen Hinweis/Hinweise geben	Alle Bürger, die wichtige Hinweise geben können, sollten sich bei den zuständigen Behörden melden.

Anhang

Übersicht: Nomen-Verb-Verbindungen

einfaches Verb	Nomen-Verb-Verbindung	Beispielsatz
hoffen *(auf etwas)*	die Hoffnung haben/hegen/ sich Hoffnung(en) machen	Ich habe die Hoffnung, dass die Krise bald überwunden ist.
informieren *(jemanden)*	in Kenntnis setzen	Bitte setzen Sie uns über eine Veränderung der Situation sofort in Kenntnis.
sich irren	sich im Irrtum befinden/ im Irrtum sein	Der Gutachter befand sich im Irrtum.
kritisieren *(jemanden/etwas)* kritisiert werden	Kritik üben an auf Kritik stoßen	Die Opposition übte an der Regierung heftige Kritik.
kontaktieren *(jemanden)* Kontakt haben	Kontakt aufnehmen mit/ sich in Verbindung setzen mit in Verbindung stehen	Bitte setzen Sie sich mit dem Kollegen Krause in München in Verbindung.
lösen *(ein Problem)*	eine Lösung finden	Wir haben bisher noch keine Lösung gefunden.
meinen	eine Meinung/eine Ansicht/ einen Standpunkt vertreten/ der Meinung/der Ansicht sein	Ich vertrete die Meinung, dass wir auf dem richtigen Weg sind.
protokollieren	Protokoll führen/schreiben	Wer führt heute Protokoll?
raten *(jemandem etwas)*	einen Rat erteilen/geben	Kannst du mir vielleicht einen Rat geben?
(vor Publikum) reden mit einem Redebeitrag beginnen	eine Rede halten das Wort ergreifen	Die Ministerin hielt eine Rede über das Zusammenleben in Großstädten. Der Politiker ergriff immer wieder das Wort.
sprechen	ein Gespräch führen	Die Außenministerin führte Gespräche mit ihrem Amtskollegen.
unterstützt werden verlassen *(jemanden)*/ nicht helfen *(jemandem)*	Unterstützung genießen/ finden im Stich lassen	Die Hilfsaktion fand große Unterstützung bei der Bevölkerung. Er ist einfach abgehauen und hat uns im Stich gelassen.
sich verabschieden	Abschied nehmen	Es fiel ihr sehr schwer, Abschied von der Heimat zu nehmen.
verbessern	Verbesserungen durchführen/ vornehmen	An dem Prototyp müssen wir noch Verbesserungen vornehmen.
verdächtigen *(jemanden)* verdächtigt werden	Verdacht hegen/schöpfen unter Verdacht stehen	Die Studenten hegten keinen Verdacht gegen ihren Mitbewohner.
vereinbaren *(etwas)*	eine Vereinbarung treffen	In den Gesprächen wurden Vereinbarungen über das weitere Vorgehen getroffen.
verstehen *(etwas)*	Verständnis haben/zeigen	Wir haben Verständnis für Ihre Situation.
versuchen	einen Versuch unternehmen	Ihr müsst noch einen Versuch unternehmen.
vorbereiten *(etwas)*	Vorbereitungen treffen	Frau Müller hat alle Vorbereitungen getroffen.
vorwerfen *(jemandem etwas)*	einen Vorwurf machen/ erheben	Der Journalist erhob in seinem Artikel schwere Vorwürfe gegen einige Sportfunktionäre.
wählen *(etwas)*	eine Wahl/Auswahl treffen	Der Vorstand trifft heute die Wahl des neuen Standortes.
sich widersetzen *(jemandem)*	Widerstand leisten	Mit den Massendemonstrationen leistet die Bevölkerung zum ersten Mal Widerstand.

9.7 Für Lehrende: Grammatik spielend festigen

Kommunikativer Grammatikunterricht mit Text- und Bildkärtchen

In diesem Abschnitt finden Sie einige Ideen und konkrete Beispiele zur Auflockerung der Grammatikvermittlung im Unterricht. Mit Text- und Bildkärtchen werden grammatische Strukturen spielerisch gefestigt. Gleichzeitig werden alle Fertigkeiten trainiert. Diese Methode schafft Sprechanlässe, regt zu kommunikativer Bewegung im Unterrichtsraum an und eignet sich für jede Sozialform des Unterrichts.

Sie können die Kärtchen direkt im Unterricht einsetzen, indem Sie die entsprechende Seite kopieren und zurechtschneiden. Falls es eine Rückseite gibt, kopieren Sie die Vorlage und kleben Sie zwei Kärtchen oder zwei Seiten zusammen.

Die abgedruckten Kärtchen und Aufgaben sind Anregungen und Muster. Entwerfen Sie außerdem Ihre eigenen Kärtchen oder lassen Sie die Teilnehmenden (TN) individuelle erstellen. Ihrer Kreativität sind keine Grenzen gesetzt. Tipp: Fertigen Sie immer mehrere Kartensätze an, falls beispielsweise in Zweiergruppen gearbeitet wird und jede Gruppe einen Satz benötigt.

Weitere Beispiele zu Übungen für einen kommunikativen Grammatikunterricht finden Sie im Anhang der *A-Grammatik*.

■ Textkärtchen

Textkärtchen können beim Einüben zahlreicher Grammatikstrukturen (z. B. Artikel- und Adjektivdeklination, Vergangenheitsformen der Verben) sehr hilfreich sein.

Auf den Seiten 255–256 finden Sie ein Beispiel für Kärtchen zur Deklination des bestimmten Artikels. Auf der Vorderseite steht der Ausdruck ohne Artikel, aber mit Angabe des Kasus, und auf der Rückseite steht die Lösung, also der vollständige Ausdruck (Nomen mit Artikel).
Tipp: Sie könnten hier zusätzlich vier Kärtchen für den Plural anfertigen. Außerdem könnten Sie auch Adjektive einbeziehen, verschiedene von ihnen mit Nomen auf Kärtchen schreiben, um die Adjektivdeklination zu üben usw.

Hier sind einige Ideen, wie Sie diese und ähnliche Kärtchen im Unterricht in verschiedenen Sozialformen einsetzen können:

Vorderseite

1 *Klassenspaziergang*
Beispiel: Artikelendungen

Jede/r TN bekommt eine bestimmte Anzahl Kärtchen zu maskulinen, neutralen, femininen Nomen oder Nomen im Plural.

Die TN wiederholen ein paar Minuten lang die Endungen auf den eigenen Kärtchen allein, danach laufen sie durch den Raum und suchen eine andere Person mit anderen Kärtchen. Nun fragen sie sich gegenseitig ab, indem sie die Seite der Kärtchen zeigen, auf der das Nomen ohne Artikel steht.

Anschließend werden die Kärtchen getauscht. Nun spazieren sie wieder durch den Raum und suchen eine/n neue/n Partner/in und befragen sich gegenseitig zu den Artikelendungen.

2 *Arbeit in Kleingruppen und im Plenum*
Beispiel: Artikelendungen

Die TN bilden Kleingruppen. Jede Gruppe bekommt einen vollständigen Kartensatz.

Die TN fragen sich untereinander zu den Formen ab.

Danach bildet Gruppe 1 im Plenum zu einer (frei gewählten oder von einer anderen Gruppe vorgegebenen) Endung einen vollständigen Satz. Wenn eine andere Gruppe im Satz einen Fehler entdeckt, ruft sie *Stopp!* und korrigiert den Satz. Die Gruppe, die den Fehler gemacht hat, wiederholt den korrigierten Satz und bildet einen neuen.

Variante: Die Gruppe, die korrigiert hat, kann ein Wort vorgeben, das Gruppe 1 im Satz benutzen muss. Dadurch wird die Aufgabe schwieriger und die Motivation zum aufmerksamen Zuhören höher.

Das Spiel geht so lange, bis alle Endungen behandelt wurden oder die TN es nicht mehr interessant finden.

Für Lehrende: Grammatik spielend festigen

3 *Arbeit im Plenum*
Beispiel: Artikelendungen

Die TN bilden zwei Großgruppen. Sie zeigen Gruppe 1 die Vorderseite des Kärtchens und bitten sie, den Ausdruck zu ergänzen. Für die richtige Lösung bekommt Gruppe 1 einen Punkt. Wenn sie falsch antwortet, darf Gruppe 2 korrigieren und so den Punkt erwerben. Das Spiel geht so lange, bis alle Endungen behandelt wurden, danach werden die Punkte zusammengezählt.

Endungen, bei denen die TN Schwierigkeiten hatten, werden im Plenum noch einmal wiederholt.

4 *Einzelarbeit und Arbeit im Plenum*
Beispiel: Relativsätze

Für dieses Spiel benötigen Sie Kärtchen mit allen Relativpronomen. Erstellen Sie die Kärtchen oder lassen Sie die Kärtchen von den TN vorbereiten. Benötigt werden zwei bis drei Kartensätze.

Variante 1: Teilen Sie die Kärtchen so aus, dass jede/r TN die gleiche Anzahl hat.

Schreiben Sie vier Satzanfänge für Maskulinum, Neutrum, Femininum und Plural an die Tafel, z. B.: *Ich mag Menschen, mit …/wegen …/über …/bei …/ohne …/… (keine Präposition)./Ich möchte ein Haus, in …/aus …/neben …/vor … (keine Präposition)* usw.

Bitten Sie die TN, den ersten Satz zu beenden. Dabei können sie nur die Relativpronomen auf den eigenen Kärtchen benutzen.

Die TN bilden der Reihe nach Sätze. Ziel der Aufgabe ist es, alle zur Verfügung stehenden Pronomen mindestens einmal eingesetzt zu haben.

Nach der ersten Runde werden die Kärtchen nach links weitergegeben. Das Spiel geht so lange, bis alle Sätze beendet wurden.

Variante 2: Die TN arbeiten in Kleingruppen und bekommen sieben bis acht Karten pro Gruppe. Schreiben Sie nun Satzanfänge ohne Nomen an die Tafel, z. B: *Ich spreche gern …/Ich träume oft …/Ich unterhalte mich nicht gern …* usw.

Bitten Sie die TN, innerhalb einer vorgegebenen Zeit Relativsätze zu den Satzanfängen zu schreiben. Jede Gruppe darf nur die Relativpronomen auf den eigenen Karten benutzen.

Die Sätze werden vorgelesen, für jeden richtigen Satz bekommt die Gruppe zwei Punkte. Für falsche Sätze wird ein Punkt abgezogen. Wenn eine andere Gruppe den Satz korrigieren kann, bekommt sie zwei Punkte. Gewonnen hat die Kleingruppe, die mit all ihren Relativpronomen mindestens je einen fehlerfreien Satz gebildet hat.

5 *Einzelarbeit und Arbeit im Plenum*
Beispiel: Vergangenheitsformen der Verben

Für dieses Spiel benötigen Sie 60–70 Kärtchen mit dem Infinitiv von Verben, die Sie üben lassen möchten. Erstellen Sie die Kärtchen.
Tipp: Sie könnten sie gemeinsam mit den TN beschriften und gestalten.

Teilen Sie die Kärtchen für ein Kartenspiel in der Gruppe so aus, dass jede Person fünf Kärtchen bekommt und einige Kärtchen übrig bleiben.

Bitten Sie TN 1, das Verb auf seinem ersten Kärtchen vorzulesen und die Vergangenheitsformen (Perfekt und Präteritum) zu nennen. Wenn TN 1 eine richtige Antwort gibt, darf er/sie sein/ihr Kärtchen ablegen. Wenn er/sie falsch antwortet, muss er/sie das Kärtchen behalten und ein zusätzliches ziehen.

Das Spiel geht so lange, bis eine Person keine Kärtchen mehr hat.

Als weiterführende Übung können Sie die TN bitten, Wörter und Ausdrücke zu den Verben beim Klassenspaziergang zu sammeln, z. B. Gegenstände, die zur Tätigkeit gehören, oder Orte, wo die Tätigkeit ausgeführt werden kann. Auf diese Weise werden Artikel- und Adjektivendungen, lokale Präpositionen und andere ausgewählte grammatische Aspekte gleich mitgeübt und die TN korrigieren sich gegenseitig.

Bildkärtchen

Vorderseite

Rückseite

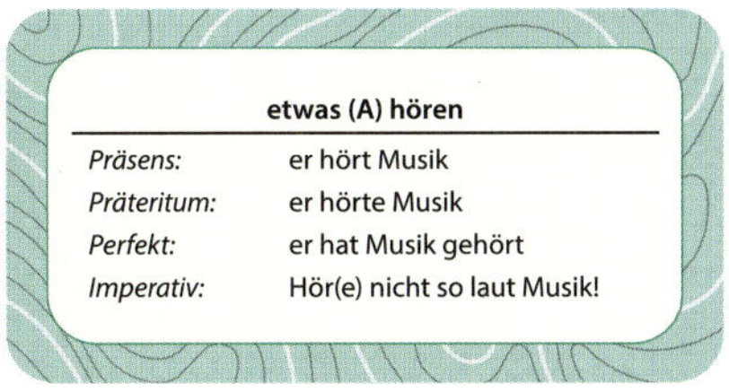

Bildkärtchen können beim Wörterlernen, aber auch beim Einüben bestimmter Grammatikaspekte (z. B. Konjugation der Verben, Satzstellung) eingesetzt werden. In den Beispielen auf den Seiten 257 bis 261 finden Sie Bildkärtchen mit Text (ab Seite 257) oder ohne (Seite 261) zu Verben. Auf den Bildkärtchen mit Text ist auf der Vorderseite eine Zeichnung, die eine Tätigkeit zeigt, und auf der Rückseite steht das dazugehörige Verb im Infinitiv mit zusätzlich vier Formen.

Vorderseite

Es gibt jeweils fünf Beispielkärtchen zu regelmäßigen Verben (Seite 257), zu unregelmäßigen Verben (Seite 258), zu Verben mit Präfix (Seite 259) und zu reflexiven Verben (Seite 260).

Bei den folgenden Aufgaben zu unterschiedlichen Übungsformen können Sie wählen, welche Kärtchen Sie verwenden. Auf den Kärtchen mit Text ist das Verb für die TN bereits vorgegeben, d. h., sie haben es hier leichter.

Tipp: Sie könnten gemeinsam mit den TN die Bildkärtchen beschriften oder Sie verwenden die Bildkärtchen mit Text ohne die Rückseite, d. h. nur die Zeichnung.

1 *Bilden Sie einen Satz.*
Beispiel: Konjugation

Jede/r TN bekommt ein Kärtchen.

Geben Sie eine Zeitform und Person vor und bitten Sie die TN, einen Satz mit dem jeweiligen Verb zu bilden. Die TN sagen der Reihe nach einen Satz.

Nach der ersten Runde wird das Kärtchen nach links weitergegeben.

Geben Sie für die nächste Runde eine andere Zeitform (einen anderen Modus, eine andere Person) vor. Beenden Sie das Spiel nach einigen Runden.

2 *Bilden Sie den längsten Satz.*
Beispiel: Präpositionen, Pronomen, Artikel- und Adjektivendungen, Wortstellung

Variante 1: Die TN arbeiten in Kleingruppen, jede Gruppe bekommt zwei Kärtchen. Bitten Sie die TN, ein Kärtchen auszuwählen und zum Verb auf dem Kärtchen einen sehr langen Satz zu bilden. Die einzuübende Grammatikstruktur (z. B. Präpositionen, Adjektivdeklination) muss im Satz mindestens zweimal vorkommen.

Die TN lesen den Satz im Plenum vor, eventuelle Fehler werden korrigiert. Die TN wiederholen den korrigierten Satz.

Variante 2: TN 1 bildet einen kurzen Satz zu seinem/ihrem Kärtchen. TN 2 ergänzt den Satz mit einem Wort/Ausdruck. TN 3 erweitert den Satz mit einem neuen Wort/Ausdruck. Hier gilt es wieder, die einzuübende Grammatikstruktur im Satz mindestens zweimal vorkommen zu lassen. Die Wortstellung im Satz wird automatisch mitgeübt.

Beenden Sie das Spiel nach zwei bis drei Runden.

3 *Stellen Sie Fragen.*
Beispiel: Verben mit präpositionalem Kasus, Pronominaladverbien

Wählen Sie Kärtchen aus, auf denen Verben mit präpositionalem Kasus abgebildet sind. Legen Sie die Kärtchen auf einen frei stehenden Tisch. Alle TN stehen um den Tisch.

Bitten Sie TN 1, ein Verb auszuwählen und dazu einen Satz zu bilden. Danach soll TN 1 dem linken Nachbarn/der linken Nachbarin eine Frage stellen. Wenn beispielsweise auf dem Kärtchen die Zeichnung für *träumen* zu sehen ist, kann Folgendes gesagt werden: *Gestern habe ich von einem langen Urlaub auf einer einsamen Insel geträumt. Träumst du auch manchmal davon?* TN 2 gibt folgende verneinende Antwort: *Nein, davon träume ich nie. Ich träume aber oft von einem schönen Haus am Stadtrand.* usw. Dann bildet er/sie einen Satz mit einem anderen Verb und stellt dem linken Nachbarn/der linken Nachbarin eine Frage wie im Beispiel. Das Spiel geht so lange, bis alle Kärtchen behandelt wurden und alle TN an der Reihe waren.

Für Lehrende: Grammatik spielend festigen

4 *Erzählen Sie eine Geschichte.*
Beispiel: Satzverbindungen, Wortstellung

Variante 1: Legen Sie einige Kärtchen auf einen Tisch. Die TN schreiben in Kleingruppen oder in Einzelarbeit eine Geschichte, in der möglichst viele abgebildete Tätigkeiten vorkommen. Die Geschichten werden im Plenum vorgelesen und evtl. weitergeschrieben.

Variante 2: Diese Variante eignet sich zur Arbeit im Plenum. Alle TN bekommen drei Kärtchen und versuchen, die abgebildeten Verben in die Geschichte, welche die Gruppe diesmal zusammen erfindet, einzubauen. Das Spiel geht so lange, bis alle Verben benutzt wurden und/oder die Geschichte rund ist.

Arbeit mit großen Bildern

Auch Poster, Plakate, vergrößerte Zeichnungen und Fotos kann man im Unterricht zum Einüben und Wiederholen von Grammatikstrukturen einsetzen. Auf Seite 262 finden Sie eine Zeichnung, die Sie für verschiedene Übungen und Spiele benutzen können.

Tipp: Sammeln Sie großformatige Bilder aus Zeitungen, Zeitschriften oder Wandkalendern. Wenn Sie die Zeichnung in diesem Buch benutzen, sollten Sie diese möglichst auf ein DIN-A3-Blatt vergrößern.

1 *Was war zu sehen?*
Beispiel: Präpositionen

Zeigen Sie den TN 30 Sekunden lang ein Bild, dann decken Sie es ab.

Die TN versuchen gemeinsam, das Bild möglichst genau zu beschreiben (im Plenum).

2 *Was fehlt?*
Beispiel: Relativsätze

Für diese Übung müssen Sie das Bild nicht vergrößern. Decken Sie vor dem Kopieren einige Teile ab (Gegenstände, Menschen oder ganze Szenen). Kopieren Sie die Zeichnung.

Decken Sie jetzt andere Teile der Zeichnung ab und kopieren Sie diese noch einmal.

Teilen Sie die Kopien aus: TN 1 bekommt Bild 1 und TN 2 Bild 2.

Ohne einander das Bild zu zeigen, stellen sich die TN Fragen, um herauszufinden, was/wer auf ihrer Zeichnung fehlt. Beispielsweise kann TN 1 fragen: *Hast du auch einen Jungen auf deinem Bild, der einen großen Rucksack trägt?* TN 2 antwortet (möglichst in einem ganzen Satz): *Nein, der Junge, der einen großen Rucksack trägt, ist nicht auf meinem Bild.* Es können auch Ergänzungsfragen mit einem Relativpronomen gestellt werden, z. B.: *Wer steht neben dem Jungen, dessen Flasche leer ist?* Die TN könnten auch im Raum herumlaufen und die Fragen zur Vervollständigung der Zeichnung an andere TN stellen.

Die TN diskutieren so lange, bis beide Zeichnungen vollständig sind.

3 *Wer macht was?*
Beispiel: Konjugation, Partizipien

Die TN bilden Kleingruppen, jede Gruppe bekommt dasselbe Bild. Bitten Sie die Gruppen, die Namen für alle abgebildeten Tätigkeiten zu notieren. (Die TN können die Verben auf die Zeichnung oder auf ein größeres Blatt, z. B. ein Blatt vom Flipchart, das unter die Zeichnung gelegt wird, schreiben).

Die Verben werden im Plenum vorgestellt. Nennen Sie anschließend eine Zeitform, in der die TN Sätze zur Zeichnung bilden sollen.

Geben Sie nach einer Runde eine andere Zeitform an (einen anderen Modus, eine Konjunktion). Beenden Sie die Übung nach einigen Runden.

Das Bild kann auf Pappe geklebt und zum späteren Gebrauch (z. B. Einüben der Partizipialkonstruktionen oder von Ortsangaben) im Unterrichtsraum ausgehängt werden.

Textkärtchen

.... **Informatiker** *(Nominativ)*	**der Informatiker**
.... **Informatiker** *(Akkusativ)*	**den Informatiker**
.... **Informatiker** *(Dativ)*	**dem Informatiker**
.... **Informatiker**....... *(Genitiv)*	**des Informatikers**
.... **Mädchen** *(Nominativ)*	**das Mädchen**
.... **Mädchen** *(Akkusativ)*	**das Mädchen**

Für Lehrende: Grammatik spielend festigen

.... **Mädchen** *(Dativ)*	**dem Mädchen**
.... **Mädchen** *(Genitiv)*	**des Mädchens**
.... **Kollegin** *(Nominativ)*	**die Kollegin**
.... **Kollegin** *(Akkusativ)*	**die Kollegin**
.... **Kollegin** *(Dativ)*	**der Kollegin**
.... **Kollegin**....... *(Genitiv)*	**der Kollegin**

■ Bildkärtchen mit Text (regelmäßige Verben)

etwas (A) hören

Präsens:	er hört Musik
Präteritum:	er hörte Musik
Perfekt:	er hat Musik gehört
Imperativ:	Hör(e) nicht so laut Musik!

etwas/jemanden (A) malen

Präsens:	er malt ein neues Bild
Präteritum:	er malte ein neues Bild
Perfekt:	er hat ein neues Bild gemalt
Imperativ:	Mal(e) mal wieder ein Bild!

etwas (A) kochen

Präsens:	sie kocht eine Suppe
Präteritum:	sie kochte eine Suppe
Perfekt:	sie hat eine Suppe gekocht
Imperativ:	Koch(e) doch mal wieder eine Suppe!

tanzen

Präsens:	sie tanzen
Präteritum:	sie tanzten
Perfekt:	sie haben getanzt
Imperativ:	Tanzt!

(ein Fach) studieren

Präsens:	er studiert Medizin
Präteritum:	er studierte Medizin
Perfekt:	er hat Medizin studiert
Imperativ:	Studier(e) doch Medizin!

■ Bildkärtchen mit Text (unregelmäßige Verben)

etwas (A) lesen

Präsens:	er liest einen Bericht
Präteritum:	er las einen Bericht
Perfekt:	er hat einen Bericht gelesen
Imperativ:	Lies endlich den Bericht!

etwas (A) trinken

Präsens:	sie trinken Kaffee
Präteritum:	sie tranken Kaffee
Perfekt:	sie haben Kaffee getrunken
Imperativ:	Trinkt weniger Kaffee!

mit etwas (D) fahren

Präsens:	sie fahren mit dem Auto
Präteritum:	sie fuhren mit dem Auto
Perfekt:	sie sind mit dem Auto gefahren
Imperativ:	Fahrt nicht mit dem Auto!

etwas (A) essen

Präsens:	er isst einen Salat
Präteritum:	er aß einen Salat
Perfekt:	er hat einen Salat gegessen
Imperativ:	Iss öfter Salat!

schwimmen

Präsens:	sie schwimmen
Präteritum:	sie schwammen
Perfekt:	sie sind geschwommen
Imperativ:	Schwimmt schneller!

Bildkärtchen mit Text (Verben mit Präfix)

(etwas) unterrichten

Präsens: sie unterrichtet Mathematik
Präteritum: sie unterrichtete Mathematik
Perfekt: sie hat Mathematik unterrichtet
Imperativ: Unterrichte doch lieber Deutsch!

jemanden (A) anrufen

Präsens: sie ruft eine Kundin an
Präteritum: sie rief eine Kundin an
Perfekt: sie hat eine Kundin angerufen
Imperativ: Ruf(e) doch mal Frau Maier an!

über etwas (A) nachdenken

Präsens: sie denkt über ein Problem nach
Präteritum: sie dachte über ein Problem nach
Perfekt: sie hat über ein Problem nachgedacht
Imperativ: Denk(e) doch mal nach!

etwas (A) vorbereiten

Präsens: er bereitet einen Vortrag vor
Präteritum: er bereitete einen Vortrag vor
Perfekt: er hat einen Vortrag vorbereitet
Imperativ: Bereite endlich deinen Vortrag vor!

einkaufen

Präsens: sie kaufen ein
Präteritum: sie kauften ein
Perfekt: sie haben eingekauft
Imperativ: Kauft nicht so viel ein!

■ Bildkärtchen mit Text (reflexive Verben)

sich beeilen

Präsens:	er beeilt sich
Präteritum:	er beeilte sich
Perfekt:	er hat sich beeilt
Imperativ:	Beeil(e) dich!

sich sonnen

Präsens:	sie sonnt sich
Präteritum:	sie sonnte sich
Perfekt:	sie hat sich gesonnt
Imperativ:	Sonn(e) dich nicht zu lange!

sich duschen

Präsens:	er duscht sich
Präteritum:	er duschte sich
Perfekt:	er hat sich geduscht
Imperativ:	Dusch(e) dich!

sich ausruhen

Präsens:	er ruht sich aus
Präteritum:	er ruhte sich aus
Perfekt:	er hat sich ausgeruht
Imperativ:	Ruh(e) dich aus!

sich unterhalten

Präsens:	sie unterhalten sich
Präteritum:	sie unterhielten sich
Perfekt:	sie haben sich unterhalten
Imperativ:	Unterhaltet euch bitte nicht so laut!

Bildkärtchen ohne Text

Für Lehrende: Grammatik spielend festigen

■ Großes Bild

9.8 Index

Index

9.9 Lösungen

■ 1 Verben

Präsens

S. 11 Ü 1 ■ **a) 1.** Marcus telefoniert mit seiner Mutter. **2.** Ludwig liest Zeitung und Frieda trinkt Kaffee. **3.** Ina läuft durch den Park. **4.** Hannes und Christina backen einen Kuchen. **5.** Leon sieht ein wichtiges Handballspiel. **6.** Ich beobachte die Fische im Aquarium. **7.** Felix repariert sein Fahrrad. **8.** Carla bucht einen Flug. **9.** Franziska schläft. **10.** Cornelius arbeitet im Garten. **11.** Elias wäscht seine Socken. **12.** Lena isst Pommes an der Imbissbude. **b) 1.** Die Managerin spricht mit einem Kunden. **2.** Frank diskutiert mit der Verwaltungsleiterin über die Reisekostenabrechnung. **3.** Brigitte hat ein Problem mit dem Kopierer. **4.** Die Assistentin vereinbart einen Termin mit der Firma SUFIX. **5.** Die Praktikantin reserviert ein Hotelzimmer für Frau Weber. **6.** Herr Krüger fährt zum Flughafen. **7.** Martina ist krank. **8.** Susanna redet mit dem Abteilungsleiter über eine Gehaltserhöhung. **9.** Der Hausmeister wartet auf eine Lieferung von Büroartikeln. **10.** Frau Schenk gibt ein Seminar zum Thema „Motivation im Büro". **11.** Herr Krause hält einen Vortrag über das neue Marketingkonzept. **12.** Andreas nimmt seinen Fotoapparat und fotografiert die neuen Produkte. **13.** Der Elektriker misst die Temperatur im Keller. **14.** Franziska empfängt Gäste aus der Schweiz. **15.** Die Informatikerin installiert ein neues Programm.

S. 12 Ü 2 ■ **1.** verkauft **2.** hilft **3.** versorgt **4.** vertritt **5.** hält **6.** beschäftigt, entwickelt **7.** kümmert, implementiert **8.** entwirft **9.** produziert **10.** analysiert **11.** trifft **12.** sucht, gibt

S. 12 Ü 3 ■ **1.** Hilfst du/Helft ihr **2.** Vergisst du/Vergesst ihr **3.** Gibst du/Gebt ihr **4.** Weißt du/Wisst ihr **5.** Denkst du/Denkt ihr **6.** Trägst du/Tragt ihr **7.** Hast du/Habt ihr **8.** Kennst du/Kennt ihr **9.** Wirst du/Werdet ihr **10.** Bist du/Seid ihr

S. 12 Ü 4 ■ **a) 1.** wissen **2.** liegt **3.** beeinflusst **4.** schmecken **5.** rücken **6.** empfinden **7.** nutzen

S. 13 Ü 4 ■ **b) 1.** ist **2.** bleibt **3.** kommen **4.** ist **5.** steigt **6.** gibt **7.** funktionieren **8.** gewährleisten **9.** gilt **10.** beinhaltet **11.** sind **12.** arbeiten **13.** fliegt **14.** steuert **15.** lässt **16.** entstehen **17.** sitzen **18.** ist

S. 13 Ü 5 ■ **1.** reden/sprechen **2.** Kommt **3.** gibt **4.** wird **5.** scheint **6.** bestätigen **7.** sprechen/reden **8.** beginnen **9.** spielen **10.** hat **11.** hält **12.** ermöglichen **13.** gibt **14.** hat **15.** fliegt

S. 16 Ü 6 ■ **1.** John spült die Gläser und trocknet sie ab. **2.** Emma stellt die Gläser in den Küchenschrank zurück. **3.** Ludwig hängt die gewaschene Wäsche auf. **4.** Eva und Felix räumen die Wohnung auf. **5.** Leon bringt den Müll hinunter. **6.** Elias baut ein Regal zusammen. **7.** Carla bucht einen Flug für Julia um.

S. 16 Ü 7 ■ Lisa arbeitet als Lehrerin an einem Gymnasium. Um 6.00 Uhr steht sie auf und trinkt eine Tasse Kaffee. Von 7.00 bis 7.45 Uhr bereitet sie den Unterricht vor. Lisa fährt um 8.00 Uhr mit öffentlichen Verkehrsmitteln zur Schule. Am Bahnhof steigt sie um. Um 8.45 Uhr kommt sie in der Schule an. Im Lehrerzimmer spricht sie kurz mit einigen Kolleginnen und Kollegen. Der Unterricht beginnt um 9.00 Uhr und hört um 14.30 Uhr auf. Lisa unterrichtet die Fächer Mathematik und Geografie. Die Schülerinnen und Schüler hören ihr bei den Berichten über andere Länder aufmerksam zu. Nachmittags korrigiert sie Hausaufgaben, benotet Tests oder geht im Park spazieren.

S. 16 Ü 8 ■ **a) 1.** Beantwortest du die Mail von Beate? **2.** Druckt Marcus die Dokumente aus? **3.** Wann fängt die Sitzung an? **4.** Wann beginnt der Urlaub der Verwaltungsleiterin? **5.** Besprechen wir die Ergebnisse nach der Pause? **6.** Unterhält sich Jan gerade mit dem Hausmeister? **7.** Wer übersetzt den Artikel aus „The Economist"? **8.** Findet die Besprechung heute Nachmittag statt? **9.** Stellst du das Projekt in der Sitzung vor? **10.** Liest sich der Abteilungsleiter den Bericht tatsächlich durch? **11.** Überarbeiten wir das Angebot noch einmal? **12.** Verkaufen wir die Produkte nicht zu preiswert? **13.** Warum heben wir die Preise nicht an? **14.** Unterbrechen wir die Sitzung an dieser Stelle mal kurz? **15.** Kommst du mit in die Kantine/in die Kantine mit? **16.** Wann läuft die Bewerbungsfrist für den neuen Leitungsposten ab? **b) 1.** Am Dienstag präsentiert Frau Gerhard unsere Produkte bei Kunden. **2.** Am Mittwoch gibt Justus die Ergebnisse der Kundenumfrage bekannt. **3.** Am Donnerstag werten wir im Rahmen einer Sitzung die Verkaufszahlen aus und sammeln neue Ideen zum Marketing. **4.** Am Freitag arbeitet Frau Grünwald die neuen Ideen in ihre Präsentation der Marketingstrategie ein. **5.** Am Samstag fährt Herr Köhler zu einer Konferenz.

S. 17 Ü 9 ■ **1.** Wir helfen Kundinnen und Kunden mit innovativen Ideen bei der Lösung von Problemen. **2.** Wir gestalten als führendes Technologieunternehmen die Zukunft. **3.** Wir denken umweltbewusst. **4.** Wir blicken auf viele Jahrzehnte Erfahrung zurück. **5.** Wir orientieren uns an allerhöchsten Qualitätsmaßstäben. **6.** Wir investieren in die Ausbildung unserer Mitarbeiter. **7.** Wir honorieren die Leistung des Einzelnen. **8.** Wir bauen auf Offenheit, Teamgeist und transparente Kommunikation.

S. 17 Ü 10 ■ **a) 1.** vereinfachen **2.** verschönere **3.** verkürzen **4.** verspäte **5.** verwirklichen **6.** verbessern **b) 1.** vermeiden **2.** verändern **3.** erweitern **4.** zerkleinern **5.** zerbrechen **6.** entlasten **7.** verblühen **8.** missachtet **9.** zerschneidet **10.** misstrauen **11.** erreichst **12.** errichtet **13.** entfallen **14.** entspricht

Perfekt

S. 20 Ü 1 ■ **1.** sie hat gelesen **2.** ihr habt gewusst **3.** du hast gemacht **4.** das Kind hat gespielt **5.** er hat telefoniert **6.** du hast gegessen **7.** wir haben gebracht **8.** wir haben gedacht **9.** sie hat genommen **10.** sie haben gekocht **11.** wir haben gearbeitet **12.** ihr habt getrunken **13.** ich habe gestanden **14.** sie haben gewohnt

S. 20 Ü 2 ■ **1.** hat getrunken, hat gegessen **2.** haben gespielt, hat gearbeitet **3.** habe geschrieben, hat korrigiert **4.** hast geöffnet, hat geschlossen **5.** hat gesteckt, hat gesucht **6.** hat gelesen, habe gehört **7.** hat unterrichtet, hat gelernt **8.** haben bestellt, hat gebracht

S. 20 Ü 3 ■ **a) 1.** hat entwickelt, hat genannt **2.** hat verbreitet, hat gestellt, hat gefunden **3.** versucht hat, hat erwiesen, haben zersägt, haben entdeckt, hat gegeben, hat gezeigt **4.** hat geschmuggelt, hat erledigt, hat genommen, hat geschlagen

S. 22 Ü 4 ■ **1.** Wie viele Angestellte haben hinter dem Bankschalter gestanden? **2.** Wann sind die Bankräuber gekommen? **3.** Was für Kleidung haben die Diebe getragen? **4.** Mit welchen Waffen haben die Bankräuber gedroht? **5.** Wann ist der Schuss gefallen? **6.** Wer hat den Tresor geöffnet? **7.** Wie viel Geld hat im Tresor gelegen? **8.** Wer hat den Bankräubern geholfen? **9.** Mit wem haben die Räuber gesprochen? **10.** Wer hat die Polizei gerufen? **11.** Wann sind die Diebe geflüchtet? **12.** Was haben Sie noch gesehen oder gehört?

S. 22 Ü 5 ■ **1.** seid gelaufen **2.** ist geritten, ist gesprungen **3.** hast gespielt **4.** habe gemacht, bin geklettert **5.** ist gefahren **6.** sind gesegelt **7.** ist gegangen **8.** ist geblieben, hat gelesen

S. 22 Ü 6 ■ habe gesehen, haben getrunken und geplaudert, haben diskutiert, ist gezogen, hat studiert, hat gefunden, hat angefangen und gearbeitet, hat gegeben

S. 24 Ü 7 ■ **a) 1.** Hast du schon mal einen Flug verpasst? **2.** Hast du schon mal ein falsches Passwort eingegeben? **3.** Hast du schon mal beim Einparken ein anderes Auto angefahren? **4.** Hast du schon mal einen wichtigen Termin vergessen? **5.** Hast du schon mal bei einer Besprechung nicht richtig zugehört? **6.** Bist du schon mal an einer falschen Haltestelle ausgestiegen? **7.** Hast du schon mal eine Prüfung mit „sehr gut" bestanden? **8.** Hast du schon mal etwas Geliehenes nicht zurückgegeben? **b) 1.** Wann bist du gestern Abend ins Bett gegangen? **2.** Wann bist du heute Morgen aufgestanden? **3.** Wann hast du Mia angerufen? **4.** Wann hast du das Treffen abgesagt? **5.** Wann hast du dich für den Yogakurs angemeldet? **6.** Wann hast du die neuen Möbel bestellt? **7.** Wann hast du das Paket abgeholt? **8.** Wann bist du in München abgeflogen? **9.** Wann bist du angekommen?

Kapitel 1: Verben

S. 24 Ü 8 ■ 1. haben erreicht **2.** haben erhöht **3.** haben erwirtschaftet **4.** haben teilgenommen **5.** hat entwickelt **6.** haben beauftragt **7.** haben eingereicht **8.** haben eingestellt **9.** haben erweitert **10.** haben verkauft

S. 25 Ü 9 ■ 1. Frau Müller hat den Versammlungstermin vergessen. **2.** Sie ist in ihrem Büro geblieben. **3.** Björn hat den Bericht der Direktion vorgelesen. **4.** Zwei Kollegen sind während des Berichts eingeschlafen. **5.** Clemens hat die ganze Zeit mit seinem Smartphone gespielt. **6.** Britta hat ihre Mails gelesen und beantwortet und nicht zugehört. **7.** Einige haben sich kritisch über die Anzahl der Homeoffice-Tage geäußert./über die Anzahl der Homeoffice-Tage kritisch geäußert. **8.** Juliana hat Protokoll geschrieben. **9.** Allerdings hat sie akustisch nicht alles verstanden. **10.** Außerdem hat die Technik nicht richtig funktioniert. **11.** Der Strom ist ab und zu ausgefallen. **12.** Die Verkaufsabteilung hat die neuesten Zahlen vorgestellt. **13.** Dabei ist das Smartboard kaputtgegangen. **14.** Frau Kramer hat die Zahlen dann mündlich präsentiert. **15.** Die Verwaltungsleiterin hat Frau Kramer immer wieder unterbrochen. **16.** Schließlich hat Frau Kramer ihre Präsentation vorzeitig beendet. **17.** Am Ende haben alle noch über die Arbeitszeiten diskutiert. **18.** Eduardo hat das Wort ergriffen und sich über die unergonomischen Büromöbel beschwert.

S. 25 Ü 10 ■ 1. Es hat ihn an einen Frühlingsmorgen in Italien erinnert. **2.** Dies hat er aus dem fernen Köln an seinen älteren Bruder Johann Baptiste Farina in Italien geschrieben. **3.** Johann Baptiste hat sofort seine Sachen gepackt und ist zu seinem Bruder nach Köln gezogen. **4.** Am 13. Juli 1709 hat er dort eine Firma zur Produktion des neuen Duftwassers gegründet. **5.** Fünf Jahre später ist auch Johann Maria in das Geschäft eingestiegen. **6.** Ihr Produkt hat zu Ehren der Stadt Köln den Namen Eau de Cologne bekommen. **7.** Damals haben die meisten Menschen Wasser für gesundheitsschädlich gehalten. **8.** Nach Benutzung des neuen „Wunderwassers" hat der französische Philosoph Voltaire von dem Parfüm geschwärmt: „Endlich ein Duft, der den Geist inspiriert und nicht den Körper verklebt." **9.** Bei der Herstellung des Parfüms haben die Brüder Farina hauptsächlich Zitrusnoten verwendet. **10.** Sie haben auf schwere Essenzen wie Zimt oder Moschus verzichtet. **11.** Damit haben sie den Parfümmarkt revolutioniert. **12.** Viele Kaiser und Könige haben „Kölnisch Wasser" in großen Mengen bestellt und verwendet.

Präteritum

S. 28 Ü 1 ■ 1. Sein Vater arbeitete ebenfalls als Musiker, aber seine Karriere litt unter dem ständigen Alkoholkonsum. **2.** Der junge Ludwig lernte schon früh das Klavierspielen. **3.** Er hatte mit sieben Jahren sein erstes öffentliches Konzert. **4.** Mit zwölf Jahren schrieb er seine erste eigene Komposition. **5.** 1786 reiste Beethoven zum Studium nach Wien. **6.** Nach dem Tod seiner Mutter zog er wieder nach Bonn und sorgte für seine Familie. **7.** Trotz dieser Belastung konzentrierte sich Beethoven weiterhin auf seine musikalische Ausbildung. **8.** Er studierte bis 1789 Musik an der Universität Bonn. **9.** 1792 verließ er Bonn und ging nach Wien. **10.** In Wien schätzten höhere Adelskreise Beethovens Musik und leisteten finanzielle Hilfe. **11.** Außerdem gab er Unterricht und verkaufte die Noten seiner Werke. **12.** Mit 27 Jahren wurde Beethoven schwerhörig. **13.** Später war er völlig taub, er hörte nichts mehr. **14.** Doch Beethoven komponierte weiter. **15.** Am 27. März 1827 starb Beethoven im Alter von 56 Jahren nach langer Krankheit.

S. 29 Ü 2 ■ 1. gingen **2.** versuchte **3.** kamen **4.** wuchsen **5.** gab **6.** trugen **7.** wurde **8.** suchte **9.** fragte **10.** standen **11.** änderte **12.** bezeichnete **13.** eigneten **14.** schielten **15.** hießen **16.** tranken **17.** stammten **18.** wohnte

S. 29 Ü 3 ■ Im Prospekt stand, dass das Hotel fünf Sterne hat, es hatte aber nicht mal drei Sterne. Es lag an einer Hauptverkehrsstraße, wir waren jeden Tag 30 Minuten zum Strand unterwegs. Das Essen schmeckte schrecklich, es war zum Teil ungenießbar. Wir warteten mehrmals bis zu zwei Stunden auf das Essen. Der Swimmingpool befand sich noch im Bau, der Tennisplatz gehörte zum Nachbarhotel und war nicht benutzbar. Die Betten waren zu hart und quietschten. Es gab keinen Kühlschrank, kein WiFi und stundenlang keinen Handyempfang. Die Dusche funktionierte oft nicht. Einmal krabbelten sogar kleine schwarze Tiere durchs Zimmer. Unsere Tochter erlitt einen Nervenzusammenbruch. Aufgrund der beschriebenen Umstände verkürzten wir unseren Urlaub um eine Woche.

S. 30 Ü 4 ■ 1. Die Polizisten durchsuchten die Wohnung. **2.** Sie entdeckten die Gemälde. **3.** Der Fund überführte den Museumsdieb. **4.** Die Kommissarin verhörte den Verdächtigen. **5.** Der Dieb bestritt den Einbruch im Verhör.

S. 31 Ü 5 ■ a) 1. erhalten **2.** liegen **3.** kämpfen **4.** enden **5.** laufen **6.** verkünden **7.** zusammenbrechen **8.** sein **9.** sterben **10.** organisieren **11.** erstrecken **12.** stattfinden **13.** verlaufen **14.** sein **15.** brauchen
b) 1. gründete **2.** fanden statt **3.** bestanden **4.** kamen **5.** stieg **6.** hatten **7.** spielte **8.** änderte **9.** erhielten **10.** brachte **11.** brauchten **12.** lebten **13.** machte **14.** begannen **15.** nahm teil **16.** gewann **17.** fiel

S. 31 Ü 6 ■ 1. nannte **2.** erlitt, verringerten, liefen **3.** kündigte an, machte **4.** beschlossen, unterzeichneten **5.** trat zurück, setzte ein

S. 32 Ü 7 ■ a) 1. legte fest **2.** verteilte **3.** verlieh **4.** entschied **5.** gehörte **6.** betrog **7.** war **8.** besuchte **9.** legte ab **10.** erwarb **11.** sprach **12.** erfand **13.** meldete an
b) 1. reichten weiter, überwies **2.** geschah, erhielt, lud ein, übergab **3.** bekam, verpflichtete **4.** erhielt, benötigte, erklärte, teilnahm, erhielt **5.** stufte ein, zuerkannte, erregte **6.** entwickelte, erwies, verlieh, befand, entdeckten

Plusquamperfekt

S. 34 Ü 1 ■ b) endete – Präteritum – enden, eroberten – Präteritum – erobern, schwammen – Präteritum – schwimmen, streiften – Präteritum – streifen, schwebten – Präteritum – schweben, zählen – Präsens – zählen, gelebt haben – Perfekt – leben, beschrieben hatten – Plusquamperfekt – beschreiben, änderte – Präteritum – ändern, belegen – Präsens – belegen, führten – Präteritum – führen, erforderte – Präteritum – erfordern, schlüpfte – Präteritum – schöpfen, kümmern – Präsens – kümmern, erinnert – Präsens – erinnern, bauten – Präteritum – bauen, passten auf – Präteritum – aufpassen, legten frei – Präteritum – freiliegen, geschützt hatte – Plusquamperfekt – schützen, kam – Präteritum – kommen, schlossen zusammen – Präteritum – zusammenschließen, pflegten – Präteritum – pflegen, waren – Präteritum – sein, jagten – Präteritum – jagen

S. 35 Ü 2 ■ 1. Sie war vor zwei Tagen weggelaufen. **2.** Er hatte für die Prüfung sehr fleißig gelernt. **3.** Die Assistentin hatte sie nicht verschickt. **4.** Jemand hatte sie ausgeschaltet. **5.** Er hatte zu viel Schokolade gegessen. **6.** Ihr Freund hatte sie zum Abendessen in ein Gourmet-Restaurant eingeladen. **7.** Er hatte zu viel Alkohol getrunken. **8.** Er war beim Spielen vom Baum gefallen.

S. 35 Ü 3 ■ 1. Nachdem Frau Müller alles für die Präsentation vorbereitet hatte, machte sie eine kleine Pause. **2.** Nachdem Frau Huber, die Abteilungsleiterin, die Gäste begrüßt hatte, begann die Sitzung. **3.** Nachdem Herr Friedrich das neue Produkt vorgestellt hatte, zeigten die Gäste großes Interesse. **4.** Nachdem Herr Friedrich und Frau Huber den Gästen alle Fragen beantwortet hatten, sprach man über den Preis. **5.** Nachdem die Gäste das neue Produkt bestellt hatten, servierte Frau Müller Champagner. **6.** Nachdem die Gäste gegangen waren, räumte Herr Friedrich das Verhandlungszimmer auf.

S. 35 Ü 4 ■ 1. Nachdem Noah jeden Morgen im Stau gestanden hatte, kaufte er sich vor einem Monat ein Fahrrad. **2.** Nachdem mehrere Präsentationen von Lilli nicht gut gelaufen waren, begann sie, an ihrem Präsentationsstil zu arbeiten. **3.** Nachdem sich Otto bei vielen Firmen erfolglos beworben hatte, überprüfte und verbesserte er seine Bewerbungsunterlagen. **4.** Nachdem Maria mit ihrem Projekt nicht weitergekommen war, bat sie Kollegen um Hilfe. **5.** Nachdem die Verkaufszahlen drastisch gesunken waren, entwickelte die Marketingabteilung eine neue Strategie. **6.** Nachdem der Gewinn um 20 Prozent eingebrochen war, kündigte der Vorstand neue Umstrukturierungsmaßnahmen an. **7.** Nachdem eine Beraterfirma hybrides Arbeiten positiv evaluiert hatte, forderten viele Angestellte die konkrete Umsetzung in ihren Bereichen. **8.** Nachdem Herr Obermeier an einem

Führungsseminar teilgenommen hatte, verbesserte sich die Kommunikation mit den Kolleginnen und Kollegen deutlich.

Futur I und II

S. 37 Ü 1 ■ a) Im nächsten Jahr werde ich öfter mal Nein sagen. Ich werde Fastfood-Restaurants meiden und weniger mit dem Auto fahren. Ich werde auch mehr Sport treiben, mehr Obst und Gemüse essen und mehr für die Umwelt tun. Und ich werde weniger Zeit in sozialen Medien verbringen.
b) 1. wird treffen **2.** werden senken **3.** werden erhöhen **4.** werden entstehen **5.** werden stecken **6.** wird gehen **7.** werden ausbauen **8.** wird bleiben **9.** werden reformieren **10.** werden schaffen

S. 37 Ü 2 ■ a) 1. Opa wird zu viel Bier trinken und über seine Krankheiten reden. **2.** Cousine Janette wird wieder ihren Hund mitbringen. **3.** Onkel Alfred wird wieder blöde Witze machen. **4.** Tante Erna wird wieder Kopfschmerzen haben. **5.** Gustav wird mit seinen beruflichen Erfolgen angeben. **6.** Meine Schwester wird die ganze Zeit auf ihr Handy gucken.
b) 1. Sie wird noch im Stau stehen. **2.** Nein. Er wird noch in einer Besprechung sitzen. **3.** Das wird sie vermutlich nicht schaffen. **4.** Nein. Er wird wohl seinen Projektbericht schreiben.

S. 38 Ü 3 ■ 1. Sie werden die Stelle noch nicht besetzt haben. **2.** Nein. Er wird noch im Flieger gesessen haben. **3.** Er wird den Posten nicht bekommen haben. **4.** Sie wird dazu noch keine Zeit gehabt haben.

S. 38 Ü 4 ■ 1. Die Menschen werden auf regionale Bio-Produkte mehr Wert legen./mehr Wert auf regionale Produkte legen. **2.** Nahrungsmittel mit gesundheitsfördernder, pharmazeutischer Wirkung werden im Trend liegen. **3.** Kühlschränke werden fehlende Lebensmittel selbst bestellen. **4.** Wir werden mit Cybertraining oder Fitness-Apps fit bleiben. **5.** Die Telemedizin wird die persönlichen Arztbesuche fast vollständig ersetzen. **6.** Alte und hilfsbedürftige Menschen werden dank digitaler Helfer länger ein eigenständigeres Leben führen.

S. 38 Ü 5 ■ 1. Verantwortungsbewusste Politikerinnen und Politiker werden gemeinsam Lösungen für die Probleme der Menschheit gefunden haben. **2.** Die europäischen Länder werden ein vereintes Europa gegründet haben. **3.** Alternative Energien werden fossile Energiequellen vollständig ersetzt haben. **4.** Die Menschen werden den Mars bewohnbar gemacht haben. **5.** Astronomen werden einen bewohnten Planeten entdeckt haben. **6.** Weltraumorganisationen werden Kontakt zu außerirdischen Lebewesen aufgenommen haben.

Modalverben in der Grundbedeutung

S. 41 Ü 1 ■ 1. Kannst du mir mal dein Handy leihen? **2.** Darf ich mit dem Dienstwagen fahren? **3.** Darf man hier parken? **4.** Kannst du die Gäste vom Bahnhof abholen? **5.** Möchten Sie vielleicht einen Kaffee? **6.** Können Sie mir sagen, wo Raum 104 ist? **7.** Willst du mal die neue Statistik sehen? **8.** Könnt ihr mir bei der Konferenzvorbereitung helfen? **9.** Soll ich dir Papier für deinen Drucker bringen? **10.** Wollen wir in der Mittagspause zusammen essen?

S. 42 Ü 2 ■ 1. mögen **2.** nicht dürfen, nicht sollen **3.** nicht brauchen **4.** nicht mögen **5.** dürfen **6.** müssen **7.** können **8.** müssen **9.** nicht wollen **10.** sollen **11.** wollen **12.** nicht können **13.** dürfen **14.** sollten

S. 42 Ü 3 ■ 1. soll **2.** brauchst **3.** kann **4.** darf **5.** mag **6.** wollen **7.** können **8.** müssen **9.** solltest **10.** darf **11.** darf **12.** mag

S. 43 Ü 4 ■ a) 1. Dürft ihr an eurem Dienstrechner Urlaubsreisen buchen? **2.** Darfst du im Büro private Dokumente ausdrucken? **3.** Müsst ihr vorgeschriebene Kleidung tragen? **4.** Müssen Sie am Wochenende dienstliche Mails beantworten? **5.** Darfst du eine Stunde Mittagspause machen? **6.** Dürft ihr im Homeoffice mit einem dienstlichen Laptop arbeiten?
b) 1. Ich brauche keine Produkte zu verkaufen. **2.** Ich brauche nicht an allen Dienstbesprechungen teilzunehmen. **3.** Ich brauche mein Büro nicht abzuschließen. **4.** Ich brauche in Sitzungen kein Protokoll/nicht Protokoll zu schreiben. **5.** Ich brauche keine Praktikantinnen und Praktikanten zu betreuen. **6.** Ich brauche keine Rechnungen zu bezahlen.
c) 1. Klaus soll den Fehler im Computerprogramm beheben. **2.** Klaus soll das Besprechungsprotokoll an alle verschicken. **3.** Klaus soll den neuen Kollegen einarbeiten. **4.** Klaus soll die Verkaufszahlen zusammenstellen.

S. 43 Ü 5 ■ 1. kann ausschlafen **2.** braucht abzuholen **3.** kann machen **4.** können gehen **5.** brauchst einzukaufen **6.** brauchen zu kümmern **7.** braucht zu kochen, könnt gehen oder essen **8.** muss arbeiten, muss fertig werden

S. 44 Ü 6 ■ a) muss (soll/will), sollte, konnte, kann, mag, Willst, möchtest (willst), musst (solltest), sollte (soll), kannst
b) müssen, darf, können, müssen (sollen), Soll, können
c) Kann, Soll, wollte (sollte), Können, muss, soll

S. 44 Ü 7 ■ 1. wollte, konnte, mussten, mussten **2.** wollten, konnte, musste **3.** wollte, musste, musste, wollte

S. 45 Ü 8 ■ 1. Ich kann kein Spanisch. Ich konnte kein Spanisch. **2.** Ich mag das Essen nicht. Ich mochte das Essen nicht. **3.** Das will ich nicht. Das wollte ich nicht. **4.** Das darf ich nicht. Das durfte ich nicht. **5.** Das kann ich nicht. Das konnte ich nicht. **6.** Das brauche ich nicht. Das brauchte ich nicht.

S. 45 Ü 9 ■ Und was für ein Glück, dass du im Sommer einen Spanischkurs gemacht hast und nun ein bisschen Spanisch reden kannst! Ich hoffe, du brauchst noch keine Verhandlungen auf Spanisch zu führen – das ist sicher sehr schwer. Ich wollte dir schon viel früher antworten, aber ich hatte wirklich viel zu tun. Ich sollte mit meinem Kollegen Marcus zusammen eine Konferenz organisieren. Das war Stress pur! Marcus hatte die großen Ideen und ich musste sie ausführen. Ich musste mich alleine um die Unterbringung der Teilnehmenden, die Zeit- und Raumplanung und das kulturelle Rahmenprogramm kümmern. Marcus dagegen durfte bei der Eröffnung die Gäste begrüßen. Natürlich konnte er dabei die wichtigsten Leute persönlich kennenlernen und mit ihnen reden. Dumm gelaufen für mich: Ich hatte die Arbeit und er das Vergnügen.

S. 45 Ü 10 ■ 1. a) Marie ist zum Zahnarzt gegangen. **b)** Marie hat zum Zahnarzt gehen müssen. **2. a)** Martin hat das Protokoll noch nicht geschrieben. **b)** Martin hat das Protokoll noch nicht schreiben können. **3. a)** Klaus hat den Projektvorschlag überarbeitet. **b)** Klaus hat den Projektvorschlag überarbeiten wollen. **4. a)** Der Hausmeister hat schon wieder den Kopierer repariert. **b)** Der Hausmeister hat schon wieder den Kopierer reparieren müssen. **5. a)** Tessa ist nicht zur Sitzung gekommen. **b)** Tessa hat nicht zur Sitzung kommen können. **6. a)** Eric hat die E-Mail noch nicht beantwortet. **b)** Eric hat die E-Mail noch nicht beantworten können.

Modalverben in subjektiver Bedeutung

S. 47 Ü 1 ■ 1. will **2.** soll **3.** will **4.** sollen **5.** will **6.** soll

S. 47 Ü 2 ■ a) 1. Jana soll heute ein Gespräch mit der Projektleiterin haben. **2.** Sie soll ihre Arbeit nicht in der vorgegebenen Zeit schaffen. **3.** Auch andere Projektbeteiligte sollen über den Zeitdruck klagen. **4.** Elias soll nach einer neuen Stelle suchen. **5.** Er soll sehr enttäuscht sein, dass er nicht Abteilungsleiter wurde. **6.** Die neue Praktikantin soll jeden Morgen eine Stunde zu spät kommen. **7.** Im nächsten Jahr soll es keine Gehaltserhöhung geben. **8.** Der Betriebsausflug soll dieses Jahr ausfallen.
b) 1. Der Vorstandsvorsitzende und seine Stellvertreterin sollen sich zerstritten haben. **2.** Der Leiter der Produktionsabteilung soll mit seiner Kündigung gedroht haben. **3.** Die Marketingchefin soll einen Job bei der Konkurrenz bekommen haben. **4.** Experten sollen bei der Finanzkontrolle einige Unstimmigkeiten gefunden haben.

S. 49 Ü 3 ■ 1. Berta kann/könnte noch im Urlaub sein. **2.** Johanna dürfte noch im Stau stehen. **3.** Eva muss noch beim Zahnarzt sein. **4.** Henrik kann/könnte heute zu Hause arbeiten. **5.** Gerda müsste auf Dienstreise sein. **6.** Leon dürfte einen Sprachkurs besuchen.

S. 49 Ü 4 ■ a) 1. Jemand muss die Bilder gestohlen haben. **2.** Sie müssen geschlafen haben. **3.** Die Einbrecher müssen sie ausgeschaltet haben. **4.** Jemand muss den Diebstahl in Auftrag gegeben haben. **5.** Es müssen dieselben Täter gewesen sein.

b) 1. Er kann/könnte sich über seine Vorgesetzte geärgert haben. **2.** Er kann/könnte unter der Arbeitsbelastung gelitten haben. **3.** Er kann/könnte den Dauerstress nicht mehr ausgehalten haben. **4.** Er kann/könnte mit der Work-Life-Balance unzufrieden gewesen sein. **5.** Er kann/könnte eine berufliche Perspektive vermisst haben. **6.** Er kann/könnte vergeblich auf eine Beförderung gehofft haben. **7.** Er kann/könnte bei der Konkurrenz eine bessere Stelle bekommen haben. **8.** Er kann/könnte im Lotto gewonnen haben.

Modalverbähnliche Verben

S. 51 Ü 1 ■ 1. sich helfen lassen **2.** Klavier spielen lernen **3.** jemanden ausreden lassen **4.** ein Bier trinken gehen **5.** den Kopierer reparieren lassen **6.** Auto fahren lernen **7.** tanzen lernen/gehen **8.** etwas im Zug liegen lassen **9.** sich die Ware nach Hause schicken lassen

S. 51 Ü 2 ■ 1. Die Aufsichtsperson in Raum fünf hat zwei verdächtige Männer sehr lange vor dem Gemälde stehen sehen. **2.** Sie sah außerdem die Männer das Bild nachzeichnen. **3.** Lisa vom Reinigungsdienst hörte die Männer über die Alarmanlage des Museums sprechen. **4.** Ein Mann vom Sicherheitsdienst hat zwei verdächtige Gestalten nachts vor dem Gebäude auf- und abgehen sehen. **5.** Kurze Zeit später hörte er eine Fensterscheibe kaputtgehen. **6.** Er lief schnell zu dem beschädigten Fenster und sah zwei Täter das Bild von der Wand reißen. **7.** Ein anderer Wachmann hat die maskierten Diebe zum Ausgang rennen und im Dunkeln verschwinden sehen.

S. 51 Ü 3 ■ 1. a) Ich gehe heute Nachmittag einkaufen. **b)** Ich bin heute Nachmittag einkaufen gegangen. **2. a)** Peter lässt sich die Haare schneiden. **b)** Peter hat sich die Haare schneiden lassen. **3. a)** Finn übt Motorrad fahren. **b)** Finn hat Motorrad fahren geübt. **4. a)** Matteo bleibt während der Sitzung stehen. **b)** Matteo ist während der Sitzung stehen geblieben.

S. 51 Ü 4 ■ 1. Otto musste zwei Tage im Bett liegen bleiben. **2.** Linus wollte jeden Abend tanzen gehen. **3.** Kerstin wollte sich im Hotel verwöhnen lassen. **4.** Samuel wollte morgens die Vögel singen hören./die Vögel morgens singen hören. **5.** Christina wollte am Strand die Sonne/die Sonne am Strand untergehen sehen. **6.** Oskar wollte endlich tauchen lernen.

Reflexive Verben

S. 54 Ü 1 (Beispielsätze) ■ 1. Wollen Sie sich schon verabschieden? Ja, ich will mich schon verabschieden. **2.** Hast du dir vor dem Essen die Hände gewaschen? Ja, ich habe mir vor dem Essen die Hände gewaschen. **3.** Kannst du dir die Grammatikregeln merken? Nein, ich kann mir die Grammatikregeln nicht merken. **4.** Hast du dir schon Gedanken über unseren Urlaub gemacht? Nein, ich habe mir noch keine Gedanken gemacht. **5.** Hast du dich in der Besprechung gelangweilt? Ja, ich habe mich in der Besprechung sehr gelangweilt. **6.** Hat sich Sophia in den letzten Jahren verändert? Nein, sie hat sich überhaupt nicht verändert. **7.** Denkst du dir bis nächste Woche einen neuen Projektvorschlag aus? Ja, ich denke mir bis nächste Woche einen neuen Projektvorschlag aus. **8.** Hast du dich mit Kathrin zum Essen verabredet? Ja, ich habe mich mit Kathrin zum Essen verabredet. **9.** Hat sich deine neue Kollegin an ihre Arbeit gewöhnt? Nein, meine neue Kollegin hat sich noch nicht an ihre Arbeit gewöhnt. **10.** Freut ihr euch über die guten Prüfungsergebnisse? Ja, wir freuen uns über die guten Prüfungsergebnisse. **11.** Interessiert ihr euch auch für moderne Kunst? Nein, wir interessieren uns nicht für moderne Kunst. **12.** Hast du dich schon zur Fortbildung angemeldet? Ja, ich habe mich schon zur Fortbildung angemeldet. **13.** Hat sie sich in der Hausnummer geirrt? Nein, sie hat sich nicht in der Hausnummer geirrt.

S. 54 Ü 2 ■ 1. Otto, du solltest dir etwas Warmes anziehen! **2.** Britta, du solltest dich jetzt ausruhen! **3.** Kerstin, du solltest dir mal etwas gönnen! **4.** David, du solltest dich verteidigen! **5.** Janine, du solltest dir eine gute Ausrede überlegen! **6.** Elias, du solltest dich gut vorbereiten!

S. 55 Ü 3 ■ a) *6.30 Uhr:* Um gut in Form zu sein, halte ich mich täglich mit fünf Kilometer Jogging fit. Anschließend dusche ich mich eiskalt, rasiere mich und putze mir die Zähne.
8.00 Uhr: Schon beim Frühstück bereite ich mich auf den Tag an der Uni vor: Ich mache mir einen starken Kaffee und vertiefe mich in den Wirtschaftsteil der gestrigen Zeitung.
9.00 Uhr: Ich ziehe mir den grauen Anzug an, hetze zur Uni und erreiche pünktlich den Vorlesungssaal. Dort setze ich mich gleich in die erste Reihe, damit mich niemand übersieht.
9.30 Uhr: Ich versuche, mich auf die Vorlesung zu konzentrieren, doch einige Kommilitonen beschäftigen sich mit anderen Dingen: Sie lesen die Sportberichte in der Zeitung oder amüsieren sich über die Ereignisse des Vorabends.
11.00 Uhr: Das Seminar beginnt. Ich melde mich bei jeder Frage, werde aber von der Dozentin ignoriert.
12.30 Uhr: Ich esse in der Mensa und versuche, mich trotz des Lärms auf meine Arbeit zu konzentrieren.
13.45 Uhr: In der Bibliothek informiere ich mich über Neuerscheinungen in meinem Fachgebiet. Ich beschwere mich bei der Bibliotheksleiterin und frage, warum sich die Bibliothek nicht mehrere Exemplare leisten kann. Ich leihe mir acht ältere Bücher aus.
15.00 Uhr: Ich entschuldige mich sofort beim Professor für sein Verhalten.
16.30 Uhr: Ich treffe mich mit einigen Mitstudierenden aus meiner Lerngruppe. Wir verabreden uns zur Klausurvorbereitung am nächsten Tag.
17.30 Uhr: Ich befinde mich eine Dreiviertelstunde im Copyshop. Währenddessen unterhalte ich mich mit einem Uni-Assistenten und stelle fest: Der Typ hat keine Ahnung! Er irrt sich fachlich immer wieder.
18.30 Uhr: Ich esse alleine beim Italiener und beschäftige mich mit den Promotionsbedingungen der Uni. Ich nehme mir vor, gleich morgen erste Kontakte zu knüpfen.
19.45 Uhr: Ich sehe mir die Börsennachrichten an und wundere mich über die Entwicklung der Aktienkurse.
22.00 Uhr: Ich gehe ins Bett und frage mich, wann ich endlich den Nobelpreis bekomme.
b) sich duschen, sich rasieren, sich etwas (die Zähne) putzen, sich vorbereiten, sich etwas (einen Kaffee) machen, sich vertiefen, sich etwas anziehen, sich setzen, sich konzentrieren, sich beschäftigen, sich amüsieren, sich melden, sich konzentrieren, sich informieren, sich beschweren, sich etwas leisten, sich etwas ausleihen, sich entschuldigen, sich treffen, sich verabreden, sich befinden, sich unterhalten, sich irren, sich beschäftigen, sich etwas vornehmen, sich etwas ansehen, sich wundern, sich etwas fragen

Verben mit direktem Kasus

S. 57 Ü 1 ■ 1. Dativ, Akkusativ **2.** Akkusativ, Genitiv **3.** Dativ **4.** Nominativ **5.** Dativ, Akkusativ **6.** Dativ, Akkusativ **7.** Akkusativ **8.** Akkusativ **9.** Akkusativ, Genitiv **10.** Nominativ **11.** Akkusativ, Akkusativ **12.** Akkusativ **13.** Dativ **14.** Dativ

S. 58 Ü 2 ■ 1. Das Design der Konkurrenz ähnelt unserem Produkt sehr stark. **2.** Kannst du der Kollegin gleich antworten? **3.** Bist du dem neuen Mitarbeiter schon begegnet? **4.** Man kann mit dem Programm gut arbeiten, wenn man den Anweisungen folgt. **5.** Das Vorgehen entspricht nicht den Vorschriften. **6.** Die grafische Darstellung ist mir nicht so gut gelungen. **7.** Die Kurse auf dem Aktienmarkt unterliegen starken Schwankungen. **8.** Was nützt mir mehr Gehalt, wenn ich nicht mehr Verantwortung habe? **9.** Die Beschäftigten haben den neuen Regeln zur Arbeit im Homeoffice zugestimmt. **10.** Von einer freiwilligen Kündigung kann ich dir nur abraten.

S. 58 Ü 3 ■ 1. a) dir (danken) **b)** mich **2. a)** mein altes Büro **b)** mir (fehlen) **3. a)** unseren Geschäften (schaden) **b)** unseren Ruf **4. a)** der Kundin (antworten) **b)** die Anfrage **5. a)** dich **b)** dir (es geht) **6. a)** dich **b)** mir (gratulieren)

S. 58 Ü 4 ■ 1. Hat Marcus dir die Geschichte mit seinem neuen Auto erzählt? Ja, er hat sie mir schon erzählt. **2.** Hast du der Freundin von Susi deinen/dein Laptop geliehen? Ja, ich habe ihn/es ihr geliehen. **3.** Hat die Abteilungsleiterin dir den Dienstreiseantrag bewilligt? Ja, sie hat ihn mir bewilligt. **4.** Hat Frau Krüger euch die Entwürfe für das neue Produkt schon gezeigt? Ja, sie hat sie uns gezeigt. **5.** Hast du der Studentin deine Hilfe angeboten? Ja, ich habe sie ihr angeboten. **6.** Hat Paula dir den 3-D-Drucker schon vorgeführt? Ja, sie hat ihn mir schon vorgeführt. **7.** Hat Jana euch die Tagesordnung für die Sitzung schon geschickt? Ja, sie hat sie uns schon geschickt. **8.** Hast du mir die Projektbeschreibung schon weitergeleitet? Ja, ich habe sie dir schon weitergeleitet. **9.** Hat Bert dem Kollegen die neuen Homeoffice-Regeln erklärt? Ja, er hat sie ihm erklärt.

S. 59 Ü 5 ■ **a)** mir, ihr, mich, mir, Sie, mir, mir, Mir, ihr, ihr, Sie, Ihnen **b) 1.** mir, mir **2.** Sie, Ihnen, Ihnen, Ihnen **3.** mich, Ihnen, mir, mich, Sie

S. 59 Ü 6 ■ **1.** die Glühbirne **2.** den Fernseher **3.** der Erfinder **4.** die Studienrichtung **5.** das Fach **6.** die statische Berechnung **7.** den Bauingenieur **8.** ein neues Konzept **9.** einen Apparat **10.** den Grundstein **11.** Bauteile **12.** die Arbeitsabläufe

Verben mit präpositionalem Kasus

S. 62 Ü 1 ■ **1.** Ich habe mit einem Praktikum begonnen./ein Praktikum begonnen. **2.** Janine hat als Kellnerin gearbeitet. **3.** Friedrich hat am Segelwettkampf teilgenommen. **4.** Nora hat sich um eine neue Stelle beworben. **5.** David hat sich auf die Sprachprüfung vorbereitet. **6.** Clara hat sich über das Wetter gefreut und (sich) vom Bürostress erholt. **7.** Wir haben uns über das Hotelzimmer beschwert. **8.** Leopold und Sabine haben tagelang auf die Handwerker gewartet.

S. 62 Ü 2 ■ **a) 1.** Wovor haben die Meteorologen gewarnt? **2.** Bei wem hat sich Frau Müller bedankt? **3.** Für wen hat sich der Trainer entschieden? **4.** Womit rechnet ihr? **5.** Worin besteht das Problem? **6.** Worüber denkt ihr nach? **7.** Wogegen hat sich die Firmenleitung gewehrt? **8.** Mit wem diskutierte sie (so) lange? **9.** Von wem stammt die Idee? **10.** Worauf wartet ihr?
b) 1. Worum, Um die **2.** Woran, An den **3.** Bei wem/Über wen, Bei der/Über die **4.** Wofür, Für ihre **5.** Worüber, Über die **6.** Worüber, Über deinen **7.** Mit wem, Mit meiner **8.** Wofür, für die **9.** Wozu, Zu seiner **10.** Worum, Um die

S. 63 Ü 3 ■ **1.** als *Master of Engineering* **2.** mit dem Straßenverkehrsrecht **3.** Zu meinen Aufgaben **4.** bei der Lösung von Problemen **5.** an mehreren Management-Seminaren **6.** über die neuesten Projektmanagement-Methoden **7.** über einen Führerschein **8.** Über eine Einladung

S. 63 Ü 4 ■ **1.** Leider müssen wir Sie darauf aufmerksam machen, dass ein Teil der Ware beschädigt war. **2.** Wir kennen Sie als zuverlässigen Partner. **3.** Deshalb haben wir diese Mängel von Ihrer Firma nicht erwartet. **4.** Wir bitten Sie um den unverzüglichen Umtausch der Ware und freuen uns auf die nächste einwandfreie Lieferung. **5.** Bitte sorgen Sie dafür, dass wir die Ware in Zukunft wieder in gewohnter Qualität erhalten. **6.** Wir hoffen weiterhin auf eine gute Zusammenarbeit.

S. 63 Ü 5 ■ **1.** Du solltest dich darum bewerben. **2.** Du solltest daran teilnehmen. **3.** Du solltest dich dagegen wehren. **4.** Du solltest/Man sollte nicht dagegen verstoßen. **5.** Du solltest gut darüber nachdenken. **6.** Du solltest darüber vorher mit deiner Familie sprechen. **7.** Du solltest nicht darauf verzichten. **8.** Wir sollten darauf eingehen.

S. 64 Ü 6 ■ **a)** leiden unter/an Schlafstörungen, berichtet über eine Software, an die neue Ortszeit anzupassen, geht von einem mathematischen Modell der inneren Uhr aus, orientiert sich an, auf den neuen Rhythmus umstellen
b) 1. darunter/daran **2.** darauf **3.** dafür **4.** darauf **5.** davon **6.** damit

S. 64 Ü 7 ■ **1.** vor **2.** vor **3.** vor **4.** darüber **5.** zu **6.** zu **7.** als **8.** um **9.** unter **10.** zur **11.** als **12.** zu **13.** unter/an **14.** Gegen **15.** in **16.** unter/an **17.** vor **18.** auf **19.** auf **20.** von **21.** mit **22.** vor **23.** vor **24.** vor **25.** mit **26.** auf **27.** vor

Verben mit lokalen Ergänzungen

S. 65 Ü 1 ■ in die Reisetasche gesteckt habe, im Schrank hängen, immer hängt, im Schrank hängt er nicht, im Büro liegen lassen, liegt im Büro, auf den/über den Stuhl gelegt, steckt in meiner Manteltasche, lege auf das Bett, in die Seitentasche stecken

Vorgangspassiv

S. 68 Ü 1 ■ wurde eingeweicht, gerieben, gespült und ausgewrungen, wurden gefunden, gewaschen und nicht beschädigt wird, ist veröffentlicht worden, ist gebaut worden, wurde erfunden

S. 68 Ü 2 ■ **a) 1.** wird geworfen **2.** werden gezogen, gestohlen, veröffentlicht **3.** werden katapultiert **4.** wird ermittelt **5.** wird beeinflusst
b) 1. wurden genommen **2.** wurden errichtet **3.** gespeichert wurden, wurden aufgenommen **4.** wurde entschieden, wurde geheim gehalten, wurde gesetzt

S. 69 Ü 3 ■ **1. a)** Die Bundesgartenschau wurde eröffnet. **b)** Weißt du, wann die Bundesgartenschau eröffnet worden ist? **2. a)** Die Spielerin wurde beim Endspiel im Strafraum gefoult. **b)** Weißt du, von wem die Spielerin gefoult worden ist? **3. a)** Die Sparpläne der Regierung wurden kritisiert. **b)** Weißt du, von wem die Sparpläne der Regierung kritisiert worden sind? **4. a)** Die Friedensgespräche wurden abgebrochen. **b)** Weißt du, wann die Friedensgespräche abgebrochen worden sind? **5. a)** Viele Banken wurden im Bereich der Kundenberatung getestet. **b)** Weißt du, welche Banken getestet worden sind? **6. a)** Das Denkmal auf dem Augustusplatz wurde zerstört. **b)** Weißt du, von wem das Denkmal zerstört worden ist? **7. a)** Die Leiterin der Verkaufsabteilung wurde entlassen. **b)** Weißt du, warum die Leiterin der Verkaufsabteilung entlassen worden ist? **8. a)** Ein Bild von Kandinsky wurde aus dem Museum entwendet. **b)** Weißt du, welches Bild von Kandinsky entwendet worden ist?

S. 69 Ü 4 ■ **1.** Ja, das Geld wurde gestern überwiesen/ist überwiesen worden. **2.** Ja, sie wurde per Mail an alle gesendet/ist gesendet worden. **3.** Ja, er wurde gestern Abend sauber gemacht/ist sauber gemacht worden. **4.** Ja, er wurde bereits informiert/ist informiert worden. **5.** Nein, das Essen wurde offiziell abgesagt/ist abgesagt worden. **6.** Ja, sie wurde von der Verwaltungsleiterin kontrolliert/ist kontrolliert worden.

S. 69 Ü 5 ■ genannt wurde, wurden geplagt, waren noch nicht erfunden worden, wurden angemeldet, wurde gestellt, wurden durchgeführt, sind sichergestellt worden

S. 70 Ü 6 ■ **1.** worden **2.** worden **3.** geworden **4.** worden **5.** geworden **6.** worden **7.** geworden

S. 70 Ü 7 ■ **1.** Dieses erste Smartphone mit dem Namen „Simon Personal Communicator" war bereits zwei Jahre vor Markteinführung von der Firma IBM entwickelt worden. **2.** „Simon" wurde schon mit einigen typischen Smartphone-Features wie einem Touchscreen, einem Kalender, einem Adressbuch ausgestattet und verschickte auch E-Mails und Faxe. **3.** 1996 wurde dann das Nokia „Communicator 9000" mit dem Slogan „Das Büro in der Westentasche" auf der Computermesse in Hannover vorgestellt. **4.** Dieses Nokia-Smartphone wird bis heute als Urahn der modernen Smartphones angesehen und war zur damaligen Zeit mit einem Webbrowser mit GSM-Internetzugang etwas ganz Besonderes. **5.** Das Nokia „Communicator 9000" verfügte außerdem über viele Knöpfe und ein Schwarz-Weiß-Display, das wie ein Minilaptop aufgeklappt wurde. **6.** Um die Jahrtausendwende wurde von der Firma Toshiba der Grundstein für weitere Neuerungen in der Welt der Mobiltelefonie gelegt: Die erste Kamera wurde eingebaut. **7.** Das Wort „Selfie" wurde übrigens im Jahr 2002 zum ersten Mal von einem Australier in einem Chat benutzt. **8.** Die tatsächliche Smartphone-„Revolution" begann allerdings erst am 9. Januar 2007: An diesem Tag wurde vom damaligen Apple-Chef Steve Jobs das erste iPhone präsentiert. **9.** Im iPhone wurden Funktionen wie Touchscreen, Internet-Kommunikation mit E-Mail, Browser, Navigation und Fotofeatures miteinander vereint. **10.** Heute werden viele alte Smartphones einfach im Müll entsorgt. **11.** Dabei sind einige alte Smartphones viel Wert: Das Nokia „Communicator 9000" wird auf eBay und anderen Plattformen zu Preisen von mehr als 500 Euro angeboten.

S. 72 Ü 8 ■ **1.** Der Termin muss auf dem Standesamt und/oder in der Kirche fest vereinbart werden. **2.** Dann muss die Gästeliste zusammengestellt werden. **3.** Die Einladungskarten müssen entworfen, gedruckt und an die Gäste verschickt werden. **4.** Der Saal für die Feier muss reserviert werden. **5.** Eine Band oder ein DJ muss gefunden werden. **6.** Ein Hochzeitsfotograf oder eine Hochzeitsfotografin muss gesucht werden. **7.** Die Hochzeitstorte muss bestellt werden. **8.** Über das Menü muss diskutiert werden. **9.** Das Hochzeitskleid muss ausgesucht und gekauft werden. **10.** Der Brautstrauß muss ausgewählt werden. **11.** Für ausreichend Getränke muss gesorgt werden./Es muss für ausreichend Getränke gesorgt werden.

Kapitel 1: Verben

S. 72 Ü 9 ■ **1.** Sind die Unterlagen schon kopiert worden? Nein, die Unterlagen konnten noch nicht kopiert werden. Der Kopierer ist kaputt. Die Unterlagen müssen aber so schnell wie möglich kopiert werden. **2.** Ist der Vertrag schon ausgedruckt worden? Nein, der Vertrag konnte noch nicht ausgedruckt werden. Die Druckerpatrone ist leer. Der Vertrag muss aber so schnell wie möglich ausgedruckt werden. **3.** Sind die Tagungsgebühren schon überwiesen worden? Nein, die Tagungsgebühren konnten noch nicht überwiesen werden. Das Onlinebanking funktioniert nicht. Die Tagungsgebühren müssen aber so schnell wie möglich überwiesen werden. **4.** Sind die neuen Homeofficeregeln an alle versendet worden? Nein, die Homeofficeregeln konnten noch nicht an alle versendet werden. Das Dokument liegt noch nicht vor. Die Homeofficeregeln müssen aber so schnell wie möglich versendet werden. **5.** Ist die Eingangstür schon repariert worden? Nein, die Eingangstür konnte noch nicht repariert werden. Der Hausmeister ist im Urlaub. Die Eingangstür muss aber so schnell wie möglich repariert werden. **6.** Ist die Alarmanlage schon überprüft worden? Nein, die Alarmanlage konnte noch nicht überprüft werden. Die Sicherheitsfirma hat zurzeit zu viel zu tun. Die Alarmanlage muss aber so schnell wie möglich überprüft werden. **7.** Sind die aktuellen Verkaufszahlen schon in die Tabelle eingearbeitet worden? Nein, sie konnten noch nicht eingearbeitet werden. Zwei Verwaltungsmitarbeiterinnen sind krank. Die aktuellen Verkaufszahlen müssen aber so schnell wie möglich eingearbeitet werden. **8.** Ist das Protokoll der letzten Sitzung schon geschrieben worden? Nein, das Protokoll konnte noch nicht geschrieben werden. Es fehlen noch einige Informationen zur Planung. Das Protokoll muss aber so schnell wie möglich geschrieben werden. **9.** Sind die neuen Bürostühle schon geliefert worden? Nein, die Bürostühle konnten noch nicht geliefert werden. Die Möbelfirma hat Lieferprobleme. Die Bürostühle müssen aber so schnell wie möglich geliefert werden. **10.** Ist das neue Projekt schon vorgestellt worden? Nein, das neue Projekt konnte noch nicht vorgestellt werden. Es gab noch keine Gelegenheit dazu. Das neue Projekt muss aber so schnell wie möglich vorgestellt werden.

S. 73 Ü 10 ■ **1.** Zuerst muss das bisherige Qualitätsmanagement verbessert werden. **2.** Zudem muss die Effektivität der einzelnen Abteilungen überprüft werden. **3.** Innerbetriebliche Weiterbildung sollte stärker gefördert werden. **4.** Kreativität und Innovation im Kollegium sollten belohnt werden. **5.** Produktionsabläufe müssen nach ökologischen Gesichtspunkten analysiert werden. **6.** Es dürfen keine unnötigen Ressourcen verbraucht werden. **7.** Es muss auch auf Nachhaltigkeit der Rohstoffe geachtet werden. **8.** Durch geeignetere Marketingstrategien muss mehr Präsenz in der Öffentlichkeit erzeugt werden.

S. 73 Ü 11 ■ **1. a)** Die Regierung darf für die jetzige Krise finanziell nicht verantwortlich gemacht werden. **b)** Ich bin aber der Meinung, dass die Regierung für die jetzige Krise finanziell verantwortlich gemacht werden muss. **2. a)** Tempo 30 darf nicht in allen Großstädten eingeführt werden. **b)** Ich bin aber der Meinung, dass Tempo 30 in allen Großstädten eingeführt werden muss. **3. a)** Die Steuern für Geringverdiener dürfen nicht gesenkt werden. **b)** Ich bin aber der Meinung, dass die Steuern für Geringverdiener gesenkt werden müssen. **4. a)** In die Forschung alternativer Energiegewinnung darf nicht noch mehr Geld investiert werden. **b)** Ich bin aber der Meinung, dass in die Forschung alternativer Energiegewinnung noch mehr Geld investiert werden muss. **5. a)** Das Sozialsystem darf nicht weiter ausgebaut werden. **b)** Ich bin aber der Meinung, dass das Sozialsystem weiter ausgebaut werden muss. **6. a)** Die Studiengebühren dürfen nicht abgeschafft werden. **b)** Ich bin aber der Meinung, dass die Studiengebühren abgeschafft werden müssen. **7. a)** Die Geschwindigkeit auf den Autobahnen darf nicht auf maximal 120 km/h begrenzt werden. **b)** Ich bin aber der Meinung, dass die Geschwindigkeit auf den Autobahnen auf maximal 120 km/h begrenzt werden muss. **8. a)** Flüge innerhalb Deutschlands dürfen nicht komplett eingestellt werden. **b)** Ich bin aber der Meinung, dass Flüge innerhalb Deutschlands komplett eingestellt werden müssen. **9. a)** Die Höchsttemperatur in öffentlichen Gebäuden darf nicht auf maximal 19 Grad festgelegt werden. **b)** Ich bin aber der Meinung, dass die Höchsttemperatur in öffentlichen Gebäuden auf maximal 19 Grad festgelegt werden muss.

Zustandspassiv

S. 74 Ü 1 ■ zerbrochen ist, gereinigt wird, gewährleistet werden kann, muss gestellt und eingefüllt werden, wird gestartet, werden abgelöst, wird getrocknet, ist beendet, entnommen und zurückgestellt wird

S. 75 Ü 2 ■ **1.** Vorgangspassiv **2.** Vorgangspassiv **3.** Zustandspassiv **4.** Vorgangspassiv **5.** Zustandspassiv **6.** Zustandspassiv **7.** Vorgangspassiv **8.** Vorgangspassiv **9.** Zustandspassiv **10.** Zustandspassiv

S. 75 Ü 3 ■ **1.** Wann buchen Sie die Flugtickets nach Wien? Die Flugtickets sind schon gebucht. **2.** Wann schreiben Sie die Rechnung für den Beratungsservice? Die Rechnung ist schon geschrieben. **3.** Wann überweisen Sie die Gebühr für das Seminar? Die Gebühr ist schon überwiesen. **4.** Wann bestellen Sie die neuen Drucker? Die neuen Drucker sind schon bestellt. **5.** Wann beantworten Sie die E-Mail von Frau Krause? Die E-Mail ist schon beantwortet. **6.** Wann informieren Sie die Kundin über den Lieferengpass? Die Kundin ist schon informiert. **7.** Wann kontrollieren Sie die eingegangene Ware? Die Ware ist schon kontrolliert. **8.** Wann übersetzen Sie die E-Mail an die Kunden in Spanien? Die E-Mail ist schon übersetzt.

S. 75 Ü 4 ■ **1.** Die Fensterscheiben im Erdgeschoss waren zerbrochen. **2.** Die Vorhänge waren heruntergerissen. **3.** Die Alarmanlage war ausgeschaltet. **4.** Das Glas der Vitrinen war zerschlagen. **5.** Die Vitrinen waren leer geräumt. **6.** Die antiken Möbel in den Ausstellungsräumen waren umgekippt. **7.** Alle mittelalterlichen Schmuckstücke waren gestohlen. **8.** Die Überwachungskameras waren beschädigt.

Passiv-Ersatzformen

S. 77 Ü 1 ■ befördert worden war, war sichtbar, wurde gegründet, sollten gefördert werden, einsetzbar sind, nicht so einfach ausbauen ließen, musste optimiert werden, war zu bewältigen, erarbeitet wurde, wurden übermittelt, war nahezu unlösbar, konnte entwickelt werden, wurde umgestellt, abrufbar sind, angeboten wurde, war nicht mehr aufzuhalten

S. 77 Ü 2 ■ **a) 1. a)** Der Bürostuhl lässt sich nicht verstellen. **b)** Der Bürostuhl ist nicht zu verstellen. **2. a)** Der Hinweis in Rot lässt sich nicht übersehen. **b)** Der Hinweis in Rot ist nicht zu übersehen. **3. a)** Die Herkunft der Produkte lässt sich nicht feststellen. **b)** Die Herkunft der Produkte ist nicht festzustellen. **4.** Der Schaden lässt sich schnell reparieren. **b)** Der Schaden ist schnell zu reparieren. **5. a)** Die Daten lassen sich einfach manipulieren. **b)** Die Daten sind einfach zu manipulieren.

S. 78 Ü 2 ■ **b) 1. a)** Der Schrank kann abgeschlossen werden. **b)** Der Schrank ist abschließbar. **2. a)** Der Stoff kann gewaschen werden. **b)** Der Stoff ist waschbar. **3. a)** Die Wohnung kann sofort bezogen werden. **b)** Die Wohnung ist sofort beziehbar. **4. a)** Das kann in zwei Tagen gemacht werden. **b)** Das ist in zwei Tagen machbar. **5. a)** Das Gerät kann auch im Straßenverkehr eingesetzt werden. **b)** Das Gerät ist auch im Straßenverkehr einsetzbar. **6. a)** Das Ziel kann im Moment nicht erreicht werden. **b)** Das Ziel ist im Moment nicht erreichbar. **7. a)** Die Töne können nicht gehört werden. **b)** Die Töne sind nicht hörbar. **8. a)** Die Gebrauchsanweisung kann nicht verwendet werden. **b)** Die Gebrauchsanweisung ist nicht verwendbar.

S. 78 Ü 3 ■ **1.** Vorträge sind bis zum 13. August einzureichen. **2.** Die Kommunikationsprobleme sind sofort zu lösen. **3.** Notwendige Veränderungen sind innerhalb von vier Wochen in die Dokumente einzuarbeiten. **4.** Alle Unterlagen sind ins Englische zu übersetzen. **5.** Die Richtigkeit der Daten ist noch zu überprüfen. **6.** Die Tagungsergebnisse sind ohne Genehmigung nicht zu veröffentlichen. **7.** Die Hotelzimmer sind am Abreisetag bis 11.00 Uhr zu räumen.

S. 78 Ü 4 (Beispielsätze) ■ **1.** Unlösbar ist ein Problem, das sich nicht lösen lässt/das nicht zu lösen ist/das man nicht lösen kann. **2.** Verständlich ist eine Reaktion, die man verstehen kann. **3.** Irreparabel sind Schäden, die sich nicht reparieren lassen/die nicht zu reparieren sind/die man nicht reparieren kann. **4.** Unzerstörbar ist ein Material, das man nicht zerstören kann. **5.** Unersetzlich sind Menschen oder Dinge, die sich nicht ersetzen lassen/die nicht zu ersetzen sind/die man nicht ersetzen kann. **6.** Nicht praktikabel ist ein Plan, der sich nicht umsetzen lässt/der nicht umzusetzen ist/den man nicht umsetzen kann. **7.** Unvermeidlich ist eine Auseinandersetzung, die sich nicht vermeiden lässt/die man nicht vermeiden kann.

Imperativ

S. 80 Ü 1 ■ 1. a) Steh(e) nach jeder Stunde auf und beweg(e) dich zehn Minuten! **b)** Stehen Sie nach jeder Stunde auf und bewegen Sie sich zehn Minuten! **2. a)** Nimm eine Tablette! **b)** Nehmen Sie eine Tablette! **3. a)** Priorisier(e) die Aufgaben und bearbeite die wichtigen Aufgaben zuerst! **b)** Priorisieren Sie die Aufgaben und bearbeiten Sie die wichtigen Aufgaben zuerst! **4. a)** Vermeide Multitasking und konzentrier(e) dich auf eine Aufgabe! **b)** Vermeiden Sie Multitasking und konzentrieren Sie sich auf eine Aufgabe! **5. a)** Trink(e) weniger Kaffee und mach(e) dir mal einen Kräutertee! **b)** Trinken Sie weniger Kaffee und machen Sie sich mal einen Kräutertee! **6. a)** Schreib(e) die Probleme auf und rede mit dem IT-Experten darüber! **b)** Schreiben Sie die Probleme auf und reden Sie mit dem IT-Experten darüber! **7. a)** Setz(e) dir erreichbare Ziele! **b)** Setzen Sie sich erreichbare Ziele! **8. a)** Fahr(e) doch lieber mit dem Fahrrad oder nimm die Straßenbahn! **b)** Fahren Sie doch lieber mit dem Fahrrad oder nehmen Sie die Straßenbahn!

S. 80 Ü 2 ■ 1. Wiederhol(e) die Wörter innerhalb von 20 Minuten! **2.** Lies die Vokabeln direkt vor dem Schlafen noch einmal! **3.** Arbeite mit Lernkarten! **4.** Achte beim Lernen auf den eigenen Biorhythmus! **5.** Finde deine besten Lernzeiten heraus! **6.** Hör(e) Lieder in der Zielsprache! **7.** Nutz(e) jede Gelegenheit, die neue Sprache zu sprechen!

S. 80 Ü 3 ■ 1. Schaut euch eine Vorstellung in der Staatsoper an! **2.** Besucht den Prater! **3.** Esst in einem schönen Café ein Stück Sachertorte! **4.** Bewundert das Hundertwasserhaus! **5.** Nehmt an einer Stadtrundfahrt teil! **6.** Macht im Burgviertel viele Fotos! **7.** Genießt den Rundumblick vom Donauturm! **8.** Besichtigt das Schloss Schönbrunn und geht im Schlosspark spazieren!

Konjunktiv II

S. 83 Ü 1 (Beispielsätze) ■ 1. Würdest du für mich diese Seiten kopieren? **2.** Könnte ich hier mal telefonieren? **3.** Ich würde gern einen Termin mit Frau Weber vereinbaren. **4.** Ich hätte gern noch etwas zu trinken. **5.** Könnte ich ein Glas Wasser haben? **6.** Hättest du mal einen Stift für mich? **7.** Könntest du mir ein paar Medikamente aus der Apotheke mitbringen? **8.** Ich hätte gern eine Tasse Kaffee. **9.** Würdest du bitte etwas langsamer fahren? **10.** Diesen Rucksack da hätte ich gerne! **11.** Hättest du eine Kopfschmerztablette für mich? **12.** Könntest du in den nächsten zwei Wochen meine Fische füttern?

S. 83 Ü 2 ■ 1. Könnten Sie bitte etwas lauter sprechen? **2.** Könnten wir morgen etwas eher anfangen? **3.** Könnten Sie die Grammatikregel noch einmal erklären? **4.** Könnten Sie mir ein paar Online-Übungen empfehlen? **5.** Könnten wir mal eine Kaffeepause machen? **6.** Könntet ihr mal aufhören, so laut zu quatschen?

S. 84 Ü 3 ■ a) 1. Hätten **2.** hätte **3.** Könnten **4.** müsste **5.** bekommen würden **6.** wäre **7.** würden informieren
b) 1. Würden Sie Frau Günther bitte ausrichten, dass ich angerufen habe? **2.** Könnten wir einen Termin vereinbaren? **3.** Ginge es nächste Woche/Würde es nächste Woche gehen? **4.** Wäre Ihnen der Dienstag recht? **5.** Ich hätte am Dienstag den ganzen Tag Zeit. **6.** Das ließe sich einrichten/würde sich einrichten lassen. **7.** Würden Sie mich über das Projekt auf dem Laufenden halten? **8.** Würden Sie mir die Unterlagen so schnell wie möglich zusenden? **9.** Würden Sie mir Bescheid geben, wenn sich etwas ändert? **10.** Ich bräuchte die Dokumente umgehend. **11.** Würden Sie mich bitte im Fall einer Verzögerung benachrichtigen? **12.** Würden Sie mich bitte spätestens morgen zurückrufen?

S. 84 Ü 4 ■ 1. Herr Krüger, würden Sie heute Protokoll schreiben? **2.** Könnten Sie die letzten zwei Punkte etwas näher erklären? **3.** Dürfte ich Sie an dieser Stelle mal unterbrechen? **4.** Herr Schreiber, Sie sitzen am Fenster. Würden Sie das mal für einen Augenblick öffnen? **5.** Hätten Sie noch andere Ideen? **6.** Ich würde zu dem Punkt auch gern etwas sagen. **7.** Würden Sie die Aussage von Frau Weber bitte ins Protokoll aufnehmen? **8.** Könnten wir jetzt zum nächsten Tagesordnungspunkt übergehen? **9.** Als Termin für die nächste Sitzung würde mir Mittwochnachmittag sehr gut passen.

S. 86 Ü 5 ■ 1. Ich würde die Arbeitszeit reduzieren. **2.** Ich würde mir ein Hobby suchen und Freundschaften pflegen. **3.** Ich würde mich für einen Yogakurs anmelden. **4.** Ich würde am Wochenende wandern gehen und die Natur genießen. **5.** Ich würde einen Kochkurs besuchen und die Ernährung umstellen. **6.** Ich würde mich mehr auf positive Dinge konzentrieren.

S. 86 Ü 6 ■ a) 1. Alle Mitarbeitenden sollten am Abend ihren Schreibtisch aufräumen. **2.** Das gesamte Kollegium sollte regelmäßig über Weiterbildungsmöglichkeiten informiert werden. **3.** Tagesordnungen für Sitzungen sollten rechtzeitig verschickt werden. **4.** Es sollten klare Regeln für die Arbeit im Homeoffice formuliert werden. **5.** Vorgesetzte sollten mehr positives Feedback geben. **6.** Die alten Büromöbel sollten durch neue ersetzt werden.
b) 1. a) Du hättest deinen Urlaubsantrag vor einem Monat einreichen sollen/müssen. **b)** Es wäre besser gewesen, wenn Mia ihren Urlaubsantrag vor einem Monat eingereicht hätte. **2. a)** Du hättest das Protokoll bereits am Montag an alle verschicken sollen/müssen. **b)** Es wäre besser gewesen, wenn Emma das Protokoll bereits am Montag an alle verschickt hätte. **3. a)** Du hättest die Änderungen auf der Homepage zeitnah einfügen sollen/müssen. **b)** Es wäre besser gewesen, wenn Felix die Änderungen auf der Homepage zeitnah eingefügt hätte. **4. a)** Du hättest den Termin in den Kalender eintragen sollen/müssen. **b)** Es wäre besser gewesen, wenn Lucas den Termin in den Kalender eingetragen hätte. **5. a)** Du hättest den Fehler zugeben sollen/müssen. **b)** Es wäre besser gewesen, wenn Martin den Fehler zugegeben hätte.

S. 88 Ü 7 ■ 1. Hätte ich mich doch für ein anderes Hotel entschieden! **2.** Hätten wir doch die Fahrräder mitgenommen! **3.** Wären wir doch am Hotelpool geblieben! **4.** Hättet ihr doch ein kälteres Urlaubsland ausgesucht! **5.** Hätte sie doch nicht so lange in der Sonne gelegen! **6.** Hätte er sich doch beim Kofferpacken besser konzentriert! **7.** Hätte ich doch ein spannenderes Buch gekauft! **8.** Hättest du doch das Insektenspray eingepackt! **9.** Hätten wir uns doch über die Öffnungszeiten informiert! **10.** Hättet ihr doch schon gestern Nachmittag Karten reserviert!

S. 88 Ü 8 ■ a) 1. Wenn Kerstin doch mal genauer arbeiten würde! **2.** Wenn ich mich doch endlich mal eine Woche erholen könnte! **3.** Wenn Beate doch endlich mal auf mich hören (würde) und sich mehr bewegen würde! **4.** Wenn die Abteilungsleiterin doch endlich in den Ruhestand gehen würde!
b) 1. Wenn sie doch mit öffentlichen Verkehrsmitteln gefahren wäre! **2.** Wenn wir doch einen Experten mit ins Team genommen hätten! **3.** Wenn er doch eher damit angefangen hätte! **4.** Wenn sich das Management doch für einen anderen Anbieter entschieden hätte!

S. 88 Ü 9 ■ Wenn Fritz als Ritter im Mittelalter gelebt hätte, **1.** hätte er zuerst den Beruf des Ritters erlernen müssen. **2.** hätte er mit sieben Jahren als Page in die Lehre gehen müssen. **3.** hätte er dort zunächst Unterricht in gutem Benehmen erhalten. **4.** dann hätte er Kämpfen und Fechten lernen müssen. **5.** hätte er Lesen und Schreiben nicht zu lernen brauchen. **6.** hätte er im Alter von 21 Jahren den Ritterschlag bekommen. **7.** hätte er die Aufgaben eines Ritters immer gut ausführen müssen. **8.** hätte er zum Beispiel immer die Wahrheit sagen müssen. **9.** hätte er nicht geldgierig sein dürfen. **10.** hätte er die Armen und Schwachen verteidigen müssen.

S. 89 Ü 10 ■ a) 1. Wenn die Marketingaktion besser gelaufen wäre, hätten wir viel mehr Produkte verkaufen können. **2.** Wenn alle Beschäftigten die Weiterbildung zum neuen Programm besucht hätten, wäre es zu weniger Zeitverlust bei der Benutzung gekommen. **3.** Wenn die Verwaltungsleiterin die Deadline für die Urlaubsanträge früher bekannt geben würde, könnten wir die Personalprobleme in der Urlaubszeit besser lösen. **4.** Wenn du die zuständige Kollegin fragen würdest, könnte sie dir bestimmt helfen. **5.** Wenn alle Kunden ihre Rechnungen pünktlich bezahlen würden, würden wir nicht in finanzielle Schwierigkeiten geraten. **6.** Wenn wir klare Regeln für die Arbeit im Homeoffice

einführen würden, würden für Mitarbeitende keine Unsicherheiten und Überlastungen entstehen.
b) 1. Wenn die Vorschläge des Kollegiums nicht abgelehnt worden wären, hätte man eine gemeinsame Lösung gefunden. **2.** Wenn die Fehler aufgearbeitet worden wären, wäre es nicht zu einer neuen Panne gekommen. **3.** Wenn die Sicherheitsregeln nicht an die neue Situation angepasst worden wären, wären die Daten nicht sicher gewesen. **4.** Wenn die Leitungsstelle in der Marketingabteilung offiziell ausgeschrieben worden wären, hätten sich sicher mehr Leute beworben.

S. 89 Ü 11 ■ **1.** Fast wäre er Zoodirektor geworden. **2.** Ich hätte beinahe einen Unfall verursacht. **3.** Fast hätten wir unseren Flug verpasst. **4.** Beinahe wäre das Flugzeug abgestürzt. **5.** Fast hätte sie ihn verhaftet. **6.** Die Pflanzen wären beinahe vertrocknet.

S. 89 Ü 12 ■ **1.** als würde er alles wissen. **2.** als würde die Firma ihr gehören. **3.** als wäre ich eine Berufsanfängerin. **4.** als wäre er der Chef. **5.** als würde er etwas von Projektmanagement verstehen. **6.** als würde sie die ganze Arbeit alleine machen.

Konjunktiv I – Indirekte Rede

S. 92 Ü 1 ■ **a)** habe, trinke, habe zufolge, würden liegen, habe, suche, würden verzeichnen, würden mitteilen, sei, austauschen würden, würden niederschlagen, bedeute, neigen würden, würden greifen
b) habe versprochen, hätten gemacht, sei ausgefallen, habe getötet, sei gewesen, habe vorweisen können, wolle anschreiben, finde

S. 92 Ü 2 ■ gebe, wolle, würden fragen, habe, sei, habe, werde

S. 93 Ü 3 ■ **1.** seien **2.** wirke aus **3.** beschweren würden **4.** würden betreffen **5.** nehme **6.** habe **7.** verlaufe **8.** gebe **9.** fehle **10.** hätten **11.** könnten

S. 93 Ü 4 ■ **1.** dass die Bekämpfung der Arbeitslosigkeit Hauptaufgabe der Regierung sei. **2.** dass die Anzahl der Arbeitsplätze schon jetzt steige. **3.** dass die Opposition die Hilfe für arme Familien blockiere. **4.** dass die Währungskrise bald überwunden sei. **5.** dass die Banken jetzt verantwortungsvoll handeln würden. **6.** dass sich die Wirtschaft im Aufschwung befinde. **7.** dass die Beziehungen zwischen den EU-Staaten sehr gut seien. **8.** dass Europa jetzt eine gemeinsame und funktionsfähige Außenpolitik habe. **9.** dass man jetzt alle Krisen und Probleme gemeinsam meistern werde. **10.** dass die Mitgliedsstaaten der Europäischen Union über eine kluge Erweiterungsstrategie diskutieren würden.

Nomen-Verb-Verbindungen

S. 95 Ü 1 ■ **1. b)** einen Antrag **c)** eine Frage **2. a)** Hilfe **b)** Widerstand **c)** Gesellschaft **3. a)** eine Auswahl **b)** eine Vereinbarung **c)** Maßnahmen **4. a)** Beachtung **b)** eine Lösung **c)** Verständnis **5. a)** einen Hinweis **b)** einen Auftrag **c)** einen Rat

S. 95 Ü 2 ■ **1.** Antrag gestellt **2.** Gesellschaft leisten **3.** Rat geben **4.** Lösung gefunden **5.** Vereinbarung getroffen **6.** Hinweis gegeben **7.** Maßnahmen getroffen **8.** Beachtung gefunden **9.** Auswahl getroffen **10.** Verständnis gefunden

S. 95 Ü 3 ■ **a) 1.** Wir konkurrieren mit großen Unternehmen aus Asien. **2.** Wir müssen uns im Bereich Marketing noch mehr anstrengen. **3.** Wir können durch gezielte Werbung die Verkaufszahlen beeinflussen. **4.** Auch die Verpackung ist für den Verkauf wichtig. **5.** Hier müssen wir uns noch für ein neues Konzept entscheiden. **6.** Wir müssen aus unseren Fehlern lernen. **7.** Die neuen Produktionsanlagen laufen seit fünf Wochen. **8.** Könnte mich jemand von der Produktionsabteilung informieren, wenn es Probleme gibt?
b) 1. Die Forderung der Gewerkschaft nach Lohnerhöhung wurde abgelehnt. **2.** Die Verhandlungen mit der Firma UFO wurden endlich abgeschlossen. **3.** Die Qualität des Essens in der Kantine wurde von vielen Mitarbeitenden kritisiert. **4.** Es wurden auch noch andere Themen wie die Neubesetzung der Abteilungsleitung besprochen. **5.** Es wurde allerdings nicht entschieden, wer die Abteilung übernimmt.

S. 96 Ü 4 (Beispiellösung) ■ **1.** Nicht nur in den IT-Berufen gewinnt technisches Know-how an Bedeutung, auch Handwerker oder Kaufleute sind immer stärker mit Digitalisierungsprozessen konfrontiert. **2.** Dem digitalen Wandel der Arbeitswelt wird auch in der Politik Aufmerksamkeit geschenkt. **3.** Bereits vor zehn Jahren unterbreitete das Arbeitsministerium Vorschläge zu digitalen Richtlinien und Rahmenbedingungen. **4.** Im Mittelpunkt stehen dabei neben wirtschaftlichen auch soziale Fragen: **5.** Welche Auswirkungen hat der technische Wandel auf die soziale Stabilität des Einzelnen und der Gesellschaft? **6.** Welchen Veränderungen unterliegt die Arbeit selbst? **7.** Fest steht, dass sich die Arbeitsverhältnisse im Wandel befinden. **8.** Die Festanstellung in einem Betrieb bis zur Rente hat heute Seltenheit. **9.** Es müssen Maßnahmen ergriffen werden, um alle Arbeitnehmer in den Umwandlungsprozess einzubeziehen. **10.** Junge Familien mit Kindern müssen bei der Vereinbarung von Familie und Beruf bestmögliche Unterstützung bekommen.

S. 96 Ü 5 ■ **1.** Beschluss **2.** Konsequenzen **3.** Kritik **4.** Antrag **5.** Sprache **6.** Bemühungen

■ 2 Nomen und Artikel

Genus der Nomen

S. 98 Ü 1 ■ **der:** Montag (Zeit: Tag), September (Zeit: Monat), Onkel (männliche Personen und Berufe), Schnee (Nomen zum Thema Wetter), Anfang (Nomen, die vom Verb kommen und keine Endung haben), Besuch (Nomen, die vom Verb kommen und keine Endung haben), Whisky (alkoholische Getränke), Direktor (männliche Person, Nomen auf *-or*), Koch (männliche Personen und Berufe), Lehrling (männliche Person, Nomen auf *-ling*), Veranstalter (Nomen auf *-er*), Terrorismus (Nomen auf *-ismus*), Demonstrant (Nomen auf *-ant*), Regisseur (männliche Personen und Berufe/ Nomen auf *-eur*), Praktikant (männliche Person, Nomen auf *-ant*), Komponist (männliche Person, Nomen auf *-ist*)
das: Monument (Nomen auf *-ment*), Foto (viele internationale Wörter), Hotel (viele internationale Wörter), Publikum (Nomen auf *-um*), Märchen (Nomen auf *-chen*), Kino (viele internationale Wörter), Kaninchen (Nomen auf *-chen*), Thema (Nomen auf *-ma*), Leben (Nomen aus dem Infinitiv des Verbs)
die: Entscheidung (Nomen auf *-ung*), Suppe (viele Nomen auf *-e*), Kundin (weibliche Person, Nomen auf *-in*), Revolution (Nomen auf *-ion*), Sinfonie (Nomen auf *-ie*), Kultur (Nomen auf *-ur*), Gesellschaft (Nomen auf *-schaft*), Tageszeitung (Nomen auf *-ung*), Konditorei (Nomen auf *-ei*), Zufriedenheit (Nomen auf *-heit*), Sauberkeit (Nomen auf *-keit*), Nationalität (Nomen auf *-tät*), Tat (Nomen, die vom Verb kommen und ein *-t* anhängen), Kompetenz (Nomen auf *-enz*)

S. 99 Ü 2 ■ **a) Ausbildung:** die Schule, die Universität, die Klasse, die Aufgabe, der Unterricht, das Seminar, die Vorlesung, die Bibliothek, das Lehrbuch, die Wissenschaft, das Praktikum, die Studienwahl, das Studium, das Fach, das Lernen, die Mensa, der Vortrag, die Kopie, die Präsentation, die Professorin, der Assistent, die Mitschrift, das Semester, das Wohnheim, die Prüfung, die Klausur, der Kurs, die Vorbereitung, die Forschung, die Promotion, der Abschluss, die Masterarbeit
b) Arbeit: die Firma, das Büro, der Betrieb, das Unternehmen, die Konferenz, das Meeting, das Handy, die Dienstreise, das Passwort, der Ordner, der/das Laptop, die Maßnahme, das Papier, die Kollegin, das Dokument, die Tabelle, das Protokoll, der Mitarbeiter, das Gespräch, die Besprechung, die Bewerbung, die Stelle, das Gehalt, die Steuererklärung, die Kündigung, die E-Mail, die Verwaltung, der Umsatz, die Kantine, der Plan, die Pause, der Urlaub
c) Verkehr: der Bus, der Zug, das Auto, die U-Bahn, der Bahnhof, der Stau, die Ampel, die Geschwindigkeit, der Nahverkehr, das Ticket, der Hafen, das Verkehrsmittel, das Gepäck, die Haltestelle, die Ladestation, die Umsteigezeit, das Gleis, die Verspätung, der Unfall, der Rastplatz, die Ankunft, der Abflug, die Fähre, der CO_2-Ausstoß

S. 99 Ü 3 ■ Die künstliche Intelligenz, die Bekleidungsindustrie, das Leben, Die Kombination, der wärmende Mantel, die leuchtende Jacke, das Smartphone, die Multimedia-Lederhose, die medizinische Anwendung, der integrierte GPS-Sender, das lebensrettende Signal, die Hand, Das Greifen, der Schutz, Die Europäische Kommission, der Mensch, Der Regen, der Schnee, der Wind, die

Kälte, die Wärme, Der Anzug, die Weste, die Entwicklung, Der Nachbau, der Reibungswiderstand, die Aufmerksamkeit, Die feine Haarstruktur, der Körper, die Produktion, Die Natur

S. 100 Ü 4 ■ 1. die Gabel – der Löffel **2.** die Frau – das Mädchen **3.** das Auto – der Wagen **4.** die Nordsee – das Meer **5.** der Rhein – die Donau **6.** das Datum – der Termin **7.** das Zimmer – der Raum **8.** das Gerät – der Apparat **9.** der Tag – die Nacht **10.** die Sonne – der Mond **11.** der Regen – das Gewitter **12.** die Freude – der Ärger **13.** die Liebe – der Hass **14.** die E-Mail – der Brief **15.** der Arm – das Bein **16.** die Tasse – der Teller

S. 100 Ü 5 ■ der Kaffeeautomat, der Büroschlüssel, die Büroklammer, der Autoschlüssel, der Zimmerschlüssel, der Mondschein, die Mondlandung, die Kunstgalerie, der Geldautomat, der Geldschein, der Zeitpunkt, das Zeitdokument, die Reiseführung, das Reisedokument, das Reiseprogramm, der Machtmissbrauch, die Stadtführung, das Computerprogramm

S. 101 Ü 6 ■ a/b) das Videospiel: das Video, das Spiel; das Computerspiel: der Computer, das Spiel; die Spielemesse: die Spiele *(Pl.)*, die Messe; der Messeveranstalter: die Messe, der Veranstalter; das Gamescom-Event: die Gamescom, das Event; der Spieleanbieter: die Spiele *(Pl.)*, der Anbieter; die Fachveranstaltung: das Fach, die Veranstaltung; der Meinungsaustausch: die Meinung, der Austausch; der Wachstumstreiber: das Wachstum, der Treiber; die Spiele-App: die Spiele *(Pl.)*, die App; die Spieleplattform: die Spiele *(Pl.)*, die Plattform; der Zusatzinhalt: der Zusatz, der Inhalt; die Ritterrüstung: der Ritter, die Rüstung; das Sturmgewehr: der Sturm, das Gewehr; das Charaktermerkmal: der Charakter, das Merkmal; die Zusatzfunktion: der Zusatz, die Funktion; das Geschäftsmodell: das Geschäft, das Modell; die Spielfreude: das Spiel, die Freude; der Jahresumsatz: das Jahr, der Umsatz

S. 101 Ü 7 ■ a) 1. die Entwicklung + der Prozess = der Entwicklungsprozess **2.** die Sicherheit + die Kontrolle = die Sicherheitskontrolle **3.** die Sitzung + das Protokoll = das Sitzungsprotokoll **4.** das Problem + die Lösung = die Problemlösung **5.** die Arbeit + der Vertrag = der Arbeitsvertrag **6.** der Termin + die Vereinbarung = die Terminvereinbarung **7.** das Produkt + die Präsentation = die Produktpräsentation **8.** das Personal + die Abteilung = die Personalabteilung **9.** das Fach + die Kompetenz = die Fachkompetenz **10.** der Beruf + der Wunsch = der Berufswunsch
b) 1. das Glück + das Gefühl = das Glücksgefühl **2.** das Essen + die Einladung = die Essenseinladung **3.** die Liebe + die Erklärung = die Liebeserklärung **4.** die Verlobung + der Ring = der Verlobungsring **5.** die Hochzeit + die Feier = die Hochzeitsfeier **6.** die Ehe + die Krise = die Ehekrise **7.** die Kommunikation + das Problem = das Kommunikationsproblem **8.** das Gefühl + das Chaos = das Gefühlschaos **9.** die Scheidung + der Anwalt = der Scheidungsanwalt **10.** die Wohnung + die Suche = die Wohnungssuche

Numerus: Plural

S. 103 Ü 1 ■ Er hat 60 Millionen Euro auf verschiedenen Bankkonten, 5 Luxusautos, 2 Flugzeuge, 3 Jachten, 4 Villen, 2 Penthouse-Wohnungen, 20 Gemälde von modernen Künstlern, 70 Anzüge der besten Modedesigner, 10 teure Armbanduhren, 2 Musikproduktionsfirmen, 9 Assistenten, 2 Leibwächter, 5 Freundinnen, 3 geschiedene Ehefrauen, 6 Kinder.

S. 103 Ü 2 ■ Produkte, Tische, Mappen, Kugelschreiber, Notizblöcke, Schlüsselanhänger, Kannen, Tassen und Teller, Kännchen, Flaschen, Gläser, Brötchen

S. 103 Ü 3 ■ 1. Röcke, Hosen, T-Shirts, Jacken, Kaffeekreationen, Sonderpreisen, Farben, Handtücher, Bademäntel **2.** Abendschuhe, Sandalen, Hemden, Anzüge **3.** Töpfe, Pfannen, Geheimrezepte

S. 104, Ü 4 ■ Nährstoffe, Lebensmittel, Gemüse *(die Pluralform „die Gemüse" wird selten verwendet, normalerweise wird die Singularform „das Gemüse" genutzt oder „Gemüsesorten")*, Obst *(keine Pluralform)*, Getreide *(die Pluralform „die Getreide" wird selten verwendet, normalerweise wird die Singularform „das Getreide" genutzt oder „Getreidesorten")*, Kartoffeln, Nährstoffe, Kalorien, Pflanzenöle, Nüsse, Nährstofflieferanten, Erzeugnisse, Milch *(keine Pluralform)*, Eier, Fleisch *(keine Pluralform)*, Mengen, Einheiten, Obst- und Gemüsesorten, Auswirkungen, Fleisch- und Wurstprodukte, Gramm, Fischarten, Fettsäuren, Krankheiten

S. 104, Ü 5 ■ 1. Sicherheitsregeln **2.** E-Mails **3.** Videokonferenzen **4.** Angebote **5.** Gerichte **6.** Urlaubstage **7.** Dienstprotokolle **8.** Bürotüren **9.** Sitzungen **10.** Verbesserungsvorschläge, Ideen **11.** Geräte **12.** Leistungen

S. 104, Ü 6 ■ Experten, Wetterereignisse, Hitzewellen, Temperaturen, Gegenden, Phasen, Tageshöchstwerten, Tage, Schnee *(keine Pluralform)*, Meteorologen, Wetteraufzeichnungen, Angaben, Folgen, Waldbrände, Böden, Flüsse, Binnenschiffe, Regenfälle, Auswirkungen, Menschen, Natur *(keine Pluralform)*, Überschwemmungen, Opfer, Sachschäden, Ökonomen, Risiken, Klimaschutzmaßnahmen

Kasus der Nomen

S. 106 Ü 1 ■ a) 1. Dativ, Genitiv **2.** Akkusativ **3.** Akkusativ, Genitiv **4.** Nominativ **5.** Dativ **6.** Nominativ, Genitiv **7.** Dativ, Akkusativ **8.** Akkusativ, Akkusativ **9.** Akkusativ, Genitiv **10.** Dativ, Genitiv
b) 1. Wann beantwortest du die E-Mail? **2.** Das Design des neuen Produkts überzeugt die Firmenleitung. **3.** Das Management begründet die Anhebung der Preise nicht. **4.** Frau Mittermeier hilft den neuen Kolleginnen gerne. **5.** Das Kantinenessen schmeckt den Beschäftigten nicht. **6.** Die Abteilungsleiterin teilt die Änderung der Urlaubsregelung dem Kollegium mit. **7.** Der Manager präsentiert die Ergebnisse der Marktuntersuchung. **8.** Die Praktikantin übernimmt die Vorbereitung der Sitzung.

S. 107 Ü 2 ■ a) 1. das Geschirr **2.** das Paket **3.** den Monteur **4.** die Katze **5.** den Fernseher **6.** das Fenster **7.** den Müll **8.** die Rechnung
b) 1. der Nachbarin den Staubsauger **2.** dem Hausmeister das Problem **3.** der Reinigungsfirma das Geld **4.** den Gästen die Urlaubsfotos **5.** meiner Mutter deinen Unfall **6.** den Kindern die Grammatikregeln

S. 107 Ü 3 ■ des Ganges, der Beschäftigten, der Kantine, des Essens, der Verwaltung, des Unternehmens, der Verkaufsabteilung, der Abteilungsleiterin, der Assistentin, Frau Fischers, der Kaffeemaschine, der Büros, der Kreativabteilung, unserer neuen Produkte

S. 107 Ü 4 ■ der Meere, des Mülls, viele Tiere, das Leben, der Plastikteile, der Meerestiere, die Plastikteile, der Hochseevögel, der Fische, den Meeresbewohnern, den Menschen

S. 108 Ü 5 ■ 1. der Mann **2.** der Mitarbeiter **3.** der Chemiker **4.** der Niederländer **5.** der Musiker **6.** der Igel **7.** der Anwalt **8.** der Text

S. 108 Ü 6 ■ 1. Der Arzt hilft (e) dem Patienten. **2.** Das Gericht befragt (g) den Zeugen. **3.** Der Minister antwortet auf die Fragen (f) des Journalisten. **4.** Die ausländischen Gäste sprechen mit (a) dem Präsidenten. **5.** Bitte unterschreiben Sie hier mit (b) Ihrem Namen. **6.** Der Verkäufer berät (d) den Kunden.

S. 109 Ü 7 ■ einen Löwen, den Lieferanten, dem Kunden, dem Praktikanten, den Kollegen, einen Experten, den Kollegen, einem Innenarchitekten, Der Architekt, die Kunden, den Hasen, ein Löwe

S. 109 Ü 8 ■ 1. Der Bär, eines Bären, Der Bär, der Bär, Einem Bären **2.** Der Schimpanse, einem Schimpansen, ein Schimpanse, einen Schimpansen **3.** Elefant, eines Elefanten, Elefanten **4.** der Löwe, eines ausgewachsenen Löwen, Die größten Löwen, Der Löwe, des Löwen **5.** Der Zwergseidenaffe, dem Zwergseidenaffen, des Zwergseidenaffen **6.** Der Rabe, Dem Raben, der Rabe, Raben

Wortbildung der Nomen

S. 110 Ü 1 ■ das Reiseunternehmen, die Reisezeit, der Freisitz, die Freizeit, die Lesebrille, das Großunternehmen, die Großstadt, die Großmutter, das Kleingedruckte, das Kleinunternehmen, die Kleinstadt, der Baustein, das Bauunternehmen, die Badewanne, die Badezeit, der Bademantel, der Hintereingang, der Hintersitz

S. 111 Ü 2 ■ a) Nomen auf *-ung*: die Prüfung, die Verhandlung, die Sitzung, die Bewegung, die Anmeldung, die Mitteilung, die Beschreibung, die Besprechung, die Werbung,
Nomen auf *-e*: die Liebe, die Hilfe, die Lüge, die Wäsche, die Anlage, die Reise
Nomen auf *-t*: die Fahrt, die Ankunft, die Flucht, die Sicht, die Tat

Nomen ohne Endung: der Schuss, der Sitz, der Beweis, der Besitz, der Einspruch, der Bau, der Bericht, der Fluss, der Kuss
b) Nomen auf *-heit*: die Wahrheit, die Einfachheit, die Klarheit, die Sicherheit, die Klugheit
Nomen auf *-(ig)keit*: die Einheitlichkeit, die Arbeitslosigkeit, die Haltbarkeit, die Tätigkeit, die Einsamkeit, die Sorglosigkeit, die Fähigkeit, die Abhängigkeit

S. 111 Ü 3 ■ **1.** Diskriminierung **2.** Bildung **3.** Finanzierung **4.** Konsum **5.** Stärkung **6.** Vereinbarkeit **7.** Wachstum **8.** Umweltschutz

S. 111 Ü 4 ■ Computernutzung, Musikhören, Lesen und Schreiben, Spaziergang, Freizeitbeschäftigungen, Bewegung, Befragung, Bedeutung, Bewusstsein, Klimawandels

Bestimmter, unbestimmter und negativer Artikel

S. 113 Ü 1 ■ **1.** einen **2.** ein **3.** eine **4.** eine **5.** einen **6.** einen **7.** ein

S. 113 Ü 2 ■ **a) 1.** die, der, der, Die **2.** einen, einen, das, der **3.** einer, eine, die, die **4.** eine, der, der, ein, das, die **5.** eine, der, der, die, die, der, eine, die, den, die
b) 1. einen, keinen, einen **2.** – /keine, keine, keine, einen **3.** – , – , keine, – **4.** –, – , – , – , keine **5.** keinen, –, –, – **6.** eine, kein, – , ein, –

S. 114 Ü 3 ■ **1.** die **2.** die **3.** – **4.** – **5.** die **6.** einen **7.** die **8.** die **9.** – **10.** – **11.** die **12.** eine **13.** das **14.** die **15.** die **16.** dem **17.** der **18.** den **19.** das **20.** die **21.** – **22.** Der **23.** das **24.** – **25.** die **26.** das **27.** der **28.** die **29.** Den **30.** das **31.** dem **32.** das **33.** die **34.** den **35.** die **36.** die **37.** das **38.** Die **39.** die **40.** der **41.** Das

S. 115 Ü 4 ■ **a) 1.** – **2.** einen **3.** den **4.** – **5.** Die **6.** – **7.** – **8.** – **9.** ein **10.** –
b) 1. eine **2.** den **3.** eine **4.** Die **5.** einen **6.** – **7.** die/– **8.** die/– **9.** – **10.** – **11.** Die **12.** – **13.** – **14.** – **15.** – **16.** – **17.** ein **18.** eine

S. 115 Ü 5 ■ **1.** Unternehmen und Konzerne nutzen vermehrt Bewerbungs- und Auswahlverfahren, bei denen Computer und künstliche Intelligenz eine wichtige Rolle spielen. **2.** Unabhängig davon, wer oder was die Bewerbungsunterlagen sichtet, es müssen alle Kriterien einer Bewerbung berücksichtigt werden. **3.** Den Kern einer vollständigen Bewerbung in einem deutschen Unternehmen bilden das Anschreiben, der Lebenslauf und die Arbeitszeugnisse. **4.** Der tabellarische Lebenslauf bekommt bei einem computergestützten Bewerbungsverfahren allerdings eine zusätzliche Bedeutung. **5.** Er gibt an, ob die erforderlichen Qualifikationen vorhanden sind und die formalen Anforderungen erfüllt werden. **6.** Bewerbungsprozesse sind für Personaler mit einem hohen Zeitaufwand verbunden. **7.** Bei der Bearbeitung der Bewerbungsunterlagen kann der Kollege Computer helfen, Zeit zu sparen. **8.** Er leistet aufwendige Vorarbeit und sortiert ungeeignete Kandidatinnen und Kandidaten aus. **9.** Bewerberinnen und Bewerber müssen also zuerst die Maschine überzeugen. **10.** Mithilfe einer speziellen Software werden die Angaben im Lebenslauf überprüft und mit personenbezogenen Informationen in den sozialen Netzwerken verglichen. **11.** Das Fehlen einer einzigen Angabe kann das Ausscheiden aus dem Bewerbungsverfahren zur Folge haben.

Possessivartikel

S. 116 Ü 1 ■ **1.** deine Hose, deine Uhr, deine Brille, deine Schuhe, deine Jacke, deine Mütze, dein Schal **2.** eure Küche, eure Terrasse, eure Bilder, euer Sofa, euer Bücherregal, eure Aussicht **3.** unserem neuen Auto, unserem neuen Haus, unserem neuen Gärtner, unserem neuen Fernseher **4.** seinen alten Wagen, seinen Computer, seine Lehrbücher, seine Münzsammlung, seinen Fotoapparat

S. 117 Ü 2 ■ **1.** Für meine Freundin. **2.** Seinen Steuerberater. **3.** Mit ihrer Tante. **4.** Bei unseren Freunden. **5.** Mit meinem Kollegen. **6.** Über unsere Hausärztin. **7.** Von Ihrer Kollegin. **8.** Euer Abteilungsleiter.

S. 117 Ü 3 ■ **1.** unser Angebot, unser Wellnessbereich, unserer Tiefgarage, Ihrem Aufenthalt, unserem Hotel **2.** deine Mail, dein neuer Job, Meine Arbeit, unsere/unseren Kunden, meine Kollegen, ihre Aufgaben, unseren/unserem Kunden, mein Englisch, deine Erfahrungen **3.** eure Karte, euer Hotel, euren Hund, unserem Hotel, unseren Hund

S. 117 Ü 4 ■ Ihre Anzeige, Ihr Unternehmen, Ihrer IT-Abteilung, meine Erfahrungen und Fähigkeiten, meinem Abitur, meine Vorliebe, meiner Masterarbeit, meiner ersten Stelle, meinem Aufgabenbereich, meine Bewerbung, Ihr Interesse

Demonstrativ- und Frageartikel

S. 119 Ü 1 ■ **a) 1.** Welchen **2.** welcher **3.** Was für eine **4.** Was für ein **5.** Was für ein **6.** welcher **7.** Was für ein **8.** Welchen
b) Welche Gegend, welchen Ort, Was für ein Ort, welchem Hotel, welches Hotel, was für einen Service, was für eine Massage, welchen Monaten, welche Mailadresse

S. 119 Ü 2 ■ **1.** dieser **2.** diesen **3.** diesem **4.** diese **5.** diese **6.** diesem **7.** diese **8.** dieser

S. 119 Ü 3 ■ **1.** dieselben **2.** denselben **3.** Derselbe **4.** denselben **5.** demselben

■ 3 Pronomen

Personalpronomen

S. 121 Ü 1 ■ **a)** ich, ich, Sie, Ich, Ihnen, ich, Ihnen, Sie, mir, Sie, ich, Ich, Sie, mir, mir, uns/mir, Wir, Sie, uns
b) Sie, Ich, ich, Ich, mich, Sie, Sie, Sie, mir, Ich, Sie, sie, Sie, ihr, Sie, Sie, mir, ich, Sie, Ich, Sie, Sie, Ich, Ihnen

S. 121 Ü 2 ■ **1.** Sie, mich, Ich, Ihnen, Sie, mich **2.** ich, Ihnen, ich, Wir, Ihnen, Sie, Ihnen, Ich, Sie, Sie, uns/mir, wir, sie **3.** Sie, Wir, sie, Sie, wir, Ihnen

Possessivpronomen

S. 122 Ü 1 ■ **1.** sein(e)s **2.** unserer **3.** deiner **4.** seiner **5.** ihrer **6.** meiner **7.** ihrer **8.** ihre

S. 122 Ü 2 ■ **1.** meinem **2.** mein(e)s **3.** meine **4.** meiner **5.** meiner **6.** meinen **7.** mein(e)s **8.** mein(e)s

Indefinitpronomen

S. 123 Ü 1 ■ **1.** einer **2.** welche **3.** irgendeinen **4.** eine **5.** keins **6.** keinen, irgendeinen, einen

S. 124 Ü 2 ■ **1.** einer **2.** keine **3.** Keine **4.** welche **5.** einer **6.** keine

S. 125 Ü 3 ■ etwas, Jemand, niemand(en), (irgend)etwas, jemand(em), jemand(em), (irgend)etwas, alles, alles, (irgend)etwas, nichts, alles, (irgend)etwas

S. 125 Ü 4 ■ **1.** einen, man **2.** einem, man **3.** man, man **4.** man, man **5.** einem, man **6.** einem, man

S. 125 Ü 5 ■ **1.** nichts **2.** niemand, alle **3.** Man, einem, man, etwas **4.** niemand, irgendjemand, jemand(en) **5.** etwas, jemand(en), allem, niemand(en), alle

Fragepronomen

S. 126 Ü 1 ■ **1.** Wessen Jahresplanung ist das? **2.** Mit wem hat sie gestern gesprochen? **3.** Was stand (auch) auf der Tagesordnung? **4.** Wessen Ideen haben den Vorstand überzeugt? **5.** Was hat sie für das neue Projekt bekommen? **6.** Von wem erwartet sie hohe Einsatzbereitschaft? **7.** Wer ist hoch motiviert?

S. 126 Ü 2 ■ **1.** Wer **2.** wem **3.** Was **4.** Wer **5.** Welche, welche **6.** Wessen **7.** Wen/Wer

Demonstrativpronomen

S. 128 Ü 1 ■ der, der, der, dem, der, die, der, Die, Die

S. 128 Ü 2 ■ **1.** dieselbe **2.** dieselbe **3.** Denselben **4.** dieselbe **5.** denselben

S. 128 Ü 3 ■ **1.** denjenigen **2.** Derjenige **3.** diejenigen **4.** denjenigen **5.** diejenigen

Das Wort *es*

S. 130 Ü 1 (Beispielsätze) ■ Vormittags war es heiß und sonnig. Es waren 30 Grad in der Sonne. Nachmittags war es windig. Es kam ein heftiger Sturm auf. Abends regnete es in Strömen. Es blitzte und donnerte sogar.

S. 130 Ü 2 ■ **1.** Um was für ein Computerproblem handelt es sich? **2.** Es geht um neue Sicherheitsregeln. **3.** Gibt es eine Lösung für das Problem? **4.** Es hängt von vielen Faktoren ab. **5.** Es kommt auch auf gutes Fachwissen an.

S. 130 Ü 3 ■ **1.** Ich mag meine Arbeit nicht besonders. **2.** Ich hasse es, Berichte zu schreiben. **3.** Ich liebe nur die praktische Seite an der Arbeit. **4.** Ich finde es schön, dass du mich unterstützt. **5.** Es ist schade, dass du das nicht immer machst. **6.** Es ist für mich ein Rätsel, wie du das immer schaffst.

S. 130 Ü 4 ■ Guten Tag, Herr Kaiser. Es freut mich, Sie zu sehen. Wie geht es Ihnen? – Danke, mir geht es gut. – Wie war die Fahrt? – Oh, die Fahrt war schrecklich. Es gab ziemlich viel Stau auf der Autobahn und wir haben heute für die Strecke über zwei Stunden benötigt. – Das ist wirklich viel. Es kommt nicht so oft vor, dass die Straßen hier in der Gegend für eine ganze Stunde gesperrt sind. – Ich glaube, es gab einen Unfall. – Ah, das war sicher der Grund dafür. Es ist schon spät und der nächste Termin steht gleich auf meinem Plan. Lassen Sie uns anfangen. Was genau können wir für Sie tun? – Es geht um ein neues Projekt, das ich Ihnen gern vorstellen möchte. – Handelt es sich um die Entwicklung eines neuen Softwareprogramms für die Verwaltung? – Ja genau, darum geht es. Vielleicht kann ich es Ihnen kurz erläutern. – Gerne. Nur kurz ein paar Bemerkungen vorab. Für uns ist es sehr wichtig, dass die Verwaltung mit einem Programm arbeitet, das für die Kolleginnen und Kollegen zeitsparend, selbsterklärend und benutzerfreundlich ist und das gleichzeitig den gestiegenen Anforderungen in diesem Bereich gerecht wird …

■ 4 Adjektive

Deklination der Adjektive

S. 133 Ü 1 ■ **1.** neue **2.** neuen **3.** neuen **4.** neuen **5.** neues **6.** neuen **7.** neues **8.** neue **9.** neuen

S. 134 Ü 2 ■ den bevorstehend Sommerurlaub, in einem schönen Hotel, mit einem guten Restaurant, freundlichen Angestellten und einem großen, sauberen Swimmingpool, ein helles Zimmer mit einem sonnigen Balkon, über ein gut funktionierendes WLAN und vielfältige Sportmöglichkeiten, in einer ruhigen Gegend, an einem weißen Sandstrand, ein spannendes Buch, auf das blaue Meer, historische Innenstädte, gemütliche Cafés, kleine Galerien, Museen mit moderner Kunst, Romantische Stunden bei wundervollen Sonnenuntergängen

S. 134 Ü 3 ■ nach einer hervorragenden Qualität, der Realisierung kundenspezifischer Wünsche und einer weltweiten Distribution, zahlreiche Vertretungen im Ausland und ein modernes Distributionssystem, einen hohen Stellenwert, zukünftigen Generationen eine saubere Welt

S. 134 Ü 4 ■ **1.** gemeinsame Ziele, in regelmäßigen Meetings **2.** in größeren Gruppen, mit verschiedenen Kompetenzen und Fähigkeiten **3.** Wirkliche Teamarbeit, ein starkes Zugehörigkeitsgefühl **4.** eine reibungslose Kommunikation, einer erfolgreichen Arbeit **5.** seine persönlichen beruflichen Ziele, In einem funktionierenden Team, die kollektiven Ziele **6.** Ein weiterer wichtiger Aspekt, gegenseitige Unterstützung, kollegiale Hilfe **7.** in einem produktiven und kreativen Arbeitsumfeld, die gewünschten Ergebnisse **8.** eine große Rolle, ein respektvoller und vertrauenswürdiger Umgang **9.** ein negatives Arbeitsumfeld **10.** kein großes Engagement, keinen eigenen Input

S. 135 Ü 5 ■ **a)** Die körperliche Wahrnehmung, in hohem Maße, Zu diesem erstaunlichen Ergebnis, amerikanische Psychologen, in verschiedenen Experimenten, ausgewählter Probanden, schwere oder leichte Aktenordner, harte oder weiche Gegenstände, auf harten Stühlen oder in weichen Sesseln, für ein gebrauchtes Auto, ähnliche Aufgaben, einen schweren Aktenordner, einen rauen Gegenstand, auf einem harten Stuhl, im weichen Sessel **b)** verheerende Naturkatastrophen, in den sozialen Medien, seltsame Verhaltensweisen, von fliehenden Elefanten, jaulenden Hunden, nervös flatternden Vögeln, keine eindeutigen Erklärungen, ein feines Gespür für das herannahende Unheil, Eine überlieferte Geschichte über merkwürdiges Tierverhalten, gespenstische Szenen, ein gewaltiges Erdbeben, sämtliche Gebäude, eine riesige Flutwelle, jüngerer Naturkatastrophen, Vor dem verheerenden Tsunami, in höhere Gebiete, Einen wissenschaftlichen Beleg, wissenschaftliche Untersuchungen, ihre heimischen Gewässer, die nah gelegene Stadt, bei tierischen Reaktionen, die sogenannten Primärwellen, mit ihrer hohen Sensibilität, vor einer schrecklichen Katastrophe, das lebensrettende Frühwarnsystem, ein funktionierendes Alarmsystem

S. 135 Ü 6 ■ **1.** Auf die Umfrage gab es zahlreiche interessante Reaktionen. **2.** Eine Reihe der Kolleginnen und Kollegen verwies bei einigen neuen Ideen auf frühere Erfahrungen. **3.** Bei vielen jüngeren Beschäftigten stießen die Vorschläge auf Zustimmung. **4.** Mehrere interessierte Kolleginnen und Kollegen nahmen gestern an einer Betriebsversammlung teil. **5.** Auf der Betriebsversammlung wurde über verschiedene neue Arbeitszeitmodelle diskutiert. **6.** Alle anwesenden Mitarbeiterinnen und Mitarbeiter waren mit einer Vier-Tage-Woche einverstanden.

Komparation der Adjektive

S. 137 Ü 1 ■ **1.** ein stärkeres Gift, das stärkste Gift **2.** eine klarere Aussage, die klarste Aussage **3.** eine schwächere Leistung, die schwächste Leistung **4.** ein ärmeres Land, das ärmste Land **5.** eine schärfere Currywurst, die schärfste Currywurst **6.** ein strafferes Programm, das straffste Programm **7.** ein höherer Ton, der höchste Ton **8.** ein kürzerer Roman, der kürzeste Roman **9.** ein stumpferes Messer, das stumpfeste Messer **10.** eine klügere Frage, die klügste Frage **11.** eine dümmere Antwort, die dümmste Antwort **12.** eine jüngere Teilnehmerin, die jüngste Teilnehmerin

S. 138 Ü 2 ■ **1.** kleinste **2.** schiefste **3.** längste **4.** älteste **5.** schwerste **6.** schnellste

S. 138 Ü 3 ■ **1.** jüngste **2.** schönste, wohlhabendsten **3.** ältesten **4.** höchste, teuerste **5.** beliebteste, leckersten **6.** wertvollste **7.** kürzesten **8.** gemütlichste, beste, populärste

S. 138 Ü 4 ■ schwächer, länger, öfter, früher, schlechter, besser, älteren, längere, einfacher, jüngeren, größere, weniger, ältere, bessere

S. 139 Ü 5 ■ **1.** Je mehr Werbung man macht, desto bekannter wird der Firmenname. **2.** Je besser die Bedienungsanleitung ist, desto einfacher lässt sich das Gerät bedienen. **3.** Je edler die Materialien sind, desto teurer kann man das Produkt verkaufen. **4.** Je moderner das Produkt gestaltet ist, desto interessanter finden es jüngere Kunden.

S. 139 Ü 6 ■ **1.** eines der interessantesten Werke **2.** einer der größten Diamanten **3.** eines der berühmtesten Gemälde **4.** einige der bekanntesten Fotografien **5.** eine der derzeit umstrittensten Politikerinnen **6.** eine der überzeugendsten Reden

S. 139 Ü 7 ■ **1.** In diesem Monat haben wir mehr Aufträge erhalten als im letzten Monat. **2.** Eine Vier-Tage-Woche finden die meisten Beschäftigten besser als eine Fünf-Tage-Woche. **3.** Klaus spricht genauso gut Spanisch wie Mia. **4.** Die Präsentation von Frau Schirmer war genauso professionell und informativ wie die von Frau Hummel. **5.** Das neue Programm lädt tatsächlich schneller als das alte. **6.** Das Design der Konkurrenz ist ansprechender und auffälliger als unser eigenes Design.

S. 139 Ü 8 ■ **1.** leichter **2.** länger **3.** leicht **4.** beste **5.** schlechtesten **6.** neueres **7.** harmloser, weitreichender

Partizipien als Adjektive

S. 141 Ü 1 ■ **Partizip I:** mit einer dazugehörenden Steuerungszentrale – dazugehören, die miteinander kommunizierenden Geräte – kommunizieren, saugende und wischende Hausroboter – saugen, wischen, eine reagierende Lichtsteuerung – reagieren, einen entspannenden Mittagsschlaf – entspannen
Partizip II: der miteinander vernetzten Geräte – vernetzen, die gesteuerte Heizung – steuern, die gewünschte Temperatur – wünschen, programmierte Gartenhelfer – programmieren, angebrachte Überwachungskameras – anbringen, das verbundene Smartphone – verbinden, bei einem versuchten Einbruch – versuchen

S. 141 Ü 2 ■ **1.** das landende Flugzeug, das gelandete Flugzeug **2.** die steigenden Anforderungen, die gestiegenen Anforderungen **3.** der sich öffnende Tresor, der geöffnete Tresor **4.** das sich selbst reinigende Gerät, das gereinigte Gerät **5.** die sinkenden Preise, die gesunkenen Preise **6.** die aufgehende Sonne, die aufgegangene Sonne

S. 141 Ü 3 ■ **1.** der unterschriebene Vertrag – Der Vertrag wurde unterschrieben. **2.** die beantworteten E-Mails – Die E-Mails wurden beantwortet. **3.** die explodierenden Kosten – Die Kosten explodieren. **4.** die getroffenen Maßnahmen – Die Maßnahmen wurden getroffen. **5.** die gestrichenen Urlaubstage – Die Urlaubstage wurden gestrichen. **6.** eine motivierende Rede – Die Rede motiviert. **7.** sich widersprechende Meinungen – Die Meinungen widersprechen sich.

S. 142 Ü 4 ■ **1.** anstehenden **2.** laufende, laufenden **3.** streikende **4.** stattfindende **5.** störenden, wartenden **6.** sich ärgernde, fliegenden **7.** kommenden, steigenden

S. 142 Ü 5 ■ **1.** weitergeleitete E-Mails **2.** eingefügten Absätze **3.** eingescannten Abbildungen **4.** angeschaltete Laptop **5.** eingerichtete WLAN **6.** eingebaute Webcam **7.** aktualisierter Virenscan-Programme **8.** installierten Programme **9.** angeklickte Menüpunkt, gewünschte Seite **10.** angelegten Plattform

S. 142 Ü 6 ■ **1.** engagierte und erfahrene Ingenieurinnen und Ingenieure, mit abgeschlossenem Hochschulstudium oder einer entsprechenden Spezialisierung **2.** herausfordernde Projekte, ein angemessenes Gehalt, für drei Jahre befristeten Arbeitsvertrag **3.** ausgeprägten Teamgeist, Kenntnisse der allgemein anerkannten Regeln der Technik sowie des geltenden Bauordnungsrechts **4.** bereitgestellte Formular, vollständig ausgefüllte Bewerbungsformulare

S. 142 Ü 7 ■ **1.** ernst zu nehmende Vorwürfe **2.** die noch zu bezahlenden Rechnungen **3.** die Liste der zu bestellenden Ersatzteile **4.** die zu erledigenden Aufträge **5.** die zu beantwortenden Beschwerden **6.** mit den demnächst umzusetzenden Verbesserungsvorschlägen

Nominalisierte Adjektive

S. 144 Ü 1 ■ ihren Vorgesetzten, Forschende, Vorgesetzte, die Fähigen, Viele Beschäftigte, Etwas Motivierendes oder Lobendes, der Mitarbeitenden, die Verantwortlichen, die Unfähigen, die Engagierten, den Vorgesetzten, Die Talentierten, etwas Neues, besonders Kreative

S. 144 Ü 2 ■ **1.** Abgeordneten **2.** Studierende **3.** Auszubildende **4.** Angeklagten **5.** Verdächtigen **6.** Teilnehmenden **7.** Anwesenden **8.** Verwandte **9.** Unbekannte **10.** Jugendliche, Erwachsene

S. 144 Ü 3 ■ **1.** Neues **2.** Wunderbares **3.** Bestes, Beste **4.** Gutes **5.** Gelernte **6.** Kleingedruckte

S. 144 Ü 4 ■ Sie: Einheimische, Gute, Süßes, Helles
Er: Freischaffender, Fremder, Schlechte, Salziges, Dunkles

Adjektive mit Ergänzungen

S. 146 Ü 1 ■ **1. b)** Wir sind an dem Projekt beteiligt. **c)** Das Land ist reich an Erdöl. **2. auf a)** Otto ist stolz auf seine Leistung. **b)** Ich bin gespannt auf den Vortrag von Dr. Rau. **3. für a)** Klaus ist verantwortlich für die Finanzen. **b)** Ich bin dir für deine Hilfe sehr dankbar. **4. über a)** Das Management ist über den Bericht sehr erstaunt. **b)** Wir sind über die unpünktliche Lieferung verärgert. **5. mit a)** David ist mit der Abrechnung beschäftigt. **b)** Wir sind mit der Entscheidung nicht einverstanden. **6. gegenüber a)** Die Leiterin ist gegenüber neuen Projekten aufgeschlossen. **b)** Sie ist fremden Menschen gegenüber erst mal misstrauisch. **7. von a)** Die Kritiker sind von der Romanverfilmung enttäuscht. **b)** Ich bin von der zweistündigen Rede müde. **8. zu a)** Der Kellner ist zu den Gästen oft unfreundlich. **b)** Du musst viel netter zu meiner Mutter sein.

S. 146 Ü 2 ■ **1.** davon **2.** zu, darüber, an **3.** für, für, dafür **4.** bei, Mit **5.** auf, für

S. 147 Ü 3 ■ **1.** Nein, das ist mir zu gefährlich. **2.** Nein, dort ist es mir zu heiß. **3.** Nein, der ist mir zu langweilig. **4.** Nein, die ist mir zu leicht.

S. 147 Ü 4 ■ **1.** uns, böse **2.** dir, ähnlich **3.** ihm, übel **4.** euch, kalt **5.** mir, recht **6.** mir, peinlich **7.** mir, behilflich, mir, kompliziert

Zahlwörter

S. 149 Ü 1 ■ **1.** am vierzehnten Zweiten **2.** am siebzehnten Zweiten **3.** am fünften Vierten **4.** am dritten Zehnten **5.** am Abend des vierundzwanzigsten Zwölften

S. 149 Ü 2 ■ **1.** beim achten Mal, bei meiner ersten Autofahrt **2.** eine Million zweihundertdreiundneunzigtausendsiebenhundertfünfundsechzig Euro, eine halbe Million **3.** einen Achtelliter **4.** zu viert **5.** der Achte, sechs Frauen, Die vierte **6.** beim dritten Versuch, zum zweiten Mal

S. 149 Ü 3 ■ **1.** c **2.** g **3.** e **4.** a **5.** f **6.** d **7.** b

S. 149 Ü 4 ■ eintausend(und)sechs, ein Drittel, Sechzehn- bis Neunundzwanzig-Jährigen, siebenundvierzig, ein Zehntel, jeder Zweite, die andere Hälfte, einhundert Millionen, drei Komma fünf Milliarden, siebenundzwanzig, Hälfte, jeder Vierte

Wortbildung der Adjektive

S. 151 Ü 1 ■ **1.** windig, neblig **2.** winterlich, sommerlich, herbstlich **3.** regnerisch, stürmisch **4.** risikofreudig, selbstsüchtig, vernünftig, geduldig, witzig, ruhig, mutig **5.** freundlich, leidenschaftlich, pünktlich **6.** sympathisch, launisch, pessimistisch, optimistisch, egoistisch

S. 151 Ü 2 ■ **1.** monatliches **2.** täglich **3.** jährliche **4.** dreijährige **5.** viermonatigen **6.** zweistündigen

S. 151 Ü 3 ■ **1.** Die Krankheit ist heilbar. **2.** Der Patient ist jetzt transportfähig. **3.** Das Obst ist schon essbar. **4.** Das Wasser ist nicht trinkbar. **5.** Das Programm ist noch veränderbar. **6.** Die Kenntnisse sind noch ausbaufähig.

S. 152 Ü 4 ■ **1.** steinreich **2.** federleicht **3.** bildschön **4.** butterweich **5.** giftgrün oder knallrot **6.** blitzschnell

S. 152 Ü 5 ■ **1.** ein inkompetenter Gutachter **2.** die inkonsequente Erziehung **3.** die indirekte Beleuchtung **4.** eine unverbindliche Zusage **5.** ein untypischer Fehler **6.** eine unverständliche Äußerung **7.** die informelle Anrede **8.** der unbefristete Vertrag **9.** eine irrationale Handlung

S. 152 Ü 6 ■ faszinierende Badehäuser, gesellschaftliches Ereignis, neuzeitliche Erfindung, kosmetische Behandlungen, Römischen Reiches, europäischen Badekultur, islamischen Ländern, gemeinschaftlichen Bades, mittelalterlichen Badehäuser, überflüssigen Luxus, schädlichen Einfluss, getragene Kleidung, wissenschaftlichen Fortschritt, gesundheitsfördernde Wirkung

■ 5 Präpositionen

Präpositionen mit dem Dativ

S. 155 Ü 1 ■ **1.** zum **2.** zur, Bei der **3.** von einer, zur **4.** aus, aus der **5.** zur, beim/im, bei einer **6.** beim/bei einem **7.** aus dem, nach

S. 155 Ü 2 ■ **1.** mit anderen schwitzenden Menschen **2.** bei höllischen Temperaturen **3.** Bei einer wissenschaftlichen Untersuchung **4.** zu erstaunlichen Ergebnissen **5.** mit zwei **6.** Untersuchungsergebnissen zufolge **7.** bei bestimmten Krankheiten

S. 156 Ü 3 (Beispielsätze) ■ **1.** Das Endspiel fand bei strömendem Regen statt. **2.** Dank deiner Hilfe können wir das Projekt rechtzeitig beenden. **3.** Entgegen allen/aller Erwartungen gewann die Amateurmannschaft. **4.** Die Galerie liegt gegenüber dem Theater/dem Theater gegenüber. **5.** Zum Wandern muss man die richtigen Schuhe tragen. **6.** Zur Arbeit fährt Frau Weber immer mit dem Fahrrad. **7.** Der Raum ist ab 15.00 Uhr belegt. **8.** Meiner Meinung nach wird das Buch ein Publikumserfolg. **9.** Zur Weihnachtsfeier kamen alle außer dem Direktor. **10.** Einer Studie zufolge bewegen sich viele Menschen zu wenig. **11.** Seiner Frau zuliebe will Richard die neue Stelle in Hamburg ablehnen. **12.** Entsprechend der Vorgabe werden die Pullover aus biologisch angebauter Baumwolle produziert.

S. 156 Ü 4 ■ **1.** Nach **2.** von **3.** bei **4.** mit **5.** zur **6.** beim **7.** zufolge **8.** aus **9.** mit **10.** bei **11.** zu **12.** mit **13.** zur **14.** gegenüber **15.** bei **16.** nach **17.** gemäß **18.** bei **19.** zur **20.** aus

Präpositionen mit dem Akkusativ

S. 157 Ü 1 ■ **1.** Wir gehen eine Runde um den See. **2.** Der Film läuft bis nächste Woche Dienstag. **3.** Marie macht nichts mehr ohne ihren neuen Freund. **4.** Bewegung hilft gegen allerlei Beschwerden. **5.** Der Lkw prallte gegen die Leitplanke. **6.** Für dich tue ich doch alles! **7.** Die Rallye führte mitten durch die Wüste. **8.** Er schlenderte die Einkaufsstraße entlang.

S. 158 Ü 2 ■ **1.** wider **2.** für **3.** für **4.** durch **5.** durch **6.** ohne **7.** für **8.** bis **9.** um **10.** durch

S. 158 Ü 3 ■ **2.** ohne **3.** gegen **4.** entlang **5.** gegen **6.** fuer **7.** um **8.** fuer **9.** ohne **10.** entlang **Lösungswort:** Engagement

S. 158 Ü 4 ■ leider muss ich unser gemeinsames Abendessen absagen. Ich bin heute früh um 9.00 Uhr mit meinem Auto aus der Garage gefahren, da ist ein Taxi die Straße entlang gerast. Ich habe es unglücklicherweise zu spät gesehen und bin voll gegen das Taxi geprallt. Wider Erwarten ist mir und dem Taxifahrer nicht viel passiert. Ich habe mir das Bein gebrochen. Der Taxifahrer hat nur ein paar Prellungen. Durch die schnelle und gute Behandlung im Krankenhaus darf ich schon zu Hause auf meinem eigenen Sofa liegen. Du kannst mich ja mal besuchen und vielleicht etwas zu essen mitbringen.

Präpositionen mit Dativ oder Akkusativ

S. 160 Ü 1 ■ **1.** am Strand **2.** in den sozialen Netzwerken **3.** im Restaurant **4.** zwischen Vorspeise und Hauptgang **5.** im Urlaub **6.** in (an) dem **7.** in dem **8.** in einem weitgehend empfangsfreien Gebiet **9.** in die Wüste **10.** auf (in) die **11.** in Deutschland **12.** in der deutschen Mobil-Landschaft **13.** in so manchem Bergtal **14.** in den Alpen **15.** in (an) einigen Orten **16.** im Schwarzwald **17.** am Esstisch **18.** im Restaurant **19.** auf der Liege **20.** am Pool **21.** auf dem Wanderweg **22.** in den nächsten Ort

S. 160 Ü 2 ■ **1.** im **2.** im **3.** in **4.** auf **5.** in **6.** auf **7.** auf **8.** Vor **9.** In **10.** in **11.** in **12.** auf **13.** auf **14.** in

Präpositionen mit dem Genitiv

S. 162 Ü 1 ■ **1.** außerhalb der Stadt **2.** Angesichts des Fachkräftemangels **3.** Während der Arbeitszeit **4.** Anlässlich des 100-jährigen Firmenjubiläums **5.** innerhalb des Gebäudes **6.** Trotz seines Reichtums **7.** Statt eines Originals **8.** Wegen der schlechten Bezahlung **9.** Laut einer neuen Studie **10.** Infolge schwerer Regenfälle

S. 162 Ü 2 ■ **1.** aufgrund/infolge **2.** Angesichts/Infolge **3.** außerhalb **4.** Mithilfe **5.** innerhalb **6.** Vonseiten **7.** Infolge/Aufgrund **8.** Hinsichtlich **9.** anhand

Semantische Zuordnung der Präpositionen

S. 164 Ü 1 ■ **1.** auf die Kanarischen Inseln **2.** in die Schweiz **3.** an die Atlantikküste **4.** nach Brasilien **5.** an den Nordpol **6.** in die Mongolei **7.** auf die Philippinen **8.** nach Peking **9.** in den Sudan **10.** in die Türkei **11.** nach Lissabon **12.** in die Niederlande **13.** nach Australien **14.** in die USA

S. 164 Ü 2 ■ **1.** vom, auf der **2.** von, gegen/an die **3.** auf der/bei der **4.** Innerhalb des **5.** nach, bei **6.** zu, ins, zum, zur/zu einer

S. 165 Ü 3 ■ auf den Malediven, am Strand, im Hotel, im Indischen Ozean, mitten im Indischen Ozean, südwestlich von Indien, auf einer einsamen Insel, an einem traumhaften Strand, unter Palmen, auf die Malediven, von Frankfurt, nach Malé, auf die Insel, auf der, in Deutschland, an die Ostsee, in den Thüringer Wald oder in eine Stadt, nach Berlin, in den Alpen, auf die Zugspitze, Oberhalb der Baumgrenze, auf einer Insel

S. 165 Ü 4 ■ **1.** in der ersten Reihe auf Platz 15 **2.** auf/bei einer Party unter/zwischen den Gästen **3.** am Taxistand, in ein Taxi **4.** am (an) Gleis 11, in einen Zug, in welchem Zug **5.** in ein Antiquitätengeschäft, in dem Geschäft **6.** an der Kasse im Supermarkt, vor/hinter/neben mir **7.** unter/in seinem Bett oder im Kleiderschrank, in den Keller oder auf den Dachboden

S. 166 Ü 5 ■ in Berlin, In welchem Bezirk, nach Steglitz, im Zentrum, im Süden von Berlin, ca. 15 km von hier, nach Osten, Vor/In/An/Bei/Nach der Friedrichstraße, bis zur Potsdamer Straße, bis zum Ende, nach Schöneberg, an eine Kreuzung mit Auffahrtsmöglichkeiten auf die Autobahn A103, auf der Autobahn ca. drei Kilometer bis zur Ausfahrt Steglitz

S. 167 Ü 6 ■ **1.** um/gegen/vor/nach Mitternacht **2.** am Wochenende **3.** vor/in/nach zwei Stunden **4.** in der Nacht **5.** in/während der Mittagspause **6.** während/innerhalb/außerhalb der Öffnungszeiten **7.** am Vormittag **8.** während des Feueralarms **9.** zwischen 11.00 und 12.00 Uhr **10.** während/vor/nach der Eröffnungsrede des Direktors

S. 167 Ü 7 ■ am 13. Oktober um 12.00 Uhr, an diesem Tag, auf den 20. Oktober, in der genannten Woche, am 27. Oktober oder am 4. November

S. 168 Ü 8 ■ **1.** Seit dieser Zeit **2.** Vor zehn Jahren **3.** Seit Beginn **4.** vor der New York-Ausstellung **5.** seit zwei Wochen

S. 168 Ü 9 ■ **1.** Danach habe ich 12 Monate (lang) ein Freiwilliges Ökologisches Jahr in einem Naturschutzzentrum absolviert. **2.** Von 2013 bis 2016 habe ich Informatik an der Berufsakademie in Karlsruhe studiert. **3.** Von Juni bis September 2016 habe ich bei einem Auslandspraktikum/während eines Auslandspraktikums bei der Firma Green Cathedral in Cambridge praktische Erfahrungen gesammelt. **4.** Von Oktober 2016 bis November 2020 habe ich als Wirtschaftsinformatiker bei der Firma MarktPlus in Wuppertal gearbeitet. **5.** Zur selben Zeit habe ich einen/meinen Master in Wirtschaftsinformatik an der Fernuniversität Hagen gemacht. **6.** An den Wochenenden hatte ich kaum Zeit für Hobbys, trotzdem habe ich mich für den Naturschutz beim Naturschutzbund Deutschland engagiert. **7.** Seit 2021 bin ich als Informatiker bei der Firma EcoComp beschäftigt. **8.** In meiner Freizeit helfe ich verschiedenen Umweltorganisationen bei Datenanalysen.

S. 170 Ü 10 ■ **1.** aus **2.** vor **3.** vor **4.** vor **5.** aus **6.** aus

S. 170 Ü 11 ■ **1.** vor einem Arztbesuch **2.** zur Selbstdiagnose **3.** ins Internet **4.** nach dem Arztbesuch **5.** bei „Doktor Google" **6.** um die Uhr **7.** mit einem fast unendlichen Wissen **8.** bei den harmlosesten Suchanfragen **9.** durch Fehlinformationen **10.** trotz der Informationsflut **11.** mit einer präzise formulierten Suchanfrage **12.** zwischen guten und weniger guten Quellen **13.** bei einem Blick **14.** zu den Verantwortlichen **15.** zu Studien **16.** bei der Aktualität **17.** ohne gesunden Menschenverstand **18.** gegenüber Aussagen **19.** von fachfremden Personen **20.** Für eine seriöse Diagnose **21.** zur Ärztin **22.** zum Arzt

S. 170 Ü 12 ■ **1.** Entgegen den/der Prognosen stabilisiert sich die wirtschaftliche Entwicklung. **2.** Außer dem Kapitän haben alle das Schiff verlassen. **3.** Sie nimmt trotz einer schweren Erkältung an dem Workshop teil. **4.** Statt einer Beförderung hat Frau Hagen gestern ihre Kündigung erhalten. **5.** Der italienische Radsportler ist bei strömendem Regen erneut zum Sieg gefahren. **6.** Ungeachtet der Warnungen der Bergwacht haben drei Freizeitsportler den Berg bestiegen. **7.** Die Krankheit wird durch Viren auf den Menschen übertragen. **8.** Meiner Ansicht nach muss der Staat zum Schuldenabbau mehr sparen.

S. 171 Ü 13 ■ **1.** Ohne Tiere und Pflanzen, auf unserem Planeten, für unsere Nahrung, zur Regulierung des Klimas, Laut Schätzungen, auf unserer Erde, viele von ihnen, Für den Erhalt, von verschiedenen Tier- und Pflanzenarten, durch diese Verschiedenartigkeit, im Ökosystem, durch den Wegfall von Tier- oder Pflanzenarten, für Tiere und Menschen **2.** Trotz ständiger Warnungen von Experten, Untersuchungen zufolge, auf der Erde, In den nächsten Jahrzehnten, nach Meinung von Forschenden, für Natur und Mensch, gegen die Folgen **3.** seit Jahrzehnten, mit seiner Monokultur zur Reduzierung von Insekten, in gleichem Maße, Infolge der Verunreinigung, mithilfe bestimmter Maßnahmen, durch mehr Fruchtwechsel und Mischkulturen auf unseren Feldern, im Alltag, durch eine klimaschonende und energiesparende Lebensweise, zum Artenschutz

S. 171 Ü 14 ■ **1.** Im **2.** am **3.** in **4.** Mit **5.** in **6.** gegen **7.** gegen **8.** Im **9.** in **10.** aus **11.** nach **12.** beim **13.** nach **14.** In **15.** aus **16.** von **17.** im

S. 172 Ü 15 ■ **1.** in **2.** in **3.** um **4.** Zu **5.** um **6.** aus **7.** aus **8.** Zu **9.** zur **10.** Im **11.** im **12.** zum **13.** aus **14.** für **15.** Im **16.** seit

S. 172 Ü 16 ■ **1.** im **2.** für **3.** gegen **4.** In **5.** für **6.** von **7.** Aus **8.** in **9.** zum **10.** in **11.** zu **12.** mit **13.** mit **14.** nach **15.** in **16.** in **17.** nach **18.** für **19.** auf **20.** in **21.** für **22.** gegenüber **23.** von **24.** nach **25.** wegen/aufgrund **26.** von

■ 6 Adverbien und Partikeln

Fragewörter

S. 174 Ü 1 ■ **1.** Wie, Erfurt **2.** Wie viele, 92 **3.** Wer, Die Bundesversammlung. **4.** Wie hoch, 2962 Meter **5.** Wo, In Eisenach. **6.** Wann, 1989 **7.** Wie lange, 632 Jahre **8.** Was, Etwas ist mittelmäßig.

S. 174 Ü 2 ■ Was, welche, Wann, wie lange, Wie oft, Wie viel/Was, Warum, welche, Wo und wie/Wie und wo, Wann

S. 174 Ü 3 (Beispielfragen) ■ **1.** Wie lange wohnen Sie schon in München? **2.** Wo haben Sie studiert? **3.** Was/Welches Fach haben Sie studiert? **4.** Warum haben Sie sich gerade dieses Fach ausgesucht? **5.** Wo haben Sie bisher gearbeitet? **6.** Was haben Sie dort (genau) gemacht?/Womit haben Sie sich beschäftigt? **7.** Wie viele Mitarbeitende hatte Ihre Abteilung? **8.** Welche Sprachen sprechen Sie? **9.** Wo haben Sie Spanisch gelernt? **10.** Warum haben Sie sich bei uns beworben?

S. 175 Ü 4 (Beispielfragen) ■ **1.** Warum haben die Täter keine Spuren hinterlassen? **2.** Wo haben sie das gestohlene Bild versteckt? **3.** Von wem haben die Täter einen Tipp bekommen? **4.** Wann genau hat der Einbruch stattgefunden? **5.** Wo/Bei wem kann das Bild verkauft werden? **6.** Wer hat den Tätern geholfen? **7.** Warum ist die Alarmanlage nicht angegangen? **8.** Was/Wie viel sind die Bilder wert? **9.** Womit/Wie haben die Täter die Kunstwerke transportiert?

S. 175 Ü 5 ■ **1.** Worauf freut sich Frau Weber so? Sie freut sich auf ihre Dienstreise nach Madrid. **2.** Woran arbeitet Gustav eigentlich so fleißig? Er arbeitet an einer Produktpräsentation. **3.** Worüber ärgerst du dich? Ich ärgere mich über die E-Mail einer Kollegin. **4.** Woran denkst du gerade? Ich denke gerade an meinen Abschlussbericht. **5.** Worüber will der Manager mit der Kundin reden? Er will mit der Kundin über die Zahlungs- und Lieferfristen reden. **6.** Worauf wartest du? Ich warte auf einen Anruf aus München. **7.** Wofür interessiert sich Marie? Sie interessiert sich nur für ihre Karriere. **8.** Worüber beklagt sich der neue Kollege? Er beklagt sich über seinen unbequemen Bürostuhl. **9.** Worüber sprechen die in der Sitzung so lange? Sie sprechen so lange über den Rückgang der Verkaufszahlen. **10.** Wofür/Worum kämpft die Gewerkschaft zurzeit? Sie kämpft für/um die Vier-Tage-Woche. **11.** Worauf bereitet sich Max so intensiv vor? Er bereitet sich auf das Bewerbungsgespräch für eine Leitungsposition vor. **12.** Worüber lacht Richard so laut? Er lacht über einen Witz seines Vorgesetzten. **13.** Wovor warnt die IT-Abteilung schon wieder? Sie warnt sie vor einem gefährlichen Computervirus. **14.** Wonach sucht die Verwaltungsleiterin eigentlich? Sie sucht nach einem wichtigen Schreiben vom Finanzamt. **15.** Worum geht es heute in der Besprechung? Es geht um das neue Projekt.

Adverbien

S. 177 Ü 1 ■ **1.** draußen **2.** raus **3.** oben **4.** rückwärts **5.** rechts **6.** runter **7.** nirgends **8.** vorn

S. 177 Ü 2 ■ Kommt doch rein! – Draußen ist es wahnsinnig kalt. – Hier ist es warm, keine Sorge. Eure Mäntel könnt ihr dort drüben an die Garderobe hängen. Wollt ihr euch gleich ein bisschen von innen aufwärmen und einen heißen Tee trinken? – Ich muss noch mal schnell nach unten und ein paar Flaschen Wasser und eine Flasche Wein holen. – Soll ich mit runterkommen und dir beim Tragen helfen? – Bleibt aber bitte nicht so lange da unten. – Keine Angst, Alice, wir kommen gleich wieder rauf.

S. 177 Ü 3 ■ **1.** drinnen **2.** geradeaus, links **3.** rüber, drin **4.** runterbringen, rauf

S. 178 Ü 4 ■ **a) 1.** Soeben **2.** einst **3.** demnächst **4.** Früher **5.** vorhin **6.** kürzlich *(Anmerkung: „einst" verwenden wir eher in literarischen Kontexten (z. B. in Märchen), „früher" bei geschichtlichen/vergangenen Ereignissen)*
b) 1. mittwochs **2.** meistens **3.** Manchmal **4.** immer **5.** zeitlebens

S. 179 Ü 5 (Beispielsätze) ■ Zuerst möchte ich über die Entwicklung der Verkehrssituation in den letzten zehn Jahren sprechen. Danach sage ich etwas über die Zunahme des Verkehrs auf den Autobahnen und beschreibe die Situation der öffentlichen Verkehrsmittel. Anschließend würde ich gern die Maßnahmen der Regierung erläutern und meine eigene Meinung darlegen. Zuletzt mache ich ein paar Vorschläge zur Lösung der Verkehrsprobleme und gebe einen Ausblick für die Zukunft.

S. 179 Ü 6 ■ **1.** währenddessen/inzwischen **2.** gleichzeitig/zeitgleich **3.** inzwischen/währenddessen **4.** Zeitgleich/Gleichzeitig **5.** währenddessen/inzwischen

S. 180 Ü 7 ■ **1.** Das verstehe ich überhaupt/gar nicht. **2.** Das Restaurant war ganz leer. **3.** Ich habe gar/überhaupt keine Zeit. **4.** Das war eine ganz/sehr tolle Party! **5.** Die Entscheidung kann ich überhaupt/gar nicht nachvollziehen. **6.** Mir geht es sehr gut. **7.** Ich kann dazu gar/überhaupt nichts sagen. Ich habe überhaupt/gar keine Ahnung von Marketing.

S. 180 Ü 8 ■ **1.** anstandshalber **2.** vermutlich **3.** Bestenfalls, schlimmstenfalls **4.** keinesfalls **5.** vergleichsweise **6.** netterweise **7.** Notfalls **8.** Umständehalber **9.** dummerweise

Redepartikeln

S. 182 Ü 1 (Beispielsätze) ■ **1.** Wie findest du eigentlich den Vorschlag von Susanne? **2.** Warum bewirbst du dich denn nicht um den Leitungsposten? **3.** Macht dir deine neue Arbeit eigentlich Spaß? **4.** Was ist das denn für ein Chaos hier? **5.** Was machst du denn in meinem Büro an meinem Laptop? **6.** Wann findet eigentlich die nächste Konferenz statt?

S. 182 Ü 2 (Beispielsätze) ■ **1.** Die Gläser sind sehr zerbrechlich. Sei <u>bloß</u> vorsichtig damit! **2.** Du brauchst hier <u>doch</u> nicht so gelangweilt rumzusitzen. Du kannst <u>ruhig</u> ein bisschen mithelfen. **3.** Die Eingangstür war <u>ja</u> schon wieder nicht abgeschlossen. Das ist <u>aber</u> merkwürdig! **4.** Lies <u>doch mal</u> den Artikel hier im „Spiegel"! Der ist wirklich interessant. **5.** Mach bloß keine Bemerkungen wegen der Jobabsage. Martin ist immer noch ganz geknickt. **6.** Du wusstest <u>doch</u>, dass ich deine Hilfe brauche!

S. 182 Ü 3 ■ **1.** eigentlich/denn **2.** denn/eigentlich **3.** ja **4.** denn/eigentlich **5.** ja/doch **6.** doch **7.** aber/ja **8.** doch **9.** eigentlich/denn, vielleicht

■ 7 Einfache Sätze

Position der Verben

S. 184 Ü 1 (Beispielsätze) ■ **1.** Sende der Firma Umex bitte umgehend ein Angebot. **2.** Kontrollieren Sie bitte die Zahlungseingänge. **3.** Verschickt bitte im Laufe der Woche alle Mahnungen. **4.** Sag(e) bitte den Termin mit Frau Krüger ab. **5.** Besprich bitte die neuen Aufgaben mit der Praktikantin. **6.** Nehmen Sie bitte heute alle Anrufe für mich entgegen.

S. 184 Ü 2 ■ Gerne komme ich mal wieder nach Berlin. Am besten passt es mir am übernächsten Wochenende. Ich habe nämlich am Freitag und am Montag frei. Deshalb muss ich für die Reise keine extra Urlaubstage nehmen. Das finde ich sehr praktisch. Mein Hotelzimmer buche ich selbst. Darum braucht ihr euch nicht zu kümmern. Ich kenne ein sehr nettes kleines Hotel in der Nähe der Museumsinsel. Auf jeden Fall steht ein Besuch im Neuen Museum auf meinem Programm. Vielleicht können wir zusammen ins Museum gehen und danach auf den Fernsehturm fahren. Vom Fernsehturm aus hat man eine wunderbare Sicht auf ganz Berlin. Ich freue mich sehr auf unser Wiedersehen. Morgen maile ich euch meine genauen Reisezeiten.

Position der anderen Satzglieder

S. 186 Ü 1 ■ **1.** er dir **2.** Es, ihn **3.** ich, es ihr **4.** ich, ihn ihr **5.** sie, ihn mir **6.** ich, ihnen

S. 187 Ü 2 (Beispielsätze) ■ **1.** Das zeigen die Ergebnisse mehrerer Studien in Deutschland. **2.** Den Umfragen zufolge kaufen 40 % der Eltern regelmäßig im Supermarkt Bioprodukte. **3.** Sie achten außerdem auf den regelmäßigen Verzehr von Obst und Gemüse. **4.** Das Lieblingsessen von Kindern sind aber noch immer Spaghetti. **5.** Der Hamburger liegt überraschenderweise nicht auf den ersten zehn Plätzen. **6.** Fast alle Eltern reden gelegentlich mit ihren Kindern über Essenswünsche. **7.** Das Vorbild der Eltern ist bei der Ernährung sehr wichtig. **8.** Kinder von ernährungsbewussten Eltern haben häufig mehr Spaß am Essen. **9.** Die deutlichsten Veränderungen in letzter Zeit gibt es bei den Tischmanieren. **10.** Man findet auf dem Esstisch immer häufiger elektronische Geräte wie Smartphones oder Tablets. **11.** Nach Meinung von Experten beeinträchtigt die Handynutzung beim Essen den Genuss der Mahlzeit.

S. 187 Ü 3 (Beispieltexte) ■ **a)** Sehr geehrte Frau Dr. Köhler, spätestens seit der Konferenz im September letzten Jahres in Wien ist die Bedeutung des Themas „Trinkwasser für alle" auch in der Öffentlichkeit präsent. Damit wächst der Anspruch an die Realisierung entsprechender Projekte. Wir planen nun zu diesem Thema einen ganztägigen Workshop. Dieser Workshop soll als Plattform für einen Gedankenaustausch über Konzeption, Umsetzung und Ergebnisse bereits bestehender Projekte dienen. Ein weiteres Ziel ist die bessere Vernetzung der Projekte. Wir möchten Sie aufgrund Ihrer Expertise in dem Bereich zu diesem Workshop herzlich einladen. Er findet am 21. Februar von 9.30 Uhr bis ca. 17.30 Uhr in Hamburg statt. Bitte teilen Sie uns Ihre Zusage bzw. Absage bis zum 30. November verbindlich mit. **b)** Sehr geehrte Frau Dr. Köhler, vielen Dank für Ihre schnelle Rückmeldung. Wir freuen uns sehr über Ihre Zusage. Der Workshop findet im Seminargebäude der Universität statt. Den Raum geben wir rechtzeitig bekannt. Wir haben für Sie bereits vom 20. bis 22. Februar im Hotel „Krone" ein Einzelzimmer reserviert. Das Hotel befindet sich in der Markusstraße direkt neben dem Seminargebäude. Für weitere Fragen stehen wir Ihnen jederzeit zur Verfügung.

S. 189 Ü 1 ■ **1.** Die öffentlichen Verkehrsmittel haben besser funktioniert als im letzten Jahr. **2.** Das Chaos auf den Autobahnen war nicht so drastisch wie befürchtet. **3.** Allerdings ist der Flugverkehr nicht so reibungslos verlaufen wie erhofft. **4.** Großbritannien und Frankreich hatten mit dem Schnee mehr zu kämpfen als Deutschland. **5.** In Paris und London konnten weniger Flugzeuge starten und landen als in Frankfurt. **6.** Die Autohändler haben viel mehr Winterreifen verkauft als erwartet. **7.** Auch die Schuhgeschäfte erzielten höhere Umsätze als in den vergangenen Jahren. **8.** Die Hoteliers in den Touristengebieten konnten nicht so hohe Gewinne verzeichnen wie erwünscht.

S. 189 Ü 2 ■ Ich habe verdächtige Schritte gehört im Nebenraum. Ich war etwas nervös wegen des Geräuschs. Zwei Diebe haben in der Ecke gestanden direkt vor meinem Tresor. Die Diebe haben wichtige Dokumente aus dem Tresor entwendet, zum Beispiel Fotos von Persönlichkeiten aus Politik und Wirtschaft in heiklen Situationen. Die Betroffenen werden nicht erfreut sein über diese Tatsache! Ich habe die Fotos rein zufällig gemacht, ohne böse Absicht.

Apposition

S. 190 Ü 1 ■ **1.** Auf dem offiziellen Empfang sprach ich lange mit Herrn Meier, dem Leiter der Forschungsgruppe. **2.** Wir unterhielten uns über die neueste Entwicklung seiner Firma, einen Apparat zu einer schnelleren und umfassenderen Blutanalyse. **3.** Das Gerät wurde von Otto Friedrich, einem Ingenieur der Forschungsgruppe, entwickelt. **4.** Die Erfindung wurde bereits beim Europäischen Patentamt auf Deutsch, einer offiziellen Amtssprache, als Patent angemeldet.

S. 190 Ü 2 ■ **1.** der Zweite **2.** Ludwigs des Zweiten **3.** des Zweiten **4.** der Zweite **5.** dem Zweiten **6.** dem Zweiten **7.** den Zweiten **8.** den Zweiten **9.** der Zweite **10.** des Zweiten

Negation

S. 192 Ü 1 ■ **1.** Er will an der Demonstration gegen die Bildungspolitik nicht teilnehmen./Er will nicht an der Demonstration gegen die Bildungspolitik teilnehmen. **2.** Auch Susanne will sich nicht an der Kundgebung beteiligen./Auch Susanne will sich an der Kundgebung nicht beteiligen. **3.** Knut geht heute Abend nicht zu dem Vortrag von Prof. Schulz. **4.** Die Vorlesung hat nicht pünktlich begonnen. **5.** Ich fand sie nicht besonders gut. **6.** Paulina hat nicht viel mitgeschrieben. **7.** Gehst du nicht zu dem Seminar? **8.** Die Dozentin hat der Verlängerung der Abgabefrist für die Abschlussarbeit nicht zugestimmt. **9.** Dr. Günther erinnerte die Studierenden nicht an die rechtzeitige Bewerbung um Praktikumsplätze.

S. 192 Ü 2 (Beispielsätze) ■ **1.** Man sollte nicht unvorbereitet an Besprechungen teilnehmen. **2.** Man sollte die Namen der Kundinnen und Kunden nicht vergessen. **3.** Man sollte nicht über Kolleginnen und Kollegen lästern. **4.** Man sollte im Gespräch nicht zu nah an Beteiligte herantreten. **5.** Man sollte die Geschäftspartner nicht gleich duzen. **6.** Man sollte keine fehlerhaften E-Mails schreiben. **7.** Man sollte keine vertraulichen Mitteilungen per E-Mail versenden./Man sollte vertrauliche Mitteilungen nicht per E-Mail versenden. **8.** Man sollte beim Smalltalk nicht über Beziehungsprobleme oder Krankheiten sprechen. **9.** Man sollte nicht durch seine Kleidung auffallen: keine schrillen Farbkombinationen, keine weißen Socken zum dunklen Anzug, keine Krawatten mit Comicfiguren tragen.

S. 192 Ü 3 ■ **1.** Der geografische Mittelpunkt Deutschlands liegt nicht in Berlin, sondern 500 Meter nördlich des Ortes Niederdorla in Thüringen. **2.** Das größte Bundesland in Deutschland ist nicht Niedersachsen, sondern Bayern. **3.** Aachen ist nicht die nördlichste Großstadt in Deutschland, sondern die westlichste. **4.** Nicht die Insel Sylt liegt in der Ostsee, sondern die Insel Hiddensee.

S. 192 Ü 4 (Beispielsätze) ■ **1.** Nein, ich habe die Übersicht nirgendwo gesehen. **2.** Nein, bei einer Verkaufsverhandlung war ich noch nie dabei. **3.** Nein, wir haben keinen Farbdrucker. **4.** Nein, ich weiß nichts über die geplante Umstrukturierung. **5.** Nein, es war niemand an deinem Schreibtisch. **6.** Nein, ich habe keinen Stift für dich.

■ 8 Zusammengesetzte Sätze

Hauptsätze

S. 194 Ü 1 ■ **1.** Wir können heute über die Urlaubsplanung sprechen oder wir verschieben es auf nächste Woche. **2.** Wir gehen dieses Wochenende nicht zu meiner Schwester, sondern meine Schwester kommt zu uns. **3.** Ich bleibe heute Vormittag zu Hause, denn ich erwarte den Monteur. **4.** Olga möchte im Juli in die Berge fahren, aber ihr Mann will lieber ans Meer. **5.** Erik wollte eigentlich ins Fitnessstudio gehen, aber er musste noch einen Kunden besuchen. **6.** Wir können uns direkt in der Stadt treffen oder ich hole dich zu Hause ab. **7.** Eva möchte heute nicht Klavier üben, sondern sie will mit ihren Freundinnen spielen. **8.** Sei bitte pünktlich, denn wir können nicht warten. **9.** Christine lernt für die Prüfung und Jan erledigt die Einkäufe. **10.** Max muss heute Abend nicht kochen, denn wir gehen in ein Restaurant.

S. 195 Ü 2 ■ **1.** und **2.** denn **3.** und **4.** sondern **5.** und **6.** und **7.** aber **8.** sondern

S. 195 Ü 3 ■ **1.** nicht nur, sondern auch **2.** zwar, aber **3.** entweder, oder **4.** nicht nur, sondern auch **5.** entweder, oder **6.** zwar, aber

S. 196 Ü 4 (Beispielsätze) ■ **1.** Es kann nicht nur bei Rückenschmerzen und anderen körperlichen Beschwerden helfen, sondern es hat auch eine positive Wirkung bei Schlafstörungen, Angst, Depression und chronischen Kopfschmerzen. **2.** Mit den verschiedenen Yoga-Haltungen werden nicht nur Muskelkraft, Flexibilität und Gleichgewichtssinn trainiert, sondern es verbessert sich auch die geistige Leistungsfähigkeit. **3.** Yoga hilft nicht nur, innere Ruhe und Gleichgewicht zu finden, sondern es hat auch Einfluss auf das Verhalten gegenüber den Mitmenschen. **4.** Die Wurzeln von Yoga liegen zwar im Hinduismus, aber es wird von Menschen unterschiedlicher Religionen und Weltanschauungen praktiziert. **5.** Man macht Yoga entweder zu Hause, oder man meldet sich zu einem Yogakurs an. **6.** Yoga gilt zwar nicht als Therapie, aber im Rahmen der Prävention werden die Kosten für Yogakurse manchmal von der Krankenkasse bezahlt.

Kapitel 8: Zusammengesetzte Sätze

S. 196 Ü 5 ■ **1.** und **2.** denn **3.** sondern **4.** und **5.** denn **6.** und **7.** zwar – aber **8.** nicht nur – sondern auch

S. 198 Ü 1 (Beispielsätze) ■ **1.** Bei einem erfolgreichen Influencer-Marketing wird die Bekanntheit des Produkts und des Influencers bzw. der Influencerin verbessert, folglich kann man von einer Win-win-Situation sprechen. **2.** Normalerweise werden Werbeauftritte von Firmen minutiös geplant, dagegen ist beim Influencer-Marketing Freiraum gefragt. **3.** Influencer/-innen kennen ihre Anhängerschaft genau, daher können sie die Werbebotschaft auf die bestmögliche Weise kommunizieren. **4.** Die Auftraggeberinnen und Auftraggeber sollten als Erstes die Botschaft der Werbung und eventuelle Grenzen beschreiben, anschließend können die Influencer/-innen ihre Kreativität entfalten. **5.** Manchmal wirkt Influencer-Werbung nicht hundertprozentig professionell, trotzdem kann die Zielgruppe erreicht werden. **6.** Bei dieser Werbeform steht Glaubwürdigkeit im Vordergrund, darum sind Authentizität und Spontaneität wichtige Elemente. **7.** Influencer/-innen haben ein Vertrauensverhältnis zu ihren Followerinnen und Followern, deswegen verlassen sich 50 Prozent der User auf ihre Empfehlungen. **8.** Allerdings ist die Zusammenarbeit mit den richtigen Partnerinnen und Partnern unabdinglich, andernfalls verschwenden Unternehmen Zeit und Ressourcen. **9.** Es muss zunächst eine gründliche Recherche über verschiedene Influencer/-innen und ihre Zielgruppen erfolgen, dann wird der Kontakt hergestellt. **10.** Außerdem muss die Partnerschaft klar offengelegt werden, sonst schädigt man den Ruf des Unternehmens.

S. 198 Ü 2 (Beispielsätze) ■ **1.** In der Besprechung schreibt Andrea Protokoll, anschließend/danach verschickt sie das Protokoll an alle. **2.** Frau Ebert fühlt sich heute nicht wohl, trotzdem/dennoch nimmt sie an der Sitzung teil. **3.** Susanne hat große Probleme mit dem neuen Programm, dagegen kommt Martina/Martina kommt dagegen damit ausgezeichnet klar. **4.** Richard arbeitet heute bis 20.00 Uhr, deshalb/deswegen/darum muss er seine Verabredung mit Katja absagen. **5.** Die Verkaufszahlen sind gesunken, folglich/infolgedessen (deshalb/deswegen/darum) wird das Management langsam nervös. **6.** Das Budget für Werbung wurde in den letzten Jahren erhöht, trotzdem/dennoch blieb der Erfolg aus. **7.** Edwin fühlt sich in seiner Arbeit nicht anerkannt, deshalb/deswegen/darum sieht er sich nach einer neuen Stelle um. **8.** Herr Zimmerman muss die Versetzung nach Hamburg akzeptieren, sonst/andernfalls muss er die Firma verlassen. **9.** Herr Schröder besucht ein Seminar für neue Managementstrategien, deshalb/deswegen/darum kann er in dieser Woche nicht an seinem Projekt weiterarbeiten. **10.** Die Angestellten dürfen im Homeoffice nicht mehr mit eigenen Geräten arbeiten, stattdessen sollen sie Firmenlaptops benutzen.

S. 199 Ü 3 (Beispielsätze) ■ **1.** Du solltest an jeder Teambesprechung teilnehmen, sonst verpasst du wichtige Entscheidungen. **2.** Du solltest nicht zu früh nach Hause gehen, sonst bekommst du Ärger mit deiner Vorgesetzten. **3.** Du solltest ab und zu eine Pause machen, sonst kannst du dich nicht gut konzentrieren. **4.** Du solltest die Abrechnung für Dienstreisen pünktlich einreichen, sonst musst du sehr lange auf das Geld warten. **5.** Du solltest dich für verschiedene Fortbildungen anmelden, sonst kannst du dich fachlich nicht weiterentwickeln. **6.** Du solltest alle wichtigen E-Mails speichern, sonst kannst du bestimmte Vorgänge nicht mehr dokumentieren.

S. 199 Ü 4 ■ **1.** Einerseits – andererseits **2.** zwar – trotzdem **3.** weder – noch **4.** zwar – trotzdem **5.** Einerseits – andererseits **6.** weder – noch

S. 200 Ü 5 (Beispielsätze) ■ **1.** Einerseits legt Dora sehr viel Wert auf Pünktlichkeit, andererseits kommt sie öfter zu spät. **2.** Einerseits hat Jana meistens recht, andererseits darf sie ihre Vorgesetzten nicht so undiplomatisch kritisieren. **3.** Zwar ist Bertus ein sehr begabter Musiker, trotzdem arbeitet er als Angestellter beim Finanzamt. **4.** Einerseits möchten Inge und Josef in die Stadt ziehen, andererseits mögen sie die Ruhe auf dem Land. **5.** Michaela interessiert sich zwar sehr für Management, trotzdem will sie auf eine Karriere als Wissenschaftlerin nicht verzichten.

S. 200 Ü 6 ■ **1.** dagegen **2.** und **3.** Zwar – aber **4.** deshalb **5.** deshalb **6.** stattdessen **7.** zwar – trotzdem **8.** danach **9.** deshalb **10.** danach **11.** währenddessen **12.** nicht nur – sondern auch **13.** einerseits – andererseits, Infolgedessen **14.** nicht nur – sondern auch

Adverbiale Nebensätze

S. 202 Ü 1 (Beispielsätze) ■ **1.** Als ich das letzte Mal in Berlin war, befand sich das Neue Museum noch im Wiederaufbau. **2.** Als Friedrich Wilhelm IV., König von Preußen, 1841 für die Präsentation seiner Kunstsammlungen nicht mehr ausreichend Platz hatte, befahl er den Bau eines neuen Museums. **3.** Als der Bau 1850 fertiggestellt wurde, konnten den Besuchern erstmalig viele Kunstschätze aus Europas Frühzeit und dem alten Ägypten gezeigt werden. **4.** Als der Zweite Weltkrieg tobte, verursachten Bomben schwere Schäden am Gebäude und an den Kunstobjekten. **5.** Als 1999 ein Gesamtkonzept für die Museumsinsel in Berlin entwickelt wurde, beschloss man den Wiederaufbau des Neuen Museums. **6.** Als das Neue Museum 2009 fertig war, wurde der Schlüssel dem Generaldirektor der Staatlichen Museen zu Berlin feierlich übergeben. **7.** Wenn ich am Wochenende endlich im Neuen Museum bin, fotografiere ich die interessantesten Ausstellungsstücke. **8.** Wenn ich mir eine interessante Ausstellung ansehe, kaufe ich mir immer einen Katalog.

S. 203 Ü 2 ■ **a) 1.** Als er neun Jahre alt war, besuchte er die Weltausstellung in Paris und machte erste Bekanntschaft mit den neuen Maschinen und Motoren. **2.** Als der Krieg 1870 ausbrach, flüchtete die Familie nach London. **3.** Als die Familie in wirtschaftliche Schwierigkeiten geriet, musste Rudolf zu seinem Onkel nach Augsburg ziehen. **4.** Als er am Polytechnikum in München studierte, beschäftigte er sich schon mit der Dampfmaschine.
b) 1. Nachdem er jahrelang an der Entwicklung eines neuen Motors experimentiert hatte, konnte er im Jahre 1897 das erste funktionstüchtige Modell vorzeigen. **2.** Nachdem er die Leistungsfähigkeit des Motors unter Beweis gestellt hatte, war der Siegeszug des Dieselmotors nicht mehr aufzuhalten. **3.** Nachdem er 1898 die Dieselmotorenfabrik Augsburg gegründet hatte, kam es zur Gründung der Allgemeinen Gesellschaft für Dieselmotoren. **4.** Nachdem er sein verdientes Geld falsch angelegt hatte, war er finanziell ruiniert. **5.** Nachdem er erfolgreich mit der Firma Consolidated Diesel Manufacturing Ltd. in London verhandelt hatte, fuhr er am 20. September 1913 mit dem Schiff zu einem Treffen nach England. **6.** Nachdem er auf dem Schiff nach dem Abendessen in seine Kabine gegangen war, wurde er nie wieder gesehen. **7.** Nachdem Fischer eine Leiche im Wasser gefunden hatten, konnte Rudolf Diesel anhand persönlicher Gegenstände identifiziert werden.

S. 203 Ü 3 ■ **1.** Bevor/Ehe ich das Anschreiben formuliere, informiere ich mich gründlich über die Firma. **2.** Bevor/Ehe ich meine Bewerbungsunterlagen abschicke, suche ich den richtigen Ansprechpartner und lese alle geschriebenen Texte Korrektur. **3.** Bevor/Ehe ich zum Bewerbungsgespräch gehe, überlege ich mir überzeugende Argumente für die Bewerbung. **4.** Bevor/Ehe ich mich verabschiede, bedanke ich mich für das Gespräch. **5.** Bevor/Ehe ich einen Arbeitsvertrag unterschreibe, prüfe ich die Arbeitsbedingungen genau.

S. 204 Ü 4 ■ **a) 1.** seit/seitdem sie nach Berlin gezogen ist. **2.** seit/seitdem sie eine feste Stelle bekommen hat. **3.** seit/seitdem sie ihr erstes kleines Projekt leiten kann. **4.** seit/seitdem sie neue Freunden gefunden hat.
b) 1. Professor Günter will das Projekt so lange betreuen, bis wir es erfolgreich abschließen können. **2.** Oskar will sich so oft bewerben, bis er seinen Traumjob findet. **3.** Kerstin will ihr altes Auto so lange fahren, bis es auseinanderfällt. **4.** Irina will so oft beim Kundendienst anrufen, bis jemand den Hörer abnimmt.

S. 204 Ü 5 ■ **1.** Gleich nachdem er sein Amt übernommen hatte, leitete er Reformen ein. **2.** Bis die nächsten Wahlen stattfinden, muss er erste Erfolge vorweisen. **3.** Als er die Buchmesse in Frankfurt besuchte, sprach er über die Notwendigkeit von Bildung. **4.** Nachdem er seine Rede beendet hatte, diskutierte er noch lange mit dem Publikum. **5.** Bevor er aus Frankfurt abreiste, traf er sich mit dem Friedensnobelpreisträger.

S. 204 Ü 6 ■ **1.** Wenn **2.** Wenn **3.** nachdem **4.** nachdem **5.** bevor **6.** Während **7.** während/wenn

S. 205 Ü 1 ■ **1.** Ich grüße meine Nachbarn nicht, weil ich mich mit ihnen gestritten habe. **2.** Ich bin nicht zur Vernissage gekommen, weil ich ein wichtiges Geschäftsessen hatte. **3.** Ich fahre heute nicht mit dem Fahrrad, weil der Hinterreifen kaputt ist. **4.** Ich gehe zum Physiotherapeuten, weil mir die Ärztin/die Ärztin mir noch keine Überweisung geschrieben hat. **5.** Ich bin so nervös, weil ich in einer halben Stunde meine Arbeitsergebnisse präsentieren muss. **6.** Ich mache keinen Sprachkurs, weil ich zurzeit beruflich sehr viel zu tun habe. **7.** Wir kommen so spät, weil wir zwei Stunden im Stau gestanden haben. **8.** Ich arbeite nicht mehr an der Universität, weil mein Vertrag ausgelaufen ist.

S. 205 Ü 2 ■ **1.** Weil/Da die Produktwerbung keine Wirkung zeigt, muss die Werbestrategie geändert werden. **2.** Weil/Da es Beschwerden über die Qualität unseres Angebots gibt, muss eine strengere Kontrolle des Produktionsprozesses stattfinden. **3.** Weil/Da uns die Konkurrenz (die Konkurrenz uns) Marktanteile weggenommen hat, müssen wir die Kunden mit neuen, innovativen Produkten zurückgewinnen. **4.** Da/Weil viele Meetings zu lange dauern, müssen sie besser vorbereitet und zeitlich begrenzt werden. **5.** Da/Weil viele Beschäftigte unzufrieden sind, müssen alle Vorgesetzten eine Schulung zum Thema Führungskompetenzen besuchen. **6.** Weil/Da Mitarbeitende von zu vielen E-Mails im Arbeitsprozess unterbrochen werden, werden neue Richtlinien für interne Mails und Verteilerlisten aufgestellt.

S. 206 Ü 1 ■ **1.** Wenn Sie nachher etwas Zeit haben, könnten wir über die Präsentation sprechen. **2.** Wenn Sie noch ein paar Kopien machen wollen, können Sie den Kopierer in der zweiten Etage benutzen. **3.** Wenn Sie etwas reklamieren wollen, wenden Sie sich bitte an unsere Serviceabteilung. **4.** Wenn Sie die Probezeit erfolgreich gemeistert haben, bieten wir Ihnen einen unbefristeten Vertrag an. **5.** Wenn Sie gute Ideen oder Verbesserungsvorschläge haben, schreiben Sie uns eine E-Mail. **6.** Wenn Sie sich weiterbilden möchten, können Sie sich mit der Personalabteilung in Verbindung setzen.

S. 206 Ü 2 ■ **1.** Wenn man unterwegs gerne einen Kaffee trinkt, sollte man auf To-Go-Becher verzichten. **2.** Selbst wenn man den Konsum von Kleidung und anderen Konsumgütern nur minimal einschränkt, leistet man einen kleinen Beitrag zur Reduzierung von CO_2-Emissionen. **3.** Wenn man regionale und biologisch produzierte Lebensmittel kauft, unterstützt man die ökologische Landwirtschaft. **4.** Wenn man den privaten Wasserverbrauch reduziert, spart man Geld und schont die Wasserressourcen. **5.** Wenn man kurze Wege zu Fuß oder mit dem Fahrrad zurücklegt, tut man etwas für seine Gesundheit und die Umwelt.

S. 207 Ü 1 ■ **1.** b **2.** d **3.** e **4.** a **5.** f **6.** c

S. 207 Ü 2 ■ **a) 1.** Der Sturm war so/dermaßen heftig, dass zahlreiche Bäume und Strommasten umkippten. **2.** Einige Häuser sind so/dermaßen stark beschädigt, dass sie abgerissen werden müssen. **3.** Es war im Sommer so/dermaßen heiß, dass das Trinkwasser knapp wurde. **4.** Viele landwirtschaftliche Nutzflächen litten so/dermaßen stark unter der Trockenheit, dass es zu massiven Ernteausfällen kam.
b) 1. Der Film war so/dermaßen schlecht, dass ich aus dem Saal gegangen bin. **2.** Die Ausstellung hat mir so/dermaßen gut gefallen, dass ich sie noch einmal sehen will. **3.** Der Krimi war so/dermaßen spannend, dass ich ihn in einer Nacht ausgelesen habe. **4.** Das Restaurant war so/dermaßen voll, dass wir wieder nach Hause gegangen sind und uns eine Pizza bestellt haben.

S. 208 Ü 1 ■ **1.** Obwohl er überhaupt nicht singen kann, hat er vor, Mitglied in einem Chor zu werden. **2.** Obwohl er noch nie eine Kamera in den Händen hatte, will er einen Kurzfilm drehen. **3.** Obwohl er sehr schlecht Englisch kann, möchte er sich bei einer amerikanischen Firma bewerben. **4.** Obwohl er zwei linke Hände hat, will er das kaputte Waschbecken selbst reparieren. **5.** Obwohl er noch nie im Lotto gewonnen hat, kauft er sich jede Woche einen Lottoschein. **6.** Obwohl niemand über seine Witze lacht, erzählt er sie immer wieder. **7.** Obwohl er keinen Sport treibt, möchte er an einem Marathonlauf teilnehmen.

S. 208 Ü 2 ■ **1.** Obwohl Christoph nicht die notwendigen Qualifikationen hat, bemüht er sich zum dritten Mal um einen Leitungsposten. **2.** Obwohl Paul sich mit dem Produkt nicht ausreichend beschäftigt hat, präsentiert er es auf der Messe. **3.** Obwohl Tim mit dem Programm nicht zurechtkommt, nimmt er an der Schulung nicht teil. **4.** Obwohl die Ergebnisse der innerbetrieblichen Umfrage große Unzufriedenheit bei den Beschäftigten zeigen, ergreift das Management keine Maßnahmen. **5.** Obwohl die Regeln zur IT-Sicherheit allen kommuniziert wurden, halten sich einige nicht daran. **6.** Obwohl die Angestellten am Wochenende und im Urlaub keine geschäftlichen Mails zu lesen und zu beantworten brauchen, wird es in einigen Abteilungen erwartet. **7.** Obwohl mehrere Beschäftigte über Rückenschmerzen klagen, werden keine ergonomischen Büromöbel angeschafft.

S. 209 Ü 1 ■ **1.** Alfred hört nie laut Musik, damit seine Nachbarn nicht gestört werden. **2.** Alfred kauft nur Bioprodukte, damit sich seine Kinder gesund ernähren. **3.** Alfred organisiert gemeinsame Aktivitäten außerhalb der Arbeitszeit, damit sich die Stimmung im Kollegium verbessert. **4.** Alfred hilft jungen Kolleginnen und Kollegen, damit ihnen die Einarbeitung leichterfällt. **5.** Alfred finanziert Nachhilfestunden für seinen Sohn, damit sein Sohn in Chemie gute Noten bekommt. **6.** Alfred erzählt seiner Tochter vor dem Einschlafen Märchen, damit sie gut schlafen kann.

S. 209 Ü 2 ■ **1.** Das Hotel baut den Wellnessbereich aus, damit die Gäste verschiedene Behandlungen buchen können. **2.** Das Hotel bietet vegane und vegetarische Gerichte an, damit die Gäste sich gesund ernähren können. **3.** Das Hotel organisiert wissenschaftliche Vorträge, damit die Gäste Interessantes und Wissenswertes über unterschiedliche Themen erfahren. **4.** Das Hotel vergrößert die Grünfläche, damit sich die Gäste ausreichend an der frischen Luft bewegen können. **5.** Das Hotel bietet Yoga- und Pilateskurse an, damit die Gäste Entspannungstechniken lernen. **6.** Das Hotel engagiert einen Fitnesstrainer und eine Gesundheitsexpertin, damit sich die Gäste professionell beraten lassen können.

S. 210 Ü 1 ■ **1.** Die Kopie des Originaldokuments können Sie vergrößern oder verkleinern, indem Sie die gewünschte Größe unter dem Menüpunkt „Zoom" einstellen. **2.** Der Einzug des Dokuments erfolgt, indem man das Dokument in die aufklappbare Abdeckung legt. **3.** Sie können Größe, Kopierqualität und Anzahl der Kopien einstellen, indem Sie die entsprechenden Schaltflächen drücken. **4.** Die Papierbehälter können Sie auffüllen, indem Sie das entsprechende Fach des Kopierers öffnen und Papier einlegen. **5.** Gestautes Papier können Sie aus der Maschine entfernen, indem Sie den Hinweisen auf dem Display folgen. **6.** Das Glas lässt sich leicht reinigen, indem man es mit einem feuchten und sauberen Tuch abwischt.

S. 211 Ü 2 ■ **1.** ohne dass **2.** indem **3.** dadurch … dass **4.** ohne dass **5.** wie **6.** Je … desto

S. 211 Ü 1 ■ Viele fürchten sich sogar davor, dass zu Mehl verarbeitete Insekten in Keksen, Chips oder Nudeln landen, ohne dass sie es merken. Produkte mit Insektenmehl müssen genau gekennzeichnet werden, wohingegen andere Inhaltsstoffe wie Treibmittel zum Backen oder Enzyme nicht angegeben werden müssen. In deutschen Supermärkten sind bisher vor allem Riegel, Chips und Teigwaren mit Insekten erhältlich, während man in vielen Ländern und in Onlineshops ganze Insekten kaufen kann. Diese Snacks sind Experten zufolge oft zu zucker- oder salzhaltig, wogegen frittierte oder gebratene ganze Insekten als gesund gelten.

S. 212 Ü 2 ■ **1.** Unsere Reiseleiterin vom letzten Jahr sprach fließend drei Sprachen, während der Reiseleiter in diesem Jahr nicht mal gut Englisch konnte. **2.** Letztes Jahr haben wir viele interessante Orte besucht und Abenteuer erlebt, wohingegen wir dieses Jahr nur langweilige Ausstellungen gesehen haben. **3.** Letztes Jahr konnten die Kinder an verschiedenen Aktivitäten teilnehmen, während es dieses Jahr überhaupt keine Veranstaltungen für Kinder gab. **4.** Letztes Jahr hatten wir zahlreiche Möglichkeiten, die Kultur des Gastlandes selbst zu erkunden, wogegen wir dieses Jahr in der Gruppe zusammenbleiben mussten. **5.** Letztes Jahr hatten wir zwei Wochen lang wunderschönes Wetter, wohingegen es dieses Jahr die ganze Zeit regnete. **6.** Letztes Jahr habe ich mich mit den meisten Mitreisenden angefreundet, wohingegen ich dieses Jahr keine Kontakte knüpfen konnte. **7.** Letztes Jahr hat sich der Busfahrer kein einziges Mal verfahren, während wir dieses Jahr ständig halten mussten, um nach dem Weg zu fragen. **8.** Letztes Jahr konnten wir überall kulinarische Spezialitäten probieren, wogegen wir uns dieses Jahr mit Brötchen und Fastfood zufriedengeben mussten.

S. 212 Ü 3 ■ **1.** Karl interessiert sich für Naturwissenschaften, während sich Martin für Mode und Theater begeistert. **2.** Karl bleibt am Wochenende am liebsten zu Hause, wohingegen Martin gerne Ausflüge macht. **3.** Karl ist sehr schüchtern, während Martin mit jedem gerne redet. **4.** Karl kann nicht lügen, wohingegen Martin die Wahrheit oft verdreht. **5.** Karl geht lieber kein Risiko ein, während Martin ziemlich risikofreudig ist. **6.** Man kann auf Karl zählen, während man sich auf Martin nicht immer verlassen kann. **7.** Karl ist immer pünktlich, wogegen es Martin mit der Zeit nicht so genau nimmt. **8.** Karl gibt wenig Geld für Kleidung und Essen aus, während Martin sein Geld zum Fenster rauswirft.

Singerichtete Infinitivkonstruktionen

S. 213 Ü 1 ■ 1. Um sein repariertes Fahrrad noch abholen zu können. **2.** Um uns besser auf die Sprachprüfung vorzubereiten. **3.** Um seiner Familie näher zu sein. **4.** Um mich auszuruhen und mir eine lustige Serie anzusehen. **5.** Um nicht im Stau stehen zu müssen. **6.** Um sich für eine Weiterbildung anzumelden. **7.** Um ihr zu ihrem Sprachdiplom zu gratulieren.

S. 214 Ü 2 ■ Man braucht **1.** ein Elektroauto, um schnell, emissionsfrei und geräuscharm zu fahren. **2.** ein Handy, um immer erreichbar und gut informiert zu sein. **3.** eine gemütliche Wohnung, um sich wohlzufühlen. **4.** einen interessanten Job, um sich im Beruf nicht zu langweilen. **5.** gute Freunde, um mit jemandem über Probleme sprechen zu können. **6.** einen guten Schulabschluss, um bessere Berufschancen zu haben.

S. 214 Ü 3 ■ 1. Gabi war gestern Abend im Kino, anstatt zu meiner Geburtstagsparty zu kommen. **2.** Andreas ist aus dem Haus gegangen, ohne die Tür abzuschließen. **3.** Samuel hat heute Nachmittag einfach das Büro verlassen, ohne jemandem Bescheid zu sagen. **4.** Dirk hat eine Schlange als Haustier gekauft, ohne vorher mit seiner Freundin darüber zu sprechen. **5.** Stephanie sieht fern, statt an ihrem Vortrag zu arbeiten. **6.** Friedrich redet einfach weiter, ohne auf meine Fragen einzugehen/(an)statt auf meine Fragen einzugehen.

S. 214 Ü 4 ■ 1. Nora blieb der Sitzung fern, ohne sich abzumelden. **2.** Till nimmt an der Weiterbildung teil, um seine Managementkenntnisse zu verbessern. **3.** Wir haben die ganze Zeit gearbeitet, ohne eine Pause zu machen. **4.** Marcus fährt zum Flughafen, um die Gäste abzuholen. **5.** Lisa ist nach Hause gegangen, ohne den Computer auszuschalten. **6.** Otto hat die wichtigen Dateien gelöscht, anstatt sie zu sichern. **7.** Matteo besucht einen Kunden, ohne seinen Besuch vorher anzukündigen. **8.** Der Manager hat einen Fehler gemacht. Er schweigt, anstatt sich zu entschuldigen.

Übersicht Adverbialsätze

S. 217 Ü 1 ■ 1. Bevor David zum Mittagessen in die Kantine geht, muss er noch das Sitzungsprotokoll schreiben. **2.** Der letzte Betriebskoch hat so miserabel gekocht, dass ihm gekündigt wurde. **3.** Viele Kolleginnen und Kollegen haben sich über sein Essen beschwert, trotzdem hat die Betriebsleitung jahrelang nichts unternommen. **4.** Obwohl die Beschäftigten gern mehr vegetarische Mahlzeiten wollten, gab es in der Kantine hauptsächlich Fleischgerichte. **5.** Der neue Kollege ist zwar manchmal ein bisschen seltsam, aber man kann gut mit ihm auskommen. **6.** Wir hatten im Januar einen Teambildungsworkshop, um unsere Zusammenarbeit noch weiter zu verbessern. **7.** Wir können unsere Probleme dadurch lösen, dass wir besser kommunizieren. **8.** Mangelnde oder schlechte Kommunikation kann zu Missverständnissen führen, sodass die Arbeitsabläufe gestört werden.

S. 218 Ü 2 ■ 1. ohne dass, Damit, um … zu **2.** denn, nicht nur, sondern auch **3.** Anstatt, Um … zu **4.** deshalb, sondern **5.** weil, Wenn, wenn, dadurch dass

S. 218 Ü 3 ■ 1. ohne … zu **2.** weil **3.** und **4.** Wie **5.** nicht nur … sondern auch **6.** um … zu **7.** nicht nur … sondern auch **8.** Obwohl **9.** denn **10.** und **11.** Wenn **12.** folglich **13.** sondern

Verbabhängige Nebensätze und Infinitivkonstruktionen

S. 219 Ü 1 ■ Ich habe gelesen, **1.** dass die meisten Mäusearten in Afrika und Asien leben. **2.** dass die heute als Hausmaus bekannte Art ursprünglich aus Indien stammt. **3.** dass Mäuse keinen Käse mögen, sondern Süßigkeiten./dass Mäuse keinen Käse, sondern Süßigkeiten mögen. **4.** dass Mäuse einen sehr ausgeprägten Geruchssinn haben. **5.** dass Mäuse auch klettern, schwimmen und für Menschen unhörbar singen können. **6.** dass Mäuse bevorzugt in den Morgen- und Abendstunden aktiv sind. **7.** dass Mäuse zwar keinen Winterschlaf halten, aber ihre Körperfunktionen zum Energiesparen herunterfahren können.

S. 220 Ü 2 (Beispielsätze) ■ a) 1. Ein Forscherteam hat herausgefunden, dass eine typisch westliche Ernährung, die dem Durchschnittskonsum in den USA und Europa entspricht, zu viel Fleisch, verarbeitetes Getreide und gezuckerte Getränke enthält. **2.** Außerdem wurde festgestellt, dass in Deutschland die meisten Menschen noch weit von einer optimalen Ernährung entfernt sind. **3.** Ein weiteres Ergebnis war, dass vor allem rotes Fleisch und verarbeitete Produkte wie Wurst und Schinken einen negativen Effekt haben. **4.** Die Studie ergab zudem, dass der dauerhafte Verzehr ungesunder Lebensmittel Erkrankungen wie Diabetes, Alzheimer, Herzerkrankungen und Krebs auslösen kann. **5.** Außerdem hat man bewiesen, dass Hülsenfrüchte wie Kichererbsen, Bohnen, Linsen und Erbsen echte Lebensverlängerer sind. **6.** Forschende haben festgestellt, dass sie antioxidative und entzündungshemmende Eigenschaften aufweisen, aber viel zu selten auf dem Speiseplan stehen.
b) Eine Untersuchung kam zu dem erstaunlichen/überraschenden Ergebnis, **1.** dass gelegentlicher Pizzagenuss das Herzinfarktrisiko um rund 22 Prozent senkt. **2.** dass der Konsum von Milch und Fleisch die Chance erhöht, Zwillingsnachwuchs zu bekommen. **3.** dass kreative Gemüsenamen wie „Röntgenblick-Karotten" den Gemüsekonsum von Kindern und Jugendlichen steigern. **4.** dass Zitronenduft Menschen zum Putzen animiert. **5.** dass grünes Gemüse durch die enthaltenen Antioxidantien positive Effekte auf das Hörvermögen hat und gegen Hörverlust hilft.

S. 220 Ü 3 ■ 1. Ich denke, dass wir langfristig nicht um eine Einsparung bei den Personalausgaben herumkommen werden. **2.** Schlagen Sie jetzt tatsächlich vor, dass Personal eingespart, das heißt entlassen werden muss? **3.** Ich halte es für wichtig, dass wir in alle Richtungen denken. **4.** Ich bin davon überzeugt, dass uns eine ganz neue Marketingstrategie helfen könnte. **5.** Ich fürchte, dass wir ohne bessere Produkte den neuen Herausforderungen nicht gewachsen sind. **6.** Entschuldigen Sie, dass ich Sie unterbreche, aber es wurden entscheidende Managementfehler begangen. **7.** Ich bin dafür, dass die hierarchischen Strukturen verändert (werden) und die Beschäftigten in Entscheidungen einbezogen werden. **8.** Ich glaube, dass die Diskussion jetzt in eine falsche Richtung geht.

S. 222 Ü 1 ■ 1. regelmäßig Sport zu treiben. **2.** sich ungesund zu ernähren. **3.** ab und zu mal Nein zu sagen. **4.** sich mit einer spannenden Lektüre von Ihren Sorgen abzulenken. **5.** regelmäßig Ruhepausen einzulegen. **6.** immer positiv zu denken.

S. 222 Ü 2 (Beispielsätze) ■ 1. a) Elli möchte weniger arbeiten. **b)** Elli hat sich vorgenommen, weniger zu arbeiten. **2. a)** Kathrin will sich einen anderen Job suchen. **b)** Kathrin hat die Absicht, sich einen anderen Job zu suchen. **3. a)** Frau Krüger will sich für einen Posten im Vorstand bewerben. **b)** Frau Krüger beabsichtigt, sich für einen Posten im Vorstand zu bewerben. **4. a)** Otto möchte mit seiner Vorgesetzten über eine Gehaltserhöhung sprechen. **b)** Otto hat sich vorgenommen, mit seiner Vorgesetzten über eine Gehaltserhöhung zu sprechen. **5. a)** Die Firmenleitung will die Umsätze weiter erhöhen. **b)** Die Firmenleitung hat vor, die Umsätze weiter zu erhöhen. **6. a)** Ferdinand möchte auf der nächsten Sitzung seine Arbeitsergebnisse präsentieren. **b)** Ferdinand hat die Absicht, auf der nächsten Sitzung seine Arbeitsergebnisse zu präsentieren.

S. 222 Ü 3 ■ 1. zu behandeln **2.** lernen **3.** zu lösen **4.** zu haben **5.** zu steigern **6.** helfen **7.** zu bewältigen **8.** durchzuführen

Fragesätze als Nebensätze

S. 223 Ü 1 ■ 1. Die Astronominnen und Astronomen haben noch keine Antwort auf die Frage, was vor dem Urknall war. **2.** Wir wissen heute noch nicht genau, wie das Leben auf der Erde entstanden ist. **3.** Biologen untersuchen, ob Pflanzen Schmerz empfinden können. **4.** Viele Forscherinnen und Forscher fragen sich, ob Menschen in jeder Hinsicht intelligenter sind als Tiere.

5. Es gibt verschiedene Theorien darüber, wie die Dinosaurier ausgestorben sind. **6.** Historikerinnen und Historiker erforschten jahrhundertelang, was die ägyptischen Hieroglyphen bedeuten. **7.** Vor allem kranke Menschen fragen sich, wann wir endlich den Krebs besiegen können.

S. 224 Ü 2 ■ **a)** Können Sie mir sagen/Wissen Sie vielleicht, **1.** wie hoch die Arbeitslosigkeit ist? **2.** ob alle Jugendlichen einen Ausbildungsplatz bekommt? **3.** welche Themen bei der Bevölkerung gerade gut ankommen? **4.** welche Partei in den Meinungsumfragen vorn steht? **5.** wer unsere Partei eigentlich wählt? **6.** wie wir noch Stimmen gewinnen können? **7.** welche lokalen Zeitungen auf unserer Seite stehen? **8.** welche Lokalpolitikerinnen und Lokalpolitiker die beste Onlinepräsenz haben? **9.** welche Argumente unsere politischen Gegner haben? **10.** welche Prominenten uns bei der Wahl noch unterstützen können?
b) (Beispielsätze) 1. Ja, wir haben gefragt, ob sie mit der jetzigen Politik zufrieden sind. **2.** Ja, wir haben gefragt, welche Erwartungen sie an die Politik haben./was sie von der Politik erwarten. **3.** Ja, wir haben gefragt, wovor sie Angst haben./wovor sie sich fürchten./ob sie Angst haben. **4.** Nein, wir haben sie nicht gefragt, wie viel sie verdienen./wie hoch ihr Einkommen ist. **5.** Ja, wir haben sie gefragt, ob sie persönliche Wünsche haben./was sie sich persönlich wünschen.

S. 224 Ü 3 (Beispielsätze) ■ Mich würde interessieren/Ich möchte gerne wissen, **1.** ob Sie einen Rabatt für fünf Kopierer gewähren. **2.** über welche Zusatzfunktionen das Modell X10 gegenüber dem Modell X9 verfügt. **3.** wie hoch der Tonerverbrauch ist. **4.** welchen Wartungsservice Sie bieten. **5.** mit welcher Lieferzeit wir rechnen müssen. **6.** wie wir die alten Geräte entsorgen können./ob Sie die alten Geräte entsorgen. **7.** wie lange die Garantie läuft. **8.** was bei Ausfall eines Kopierers passiert.

Relativsätze

S. 225 Ü 1 ■ **1.** der von 1919 bis 1932 am Bauhaus arbeitete? **2.** dessen schlechtes Sehvermögen im Alter bei ihm Depressionen auslöste? **3.** den hauptsächlich Motive aus der Bibel oder aus dem Zirkusleben interessierten? **4.** dessen Tiergemälde zu den berühmtesten Werken des Expressionismus zählen? **5.** den viele Leute für verrückt hielten?

S. 226 Ü 2 ■ **1.** die **2.** die **3.** der **4.** die **5.** dem **6.** die **7.** denen **8.** die **9.** der **10.** dem **11.** der **12.** der

S. 226 Ü 3 ■ **1.** das **2.** die **3.** denen **4.** denen, dem **5.** deren **6.** denen **7.** die, die **8.** denen **9.** die **10.** denen

S. 226 Ü 4 ■ **1.** Die Doktorarbeiten von zwei Politikerinnen, in denen mehrere Stellen mit Plagiaten gefunden wurden, werden von den Universitäten erneut geprüft. **2.** Viele Universitäten und Hochschulen, deren finanzielle Situation seit Jahren besorgniserregend ist, klagen über Personalmangel, Platzprobleme und mangelnde technische Ausrüstung. **3.** Alle Seminarräume, in denen sich noch keine interaktiven Whiteboards befinden, müssten modernisiert werden.

S. 227 Ü 5 ■ **1.** an der/wo **2.** in das/wohin **3.** in dem/wo **4.** in die/wohin **5.** in dem/wo **6.** auf dem/wo **7.** in dem/wo **8.** aus dem/woher

S. 227 Ü 6 ■ **1.** worüber **2.** worauf **3.** wogegen **4.** worauf **5.** worauf **6.** worüber

S. 228 Ü 7 ■ **1.** nichts **2.** das **3.** nichts **4.** alles/das **5.** das **6.** vieles

S. 228 Ü 8 ■ **1.** Das ist nichts, was mich begeistern kann. **2.** Das ist das Beste, was du bisher geschrieben hast. **3.** Das ist das Schlimmste, was du mir antun konntest. **4.** Das ist etwas, was mich nicht interessiert. **5.** Das ist genau das, was ich suche.

S. 228 Ü 9 ■ **1.** Wer unter zu hoher Arbeitsbelastung leidet, kann sich an die Gewerkschaft wenden. **2.** Wer am Betriebsausflug teilnehmen will, muss sich in diese Liste eintragen. **3.** Wer seinen Sommerurlaub noch nicht beantragt hat, sollte das ganz schnell nachholen. **4.** Wer noch Vorschläge für Projekte hat, muss sie bis Freitag einreichen. **5.** Wer seine Fahrtkosten noch nicht abgerechnet hat, sollte dies umgehend tun. **6.** Wer in diesem Jahr noch keine Fortbildung gemacht hat, kann sich für das nächste Seminar bewerben.

Textquellen

S. 13, 4b: o. A.: Flugsicherheit – Was getan wird für entspanntes Fliegen. Ardmediathek.de 25.10.2019 [https://www.ardmediathek.de/video/planet-wissen/flugsicherheit-was-getan-wird-fuer-entspanntes-fliegen/ard-alpha/Y3JpZDovL3dkci5kZS9CZWl0cmFnLTk4Njk1MTlxLTBhOTctNGJkZS04ZjVmLTQ4ODY3OTUxNWRjZQ], **S. 20, 3(3):** Infos aus: Berit Uhlmann: Die Wissenschaft schreibt unglaubliche Geschichten. Einige der schönsten können Sie hier lesen. sueddeutsche.de 04.05.2009 [https://www.sueddeutsche.de/wissen/wissenschaft-kurios-phantastische-forschung-1.392433], **S. 29, 2:** Infos aus: o. A.: Namensforscher weiß mehr über Klum. Derwesten.de 10.08.2010 [https://www.derwesten.de/panorama/namensforscher-weiss-mehr-ueber-klum-id3484774.html] **und** Infos aus: dpa: Tragen Sie einen der häufigsten Familiennamen? t-online.de 19.12.2018 [https://www.t-online.de/leben/familie/id_84968818/das-sind-die-zehn-haeufigsten-nachnamen-in-deutschland.html], **S. 31, 5b:** Infos aus: Nina Wiechers und Tobias Aufmkolk: Geschichte der Olympischen Spiele. planet-wissen.de 12.08.2021 [https://www.planet-wissen.de/gesellschaft/sport/geschichte_der_olympischen_spiele/index.html], **S. 32, 7:** o. A.: Nobelpreis. Wikipedia.org (23.02.2024) https://de.wikipedia.org/wiki/Nobelpreis, **S. 34,1a:** Tobias Schlößer: Dinosaurier. Planet-wissen.de o. D. [https://www.planet-wissen.de/geschichte/urzeit/dinosaurier/index.html], **S. 59, 6:** Infos aus: Gregor Delvaux de Fenffe: Geschichte des Roboters. planet-wissen.de 23.07.2019 [https://www.planet-wissen.de/technik/computer_und_roboter/geschichte_des_computers/index.html], **S. 64, 6:** Infos aus: o. A.: Computerprogramm gegen Jetlag. Focus.de 30.07.2014 [https://www.focus.de/gesundheit/gesundleben/schlafen/chronobiologie/computerprogramm-gegen-jetlag-innere-uhr_id_1752517.html], **S. 64, 7:** Infos aus: Johannes Eberhorn: Phobien – Angst vor dem Alltag. Planet-wissen.de 21.01.2020 [https://www.planet-wissen.de/gesellschaft/psychologie/angst/pwiephobienangstvordemalltag100.html], **S. 69, 5:** Eduard Hoffmann: Die Wiege der Fußball-Weltmeisterschaft. Deutschlandfunkkultur.de 13.07.2010 [https://www.deutschlandfunkkultur.de/die-wiege-der-fussball-weltmeisterschaft-102.html], **S. 70, 7:** Infos aus: o. A.: Von 1994 bis heute: So hat das Smartphone sich gewandelt. stern.de 13.09.2021 [https://www.stern.de/kultur/von-1994-bis-heute--so-hat-das-smartphone-sich-gewandelt-30736162.html] **und** Infos aus: Andrej Sokolow: 25 Jahre Nokia Communicator. Der klobige Auftakt der Smartphone-Ära. spiegel.de 15.08.2021 [https://www.spiegel.de/netzwelt/gadgets/nokia-communicator-der-klobige-auftakt-der-smartphone-aera-a-5a1522da-2601-4894-87d5-d07ba3b02fb2], **S. 77, 1:** Infos aus: Gregor Delvaux de Fenffe: Internet. Planet-wissen.de 14.02.2020 [https://www.planet-wissen.de/technik/computer_und_roboter/das_internet/index.html], **S. 92, Text 1a:** Infos aus: o. A.: Die elf ungewöhnlichsten Wirtschaftsindikatoren. rp-online.de 25.11.2014 [https://rp-online.de/wirtschaft/wirtschaftsindikatoren-die-elf-ungewoehnlichsten-indizes_bid-9565005], **S. 92, 1b:** o. A.: Taiwanerin tötet vier Millionen Mücken. Focus.de 25.08.2013 [https://www.focus.de/panorama/welt/das-letzte-kw-31-meldungen_id_1861199.html], **S. 92, 2:** o. A.: Paul Yarrow und seine Mission. Sueddeutsche.de 01.08.2010 [https://www.sueddeutsche.de/medien/fernseh-phantom-in-london-paul-yarrow-und-seine-mission-1.982072], **S. 93, 3:** Infos aus: Tina Groll: Mitarbeiter leiden unter zu vielen Mails und Meetings. zeit.de 21.01.2014 [https://www.zeit.de/karriere/beruf/2014-01/studie-mails-unterbrechungen], **S. 99, 3:** Infos aus: Peter Lempert: Intelligente Kleidung. Magazin-forum.de 31.05.2019 [https://www.magazin-forum.de/de/node/14808], **und** Ferya Gülcan: Hightech-Kleidung – Was ist das? Kunstdrucke-textildruck.de o. A. (letzter Aufruf 20.03.24, 10:59) [https://www.kunstdrucke-textildruck.de/hightech-kleidung-was-ist-das-1/], **S. 104, 6:** Infos aus: Viola Kiel: Extremwetterkongress: Die kommenden Katastrophen. spiegel.de 24.09.2021 [https://www.spiegel.de/wissenschaft/natur/extremwetter-wie-sich-deutschland-auf-zukuenftige-naturkatastrophen-vorbereiten-sollte-a-fcf8ac1a-8265-4bcf-b040-c4154d13d386], **S. 107, 4:** Infos aus: o. A.: Das kann kein Meer mehr schlucken: Unsere Ozeane versinken im Plastikmüll. wwf.de 08.12.2023 [https://www.wwf.de/themen-projekte/plastik/unsere-ozeane-versinken-im-plastikmuell], **S. 109, 8:** o. A.: Zwergseidenäffchen. Wikipedia.org (13.10.2023) https://de.wikipedia.org/wiki/Zwergseiden%C3%A4ffchen, o. A.: Bären. Wikipedia.org (30.01.2024) https://de.wikipedia.org/wiki/B%C3%A4ren, o. A.: Schimpasen. Wikipedia.org (08.07.2023) https://de.wikipedia.org/wiki/Schimpansen, o. A.: Raben und Krähen. Wikipedia.org (13.03.2024) https://de.

Quellenverzeichnis

wikipedia.org/wiki/Raben_und_Kr%C3%A4hen, o. A.: Löwen. Wikipedia.org (26.02.2024) https://de.wikipedia.org/wiki/L%C3%B6wen, o. A.: Elefanten. Wikipedia.org (16.03.2024) https://de.wikipedia.org/wiki/Elefanten, **S. 111, 4:** Infos aus: o. A.: Womit verbringen Bundesbürger ihre Freizeit am häufigsten? tz.de 08.11.2021 [https://www.tz.de/stars/womit-verbringen-bundesbuerger-ihre-freizeit-am-haeufigsten-zr-90985764.html#:~:text=Ganz%20oben%20stehen%20neben%20dem,Mail%2DLesen%20und%20%2DSchreiben], **S. 114, 3:** Infos aus: Matthias Kaufmann: Die dreistesten Kopien von Markenprodukten. spiegel.de 25.04.2022, [https://www.spiegel.de/wirtschaft/plagiarius-die-dreistesten-kopien-von-markenprodukten-a-bebc484c-94a1-45f8-9809-089042693b71] Text umgeschrieben, **S. 115, 5:** Infos aus: Jochen Mai: Lebenslauf-Sünden: Wie Computer die Bewerbung auswählen. karrierebibel.de 27.12.2022, [https://karrierebibel.de/lebenslauf-suenden/], **S. 134, 4:** Infos u. a. aus: Jochen Mai: Teamarbeit: Definition, Voraussetzungen, Vorteile, Tipps. karrierebibel.de 20.04.2023 [https://karrierebibel.de/teamarbeit/] **und** Infos aus: Alicia Otto: Teamarbeit im Job – Die wichtigsten Tipps. studysmarter.de. letzter Aufruf 13.03.2024, 09:41 [https://www.studysmarter.de/magazine/teamarbeit-tipps/], **S. 135, 5b:** Infos aus: Kerstin Viering: Erdbeben: Wie Tiere Katastrophen erspüren. Spektrum.de 20.02.2022 [https://www.spektrum.de/news/erdbeben-wie-tiere-katastrophen-erspueren/2111640?utm_medium=newsletter&utm_source=sdw-nl&utm_campaign=sdw-nl-daily&utm_content=heute], **S. 144, 1:** Infos aus: Juliane Gutmann: Chef oder Chefin nervt? Die 5 häufigsten Gründe, warum fähige Mitarbeiter kündigen. merkur.de 21.06.2022 [https://www.merkur.de/leben/karriere/chef-nervt-mitarbeiter-kuendigen-meist-wegen-fuehrungskraft-job-kuendigungsgrund-91355721.html], **S. 149, 4:** Infos aus: Nina Paulsen: Jeder Dritte sucht online nach der großen Liebe. bitkom.org 21.02.2022, [https://www.bitkom.org/Presse/Presseinformation/Jeder-Dritte-sucht-online-nach-der-grossen-Liebe] **und** Infos aus: F. Harms: Online-Dating: Daten und Fakten zur Partnersuche über das Internet. statista.com 28.02.2024 [https://de.statista.com/themen/885/online-dating/], **S. 152, 6:** Andrea Schultens: Badekultur. Planet-wissen.de 14.08.2018 [https://www.planet-wissen.de/gesellschaft/wellness/badekultur/index.html], **S. 156, 4:** Infos aus: Sarah Lena Grahn: Freizeitmonitor 2022: Internetsurfen ist beliebteste Freizeitbeschäftigung der Deutschen. zeit.de 20.09.2022, [https://www.zeit.de/gesellschaft/2022-09/freizeit-monitor-2022-deutschland-internet-fernehen?utm_referrer=https%3A%2F%2Fwww.google.de%2F], **S. 158, 2:** Infos aus: Daisy Yuhas: »Stress scheint im Lauf des Lebens abzunehmen«. spektrum.de 18.01.2023 [https://www.spektrum.de/news/stress-scheint-im-lauf-des-lebens-abzunehmen/2099529], **S. 170, 11:** Infos aus: Steffi (ohne Nachname): Diagnose dank Doktor Google? draco.de 08.11.2023 [https://www.draco.de/blog/diagnose-dank-doktor-google/] **und** Infos aus: o. A.: Sechs Tipps zur sinnvollen Nutzung von Dr. Google. tk.de 18.03.2021 [https://www.tk.de/techniker/magazin/digitale-gesundheit/spezial/gesundheitskompetenz/dr-google-richtig-nutzen-2103004?tkcm=aaus], **S. 171, 13:** Infos aus: Delia Friess: Biodiversität: Was wir gegen das Artensterben tun können. tagesschau.de 01.10.2022, [https://www.tagesschau.de/wissen/klima/artenvielfalt-biodiversitaet-artensterben-klimawandel-101.html], **S. 172, 15:** könnten diese beiden sein: Guido Deußing: Kleine Geschichte der Zahnbürste. K-online.de o. A. (letzter Aufruf: 20.03.24, 11:18) [https://www.k-online.de/de/Media_News/News/75_Jahre_Nylonzahnb%C3%BCrste_(1938-2013)/Kleine_Geschichte_der_Zahnb%C3%BCrste] **und/oder** o. A.: Die Geschichte der Zahnbürste. Eckhauspraxis.de o. A. (letzter Aufruf: 20.03.24 11:21) https://www.eckhauspraxis.de/de/aktuelles/allgemein/2019-04-25-die-geschichte-der-zahnbuerste, **S. 172, 16:** Susanne Decker: Katzen. Planet-wissen.de 25.02.2020 [https://www.planet-wissen.de/natur/haustiere/katzen/index.html#:~:text=Die%20Freundschaft%20zwischen%20Katze%20und,kam%20die%20Zeit%20der%20Hexenverfolgung]., **S. 190, 2:** o. A.: Ludwig II. (Bayern). Wikipedia.org (14.03.2024) https://de.wikipedia.org/wiki/Ludwig_II._(Bayern), **S. 195, 2:** o. A.: Der gute Mensch von der Autobahn. Tsarchive.wordpress.com 07.02.2011 [https://tsarchive.wordpress.com/2011/02/07/spedition100/], **S. 196, 5:** o. A.: Hiltl (Restaurant). Wikipedia.org (09.07.2023) https://de.wikipedia.org/wiki/Hiltl_(Restaurant), **S. 200, 6:** Ulrike Vosberg und Franziska Badenschier: Konrad Adenauers Erfindungen. Planet-wissen.de 30.03.2020 [https://www.planet-wissen.de/geschichte/persoenlichkeiten/konrad_adenauer/pwieeinpolitikeralserfinderkonradadenauer100.html], **S. 218, 3:** o. A.: Mona Lisa – Mann oder Frau? Lernzeit.de o.A. (letzter Aufruf 20.03.2024 13:34) [https://www.lernzeit.de/mona-lisa-mann-oder-frau/] **und** Dieter Bartetzko: Männliche Mona. Faz.net 04.02.2011 [https://www.faz.net/aktuell/feuilleton/glosse-feuilleton-maennliche-mona-1595611.html], **S. 220, 2b):** Infos aus: o. A.: Gesunde Ernährung: Studie: Diese Lebensmittel können Ihr Leben verlängern. stern.de 11.03.2022 [https://www.stern.de/gesundheit/gesunde-ernaehrung--diese-lebensmittel-verlaengern-das-leben-31682382.html] **und:** o. A.: Die 5 kuriosesten Ernährungsstudien – kaum zu glauben! eatsmarter.de o. A. 27.12.2018 [https://eatsmarter.de/ernaehrung/studien/die-5-kuriosesten-ernaehrungsstudien], **S. 226, 2:** o. A.: Gewichtsprobleme: McDonald's-Mitarbeiter erhält Schadensersatz. Manager-magazin.de 29.10.2010 [https://www.manager-magazin.de/unternehmen/artikel/a-726057.html], **S. 226, 3:** o. A.: Selftracking – das sind Vorteile des Messens eigener Daten. Quarks.de 31.12.2021 [https://www.quarks.de/podcast/quarks-daily-spezial-folge-27-selftracking-das-sind-vorteile-des-messens-eigener-daten/]

Bildquellen

AdobeStock: **S. 11**/milkovasa, **S. 12**/baibaz, **S. 13**/Farnaces, **S. 16**/Drazen, **S. 20**/ArtEvent ET, **S. 17**/Tongpool, **S. 25**/Ralf, **S. 29**/topntp, **S. 31**/Louis Beauchet, **S. 32**/JeanLuc, **S. 34**/Orlando Florin Rosu, **S. 37**/www.freund-foto.de, **S. 38**/Thurstan Hinrichsen/peopleimages.com, **S. 41**/Rido, **S. 43**/kristinakibler, **S. 44**/Михаил Решетников, **S. 45**/LIGHTFIELD STUDIOS, **S. 47**/Pixel-Shot, **S. 49**/Diane Munro/peopleimages.com, **S. 55**/Sergey Nivens, **S. 59**/tippapatt, **S. 62**/Drazen, **S. 64**/Seventyfour, **S. 68**/MyJuly, **S. 69**/Gorodenkoff, **S. 70**/(1) ArieStudio, (2) simona, (3) Kitreel, **S. 72** (1) senimanto, (2) creativ, **S. 77**/Nataliia, **S. 80**/Sina Ettmer, **S. 84** (1) Михаил Решетников, (2) Robert Kneschke, **S. 86**/Anatoliy Karlyuk, **S. 89**/DragonImages, **S. 92**/volff, **S. 93**/iSomboon, **S. 96**/BillionPhotos.com, **S. 101**/Drobot Dean, **S. 103**/moodboard, **S. 108**/Krakenimages.com, **S. 107**/dam, **S. 109**/adogslifephoto, **S. 114**/nicoletaionescu, **S. 121**/DifferR, **S. 125**/Summit Art Creations, **S. 128**/Vadim Pastuh, **S. 134**/ThomBal, **S. 138**/Emmy Ljs, **S. 139**/Himmelswiese, **S. 141**/ryanking999, **S. 144**/Svitlana, **S. 147**/dezign56, **S. 149**/exclusive-design, **S. 152**/Michel, **S. 155**/BillionPhotos.com, **S. 156**/hedgehog94, **S. 160**/Scanrail, **S. 162**/mpix-foto, **S. 164**/Robert Herhold, **S. 165**/tilialucida, **S. 167**/Nicola Forenza, **S. 171**/Al Exo/Wirestock Creators, **S. 172**/Rostislav Sedlacek, **S. 175**/Dimitrios, **S. 177**/bernardbodo, **S. 180**/N F/peopleimages.com, **S. 182**/Robert Kneschke, **S. 187**/Francesca, **S. 189**/Andrey Popov, **S. 190**/Alexej, **S. 192**/kasto, **S. 196**/Cool Free Games, **S. 203**/Wangkun Jia, **S. 205**/industrieblick, **S. 209**/New Africa, **S. 211**/Bartek, **S. 214**/Gigi Delgado, **S. 226**/MARCOS RODRIGUES, **S. 255–261**/Riseness

Clément Bedel: **S. 51**

Wikipedia: **S. 218**

Zeichnungen: Jean-Marc Deltorn